近世演劇の享受と出版

大橋正叔 著

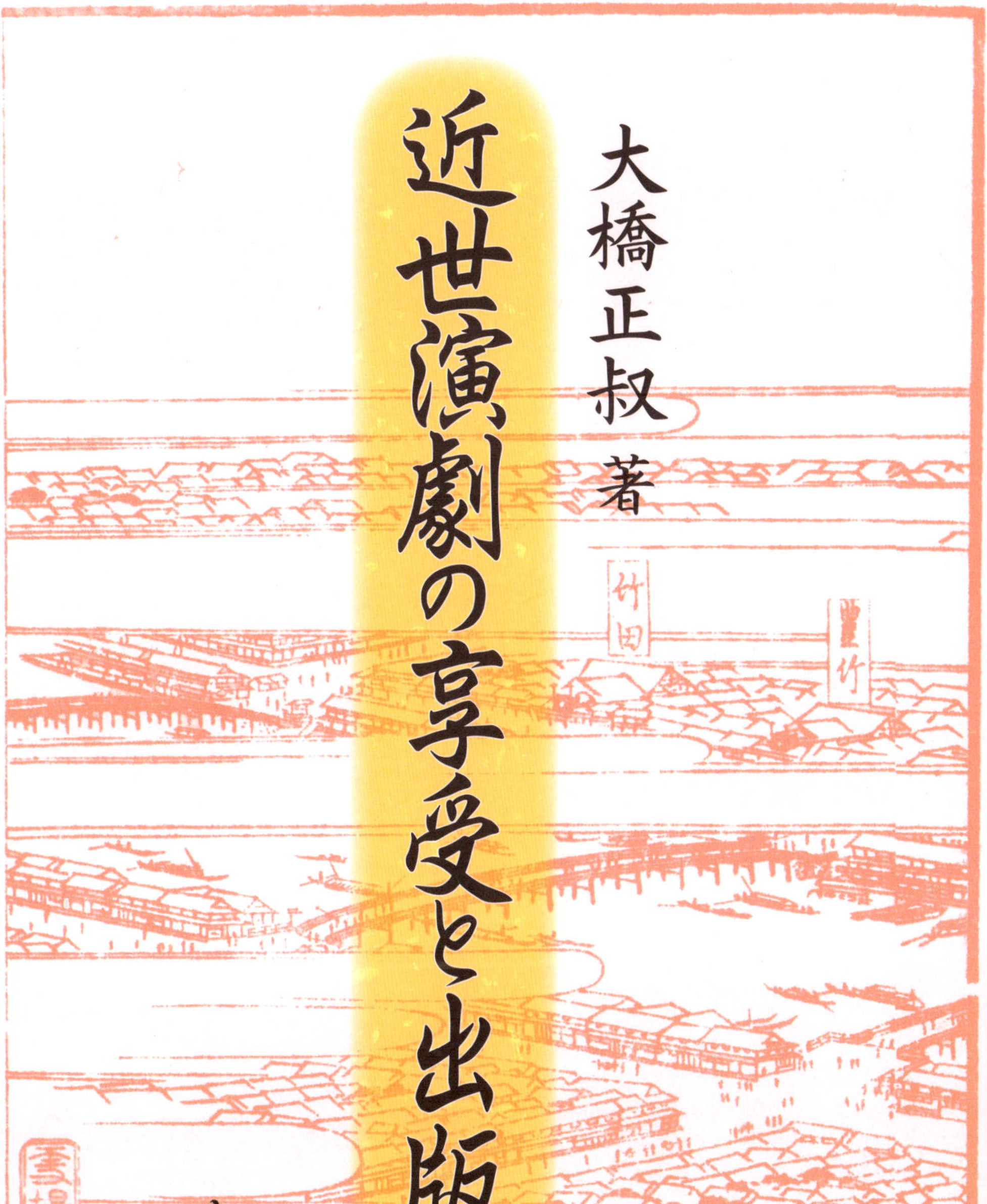

八木書店

『近世演劇の享受と出版』　目次

第三部　出版と読者

資料紹介……355

第一部　浄瑠璃の享受

浄瑠璃芸論の問題

—段物集の序跋をめぐって—

一

浄瑠璃は芸論というべきまとまった伝書をその初期に持たない。それに類するものはあるが、むしろ、そうしたものを必要としなかったのであろう。論よりも舞台が、時流に適った慰みを生のまま提供するのが浄瑠璃操り芝居であったからである。しかし、私達は芸の伝承を重視する姿勢を浄瑠璃界に見、伝承の姿勢の中に芸論を見出すことができる。

芸論といい、芸道論というのは、芸の世界に生きてきた者達の自らの芸能に対する何らかの発言、つまり、芸そのものへの意識の表現を指している。他の演劇にもれず浄瑠璃にあっても、芸の結実は瞬時に消え去る時空の中にあるが、その結実への過程にあって、また、余韻にあって、工夫され反省された彼ら自身の芸能生活が論とするには遠いものであっても、多くの口伝や斯道の名言というものを残している。これらも、また、芸論である。

本稿では段物集の序跋をもって述べられた近世浄瑠璃の芸論における問題点を指摘し、浄瑠璃芸論の志向された姿勢について述べてみたく思う。

二

宝暦初年（一七五一）頃刊行された竹本・豊竹派の段物集に『音曲莠大全』（大坂　糸屋市兵衛版）がある。その序は『日本庶民文化史料集成 第七巻 人形浄瑠璃』（三一書房、一九七五・10）に翻刻されているが次のようなものである。

夫音曲は情心の美なり。依て得生なるを本とす。故ニ乙越を定規として六甲をほどこすべし。雌音を誘て十二の調声を催すは稽古鍛煉の足畢所歟。是に随って甲乙のはこびを意得、序発急の程位を委て、其熟したる音節を持て、あるひは他の耳を慰め且は自情の鬱を散ずるを徳せざらむや。しかあらばあだ口にも是をそゞろにすべからず。先字を訓て文句の意味をさとし、故事は重く世話は軽く、貴賤老若の詞それ〴〵にわかたざれば、たとひ声いつくしきとも宛幼童の笛吹にひとしかるべし。昔より浄瑠璃の諸流ありといへ共、其嗜　詳ならざるはすたれたり。其曲調開合の精竹本・豊竹の二流栄発せり。
　故に文段多中にも道行景事節事の品々を撰集、莠大全と号て稽古励みの一助に擬する事も、偏に治世の英也としかいふ。

園性万里軒述（句読点筆者）

この序は冒頭で音曲を「情心の美」とし、人のもつ本来の情の働きが基盤にあることを述べる点に著者の本懐をみることができる。この見解は浄瑠璃を発展させ、浄瑠璃に対する多くの言辞を残した加賀掾・義太夫にもみることができないものであるが、音曲と書き出されているので「昔より…」以下がなければ必ずしも浄瑠璃の側で述べられたとはいえない。しかし、浄瑠璃に適用しても音楽性、効用、文句の働き等手際よく言いまとめられた言といえる。この著者、園性万里軒については誰人か不明であるが、『享保以後大阪出版書籍目録』に

大和名所独旅
作者　園性万里　（本町上三丁）〈筆者注・天理図書館蔵『大和名所独旅』には作者名記載なし〉
板元　糸屋市兵衛　（伏見両替町四丁目）
出願　寛延四年九月

とあり、年代（寛延四年十月宝暦に改元）が同じ頃で板元が『莠大全』同様糸屋市兵衛であることから、この『大和名所独旅』の作者園性万里と同人とみれる。段物集の序文を書き、また、地誌を表わす者がどういった本職をもつ者か、他に資料とするものを知らず不明であるが、序文の内容からすれば音曲関係に少なからず見識を有したものとみることはできよう。この『莠大全』に載せられた序は、明和三年（一七六六）頃に刊行されたやはり竹本・豊竹派の段物集『音曲倭大成』（大坂　天満屋玉水源二郎版）に、左のように前後の脈絡を無視した剽窃がなされ、同じく序として掲げられている。

夫音曲は他の耳をなぐさめ且は自情の鬱を散ずるを徳せざらんや。故にこれをそゞろにするべからず。
先文句の意味をさとし、乙越を定規として甲乙のはこびを心得、貴賤老若の詞それ〳〵に明らざれハ、
其嗜詳ならず。是に随て景事節事の品〳〵を選集め、開合の精を顕し稽古励ミの一助に擬する事も

治世の英なりと云云　　玉水文灡堂（句読点筆者）

この序の作者玉水文灡堂が浄瑠璃の五行・六行書抜本を刊行している本書の版元である天満屋玉水源二郎の風雅における号か確証はないが、文意のすっきりしない、前後を適当につなぎ〳〵に引用する仕方からみても、この序は本屋である天満屋玉水源二郎の仕業によるのであろう。これらの二書の刊行時期は十五年程の隔たりがあるので、所収されている段物は多くは異なり段物集としては全く別本である。冒頭の半丁の序に意義を多く見出さなければ二書の関係はとりたてて述べることもない。しかし、浄瑠璃芸論に段物集の序跋を取り上げている今、こうした二書間にみられる関係を通して、段物集の序跋をどの程度まで芸論として重視するか、また、それと関わって段物集の序のもつ性格といったものが考えられなくてはならなくなる。

さらにもう一つの例をあげてみよう。

やはり竹本・豊竹派の『音曲大湊』という段物集がある。この書には管見の範囲で序の刊記に左の四書のあるを知る。

1　（宝暦十三年森芝雀序　大坂阿波屋平八版）(1)

2　于時明和四年亥九月改正　森川堂述

　　江戸鱗形屋孫兵衛・大坂阿波屋平八版

3　于時明和八年卯九月改正　西沢呉調述

　　京　銭屋儀助版

4　安永六歳酉正月吉祥日　　川四軒呉調述

大坂勝尾屋小林六兵衛版

これらは目録題がいずれも「竹本豊竹音曲大湊増補改正目録」となっており、初版本など、この四書以前の刊本があったと思われるが残念ながら所在不明である。この四書の中、未見の1を除く三書の序は左の通りであり、同板木の流用で刊記の異なる部分だけ入木した再版本である。

夫音曲は楽より出て十二の調四声を分ち、文字の甲乙を糺て廿五弦小歌を諷ひ文を諷ふ。我国は和らかなるを本として、十三弦に長歌短歌を遊宴の友とし、琵琶の四絃にしらぬ昔語、自然と鬼神も感応する事誠に音曲の徴妙也。其流を汲で今ハ三絃の糸竹に名人数多有中に竹本豊竹が風流、音声を巧にし善尽し美尽し、浜の真砂のかずつきぬ景事ふし事、都鄙遠境の月雪花に色添る。されバ世に集る処の書多しといへども、予が再板する此一集は東西諸名人の秘曲を尋ねもとめ、此道好士の一助ともならんと、大字ひらかなをもって六くだりに書写し、新物古物のワかちなく寄あつめたる大湊ハ猶末広に繁昌〻

于時明和四年亥九月改正　　森川堂述　　（句読点筆者）

先にあげた『倭大成』が『蒡大全』の序を剽窃したのは、その序の述べるところが従前の太夫達の言の概略をよく伝えており、又「他人の耳を慰め且は自情の欝を散ずるを徳せざらんや」と浄瑠璃の効用をもよく表現し得ているために、本屋が自らの都合で単に利用したものであろうが、しかし、『大湊』になると事情は少し異なる。前は題名も異なり全く別本である段物集間でのことであったが、また、序も全くの同文ということではなかったが、これは同じ書名の段物集（所収曲に異同はあるが）で、刊行する本屋が変わる毎に、全く同文の序の作者が別人になるのである。森川堂や川四軒（西沢）呉調が何人かわからないが、明和八年版の場合、出版元銭屋儀助の印記に「西沢」とあることから、その序の述者西沢呉調は同時に版元銭屋であったかと玉水源二郎の例から考えてみたくなる。それにこの序の内容は芸論というには遠い本屋の宣伝文句である。段物集が版を重ねるのは稽古本としての需要と共に新曲に応じるためであり、その間に本屋間で板木が転売されれば、序の刊記に不都合な名があれば、序文はそのまま利用しても、不都合な部分は削り自らの都合に合わせて改版したと思われる。三書の所収段物の異同をみれば次頁に掲げた表のようになる。

明和四年版から八年版へは、同年正月再興竹本座で上演され大当りをとった『妹背山婦女庭訓』の道行を巻頭に加え、更に四曲の増補がなされている。明和八年版から安永六年版への再刊が二曲の入替えだけで新味もなくされているのに比して、増補改正の意が十分にいかされている。浄瑠璃界不況の時期とはいえ本屋の姿勢の違いが顕著にみられる。左表のように、段物集が再版される時、そこに部分的改変がなされ所収曲が入れかえられるは常である。そうした改変になれた本屋にとっては、序の著者名を適宜自店の都合のよいように変えることに抵抗を感じることもなかったのであろう。無論、それは本屋の姿勢・序の内容とも関わるであろうが、本屋とすれば段物集の提供ということであって、序そのものに特別な意味をみていないかったことはこの点からも指摘できる。

こうした例から、段物集の序に浄瑠璃についての言辞があるのをもって、すぐさま浄瑠璃芸論の範囲に入れることは、芸論の範囲をかなり広く考えた上でなければならないことになる。段物集自体は当時の浄瑠璃

明和四年版	明和八年版	安永六年版
（ナシ）	(大)妹背山婦女庭訓　道行恋のおだ巻	(新)（同上）
(増)染模様妹背門松　道行夢路の地蔵廻	(増)（同上）	(増)（同上）
(補)太平記忠臣講釈　道行人目のしげぬい	(補)（同上）	(補)（同上）
(い)本朝廿四孝　道行にあいの女夫丸	(い)古戦場鐘掛の松　道行しのぶうり	(い)古戦場鐘掛の松　道行しのぶくさ
〜	〜	〜
(に)難波丸金鶏　道行若葉のもすそ	(に)小栗判官車街道　道行たまのおづな	(に)難波丸金鶏　道行若葉の裳
〜	〜	〜
(つ)東鑑御狩巻　紋づくし風流盃	(つ)（同上）	(つ)菅原伝授手習鑑　道行詞のあまい替
〜	〜	〜
(こ)百合稚大臣野守鏡　ミやしま八景	(こ)（同上）	(こ)東鑑御狩巻　紋づくし風流盃
〜	〜	〜
(す)祝言	(す)大内裏大友真鳥　女中勢そろへ	(す)（同上）
	(一)芦屋道満大内鑑　そせいのいのり	(一)（同上）
目録終	(二)和田合戦女舞鶴　軍勢玉のこざくら	(二)（同上）
（注）空白部分は三版とも同じであることを示す	(三)菅丞相　めうかの松むめ	(三)（同上）
	(四)祝言	(四)（同上）
	惣目録五拾三番終	（同上）

界全体の動向を窺うに足るものということになろうが、こうした序はその内容も浄瑠璃に対する一般的な理解度を示すものでしかない。また、刊行の側においても特別な意をもたない形式的に添えた、ただの序程度の意にしか思っていなかったであろう。

三

段物集の序跋を通して芸論を求める時、前述のような問題が生じてくれば段物集自体が、また、その序の一つ一つの性格が明確にされた上で序の内容を考えなくてはならなくなる。さらに、一般的に段物集の序跋というものがどういった性質のものであったかを検討してみる必要がでてくる。なぜなら、我々が段物集の序跋に芸論をみようとするのは、加賀掾の『竹子集』（延宝六年〈一六七八〉）や義太夫の『貞享四年義太夫段物集』（一六八七）の自序に影響されるところが大きいからである。確かにこの二書は太夫自身が浄瑠璃に対する見解・解説をまとまったかたちで述べた最初のものであり、浄瑠璃芸論を代表するものである。そして、これらは段物集といいながらも、伝書的性格を濃厚にもつと見ることができるのである。

　これら初期の段物集が刊本で現れる以前に書き本の時代があったことを角田一郎氏は指摘[2]されている。『竹子集』「撥」で造化軒（『南大門秋彼岸』の作者連名にのる[2]）が加賀掾に語り方を問ひ求めた時、

　只浄るりのねざしをミせめとて、此廿のことくさを筆し、手づからミづからふしをさへくハへて、先輩のいまだ発せざるを、竹子集につゞりてさづけ給ふ

と述べているように、太夫自ら格別のつてある者に節章をつけて書き与えた段物が刊本以前の書き本の姿ではなかったかと思われる。小謡本の傾向[3]などからしても、刊本で出たとはいえ、東京芸術大学蔵本『竹子集』にみられる「右一冊之竹子集　雖為秘事　数年御所望故許申畢　他見他言有之間敷者也」といった加賀掾の自筆識語は、正本とは違った、個人伝授ともいうべき意識が働いていることを示している。また、大本の体裁の立派さからしても一般の愛好者向きとはいえない。例えば『諸艶大鑑』（貞享元年〈一六八四〉）にいう「今時は東山の浄溜利会にも。嘉太夫が弟子分の者共。如何なる縁にや。稀なる御筆者の書本。大竹集にてかたるぞかし」（七ノ二）の「弟子分の者共」は嘉太夫（加賀掾）昵懇の人達であろう。また、加賀掾の段物集で刊行された最も古いものとして稀書複製会本で残る延宝六年（一六七八）三月刊の絵入本『道行揃』

（正本屋五兵衛新版）は「加賀掾宇治好澄正本」とあるが、序跋も節章に関する説明もない。にもかかわらず、同年八月刊の『竹子集』が自序に文字譜・墨譜等の解説をあげるのをみれば、『竹子集』に特別な意識が働いていたとみるのは穿った見解とはいえない。そして、個人への伝授的な意味を『竹子集』に見れば、序の最後に「右は大方、座敷浄るりの心得。人形にか丶りては、少ちかふ事も有へく候」とか、「いにしへ、謡の仙(ひじり)、かきおかれし、書物をのぞき。若かくも有なんと。かなはぬまでも、こ丶ろをつくし、書付進上申候」といった断り書を付けるのは、『花伝書』（八帖本）の影響[4]を考慮しても、そうした言を必要とした書であった証ということができる。段物集の刊行がより一般的な浄瑠璃愛好者に待望のものであったことは先の『道行揃』が示しており、『竹子集』に続く『若竹集』（延宝九年五月）、『大竹集』（延宝九年六月）と次々の刊行がさらに示している。そして、一たび出版機構にのればその影響は大きく、八文字屋による『道行尽抄入』（延宝九年頃か）とか、又、西鶴によって編まれた『小竹集』（貞享二年八月）のような携帯に便利な懐中本段物集が刊行される。懐中本段物集の刊行が時宜を得たものであったことは『新小竹集』（貞享三年七月）や義太夫の『千尋集(ちひろしゅう)』（貞享三年十一月）といった懐中本段物集が続いて刊行されていることからも明らかであろう。既に正本が刊行されている中でこのように段物集が求められたのは浄瑠璃の享受の場の拡大をも示すものといえよう。懐中本の後々の流行[5]はこのことを語るものといえる。

ところで、浄瑠璃の発展期にあって自らの語り物を集めた段物集を刊行することは、太夫自身の我が一流の徳であると共に履歴をも示すものであったため、太夫自身も段物集の刊行に積極的であったと思われ、義太夫も大坂での旗上げの翌々年早々に『貞享四年義太夫段物集』を出している。そこでは自らの浄瑠璃に対する姿勢を述べる自序と共に「浄瑠璃大概」をのせ、音楽性演劇性を念頭においた段構成・節章に関するかなり整理された解説を提示している。その姿勢・内容については既に論じられているように加賀掾の『竹子集』序への対抗的な意識が強く、大本（献上本）といった体裁の書であったことからも、加賀掾に対抗しうる一流の師匠として、独立した姿を顕示することが刊行の大きな目的であったと思われる。加賀掾の段物集刊行の姿勢の中にも、一流の師匠として自己の芸を求める人達へ、自身の見識や芸の解説をなす必要を感じていたことが窺われる。この意味において初期段物集に序を太夫自身が付けることは不可欠であった。

そして、太夫の手を通じて以後刊行され続ける段物集は当初の太夫自身の序をつけるという姿勢を慣行化させることになり、特に加賀掾のものにはこの傾向は強く残っていく。

四

段物集の刊行に、愛好者の切望とは別に、太夫の側の積極的な意味をみたが、そうした意味は時間的経過の中で次第に薄れることになる。そうした中で、段物集が、太夫との関係において、特別な意味ある、記念段物集として見るべき刊行もなされる。

義太夫（筑後掾）の段物集を代表するのは正徳元年（一七一一）刊の『鸚鵡ケ杣』である。筑後掾自序・門弟連名・近松跋をもち上中下三巻、所収段物九十番に及ぶ。その奥書は東京大学附属駒場図書館蔵の上中下三巻揃った完本では次のようにある。

右之本令吟覧頌句音節墨譜
等不残毫厘令加筆候可有開

版者也
竹本筑後掾
重而予以著述之本令校合候
畢全可為正本者歟
近松門左衛門
大坂高麗橋壱丁目正本屋山本九兵衛版
山本九右衛門版

右の奥書は『近松浄瑠璃本奥書集成』（大阪府文芸懇話会、一九六〇・3）の〔奥書二十九〕[8]にのるように筑後掾正本に多いものである。ところが、東洋文庫（岩崎文庫）蔵の水谷不倒旧蔵印をもつ上巻のみの『鸚鵡ケ杣』では奥書は次のようになっている。

右数条之篇々節頌句等雖具於前
板而今也再令瑑磨校正而欲令愚
門人励稽古之微意在焉而已
正徳元辛卯年
七月吉日　竹本筑後掾
大坂高麗橋壱町目　正本屋山本九兵衛版

山本九右衛門版

この奥書の文言（刊記以下は入れず）は管見の範囲では豊松派（加賀掾の弟子）段物集『音曲大和課（おんぎょくやまとことば）』（元文初年頃刊）の奥書にみる他は知らない。『大和課』の版元は「京二条通寺町西へ入北側　山本九兵衛」である。また、本文末と同じ丁に奥書が書かれ刊記を入れた正本（『奥書集成』（奥書四）参照）はあるが、半丁の独立する奥書に刊記を入れたものは管見の範囲ではこの例の他に知らない。

同じ山本版であってこのように奥書が異なるのは、二書の刊行時期が異なるとみるのが自然な見方であろうが、少し気がかりな点も残る。刊行時期が異なるとするなら筑後掾自序にいう「正徳元辛卯年　初秋吉日」と同じ刊記をもつ東洋文庫蔵本が初版ということになる。刷りも鮮明である。その点では問題はないが気になるのは前者で近松作になる浄瑠璃を多く含むとはいえ、正本ならともかく、段物集に何故近松と連名の奥書を用いたのかということである。東大本が他にない上中下三巻揃った美本（元題簽元表紙）であるだけに簡単に片付けられないのである。もし二書の刊行が同時とするならそれぞれの用途がちがったかと推察される。前者は献上本に類する配り本として出され、後者は「愚門人」とあるように門人または一般に販売するために出されたかと思うのである。さらに前者が近松と連名した奥書を付けたのは近松作が多いこと、また、序に「世継曾我（よつぎそが）の道行に馬かたいやよとおどり歌入し事相応せず、一番の瑾（きず）今聞に汗（あせ）をながすと、三十年前を後悔ある作者の心、芸道の執心（しゅうしん）さも有べきなり」と近松のことを誉め、近松の跋文を載せることとも関係があろう。後者の「愚門人」という語が相手に差しさわりがある場合も想像されよう。二種の奥書の問題はそれで説明はできようが、それでも私にはこのように手間をかけた段物集の成立は普通ではないと思えるのである。三巻三分冊の段物集も珍しいし、筑後掾自序・門弟連名・近松跋も仰々しい。正徳元年という刊記に注目して気付くのは筑後掾六十一の本卦がえりである。それを賀として祝ったのが『鸚鵡ケ杣』の刊行でなかったかと推察する。さらに想えば加賀掾の『紫竹集(しちくしゅう)（門弟教訓）』（元禄十年）との関連である。加賀掾は「六十三に及び露命はかられねば、せめて古き弟子共に我死後のかたみにもと思ひ、元禄十年仲秋に門弟教訓の一紙」を『紫竹集』として贈ったが、筑後掾も本卦がえりになり、露命のはかなきを思ひ「四拾余年来寤寐(らいごび)にも是をわすれず」にきて、なお「淵底をつくさず、是ぞ語り得たりとおもふ事のな」い我が道の教訓を示したかと思われる。加賀掾も「門弟教訓」で「修行(しゅぎょう)する事四十余年」と修行第一の自らの道をふり返っていた。『鸚鵡ケ杣』自体にも筑後掾は加賀掾のことばを名指しで引用して同意を示し、また、『鸚歌(いんこ)か薗(その)』（正徳二年九月）でも同年正月に没した加賀掾を懐しんでいる。付言すれば筑後掾は正徳四年九月十日六十四才で亡くなっている。

段物集に限らず書物に序をもつものは多いし、又、著者・書肆の要望の如何を問わず、序をもってその書を飾ろうとするのは慣例化していることである。著作・刊行すること自体に何らかの意味をみているからである。このことをもって、段物集だけを特例とすべきでないが、段物集の刊行に際して、当初のもののように太夫側に刊行の意義が大きいとすれば、序をもって斯道について語りかけようとするのは当然であり、それを完備することが時間の経過と共に形式化されるに従い、やがて太夫に関係なく序を伴うことがおこってくる。その場合、『国性爺大明丸』（享保元年〈一七一六〉）の近松序、『浄瑠璃千畳敷添柱(せんじょうじきそえばしら)』（享保六年〈一七一二〉）の雪娘序のように、段物集刊行の事情をはっきりと表わす序と、前述の『倭大成』『大湊』のように形式的に書肆の側からつけられた序とが現れる。筑後掾の弟子陸奥茂太夫の『陸奥杣谺(みちのくそまのやまびこ)』（元年二年〈一七三七〉）序は初期段物集の序のもつ意味を正しく継承したものであり、その「浄瑠璃伝授秘事」は『貞享四年義太夫段物集』や『鸚鵡ケ杣』からの引用であるが、師筑後掾から得た伝授として「陸奥茂太夫書」とするところに意義がみとめられる。口授伝授なくてはかなわぬ浄瑠璃だからである。『豊曲不二谿』（宝暦五年〈一七五五〉）の豊竹肥前掾の序跋も陸奥茂太夫と同じ立場にあるとみてよい。このようにみると段物集の序跋に芸論を読み取ろうとする時、その段物集がどういう事情のもとで刊行されたのかということの吟味が必要となり、刊行の事情と合せ考えて、それらの序跋の軽重を問わなければならなくなる。右に述べたものや『音曲八の巻』（安永五年〈一七七六〉）のように越前少掾十三回忌追善の為といった刊行の目的がはっきりしたものはいいが、そうした事情がはっきりしないものも多い。筑後掾の芸論を考える時、中心となるものに『貞享四年義太夫段物集』序と共に『浄瑠璃当流小百番』序があるが、懐中本にどうしてか様な序を付けたのか、他での序のつけ方に比してよくわからない。ただ、筑後掾受領直後の刊行とみれること(5)、「小百番」という名が示すように小謡の百番に倣った浄瑠璃の小百番をつくろうとする意気込みが感じられること等から、この刊行には筑後掾の積極的な姿勢があったと思われる。無論、刊行の姿勢だけでなく、内容の面からもその軽重をみるべきであることはいうまでもない。

五

序跋に述べられた内容をみるに、芸論としてもともと体系的に論じられたものでないので、一書の内に雑多にいろいろな発言が入る。それらを大きく分ければ、芸道のすべてに通じるような一般論（抽象論）と、浄瑠璃を語る時の具体的な技芸論（具体論）の二つになる。この二つの中をさらに個々の述べる所に応じて分類すれば大まかなところ左のようになる。

一、一般論（抽象論）
イ　教訓・心得を述べる
ロ　歴史・効用を述べる
ハ　刊行の意図・事情を述べる
二、技芸論（具体論）
イ　段組の解説
ロ　語り様の解説
ハ　節・章（ふし・しょう）の解説

一ハは別条を設けるべきだが一ロに似通った点もあるので便宜的にここにおいた。また、二ロ・ハは二イの下位分類と考えることもできるがこれも便宜上同位に並べた。このように分類すれば、例えば『竹子集』序のようなものは全ての項目にわたる意見がみられ分類する意味がないようであるが、前述の『萮大全』と『倭大成』の問題や『音曲大湊』の問題は一ロ・ハに関してのみおこる問題であり、太夫自身の手にならない芸論は全てこの分野の発言であることがわかる。一イの教訓・心得を述べることは実践の世界であるだけに安易に他の者が口出しできない所である。ここでの発言は太夫の自序とするものが圧倒的である。ただ、これらについても『八帖本花伝書』や『わらんべ草』等の先行の能・狂言といった芸能の伝書にみえる意見と似通うものが多く浄瑠璃独自の見解は少ない。例えば、『九曲巻（翁竹）』（正徳二年）にあげる「竹翁（筆者注　加賀掾）つねに申されし音曲の古歌」は『音曲百首』によるが、『わらんべ草』にも引用されており、加賀掾は浄瑠璃にその心得を用いたのである。無論それが音曲一般に通じる心得だからである。修行（稽古）を第一と説くことも、長年の修行のもとに一芸に達した者が自己の内で基本的精神として得たものであり、いずれの芸能にあっても変わらないものである。一般論（抽象論）とする所以である。そして、一イはそうした修行を積んだ者こそ述べるにふさわしいことばである。さらに、二の技芸論にあっては当然ながら専門家しか発言できない分野である。そこで一イ、二の全体につれてふれている段物集序跋をみていくと次のような段物集序の間で影響関係をみることができる。

○加賀掾について

『竹子集』（山本版）→『新小竹集』（大坂清兵衛版）貞享三年

『紫竹集（門弟教訓）』（山本版）→『浄瑠璃加賀羽二重』（西沢版）正徳二年頃刊か

○筑後掾について

『貞享四年義太夫段物集』（山本版）→『竹本秘伝丸』（西沢版）宝永二、三年頃刊

『浄瑠璃当流小百番』（山本版）→『竹本極秘伝』（西沢版）宝永四、五年頃刊

『鸚鵡ヶ杣』（山本版）
『貞享四年義太夫段物集』（山本版）
　}→『陸奥杣谿谺』（山本版）元文二年

『新小竹集』は芦華亭南鴻序となっており序は蘇軾の「赤壁賦」を引き音曲の効用を説いたものである。序ではないがただ最後に『竹子集』よりふしの解説を引用する。『加賀羽二重』は西沢与志集とあるが、序が『紫竹集（門弟教訓）』の引用であることは衆知のことである。『秘伝丸』・『極秘伝』と『貞享四年義太夫段物集』・『小百番』の関係は別稿で述べたが[5]、山本版と西沢版が懐中本段物集刊行で複雑に絡みあっており、西沢版が山本版を追随する形で出版し、筑後掾の序をつけたものであり、引用もほぼそのままである。『陸奥杣谿谺』については前述した。この影響関係をみると、門流の弟子の太夫によって出された『陸奥杣谿谺』を除いて、他の序の引用関係は出版の本屋が違う場合におこっているのが注目される。また、太夫名をあげながら太夫が編集に関与した形跡がない点も特色としてあげられる。特に版元と太夫との結び付きが弱く、先の分類にみた一イ、二といった太夫自身が語るべき内容からしても、これら先行する段物集序跋から引用する後刊の序は本屋、または、編集者の勝手な引用・剽窃とみてよい。段物集にそこまでして序や解説等をつけたく思うのは、太夫の権威、いうなれば実践による修行による会得、秘事口授といった芸の権威が、段物集の序跋という簡便な場所にも働いていたからと思われる。直接的な伝承のないところで芸の本質、細かな技術について語ることができないといった意識が、権威を付加したい本屋の要望、無論、読者（愛好者）にそうした要望があったことによるが、と重なりこのような現象が生じたのであろう。そこに芸論の芸論たる面目があるのだが、同じ文言の繰返しによる権威の失墜と本屋の強力な商業主義ともいうべきものが、やがては初期の段物集にあった太夫の積極的な姿勢を済し崩しにしていくのである。斯道にかけた芸人の心はいつしか不明瞭なものにされ、形式的な序として残ったといえよう。この稿の最初に指摘した『大湊』のような問題は正に段物集の序における芸論の形骸化された姿といえよう。

六

加賀掾・義太夫の浄瑠璃に対する見解を、段物集の序で語られたものでしか他に知ることのできないだけに、二人の太夫の積極的な発言は十分に検討されなくてはならない。たしかに、『竹子集』序や『貞享四年義太夫段物集』の序・浄瑠璃大概等、二人の太夫の自序は浄瑠璃芸論を代表するものとみてよい。問題はそれらをどこまで浄瑠璃芸論の範囲としてみるかである。いいかえれば、浄瑠璃の芸論としての独自性をどこにみるかということである。

『竹子集』序が多く「謡の仙のかきおかれし書物」即ち『八帖本花伝書』の影響下にあることは既に論じられており、(6)又、個々の引用等については注釈(9)もなされている。指摘の通りであり『八帖本花伝書』の影響を第一に考えることはいうまでもないが、段物集の序をもって自らの芸に対して語る態度は、より近い先例として貞門・談林系の俳書にみることができる。俳書が序跋や式目をもって俳諧の立場を説明しあげつらうことは近世初期の俳書の刊行と同時にある。俳諧中興の時期にある貞徳らの立場と浄瑠璃の発展期にある加賀掾・義太夫の立場は、ジャンルは異なるが、時代的条件として似通ったものがあったといえよう。さらに、序跋をもって述べる言辞にも似通う精神がみられるので、そのことについて付言しておきたい。

『竹子集』序の冒頭は

浄るりに師匠(ししょう)なし。只謡を親と心得べしである。これは「人にいやしまる丶」浄瑠璃をより格式の高い謡に近づけることにより、浄瑠璃の品位を高めようとした加賀掾の姿勢を表わし、その志向のあり方を示すといわれる所である。「～に師匠なし」という成句は藤原定家が『詠歌之大概（えいがのたいがい）』で「和歌無㆓師匠㆒　只以㆓旧歌㆒為㆑師　染㆓心於古風㆒　習㆓詞於先達㆒者誰人不㆑詠㆑之哉」と述べて以来著名な文句である。『竹子集』が刊行される前年談林の論客岡西惟中は『俳諧三部抄』を著わし、『詠歌之大概』に倣った漢文による「俳諧大概」を付し、自らの寓言論を主張した。その論述は

俳諧無㆓師匠㆒唯以㆓寓言句㆒為㆑師　染㆓意古風㆒習㆓詞
活達㆒者誰人不㆑戯㆑之乎

（『近世未刊本叢書談林俳諧篇一』所収本）

と定家の論述をそのままとる。その前に述べる。

風躰可㆑効㆓古人上手之秀逸㆒　不㆑論㆓古今遠近㆒　見㆓寓言躰㆒可㆑効㆓其風㆒

も『詠歌之大概』の文言を自らの主張する寓言論の立場から置き換えたものである。しかし、ここには同じ『詠歌之大概』に示した貞徳の反応とは違うものがある。貞徳は『天水抄（てんすいしょう）』（寛永廿一年貞徳識語）で

元より「和歌に師匠なし」とは申せども、それは上代の和歌の根源を理たる語なり。定家卿以来は、二

条家冷泉家とて両流定て師を定め伝授する事出来侍り……（古典俳文学大系本）

と和歌の伝授を説き伝授を肯定する。惟中は寓言の句を取り上げ古人の上手を習うことを説く。これは加賀掾だけでなく義太夫の『貞享四年段物集』の

稽古の修行なく伝授ばかりにてかたらるゝものにてなし。（中略）修行つもりて上手になれば。ひとりでに伝授にかなふもの也。されば上手をにせよ。上手をにするなと古きをしへにも侍る。

という所にも似通っている。加賀掾の言はむしろ松江重頼が『毛吹草』（正保二年刊）で

俳諧は連歌を父母として万をいへる成べし。（巻第一）（岩波文庫本）

ということばの方に近い、さらに加賀掾が浄瑠璃の品位を高めようとして卑しい行為をとがめた、

今時、浄瑠璃かたるをミるに、或ハ上面をそむき、或ハ人にせなかをむけなどして、かたる。更に心得かたし。（中略）惣して浄るりほど、下輩（けはい）なる物のやうに、人にいやしまるゝハなし。是皆、ミつから芸を、あさまにしなしたるゆへなり。既（すでに）浄るりを能（よく）語り得てハ、かたしけなくも口宣（くせん）をいたゝき、諸国（しよこく）の受領（しゆりやう）に任（にん）ぜらる。いつれの音曲に、かゝる事やある。しかるを、さやうの心得もなく。（中略）たゞう

かく〳〵とかたりちらすハ、ねざししられ浅まし　（『竹子集』）

という態度は、貞徳が『俳諧御傘（はいかいごさん）』（慶安四年刊）や『天水抄』で

俳諧は面白事ある時、興に乗じていひ出し、人もよろこばしめ、我もたのしむ道なれば、おさまれる世のこゑとは是をいふべし也。しかるを山崎の宗鑑犬筑波を撰しより、連歌をば貴み俳諧をばいやしき道とおもへり。宗鑑が心はさにあらず。……抑、はじめは俳諧と連歌のわいだめなし。其中よりやさしき詞をつゞけて連歌といひ、俗言を嫌はず作するを俳諧といふなり　（『俳諧御傘』序〈日本俳書大系所収本〉）

俳諧も和歌の一躰也。賤しき道とあなどり給ふべからず　（『天水抄』〈古典俳文学大系所収本〉）

いかに俳諧なればとて卑しき事すべからず　（『天水抄』）

と和歌・連歌に対し俳諧の立場をあげようとした態度に似る。この加賀掾の姿勢に浄瑠璃という芸能のもつ賤民意識から免れようとする努力をみる見解があるが[6]、浄瑠璃のかたりざまを述べた芸そのものに対する意見の中に、潜在意識としてならばともかく、そこまで考えるのは少し無理のように思われる。貞徳の言との関連などをみれば芸そのものの品位をいうのであろう。自らの芸能の品位を高めるとは身分的な向上という芸能の範囲を逸脱したものではなく、むしろ、芸能そのものの中にある格式の自縛をのがれようとする志向の姿をいうのではなかろうか。大蔵虎明が『わらんべ草』（慶安四年）で

狂言ハ能のくづし、真と、草也、譬ハ、能ハ、連歌、狂言ハ、はいかいのことく、はいごんをいる、、されば狂言の躰ハ能也、（中略）世間の狂言ハ、躰もなく、あハたゝしう、らうがハしく、そゞろ事をいひ、くね〳〵しく、かほゝゆがめ、目、口をひろげ、あらぬふるまひをして、わらわするハ、下ざまの者よろこび、心ある人はまばゆからん、是世上にはやる、かぶきの、中の、だうけものと云也、能の狂言にあらず、狂言の、狂言ともいひがたし
（四十八段・岩波文庫本）

となり下った他流の狂言を非難し「狂言の躰は能也」というのは、加賀掾のことばのもとにある発想と同じものではないだろうか。この虎明の言は斎藤徳元の『俳諧初学抄』（寛永十八年〈一六四一〉）の

物にたとへば、連歌は能、俳諧は狂言たるべし。いかに狂言たりといふとも当世はやる歌舞伎の狂言などは本の道にあらず
（古典俳文学大系所収本）

とあるに似通った意見であり、狂言、俳諧、浄瑠璃といった自らの芸の格式を新たにつくりあげようとする立場にあるものに共通する考え方である。虎明と加賀掾が異なるのは加賀掾の場合

外の音曲、いまやうなど、まじへてかたる事。まことに、やまひ竹、つくり木におなじ。さぞ心あらん人のおかしかるべし。さりながら、さやうの人ハすくなければ、只時の機に応(おう)ずるを本意(ほんい)とする事。我身ながらも浅(あさ)ましく覚る
（『竹子集』）

といいきることができる点である。新興の浄瑠璃と家の芸として確立されていた大蔵流狂言の違いである。また、加賀掾に比して義太夫の新しい生き方を示しているとされる

敷島の和歌の道も、花実そろひたるを名歌とハ申とかや。浄るりもしかり。然れども今様の物にして、人をなぐさめ聞を悦しむるたねならば花七分、実を三分にかたらまほし　（『貞享四年義太夫段物集』）

われらか一流は。むかしの名人の浄るりを父母として、謡舞等はやしなひ親と定め侍る。しかし親の心子しらず。一ぶん〳〵のきてんにて（中略）ならひの外の才覚也（同右）

といったことばも、西山宗因の『阿蘭陀丸二番船』序（延宝八年）の

俳諧の道虚を先として実を後とす、和歌の寓言、連歌の狂言也。連歌を本として連歌を忘るべしと古賢の庭訓なるよし　（古典俳文学大系所収本）

といった言の虚実を花実におきかえ、また、談林が多く学んだ荒木田守武の「はいかいとて、みだりにし、わらはせんと斗はいかん、花実をそなへ、風りうにして、しかも一句たゞしく、さておかしくあらんやうに、世々の好きのをしへなり」「本連歌に露かほるべからず」（『守武千句』）といった俳諧の道に近い考え方であるのを知れば、義太夫と宗因とにも通いあう発想があることに気づこう。こうした俳書の発言と加賀掾・義

太夫の浄瑠璃に対する意識との類似は、加賀掾の側近くに作者として作品を提供した談林の闘将西鶴や『九曲巻』を編んだ俳諧に親しんでいる栄竹、義太夫の側近くには俳諧に手を染めたことのある近松といった人物を想う時、あながちなかったといいきることはできないであろう。もっとも、基本的には新興の俳諧・浄瑠璃が自らの独立・格式を打ちたてるために志向した方向が、共に既成の連歌・謡といったより格式高いものに向ってであったために、類似の意識を述べきたったということであろう。連歌・和歌を能に、俳諧を浄瑠璃におきかえられるだけに、これら俳書にみられた発言と浄瑠璃側の発言との関係は無視することができない。ジャンルの異なる二つのものの間で、直接的な影響関係は別にしても、これ程似通った意見をみる時、加賀掾・義太夫も共に時代の思潮の中で歩んでいた人であったことが思われる。加賀掾の場合、『八帖本花伝書』の影響を第一に考えても、その精神の志向が如何に自らの浄瑠璃の確立のために向けられていたかがわかる。そして、加賀掾・義太夫のこれらの芸論にあらわれた二人の相違は、彼らの背後にある時代の思潮の受けとめた姿勢の違いであり、二人の芸能意識の芸の面における相違を、これらの芸論に表現されたことばだけでみることはできないことはいうまでもない。

七

以上、段物集の序跋にあらわれた近世浄瑠璃芸論の問題を述べてきたが、段物集の序は初期の加賀掾・義太夫についてはその精神的志向をみるに有効なものであることはいえよう。また、後のものについては、本屋といった商業的立場を通して屈折的な伝承がなされていることもわかった。そうしたことを述べながら、いつも奥底に引っかかる問題が私にあった。それは段物集は、その序跋ではなく、つまり、芸論を提供するものではなく、稽古本を提供しているのだということである。そこに所収されている曲こそ太夫達の芸であり、また、芸を代弁するものであるはずである。それらの曲が付随するからこそ彼らは芸論を述べたのである。

確かに初期段物集の序は斯道の大成者の芸能意識を表現していた。しかし、そこに彼らの全てをみることができないことは、先行の書の影響などを考えてみてもその通りである。後の段物集の序跋はあまりにも内容の乏しい、形式的な文辞を見るだけに芸論とすれば失望することが多い。浄瑠璃に直接関係しない者の手になる芸論などあるのかという疑問をもつ。もともと段物集の序跋で芸論を語るのは、稽古のための本という前提があるからである。根本にある芸論とは何かという問題はおいて、少くとも今まで段物集の序跋をもって芸論と呼んできたものは浄瑠璃の何たるかを説明するにはひ弱なものが多かった。改めてこうしたものも含めた中に、語るとは何かを具体的に求めなければならないであろう。それについて資料が少ないとはいえない。ただ、抽象論ならともかく具体的な技芸論に実技を知りえない者がどこまで立ち入ることができるかという躊躇がある。本稿でもそうした問題にふれ得なかった理由はここにある。今後の問題として是非考えていかねばならないものである。

【注】

（1）『早稲田大学演劇博物館所蔵浄瑠璃本目録』（早稲田大学演劇博物館、一九八六）に未見ながら「竹本豊竹音曲大湊　宝暦十三大坂阿波屋平八版　百八十四丁　森芝雀序」とあるによる。馬場憲二氏の御教示によりこれも「増補改正目録」とあることを知った。閲覧調査の時間がなく後稿で補考したい。後日閲覧することができたので、宝暦十三年版と明和四年版との序、所収曲の相違を【補記】として末尾に記す。

（2）角田一郎氏「初期浄瑠璃段物集の意義」（『近世文芸　研究と評論』第一号、一九七一・10）

（3）表章氏『鴻山文庫本の研究　謡本の部』（わんや書店、一九六五・3）第三章江戸期版行部分謡には刊年不明の『曲舞集上・曲舞小諷揃下』が紹介されているが、そこには次のような奥書が認められているとある。

右之本御懇望之間　進入申者也
万治弐　　　石田松玄斎
極月廿五日　　盛直（花押）　〔㋑上巻の分〕

右之本依御所望吟味仕候而　進入之者也
寛文五　　　石田松玄斎
卯月吉日　　盛直（花押）　〔ロの上巻の分〕

此本御所望之間令進入之者也
寛文五　　　石田松玄斎
卯月吉日　　盛直（花押）　〔ロの下巻の分〕

（4）『花伝書』第八巻には「座敷能・舞台の能・囃子も太夫も、大きに変りあり。よく稽古すべし。大方は、舞台にてする態は、大きにいらりと芸をすべし。座敷にては、細かに芸をすべし。」とある。他にも座敷能にふれた箇所がしばしばでる。

（5）拙稿「竹本一流懐中本について」（『語文』第三十二輯、一九七四・9、本書所収）

（6）森修氏「近松の芸論の時代的背景」（『人文研究』第九巻第七号、一九五八・8）

（7）『貞享四年義太夫段物集』の野間光辰氏筆写ノートに次のような同氏の識語がある。「献上本元表紙元題簽／但し手摺れのため判読／困難なり柱にひとあ／るにより仮に秘伝集と云」祐田善雄氏『千尋集』解説（『祐田先生華甲記念近世芸文集』、「山辺道」、一九七〇・8）

（8）『正本近松全集　別巻一―近松浄瑠璃本奥書集覧―』（勉誠社、一九八〇・11）では〔奥書二五の類〕に当る。

（9）郡司正勝校注「竹子集」（『日本思想大系61　近世芸道論』、岩波書店、一九七二・1）。なお、『竹子集』芸論が進

藤以三著『筆の次』に依拠することが田草川みづき氏に指摘されている（『浄瑠璃と謡文化―宇治加賀掾から近松・義太夫へ―』（早稲田大学出版部、二〇一二・3）

（補記）

注（1）の未見の書『竹本豊竹大湊』（宝暦十三年版）と明和四年版『大湊』との所収段物、序の相違を次に記す。

。所収段物の相違

宝暦十三年版	明和四年版
（ナシ）	（ナシ）
㊫御座敷一笑 十二月てまりうた	㊫染模様妹背門松 道行夢路の地蔵廻
(補)本朝廿四孝 道行にあひの女夫丸	(補)太平記忠臣講釈 道行人目のしげぬい
(い)蘭奢待新田系図 道行そのをのしちく	(い)本朝廿四孝 道行にあひの女夫丸
〜	〜
(ゆ)和田合戦女舞鶴 軍勢顆のこさくら	(ゆ)武烈天皇櫳 むしうりのだん
〜	〜
(す)祝言	(す)（同上）

。序の相違（後半部が明和四年版と異なる）

『竹本豊竹大湊』（目録題「竹本豊竹音曲大湊増補改正目録」）

序（明和四年版と相違箇所のみ掲出）

（……都鄙(とひ)遠鏡(えんきやう)の）老若(らうにやく)賤(しづ)の女(め)、藻(も)しほの海女(あま)迄(まで)も月雪花(つきゆきはな)に色添(いろそへ)て、すいもぶすいも情知(なさけし)るとハ故(いへ)ども、或ハ集所の書多くハ一字の仮名一点の誤りあれハ万人のあやまりらむと、予が再版する書ハ甲乙章句の誤を糺し、稽古の一助ともならんと、大字ひらかなを以て、六くたりに書写し、新物古物東西のわかちなく只やすらかなる大湊ハ毎日〳〵入船からハ此方の繁昌とと

森妓雀述

于時　宝暦十三癸未九月吉日

浄瑠璃史における貞享二年

一、「貞享三年、丑の年」の再検討

浄瑠璃史における貞享二年（一六八五）は、京都の宇治加賀掾が前年に大坂道頓堀に竹本座を創設した竹本義太夫に対して、大坂下りを決行し、道頓堀において二太夫の競演がなされた年として著名である。その時の前後の状況を西沢一風著『今昔操年代記（いまむかしあやつりねんだいき）』（享保十二年〈一七二七〉刊、以下「操年代記」と略称）は次のように記す、

○竹庄、五郎兵衛を同道し、宮嶋（みやじま）の市を仕舞（しまい）、大坂に登（のぼ）り、今の竹田外記（げき）芝居をかり、天王寺五郎兵衛といふ名をかへ、竹本義太夫と改（あらた）め、やぐら幕（まく）、まりばさみの内に笹（さゝ）の丸のもん所、今につたへ此まくも也。其比は貞享（ぢやうけう）三年（とし）、丑の年（とし）にてぞありけり。浄るりは嘉太夫致（いた）されし世継（よつぎ）そが、是義太夫出世（しゆつせ）のはじまり、町中の見物、此ふし事になづみぬ。（中略）

次のかはり、あいそめ川、梅の名よせ、道行のすみとすゞりの濃中をはやらし、続て三のかはり、いろはものがたりの獅子の乱曲、道行のなつの、しかのまき筆にて手習させ、其暮は堺にまかり、いよ〳〵評判よく、義太夫ふしは播磨此かたの浄るりと、見物におもひつかし、其年のくれ、心よき越年、是義太夫大音にて、万そろひたるうへに、理兵衛・嘉太夫を呑込、おもしろきふしを付てかたらるゝは、鬼にかなさいぼう、なんでも三味をべづして（ママ）は出世の門はひらきがたし。
○其明刁の年、京宇治加賀掾難波にくだり、今の京四郎芝居にて、西鶴作の浄るり、暦といふをかたられければ、義太夫方には賢女の手習幷新暦として、両家はりあい、ついに義太夫浄るりよく、嘉太夫がた止ぬ。其次のかはり、かいぢん八嶋、是も西鶴作にて、評判よき最中出火して、加賀掾は是限にして京へのぼられ、（中略）
義太夫、刁の年二の替りは、近松に縁をもとめ、出世景清といへるをこしらへ、是にて月を重、其後のかはり、源氏移徒祝、但し頼朝七騎落也。是も評判よく、町中口まねする所に、佐々木大鑑幷に藤戸の先陣、松よひしぐれ相の山の道行、おもひ川ほさぬ袂のかたり出し、珍敷趣向と、はし〴〵角〴〵、此道行けいこせぬといふものなく、是より義太夫ぶしともてはやしぬ。
（句読点・傍線は私に付加）

この記事には、道頓堀への竹本座の進出を記す肝心の年号と干支「其比は貞享三年、丑の年」に誤りがあり、それに続く年号「○其明刁の年」、「刁の年の二の替り」も誤りとされて、次のように考証されているが、一風の伝えた内容自体は、浄瑠璃史の話題として受け入れられている。すなわち、本文上は「貞享三年」ならば寅年であり、「丑の年」では貞享二年となるだけの誤りであるが、大正末年の近松全集（朝日新聞社版）

編纂の中で、「貞享元年七月中旬」と刊記の入った八行本『藍染川』（山本九兵衛・九右衛門版）の、また、「貞享二乙丑歳正月吉日」と刊記のある絵入り十七行本『賢女の手習并新暦』の、いずれも竹本義太夫正本の存在が報告されたことに加えて、「貞享二乙丑歳正月吉日」の刊記をもつ宇治加賀掾の八行正本『暦』（山本九兵衛版）も発見されたことから、義太夫の道頓堀への進出は貞享元年（子の年）七月以前と、年時・干支ともに誤りと考証されたのである。合わせて、義太夫と加賀掾の競演も一年繰り上って刁（寅）年でなく、貞享二年丑正月と訂正されている。(1) さらに、『出世景清』の上演も「刁の年の二の替り」ではなく、最初の年時と干支との間違いを引きずっており、一年繰り上って貞享二年二の替りとなることを、後述する理由から信多純一氏が論説され、(2) これも学界の認めるところとなっている。

このことは、「操年代記」の右の記事がその記録した年時については全て否定された上で、記事の内容自体は、それを示す正本の存在や作者一風の浮世草子作者・正本屋という経歴からも信用され、浄瑠璃史の貞享二年前後を語る唯一の資料として珍重されていることを表わしている。一方において、『外題年鑑』（宝暦版）のように、「操年代記」を参照しながらも、(3)

○当流竹本筑後掾義太夫事
大坂道頓堀ニ而芝居興行の始めは貞享二年乙丑の二月也。最初の浄瑠璃は世継曾我、次は藍染川、其次いろは物語、此三番は加賀掾の古物。其次に井上氏方の賢女手習鑑、頼朝七騎落。以上五替りは先師達の語られし古浄るりにて仕廻、同三年寅の春より近松門左衛門京都より新物を作り越さる。其第一は出世景清是近松氏義太夫浄るり作の最初なり。此後多分近松の作なり。

と、その説を取らずに貞享二年丑の竹本座創設、貞享三年春『出世景清』上演を説く資料もあるが、それは誤りとして退けられている。しかし、「操年代記」のこの記事を改めて検証すべき時期にきているのではないだろうか。本稿は右に述べた従前の説に対して、異なる三つの私見を提示し、さらに、竹本座の道頓堀への進出の年時をも再考しようとするものである。それは次の三点である。

第一点は、道頓堀での竹本座の創設を貞享元年と決定した従前の説の論拠である、『藍染川』『賢女の手習幷新暦』の二正本はその論拠になり得ない。

第二点は、「操年代記」にいう、貞享二年（訂正年時）の義太夫と加賀掾の大坂での競演は、『賢女の手習幷新暦』正本の素性から、また、その時期の加賀掾の動静からみて、現実性が疑われる。

第三点は、『出世景清』の上演は貞享三年二の替りと推定される。

二、『藍染川』『賢女の手習幷新暦』について

第一点の一つ、竹本義太夫正本『藍染川』については、大英図書館蔵の宇治加賀掾の八行正本『藍染川』（山本九兵衛版）が紹介され、義太夫正本はその版木の流用であり、刊記「貞享元年七月中旬」も加賀掾正本に元からあったものなので、その刊記をもって竹本座の旗上げの時期とすることはできないと、鳥居フミ子氏が、この期の義太夫正本の奥書の検討から、既に論証されている(4)。つまり、義太夫正本『藍染川』は加賀掾

が『藍染川』を語った貞享元年七月以後の上演を示しているに過ぎず、従前の説の論拠にはなり得ないこととなる。さらに、『賢女の手習幷新暦』についても同様の問題を指摘することができる。

義太夫正本『賢女の手習幷新暦』は、作本屋八兵衛版の絵入り十七行本一本のみが完本として知られているに過ぎない(5)という資料の稀少さの問題は残るが、大阪府立中之島図書館蔵『往古梨園集（おうこりえんしゅう）』に貼り込まれたこの正本も、太夫名は特定できないが、ある太夫正本の再版本であり、その刊記「貞享二乙丑歳正月吉日」は義太夫の上演時を示すものではない。これが作本屋版であることは残された題簽からわかるが、最終丁の刊記の箇所では、図版に見るように、「新板」とのみあって、当然本屋名が入っていなければならない部分が空白となっている。また、十四丁裏の上三分の一辺りに版木の亀裂による線が版面の左右に走っており、この点からもこの本が再版本であることは明らかである。

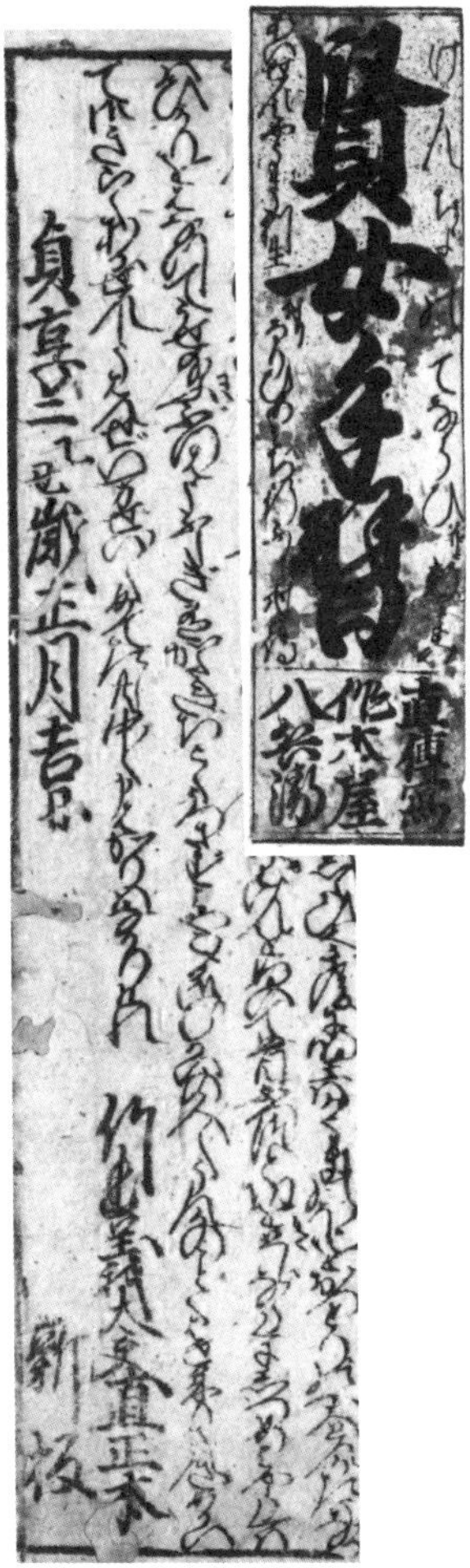

大阪府立中之島図書館蔵
『賢女の手習幷新暦』
題簽および刊記

さらに、「竹本義太夫直正本」とある箇所も埋木による補刻と判断される。その理由は、本来ならば内題下か、刊記の下に入れられるべき太夫名が、最終丁本文末尾の行末に押し縮めて入れられるという他の正本では例を見ないその位置の不適切さにある。しかも、「竹本義太夫直正本」の文字が、隣接する文字の端と彫り残しと見られる点とを繋ぐ、直線の枠に囲まれ、埋木による補刻であることの残像を現している（37頁図版参照）。これらことは、この正本も義太夫以外の太夫正本を、作本屋が版木を買取り、竹本義太夫正本として再版したものであるということができよう。作本屋八兵衛は、元禄五年（一六九二）刊『万買物調方記（よろずかいものちょうほうき）』にも「▲大坂ニテ浄るり太夫本屋」として載る、大坂南谷町の正本屋であるが、その出版正本は、左に掲げるように、太夫名や本屋名が空白のまま置かれていたり、また、覆刻本であるとかであり、太夫から直接に版権を得て刊行したと思われる直正本を見出だすことができない。

作本屋八兵衛版行の浄瑠璃正本

○聖徳太子御伝記　太夫不明　絵入り十八行本（題簽により作本屋版と判明）（大東急記念文庫蔵）
　刊記「延宝九己酉歳三月吉日
　　太夫直之正本写　正本屋　板」(6)

○平安城都遷　宇治加賀掾　絵入り十七行本（奥書により作本屋版と判明）（早稲田大学演劇博物館蔵）
　八文字屋八左衛門版の版木流用(7)

○藍染川　太夫名なし　絵入り十七行本（刊記により作本屋版と判明）（大阪府立中之島図書館蔵）
　内題「［第一］　藍染川　正本」

○吉野忠信　竹本義太夫　絵入り十七行本（題簽・刊記より作本屋と判明）（天理図書館蔵）
　山本九兵衛版の覆刻本

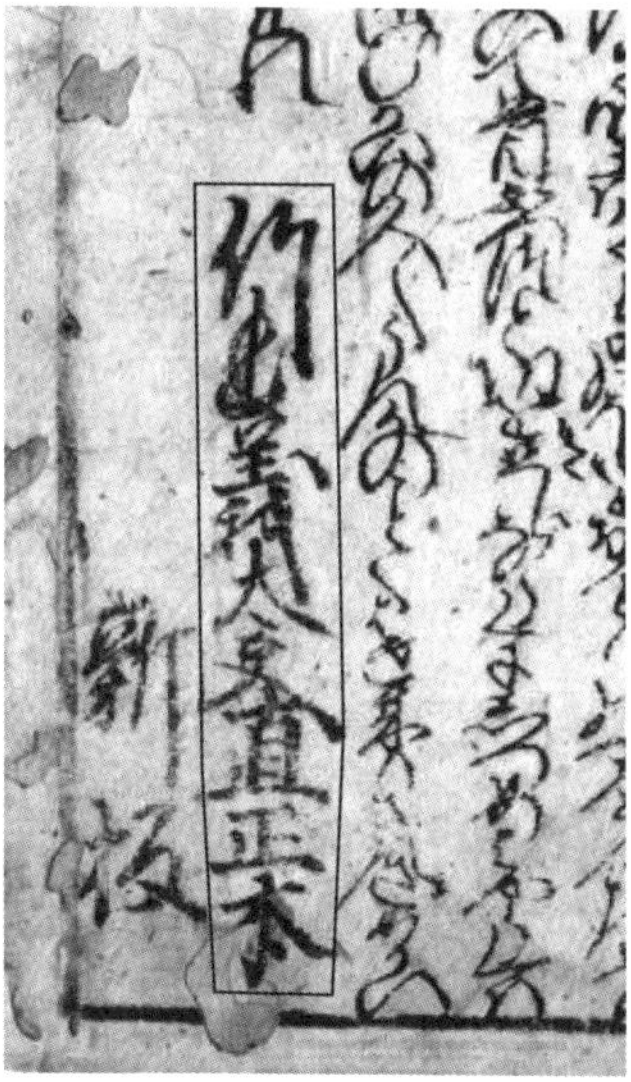

35頁図版拡大

○十二段付り長生殿四季　竹本義太夫　絵入り
十七行本（刊記。但し、刊記に問題）（天理図書館蔵）(8)
刊記「□本正本屋大坂作本屋　八　衛新版」

これらの作本屋の出版活動の様子からも、『賢女の手習并新暦』が「貞享二乙丑歳正月吉日」に刊行された義太夫正本とすることは考えられないことである。なぜならば、この作は、貞享暦への改暦を当込んで外題に『新暦』が付加された作であり、その改暦への運びが、貞享元年十月二十九日に朝廷より貞享暦の名称とともに許可が出され、保井算哲が徳川幕府に献上したのが十一月二十八日であることから、その上演は貞享元年末、あるいは、貞享二年正月でなければ当込みの意味が活きてはこない。とすれば、「貞享二乙丑歳正月吉日」の刊記は上演早々の刊行としなければならず、その時点で作本屋が「竹本義太夫直正本」を刊行することは右に見た諸例からも無理なことと考えるべきであろう。ただ、この『賢女の手習并新暦』の正本については、内題および刊記も本文と不調和を呈しているので、刊記「貞享二乙丑歳正月吉日」も「竹本義太夫直正本」と同時に作本屋によって埋木されたと考えることもできはするが、それは右に述べた理由からは認め難いことである。仮に作本屋がこの正本を刊行した手順を示せば、版木を入手した段階では、

（内題）　賢女の手習并新暦　　（X太夫正本）

（刊記）　貞享二乙丑歳正月吉日　　（Y正本屋）新板

とあったが、それに作本屋は自店の名を入れた題簽を新しく作り、

（内題）　賢女の手習并新暦

（刊記）　　　　竹本義太夫直正本

　　貞享二乙丑歳正月吉日　　新板

と、太夫名や正本屋名を削り、最終丁本文末尾に「竹本義太夫直正本」のみを埋木したのであろう。義太夫名を入れたのは義太夫が語ったことの証左ではあるが、元版は版木の亀裂などからかなり以前に版刻されたものであろう。なお、憶測を加えれば、『賢女の手習并新暦』が『并新暦』の題にも関わらず、改暦に関する仕組が一、二段で終ることから、宝暦版『外題年鑑』が指摘するように、井上播磨掾が語ったとされる『賢女手習鑑』をX太夫が改暦の時宜に合わせて改題上演したものを、作本屋がさらに流用したかとも想像される。

以上の点から、作本屋版の『賢女の手習并新暦』の刊記「貞享二乙丑歳正月吉日」も義太夫の上演年時を表わすものでないこと、『藍染川』の場合と同じで、従前の説の論拠とはこの正本もならないこととなる。

三、義太夫と加賀掾の競演

第二の点であるが、貞享二年正月の大坂道頓堀における義太夫と加賀掾の競演は、「操年代記」の記述と、それを傍証する貞享二年正月刊の『賢女の手習并新暦』と『暦』の二正本の存在によって証明されていたが、しかし、前述の『賢女の手習并新暦』は貞享二年正月の義太夫正本ではないとする結論からは、その一角は崩れたこととなる。ところで、加賀掾はこの時なぜ大坂下りをしたのであろうか。例えば、黒木勘蔵氏は

抑も加賀掾が何故態々下阪したかといふに、その理由は明かには伝へられて居ないが、以前自分の芝居でワキを語つた事もあつた天王寺村の百姓の子五郎兵衛が、人もあらうに自分と水魚の間柄であった興行界の策士竹屋庄兵衛と結託して、遂に大阪で櫓をあげ、しかも当時売出しの作者近松が自分のために執筆した「世継曽我」「藍染川」「以呂波物語」等を次々と語つて好評を博したのを憤つて一泡吹かせてやらうと思つて、特に近松よりは文壇に於て先輩であつた西鶴の筆になる作を携へて乗込んだものでなからうかと推測する。（日本名著全集『浄瑠璃名作集上』解題、一九二七・12）

とされるが、このような理解が一般的になされていたといってよいであろう。京都での動きというならともかく、大坂の義太夫の活動に対して、これでは加賀掾は大人気ないといわれても仕方のないこととなる。他に理由はなかったのであろうか。

加賀掾の大坂下りは従前の説では貞享二年の正月から火事による芝居小屋焼失までである。火事のことは前田金五郎氏紹介の『土橋宗静日記』(9)同年三月二十四日の記事に

道頓堀操加太夫芝居より火出、東風に西材木こや迄不残焼申候

とあり、京都へ戻ったのは三月二十四日以後となる。とすれば、加賀掾は四ヶ月近く大坂で興行していたこととなる。これは、当時の旅興行が一ヶ月単位ぐらいであった実態からすれば、大坂が都会であることを割引いても、長過ぎる感は否めない。しかも、本拠地の京都が近いだけに長期興行は打ちにくいことと思われる。さらに、大坂では『暦』は評判は良くなかったと伝えられることから、その上演を二週間程度と考えれば、『凱陣八島』は一月中旬から三月二十四日まで三ヶ月以上も上演されていたこととなる。正に大好評の中での出火である。しかし、三ヶ月以上に渉る上演は大当たりも大当たりであり、『凱陣八島』がそれ程好評であったと「操年代記」の記事からは読み取ることはできず、加賀掾の大坂での滞在期間についても改めて検討しなければならなくなる。特に義太夫の『賢女の手習并新暦』の正月上演を否定した前述の結論からは、義太夫との競演も疑わしくなる。これに関わって思い合わされるのが、百十一代天皇であった後西院の貞享二年二月二十二日の崩御である。

江戸時代には天皇の崩御や将軍の薨御などに対して、服喪のための鳴物停止が一般人や芸能人達へ幕府から発令されているが、後西院の場合は、京都の町触れによると、次のようになっている。

六〇八　　後西院　　貞享二年丑二月二十二日
　　　　　　　崩　　日数三十五日間鳴物停止、三月七日朝より御法事之間昼夜自身番

六一一　　口上触　　貞享二年三月二十日

一　鳴物二十七日迄停止ノ旨従御公儀被仰出候。番ハ今晩止可申由能作申被来候。

（『京都町触集成・別巻二』〈岩波書店、一九八九・3〉による）

これによれば、京都では三十五日間の鳴物停止がなされたこととなる。この鳴物停止が公許の櫓芝居に及ぶことは、百十四代天皇であった中御門院崩御（元文二年四月十一日）の際の鳴物停止（四月十一日より五月二十五日まで）、御免の町触れ「洛中洛外鳴物停止申付置候得共、四条河原芝居其外渡世日用之もの計、来ル二十五日より鳴物御免候間、此旨可触知もの也。巳五月二十二日」からも知られるところである。百十二代霊元院の場合は享保十七年八月六日より九月五日までの鳴物停止と、必ずしもその日数が一定しているわけではないが、京都では縁故の地だけに、崩御の際の鳴物停止は三十日から四十日と大坂に比べてその期間は長い。後西院崩御の時、大坂では何日間鳴物停止となったか、記録を欠くので確実な日数は不明であるが、右の二院の時は、大坂町触れでは京都より二日遅れて十二日間の鳴物停止となっている。後西院の時も同じであったと考えてよかろう(11)。

予想外の院の崩御による一ヶ月以上に及ぶ鳴物停止、すなわち、芝居興行の禁止が貞享二年二月二十二日から三月二十七日まで京都で起っていたのである。義太夫と加賀掾との大坂での正月競演が前述の理由から考えられないならば、加賀掾は地元京都にあって公演していたことになる。『暦』も、暦の発行権が京都の地と縁深いものだけに、京都で初演されたものと思われる。そして、間もなくこの鳴物停止に出会うこととなる。場合によっては死活問題ともなるこの難を避けるため、加賀掾は空き櫓のあった近くの大坂へ出興行することにしたのではなかろうか。大坂は十二日間の停止故、その期間を利用して移動の準備や手配ができ、うまく運べば停止の解かれる三月六日頃から公演が可能となる。急場のこととて、京都での『暦』をともかく上演するが、時期外れのこともあって評判悪く、続いて西鶴に依頼していた『凱陣八島』を上演するが、不運にも評判の最中に出火して、やむ得ず京都へ引き揚げる。それが加賀掾の大坂下りの実際ではなかったか。と考えれば、大坂滞在は三月六日から二十四日頃までの十九日間程となり、『暦』の上演は二週間前後で打ち切られ、続く『凱陣八島』は一週間程の上演で火事にあったこととなる。四ヶ月近くにおよぶ長興行を考えるよりはこの方が現実的ではなかろうか。義太夫との競演があったとすればこの時となるが、やはりこの件については否定的にならざるを得ない。その理由の一つは既に述べた『賢女の手習并新暦』の正本自体の素性にある。さらに、義太夫が加賀掾と対抗し、「操年代記」が記すような実績をあげていたならば、この直後に刊行された貞享期の語り物をほぼ所収する義太夫の段物集『千尋集』（貞享三年十一月序）、『貞享四年義太夫段物集』（貞享四年正月序）にその段物が載っていなければならないはずであるが、載ってはいない。特に、『千尋集』は、西鶴序を持つ加賀掾の段物集『小竹集』を意識して作られたものであり、(12)『小竹集』には『暦』や『凱陣八島』の段物を所収しているだけに、『千尋集』に『賢女の手習并新暦』が入れられなかったことは、「操年代記」がいうような状況はなかったのではないかと思わざるをえない。ただし『賢女の手習并新暦』が義太夫の語り物にあったことは、筑後掾（義太夫）の追善浄瑠璃『音曲百枚笹』に「けんぢよの手ならひ」と曲名が載るので、『新暦』の語はないが、間違いはなかろう。

また、「操年代記」を参照しているはずの『竹豊故事』や宝暦版『外題年鑑』（二書共に一楽子著）などの浄瑠璃史や浄瑠璃界について述べた江戸期の諸書が、この競演のことにふれていないのも不思議なことである。西沢一風が正本屋として活動し始めるのは元禄九年、(13)浮世草子作者としては元禄十一年以後であるので、貞享二年頃は「貞享三年、丑の年」と書くなど、さらに後年になっての当時の記憶に不確かなものがあったのではなかろうか。「操年代記」の記事を書くに当たって、『暦』や『賢女の手習并新暦』の正本の存在が参考にされたのではないかとすら思われる。

これらの理由や状況からして、貞享二年正月の義太夫と加賀掾の競演はなかったと結論せざるをえないのである。

四、『出世景清』の上演

次に問題となるのは第三点に挙げた『出世景清』の上演年時である。その上演を貞享二年二の替りと考証されたのは、既述のように、信多純一氏である。信多氏の論考は『出世景清』の上演年時の決定とその浄瑠璃としての特質にふれられたものであるが、上演年時を貞享二年とされた要点は次の四点にまとめることができよう。

(1)『藍染川』『賢女の手習并新暦』『暦』の正本の存在によって、竹本座の創設が貞享元年に繰り下がったことから考えれば、「操年代記」を書いたとき、西沢一風は正しい上演時（この語が不適当であれば正本刊行時）からそれぞれ年を二年、干支を一年ずらして記憶していた。

(2)『出世景清』四段目の二児殺しの場面が『凱陣八島』五段目の二児殺しの場面に影響を与えている。（ただし、著書『近松の世界』〈平凡社、一九九一年〉に再録された時は、編注で『凱陣八島』『出世景清』のこの同趣局面の前後については一概に決めがたいものがあり課題となると、舞曲との関係から慎重な態度をとられる）

(3) 貞享元年五月に、公慶上人が大仏殿造営を願い出て、六月に勧化(かんげ)が幕府より許可されている。この勧化の当込みが『出世景清』初段の柱立ての景事である。

(4) 源平武将の五百年忌が貞享元年に当り、『出世景清』はその年忌物の一つである。

これらの点から「刁の年の二の替り」を貞享二年丑の年と結論されている。しかし、信多説は次のような点から私見とは異なる。

(1)の点については、義太夫正本とされた二正本は他の太夫正本からの再版本であり、義太夫と加賀掾との競演も時間的に無理であるとする、前述の私見からは首肯できない。

(2)の『出世景清』が『凱陣八島』に影響を与えているとされる二児殺しの場面は、信多氏が補説されたように、「凱陣八島」が題材とした舞曲「和泉が城」自体がもつ場面であり、両者の間には多くの文辞の類似も見られ、『出世景清』よりも「和泉が城」の影響を先に考えるべきである。(14)

(4)については、貞享三年に『佐々木大鑑』『薩摩守忠度』『主馬判官盛久』などの源平の武将を扱った作が上演されているので、一連の年忌物上演と見れば、『出世景清』のみを貞享二年と決めることはできない。

(3)の柱立ての景事に東大寺大仏殿造営の当込みを見ることは卓見であり、その通りであるが、ただし、当込みを考えた場合、公慶上人の動静からは貞享三年とする方が相応しいと考える。公慶上人の大仏殿造営に関わる行動を、堀池春峰編『公慶上人年譜聚英』（東大寺編）によって追いながら、三年とする理由を以下に述べる。

公慶は貞享元年五月七日に幕府へ大仏の破損修補と大仏殿再建勧進の願書を提出し、六月九日に諸国勧進の許可を得るが、勧進活動開始は十一月二十九日からとされる。しかし、それもまだ準備段階であり、翌年の二月には二月堂修二会の咒師として参籠している。そして、二年五月には勧進帳を版行して、六月五日に江戸の地にて勧進初めの大仏縁起講談等を行なうと伝えられる。畿内での活動は江戸から戻った十月以降のことで、奈良の元興寺近くの井上町では十一月十三日に勧進の奉加帳が回り、翌年一年かけて勧進し、貞享四年に奉加所へ届けている（井上町年代記）。また、貞享二年十一月二十九日には大仏体内修覆の釿始めを行なう。大庭探柳が宝永二年編纂した『公慶上人年譜』には、この日以後の公慶上人の行状を次のように記す。

十一月廿九日、大像の尊前に法事を修す。又、大喜院に坐を設け、始て縁起を講ず。俗に大仏事始と謂ふ此の日自ら錫を飛し、草鞋を著け、始て南都を勧化す。人皆嗟嘆せざること無し。是より難波京師を歴し、遍く六十州を巡る。（書き下し文に改める）

貞享三年九月刊『好色一代女』巻四の一「身替長枕」に「此程、下寺町にて、南都東大寺大仏の縁起読み給ふに、貴賤袖をつらねける」とあるのも、公慶の難波での勧進が下寺町で行なわれたことを当込んだ、西鶴のジーャナリスティクな表現であろう。同年五月刊近松作『三世相』四段目にも大仏殿再興の大勧進のことが当込まれている。実際のところ、勧進所の龍松院が穀屋（地名）に建つのが貞享三年二月三日であり、永禄十年（一五六七）十月十日の松永久秀による南都攻略で落ちたため、仮修覆してあった大仏の御首を本格的に修覆する鋳掛けが始まるのが二月五日である。『大和国無足人日記』の著者大和国添上郡田原郷（現奈良市）の郷士山本平左衛門も東大寺二月堂に足を運んで、初めて勧進の様子を見学したのは修二会の終った貞享三年二月二十日であり、同日記の貞享三年末のところには「当歳珍事、一、南都東大寺大仏殿再興之沙汰」とまで記している。

『出世景清』第五段に、源頼朝が南都大仏再興なって大仏供養聴聞のため、奈良へ下向の途中、討たれたはずの景清の首が清水寺の観世音の首と入れ替わっていたとの報告を受ける場面がある。そこで頼朝は「かくてはいかがもつたいなし。いそぎ千人の僧を供養し、一万座の護摩をたかせ、御ぐしをつぎ奉れ」と命じるが、これは景清の信仰した清水の観世音となってはいるが、公慶上人の貞享三年二月五日に始まった大仏の御首の鋳掛けを当込んでの詞章と考えられる。初段の「柱立て」の当込みと照応した近松の作意に感服させられる。

これらのことを考え合わせれば、『出世景清』における大仏勧進の当込みが活きてくるのは貞享三年二の替りとする方が相応しいと判断するのである。

ま と め

既述の三つの私見からすると、一風は「丑の年」を「貞享二年」としなければならないところを、「貞享三年」と誤ったと考えられる。そして、義太夫の丑の年における活動を述べた後、加賀掾へと話題を転じ、大坂下りを持ち出したため、「丑の年」をそのまま承けて「其明丁の年」と、重ねての誤りをなしたと思われる。また、義太夫と加賀掾の競演も、加賀掾の大坂下りを一年ずらしたため、義太夫の大坂での活躍の時期と重なることになり、二人の競演を『賢女の手習幷新暦』『暦』二正本の存在などからそのまま結びつけてしまったのではなかろうか。また、加賀掾について語っていたのが、いつのまにか義太夫へと話題が転じていく、「操年代記」の文章の特質からして、中間に入れられた加賀掾の記事を飛ばせば、丑の年に「心よき越年」をした義太夫の翌年の行動を「寅の年」として語り続けることに矛盾はない。言い換えれば、西沢一風は、「操年代記」の最初に引用した貞享二年前後の大坂浄瑠璃界の動静を語るについて、「丑の年」を貞享三年としたため、加賀掾の大坂下りを一年繰り下げ、義太夫との競演を作り出してしまうという過誤をなしたこととなる。

以上述べてきたところからは、竹本義太夫の道頓堀での旗上げも貞享二年丑の年となり、『世継曽我』の上演に始まり、『藍染川』『いろは物語』『賢女の手習并新暦』(15)『頼朝七騎落』(16)と、他の太夫の語り物で上演を続けてきた義太夫は、貞享三年二の替りに『出世景清』を近松から得て、『三世相』『佐々木大鑑』『薩摩守忠度』と順調に近松との提携を進めて、新浄瑠璃の時代を築くのである。従前の説である貞享元年竹本座旗上げ、二年二の替り『出世景清』上演では、旗上げ当初の大切な時期に折角近松から『出世景清』の提供を受けながら、一年間の空白をおいて改めて『三世相』以下の作を書いてもらうという、あまりにも間の空き過ぎた結果となる。ただし、竹本座の道頓堀での創設は、宝暦版『外題年鑑』のいう二月ではなく、角田一郎氏が貞享元年の立場で指摘された(17)、宮島での夏市終了後の八月頃かと、貞享二年に置き換えて考えている。

貞享二年末か三年正月に版行された一枚刷「芝居かほみせやくしやくすりぐい」(18)に、

きたの（北野）、ふどう（不動）とたけもとぎだゆふ（竹本義太夫）とがにた（似）　なぜにや
はやり（流行）でたはさて

とあるのも、貞享二年に流行出てこそ時宜に適った言い分となろう。

【注】

（1）藤井紫影編『近松全集　第二巻』所収『賢女の手習幷新暦』解説（一九二五・7）

（2）「浄瑠璃史から見た『凱陣八島』作者の問題」（『西鶴研究　10』一九五七・12）「『出世景清』の成立について」（『国語国文』一九五六・6）。のち『近松の世界』（平凡社、一九九一・7）所収。

（3）『外題年鑑』（宝暦七年版）に「西沢氏の操年代記に見へしか共、予見聞に及ばざれば爰ニ止まる」（十一丁裏）などとある。

（4）「加賀掾正本『藍染川』―竹本座創立の時期をめぐって―」（東京女子大学『日本文学　第64号』一九八五・9）、「竹本座旗上げの時期―正本の奥書をめぐって―」（『正本近松全集　別巻二』一九九六・8）

（5）天理図書館蔵絵入り十七行本は残存八丁のみの零本で題簽も刊記部分も欠く。

（6）『古浄瑠璃正本集　第八』の本書解説は「因みに、水谷目録には、『聖徳太子伝記半一』延宝九年三月、正本屋九兵衛』とある。後者（八兵衛は求板者）の可能性が濃い」とする。

（7）『正本近松全集　第二十五巻』所収八文字屋版同書の解説で、近石泰秋氏は作本屋版と同一版木と推定されるが、秋本鈴史氏は『古浄瑠璃正本集　加賀掾編　第二』での解題では作本屋版第一丁目に疑問を呈するが、その指摘は第一丁のみであり、全体としては同版とみてよい。

（8）天理図書館蔵。刊記に不自然な空白があり、「八」の字体は「九」の上部を削って利用したものと推測する。ここに掲げた他にも、金平浄瑠璃の『しゆ天どうじ』（絵入り十七行本）、『四天王つくしせめ』（絵入り十八行本）について、先行の版元からの復刻であることが指摘されている（『金平浄瑠璃正本集　第一・第二』解題）。

（9）『船場・紀要　第七号』一九七八・2。なお、江戸在府中の石橋正庵『家乗』には貞享二年四月五日と七日との間に二月の二十二日と二十九日の記事を補筆し、その後に「頃日、大坂道頓堀数十字焼失」と記す。

（10）『鸚鵡籠中記』『家乗』などからして、旅興行の場合は一ヶ所での滞在期間はほぼ二週間から一ヶ月が普通である。時には二ヶ月といった例もあるが、土田衛氏が紹介された紀州田辺藩記録『万代記』でも、竹本義太夫は一ヶ月の契約で田辺へ出かけている。

（11）後西院崩御の鳴物停止は江戸は三日間であった（『正宝事録』）。なお、鳴物停止が浄瑠璃芝居にも及ぶことは、後年の記録であるが、『染太夫一代記』（青蛙房、一九七三・1）の十一代将軍徳川家斉薨御（天保十二年閏正月晦日）の際の次の記事が参考になる。

明くる年（天保十二年）二度替りは文楽を勤めしが、右にいふ給金直らざる故に、三の替りより京都四条芝居『日蓮記』、興行半ばより六十六日の長停止にて相休み、四月八日に四条芝居打ち直し…（同書一三九頁）

（12）拙稿「竹本一流懐中本について」（『語文　三十二輯』一九七二・9、本書所収）

（13）井上和人「正本屋西沢一風の開業時点—『新色五巻書』刊行まで—」（『近世文芸　研究と評論　第45号』一九九三・11月）。

（14）信多氏が「浄瑠璃史から見た『凱陣八島』作者の問題」で取り上げられた『凱陣八島』（十七行本）五段目の二児殺しの場面と舞曲「和泉が城」（大頭本）の類似場面を、次頁に記す（付図）。

（15）「操年代記」は貞享三年（従前の説は二年）正月、『外題年鑑』は貞享二年（十一月頃か）とするが、貞享二年正月でないとする立場からは、ほぼこの頃の上演か。

（16）『源氏長久移徙悦（げんじちょうきゅうわたましのよろこび）』と題する山本角太夫正本（推定）があり、『出世景清』と上演の先後について問題提起がなされいる（林久美子『古浄瑠璃正本集　角太夫編　第二』同書解題）が、後考を待ち、近松提携以前の作とみてここに掲げる。

（17）「貞享二年の道頓堀」（『岩波講座　歌舞伎・文楽　第8巻』一九九八・5）

（18）『祐田先生華甲記念近世藝文集』所収「長右衛門（おせん）いせさんくう　新五人女」に合綴。

（補記一）

浄瑠璃本の奥書などに記された刊記を、従来問題にはしながらも、上演年時を示すものと扱ってきたが、土田衛氏は「紀州田辺藩の記録」（『演劇研究会会報　第18号』一九九二・6）で、義太夫の『佐々木大鑑』の刊記（貞享三年丙寅七月吉日）が初演時でなく、刊行時を示していることを指摘され、そうした刊記によって決めていたこの時期の浄瑠璃の上演年月を一、二ヶ月繰り上げなければならないとされた。本稿にも、当然ながら、そうした問題はあるが、正本の出版にかかる時間および売れる時期を考えれば、土田氏の言われるごとく、一ヶ月後頃には刊行されていたと思われ、敢えてそのことをいちいち断りはしなかった。このことが、例えば、加賀掾の『暦』『凱陣八島』などの大坂での上演時期とどのように関わるかは問題となるが、芝居小屋の火事自体は動かないので、論旨には影響ないと考えている。

（補記二）

本稿は平成十年十二月五日に開催された藝能史研究会東京例会における発表内容をまとめたものであるが、『近松の三百年』（近松研究所十周年記念論文集編集委員会編、和泉書院、一九九九・6）に掲載するに当って、信多純一氏の「大橋正叔氏「浄瑠璃史における貞享二年」批判」も併せて掲載されている。信多説の否定ということで、発表の際から信多氏からの反論があり、両者合意の上で、二本並べての掲載としたが、本書では個人の論文集ということで、信多論文は省くこととした。

（付図）

『凱陣八島』

むざんやな若共は五つと三つになりけるを。たゞひらさうのひざにいだき。をくれのかみをかきなで〳〵。しばし涙にむせびつゝ。

念仏申せといふまゝに兄花若を引よせて。心もとを

「和泉が城」（大頭本により私に翻字）

七つ五つに成りける兄弟の若どもを、ゆん手め手のひざにをき、おくれの髪をかきなで

念仏申せ若どもと…兄花若をひきよせて二刀にがい

二刀さしころしふする。	してをしふする
弟が是を見てわつとさけびこわいぞなふ。母うへさまといだきつく。	弟花光が此よし見るよりも、あゝおそろしの父ごや…はゝの所へにげけるを
去りながらころす父なうらみそゐ。是おぢ共がなすわざぞ。	父が手にかゝるをうらみとばし思ふなよ。たゞおぢたちをうらむべし
忠平心はきゆれ共やれ花みつよ。汝斗はゆかぬぞ父も母もゆくぞとて。母に其まゝいだかせながらひぢのかゝりを一刀。わつと斗をさいごにて	目くれ心はきゆれども…汝一人ゆかばこそ、父母もあにもゆくぞとて、たゞ一かたながいしつゝ
同じ枕にをしふせ二人がしがいの其上に。夫婦諸共たふれふしこゐも。おしまずなきにけり。	同じ枕にをしふせてわがみをだいてなきゐたる。…はゝ此よし…しばまてよ若ともよ…泣きしづみてぞゐたりける。

右の『凱陣八島』の二児殺しの場面は舞曲「和泉が城」よりも、井上大和少掾正本『義経記六之巻』（万治四年刊）に依拠して書かれた可能性が高いことが鈴木博子氏によって指摘されている「東西浄瑠璃界の交流と土佐少掾」（『芸能史研究　153号』藝能史研究会、二〇〇一、4）

元禄前期の上方浄瑠璃界

はじめに

元禄前期（初年より九年まで）の上方浄瑠璃界の動向は、貞享元年（一六八四）に大坂道頓堀に竹本座を創設した竹本義太夫の活動を中心に、京都の宇治加賀掾の宇治座との関係を絡めて説かれるのが、浄瑠璃史のありようであったと言えよう。しかし、現状は元禄五年（一六九二）刊『好色由来揃』が、

> 今新太夫の名人、京に宇治加太夫（加賀掾）、凡浄るりの修行四十余年、伊勢中の地蔵において、はじめて芝居取立かたりし時は、いまだ一流をもきはめず、播磨ぶしにてありしが、それよりあしき節をはぶき、よきふしを工夫して、我一流となして、今伊勢島ぶし、古今の出来物なり。山本角太夫、年頃文弥をまなび、よく其奥義を聞て、秘節をくはへ一流となして、人の心をなぐさめたり、奇妙の太夫なり。竹本義太夫、もとは清水利兵衛が弟子にて、はりまぶしをかたりぬ。中頃都にのぼり、清水利太夫と名

> のり、一櫓をあげて人をあつめぬ。其後又竹本義太夫と名をあらため、ふたゝび京にして秘節をつくすといへ共、人さらに耳なきがごとし。それより大坂に帰り一流をかたり出す。難波人是につゝをぬかして、扇をやぶるひまなく、道頓堀江に男女山をなしぬ。松本治太夫古今の名人、又此のちにかゝる太夫も出まじ、千年までもわかうして聞たし、ふしぎの太夫なり。

と述べるように、元禄初年ごろは竹本・宇治座の他、京都には山本角太夫〈延宝五年〈一六七七〉十二月に受領して相模掾、貞享二年〈一六八五〉九月頃に再受領して土佐掾〉が、さらに、大坂には伊藤出羽掾の興した出羽座が岡本文弥を座本として、また、角太夫の弟子と伝えられる松本治太夫も大坂を中心に活躍して、人気を得ていた。その他京・大坂以外の地における興行を記録した、名古屋の『鸚鵡籠中記』や和歌山の『家乗』、奈良の『大和国無足人日記』などには、その流派の系統を明らかにできない太夫たちの名前をも掲げられており、竹本・宇治両座だけでなく、多彩なかたちで元禄前期は浄瑠璃操り芝居が繁栄をなしていたことが知られる。

こうした中で、浄瑠璃操り芝居が目指した道は、伝統的な語りを継承しながら、視覚的にも楽しめる、工夫を凝らした舞台の演出や、時代の動きにあった題材の選択であった。そうした各座の動向について、その特色や交流のありさまを述べていく。

一、竹本座について

貞享二年（一六八五）の宇治加賀掾の大坂下りによる、道頓堀における竹本義太夫と加賀掾の競演は[補記]、加賀掾の芝居小屋の火事による京都への退散となり、義太夫の人気を高め、竹本座の安定をもたらすこととなる。その後、義太夫は近松門左衛門に『出世景清』を始めとして、次々と新作を提供してもらい、元禄初年頃には大坂を代表する存在となっていた。しかし、新興竹本座を支えた近松の方は、浄瑠璃よりも歌舞伎の作者として専念する環境にあったため、義太夫のために浄瑠璃を著作しはするが、貞享末年から元禄初年にかけて陸続と作品を与えたような両者の関係は、元禄初年（一六八八）以降は、近松が竹本座の座付作者になる宝永二年（一七〇五）まで見られない。そうしたこともあって、元禄前期の竹本座には特別に話題となる作の上演は見られないが、義太夫節自体は着実に浄瑠璃愛好者の間に広まっていく。

（1）段物集『日待調宝記』

この時期の竹本座の評判を窺う資料として、この頃の義太夫の語り物から、聞かせ場や見せ場となる道行や景事を集めた段物集『日待調宝記』（西沢藤九郎版）がある。所収曲の目録は次のとおりである。

①　自然居士　　新のまへみち行
②　虎が石　　虎おもひ文
③　同　　とらみち行
④　伊豆日記　　後室みち行
⑤　天智天皇　　びじんぞろへ
⑥　同　　はなてる姫みち行

⑦　蟬丸　　　　あふ坂山びわかう
⑧　同　　　　　あふ坂山みち行
⑨　虎稚物語　　くびじつけん
⑩　同　　　　　しづかみち行
⑪　世継曾我　　とら少将みちゆき
⑫　忠度　　　　一の谷名所づくし
⑬　同　　　　　太刀のめいづくし
⑭　盛久　　　　あけぼの馬小うた
⑮　津戸三郎　　しるしぞろへ

段物集は最新曲を所収曲の第一番目に置くのが通常である。とすれば、『自然居士』が最新曲となる。『自然居士』の上演は、元禄十年（一六九七）七月二十五日に名古屋の徳川家に仕える朝日重章が竹本内匠理太夫の語りで観劇したことを、その日記『鸚鵡籠中記』に記しており、大坂竹本座における初演はそれ以前と知れる。また、『茶屋諸分調法記』（元禄六年二月刊）には、当時に遊女たちが好んだ浄瑠璃として、『世継曾我』『盛久』『天智天皇』『津戸三郎』『忠度』は掲げられているが、『自然居士』は入っていない。『自然居士』がそれ以後に刊行された段物集に常に所収されており、さらに、後世の浄瑠璃評判記にまで、義太夫の「末世までも評判したる浄るり戯題」（文化三年〈一八〇六〉序『音曲高名集』）十二曲の中の一つに数えられる曲であることを考えれば、『茶屋諸分調法記』刊行後に『自然居士』は上演されたと考えるべきであろう。すると、『日待調宝記』は、天和三年（一六八三）上演の『世継曾我』から『薩摩守忠度』『主馬判官盛久』といった貞享期のものも含むが、元禄初年五月の『津戸三郎』から元禄十年以前に語られた義太夫の語り物を集めており、その評判を見るに都合よい段物集といえる。

加えて、『日待調宝記』には、元禄末年頃より正本屋山本九兵衛や西沢九左衛門から次々と刊行された、竹本一流懐中本と称する小型横本の段物集に数多く所収されて人気高い『天智天皇』（元禄五年〈一六九二〉三月以前）、『蝉丸』（同六年二月以前）、『本海道虎石』（同七年七月十五日以前）、『大磯虎稚物語』（同前）も入っており、『烏帽子折』（元禄三年正月）、『多田院開帳』（元禄九年八月頃）の評判曲をこれらの曲にさらに加えれば、元禄前期の義太夫節の享受の様子を窺うに足る曲は揃う。

（2）『自然居士』

『自然居士』は、『甲陽軍鑑』などに伝えられる武田信玄と父信虎との確執の一件に、武田信玄が曾我五郎の転生であるという当時の俗説（堤邦彦「曾我五郎再生譚の近世的展開」、『近世文芸』第五三号、一九九一・3）を取り入れ、謡曲の「自然居士」と曾我の世界を結び合わせて浄瑠璃化したものである。作者を近松と考えられた時期もあったが、各所に先行曲からの流用が多く、また、内容のうえでも場面的な趣向にもたれ過ぎて、近松らしい情緒に欠けることから、現在は近松作には数えていない。平田澄子氏に「浄瑠璃『自然居士』の誕生——題材・趣向・作者をめぐって——」（『文教大学国文』二四号、一九九五・3）と題する論考があるが、『自然居士』を通し、この時期の竹本座に見られる浄瑠璃の特色を考えてみる。

『日待調宝記』は「自然居士　新のまへみち行」を載せるが、『自然居士』の節事には、第一段「大曾我過去物語」、第三段「新の前道行」、「信玄忍びの段」、第四の「さらの舞」がある。「大曾我過去物語」は義太夫が元禄八年四月十日（『鸚鵡籠中記』）に語っている『富士の牧狩（大曾我）』上之巻「ふじのまきがり」の省略流用である。「信玄忍びの段」もまた『十二段草子』の御曹司（牛若丸）が浄瑠璃御前のもとに忍ぶ場面を、信玄が新の前の母と知らずに口説きかけるといった、滑稽な場に替えてはいるが、文章は『十二段草子』の「忍びの段」の適宜流用である。さらに、「さらの舞」も謡曲「自然居士」のシテとワキとの掛合いのその場面を、太夫とワキとの掛合いにして流用する。つまり、これらの趣向は先行の語り物を改めて義太夫節にのせたところにある。それが、新鮮な感覚を観客に与えるために、節の面でどれほど工夫がなされていたか不明であるが、多くの段物集にこれらの節事が所収されていることをみると、義太夫節独自の味わいを感じさせるに十分なものがあったといえよう。

また、『自然居士』の全段の構成は次のようになっている。

第一　祇園社絵馬堂

転法輪三条家の光姫・之房（後に出家して自然居士となる）調伏の絵馬が奉納され、それを見た同家の家臣占部国照が奉納した女を糺して、光姫の継母が我が子新の前に家を継がせるための企みと知る。また、国照を慕う小枝も絵馬も奉納しており、神主のはからいで、二人の縁が結ばれる。

三条家館

病床にあった光姫は身重のまま臨終を迎える。国照は継母の悲しみの様子にそうした企みを感じることができず、之房に秘かに告げて、動きを窺うことにする。

あだしが原

之房は光姫の屍を野辺に曝し（九想詩）、遁世する。国照・小枝は後を追い来て、光姫のお腹より赤子（藤姫）を取り出し、姫を土中に埋めて、赤子を守り育てて之房の行方を尋ねんと立ち去る。

富士の裾野

自然居士となって、之房は東国行脚に出かけ、富士の裾野に着き、一軒家に一夜の宿を求める。主の男は曾我兄弟の仇討ちの物語（過去物語）を語り、自分は曾我十郎の亡魂であり、弟時宗は武田晴信となって再来していることを告げ、証拠の片目貫（かためぬき）を与え、自らの跡を弔うように晴信に頼んで欲しいと言って消える。

第二　武田信虎館

信虎は次男信繁に家督を譲り、戦の大将を命じる。晴信登城し、軍功を訴え、総領の自分を嫌う父信虎のもとを去る。

武田信虎館門前

晴信が追い出されたと聞き、晴信の家臣高坂弾正は抜駆けして信虎の館に攻め込まんとするが、駆け付けた晴信に止められ、連れ帰えされる。

みなとが原

みなとが原に陣を布いた晴信は折から流れ着いた酒を兵士に振る舞い、士気を高め、平賀入道の城を攻め破る。

谷の伏木

谷に逃げ込んだ平賀入道を追い詰め、討ち取るが、伏木に隠れ、戦を避けていた自然居士と晴信は出会い、居士から十郎の伝言を伝えられる。

第三　鳥辺野

国照・小枝は藤姫を連れて光姫の墓に詣でる。継母・新の前も墓参に訪れる。国照は継母を責めるが、継母は身に覚えのないことを訴える。悪家老山名(やまな)伯耆(ほうき)の企みであることが露見するが、国照は信じようとはせず、その場を去る。その後へ、伯耆が迎えに来る。継母は伯耆に問い詰めるが、逆に伯耆は新の前を我が妻によこせと脅し、二人を置いて去る。二人は之房を尋ね求めて、ことの言訳をせんと、そのまま旅に出る。

　新の前道行

新の前・継母、之房（自然居士）を尋ねて、信濃国本山(もとやま)へと道行。

　信濃国法性院

信玄居士と戒名して法性院にいる晴信は旅に苦しむ新の前親娘を助け、自然居士の縁者と知って、親娘をとどめる。信玄、新の前に恋し、忍び行くが、母親を新の前と間違え口説きにかかる。母親は二人の間を取り持つ（忍びの段）。

第四　京船岡

藤姫が迷子になり、国照夫婦は探しに出る。

　雲居寺

自然居士が説法する場に、娘（藤姫）が、身を売って得た小袖を供物に、親の諷誦(ふうじゅ)を願う。そこへ人買がやってきて娘を連れ帰る。

　大津松本

自然居士は人買を追って松本の舟着場に行き、小袖を舟に投げ入れて娘を返すように求める。人買は自然居士にささら舞を舞えば娘を返すと言う。自然居士はささら舞を舞い、娘を取り戻す。そこへ国照夫婦も来たり、自然居士と娘が親娘であることを告げる。

第五　雲居寺

自然居士、信玄、新の前、国照夫婦ら寺に集う。山名伯耆は寺に攻め入るが、信玄の家臣たちに討たれる。光姫の七回忌供養が催され、読経の最中に光姫が雲中に現れ、その後には心の鬼が瞋恚（しんい）の炎を燃やし追い掛けて来るさまが、人々には見えないが、自然居士の目に映る。居士が持っていたお経を雲中に投げ入れ、経文を唱えれば、お経は弘誓（ぐせい）の舟となり、数の菩薩が姫を導けば、姫の姿は仏体となる。

この内容から『自然居士』の戯曲的な新しさとして、次のような点が指摘し得る。

一つは武田信玄を登場させたことである。すなわち、今までの語り物には見られなかった当代に近い人物、身近な人物が主要な人物として登場していることである。しかも、戦国時代の勇猛な武将を好色な男にして、早とちりから、滑稽な近世的な濡れ場を演じさせているのは、時代の嗜好の反映と言うことができよう。こうした歴史上の、また、物語や説話上の著名な人物を、そこで描かれている人物像とはまったく異なった近世的な好色な人物にするのは、近松作の『天智天皇』の葛城の大君（天智天皇）や『蟬丸』の蟬丸などにもすでに見られ、この期の浄瑠璃における人物造型の新しさということができよう。

二つは各段に変化ある趣向を持ち込み、聞かせ所・見せ所で見物の興味を繋ぐことである。それらの場面にどれだけの大道具が設けられているのか全く不明であるが、こうした場面の早い変化も時代的な嗜好の現れであると考えられる。人形の演出は第五の段末でからくり的な仕掛けが用いられたことは絵入り本の挿絵からも想像されるが、その他の光姫の死骸から藤姫が誕生する場面なども、どのように操られたか不明ながら、富士の裾野での亡魂、みなとが原の戦闘場面や「ささら舞」での能がかりの演出などとともに、いずれも人形舞台の見せ場であったと思われる。

三つはお家騒動が部分的であるが取り入れられていることである。歌舞伎においては元禄初年の『大隈川(おおくまがわ)源左衛門(げんざえもん)』ですでにお家騒動物の形が出来上がっていたが、浄瑠璃では元禄七年（一六九四）三月初演の山本角太夫正本『大念仏七万日詣(だいねんぶつしちまんにちもうで)』にお家騒動が取り込まれている。義太夫では、元禄九年竹本座上演と推定される『法隆寺開帳』に、御台所のいとこ兄弟のお家乗取りの企みが筋展開を導く、準お家騒動ともいえるものが現れている。『自然居士』のお家騒動もこれに類するが、いずれも、お家騒動そのものが主筋となる劇展開ではない。しかも、政治的な闘争よりも私的な野望や人間的な感情を露に持ち出しての展開は、歌舞伎的な感情表出のあり方と言える。歌舞伎の影響を考えるべきであろう。

なお、歌舞伎の影響ということでは、『蒲御曹子東童歌(かばのおんぞうしあずまのどうか)』（元禄六年六月晦日以前、竹本座上演）の第三「すけかげ・玉姫心中道行」には後の『曾根崎心中』の道行を思わせる箇所もあるが、それとは別に、熊谷小二郎(くまがえこじろう)が心中しようとする二人を止めたところへ、熊谷の女房をの姫が片手に徳利を下げ、前垂れ姿で現れて、玉姫を見て嫉妬するのは、すでに指摘されているように、歌舞伎の世話場を思わせる。現に、こうした船頭の女房が浮気な夫に嫉妬して切り掛かる場面は歌舞伎『越中国立山禅定(えっちゅうのくにたてやまぜんじょう)』（元禄一、二年ごろ上演）に見える。

浄瑠璃に歌舞伎の影響が少しずつ入ってきている様子がこうした中に窺われる。

（3）　舞台と演出

『自然居士』を通じては既述してきたような特色を作内容から知ることができるが、さらにこの時期に発展を見たのはからくりをも含め、人形の操法や附舞台を利用しての演出である。その点について興味ある記事が『鸚鵡籠中記』の元禄八年（一六九五）四月十日に記されている。

児玉へ操り見物に行く。富士の牧狩、太夫は名人といへ共、浄瑠璃古めかしく面白くなし。中入（なかいり）過て、附舞台へ、竹本義太夫・同新太夫・同喜内。三味線竹沢権右衛門。おやまつかひ小山庄左衛門。皆上下（かみしも）を着し罷出、芝居中へ礼を仕り、則口上に而一々披露在て、師弟つれぶしにて道行一段語る。庄左衛門袴に成り、もじ屏風を立て、道行の人形を廻す。芝居中所望に依て、又ワキを替て一段語る。

（『名古屋叢書続編　第九巻』より引用。名古屋市教育委員会、一九六五・1）

また、同年五月二十八日には、

杉村へ行き、操りを見る。浄瑠璃都の富士。太夫竹本義太夫。中入過ぎ、附舞台へ碁盤人形をつかふ者出で、盤上に機関（からくり）を廻らす。神臂奪仙工形勢〔人形遣いの神技はみごとに作られた人形をそれ以上のものとして遣う〕。出人外、三味線引、歌うたひ等多く出て、潤色之。

（引用同右）

とある。

後年の『曾根崎心中』の辰松八郎兵衛（たつまつはちろべえ）の出遣いを思わせる、小山庄左衛門の附舞台でのおやま人形の出遣いと竹本義太夫たちの出語りであり、また碁盤の上で足つき人形を自由に遣う手妻（てづま）人形の一種である碁盤人形の芸見せである。

さらに、この時期の竹本座の浄瑠璃は絵入り浄瑠璃本と称される挿絵の入った十七行正本で多く刊行されているが、本文の上から、また、その挿絵から人形の演出にからくりが用いられたと考えられる場面が見られる。竹本座のものについて例示する。

『雪女』　元禄五年正月上演

第五「すでにくはんぎよをすゝむる時、ふしぎや、山なりたにひゞき、あくふう大地をふき返し、雪に有つる女のくび、御車につくいきはひとへに、ほのほの三重〳〵ごとく也。

頼光頼信ひげきりひざ丸ぬきつれ〳〵はらひ給へど、けしようは是を事共せず。猶玉体に近付クは、あやうかりける次第也。其時御べうしんどうして、しんれいらうおうのかたちとげんじ、じんづうのほこふりたて、〳〵はらひ給へば、かのくびたちまちけてうとあらはれ、我は是だい六天のまわう〔中略〕けてうは九頭のすかたをあらはし、したを、たれてゐたりける。

其時らうおうほこ取なをし、じんみらいさいしこう日本しゆご九首神霊とふり給へば、たちまち文字うつりけり。」

（『竹本義太夫浄瑠璃正本集　上巻』より引用〈句読点は私に付す〉大学堂書店、一九九五・2）

この『雪女』の例は絵入り浄瑠璃本ではなく、八行正本による詞章から推定するところである。雪女の首が化鳥に変わるのは、人形を素早く入れ替えることによっても可能であるが、御廟が老翁と変じる場や矛に文字が写るのはからくりが利用されたのであろう。こうしたからくりの利用は、

『法隆寺開帳』　元禄九年上演か

第三　嫉妬に狂い、争う御台とあや姫の姿が「かみふりほどきかゝへおび。両方一度にしやらどけて、たちまち石女の三重〳〵二字となり」

第五　天王寺において、老僧が化鳥となり、化鳥が観音菩薩像となる。　（引用同右）

にも見られる。また、

『祝言記』　元禄六年正月十九日以前上演

第五　白髭明神に干珠満珠の二珠が奉納されると、社壇が鳴動して扉や几帳が自然に開いて白髭明神が現れる。龍王のもとに返される二珠の奇特を明神は見せんと宣うと、「しほみつ玉のうちよりも、せ（ウ）うりうのかたちあらはれ、水をはく事たゞ（フシ）たきつせのごとく也。（地ハル）こはいかにと見る所に、しほひる玉の内よりも、おなじくせうりうあらはれて、此水残らずのみほすはきめうにもまた三重〳〵ふしぎ也。（地ハル）りうぐうししやの亀のせい、これもじやぎやうとへんじつゝ、たちまちしうんとなり。かんじゆまんじ

ゆを打ちのせてあがると見れば、二しゆ（ウ）の玉しまわうごんのすがたをあらはし、ゐきやう（ウ）くんじ花ふれば、しらひげの明神はやくしによらいの御すいしやく、わくわうのひかりよもにみち」（引用同右）

とある場面は、絵入り浄瑠璃本の挿絵では「大がらくり」と説明し、「小じや口より水出る」「たまわれ小じや出る」と一方の蛇が水を出し、他方の蛇が水を吸い込む絵が描かれている。また、「かめどうじとあらはれ」「どうじりうぐうへ入」「玉の中より仏出」「やくしによらひ」とあり、次々とからくりによる変化の様子を伝えている。この時期、竹本座でもからくりの使用が多くなってきている。

竹本座のこうした傾向については、浄瑠璃作者でもあった錦文流（にしきぶんりゅう）が『棠大門屋敷（からなしだいもんやしき）』二（宝永二年〈一七〇五〉五月刊）で、

> 浄瑠璃は筑後、播磨太夫死後上るりもあるまいとおもへば、またきついものが出たり。殊更ふし付が上手なり。虎が石（本海道虎石）の上るりに、戻子手摺（もぢてすり）といふ事を仕出し、人形つかひやうを見せ（第三の「大いその虎道行」を指すか）、素語（すがたり）といふ事をはじめたり。あやつり芝居に舞台を付る事、此ときをはじめとす。
>
> （『錦文流全集　浮世草子篇　上巻　近世文藝資料20』より引用、古典文庫、一九八八・9）

と、附舞台が用いられ、人形を見せるために演出に工夫が加えられていく様子を伝える。『本海道虎石』（錦文流作）の上演年時が確定しがたいといった問題はあるが、元禄六年（一六九三）二月刊『茶屋諸分調法記』に名が見えず、『鸚鵡籠中記』元禄七年七月十五日に上演が載っているので、元禄六、七年頃の上演と考え

られ、『鸚鵡籠中記』が記録した附舞台云々のことと合わせて、ほぼこの頃に人形の遣いようを見せるために、本舞台の前に張出しの舞台を設ける、附舞台という新しい演出が用いられたと言えよう。この竹本座の動きは無論独自のものではなく、上方浄瑠璃界全般のものであり、京都の宇治座・山本座や大坂の出羽座においても、積極的に、からくりなどを用い、舞台面での華やかさが人形浄瑠璃の新しい魅力を作り出していた。

二、宇治座について

宇治加賀掾は、六十三歳の元禄十年（一六九七）八月には『紫竹集（しちくしゅう）』（一名『門弟教訓』）を刊行し、その自序で、自らの浄瑠璃を正しく学ぶことを説く。そこに窺えるのは我が一流の浄瑠璃に対する強い矜持であって、操り、すなわち、人形を意識した発言はない。しかし、竹本座に見たように浄瑠璃操りにおける人形遣いの役割は次第に大きくなってきており、宇治座としてもそうした時流を無視することはできないことであった。もっとも、宇治座が、大がかりなからくりや歌舞伎の当り狂言や役者の当り芸を積極的に取り込んだ浄瑠璃を上演するようになるのは、元禄も十年過ぎのことである。ただ、そうした兆候は徐々にではあるが現れてはいる。そうした作として元禄四年上演と推定される『女人即身成仏記（にょにんそくしんじょうぶつき）』を取り出すことができる。

（1）『女人即身成仏記』

『女人即身成仏記』は元禄二年に上演された『花洛受法記（からくじゅほうき）』の続編とも言える作で、京都の日蓮宗の寺院妙顕寺の開祖日像上人の三百五十年忌を当て込んでの作であるが、内容はむしろ日像の法統を嗣いだ大覚大僧正（俗称月光）を中心にして展開する。この三段目に、日像や月光たちが偽勅使によって遠流となり、弟子の知覚・正覚や児島高則とともに、途中の播磨灘で牢輿のまま海に沈められるが、現れた大蛇によって、日像たちは助けられ、護送の船が微塵に砕かれる場面がある。

ふねはみぢんにくだけつゝ、（地）そこのみくずと三重〽なりにけり。
されども（コハリハル）二つのろうごし、知覚正覚高則は、すこしもなみにひたりもせず。あまつさへろうごしは、さうはうへさばくれば、大じやみめうのこゑをあげ、南無妙法蓮華経ととなふ其こゑ、かずのしゆだいと成、なみに（ウ）うかべるたすけ（下）ぶねをさでも（ハル）しよほうじつさうの、風にまかせて備前の国、こじまのかたへながれゆく。なみゆりのだいもくとは（地）此時よりも三重〽申なり。

（『近松全集　第二巻』より引用〈句読点は私に付す〉。岩波書店、一九八七・3）

『女人即身成仏記』には八行正本の他に絵入り十七行正本が鶴屋喜右衛門版で刊行されている。この場面は見開きの挿絵で絵入り正本に描かれており、その図には「大しやあらわれたすけ給ふ所」とあって、「南無妙法蓮華経」の波ゆりの題目が大蛇の背のところに五箇所、さらに大きく描かれた題目が片面中段の上にあり、その上には日像や月光たちが乗り、「日ざう上人たすかり給ふ」とある。これは「水からくり」と記されていないので、本水を使ってのからくりではないが、この挿絵から見ても舞台面ではからくりが用いられていたことと考えられる。なお、『女人即身成仏記』には、八行正本、絵入り正本ともに、その版木を流用して作られた竹本義太夫正本『大覚大僧正御伝記（だいかくだいそうじょうおでんき）』（絵入り正本は『大覚僧正御伝記』）がある。『大覚大僧正

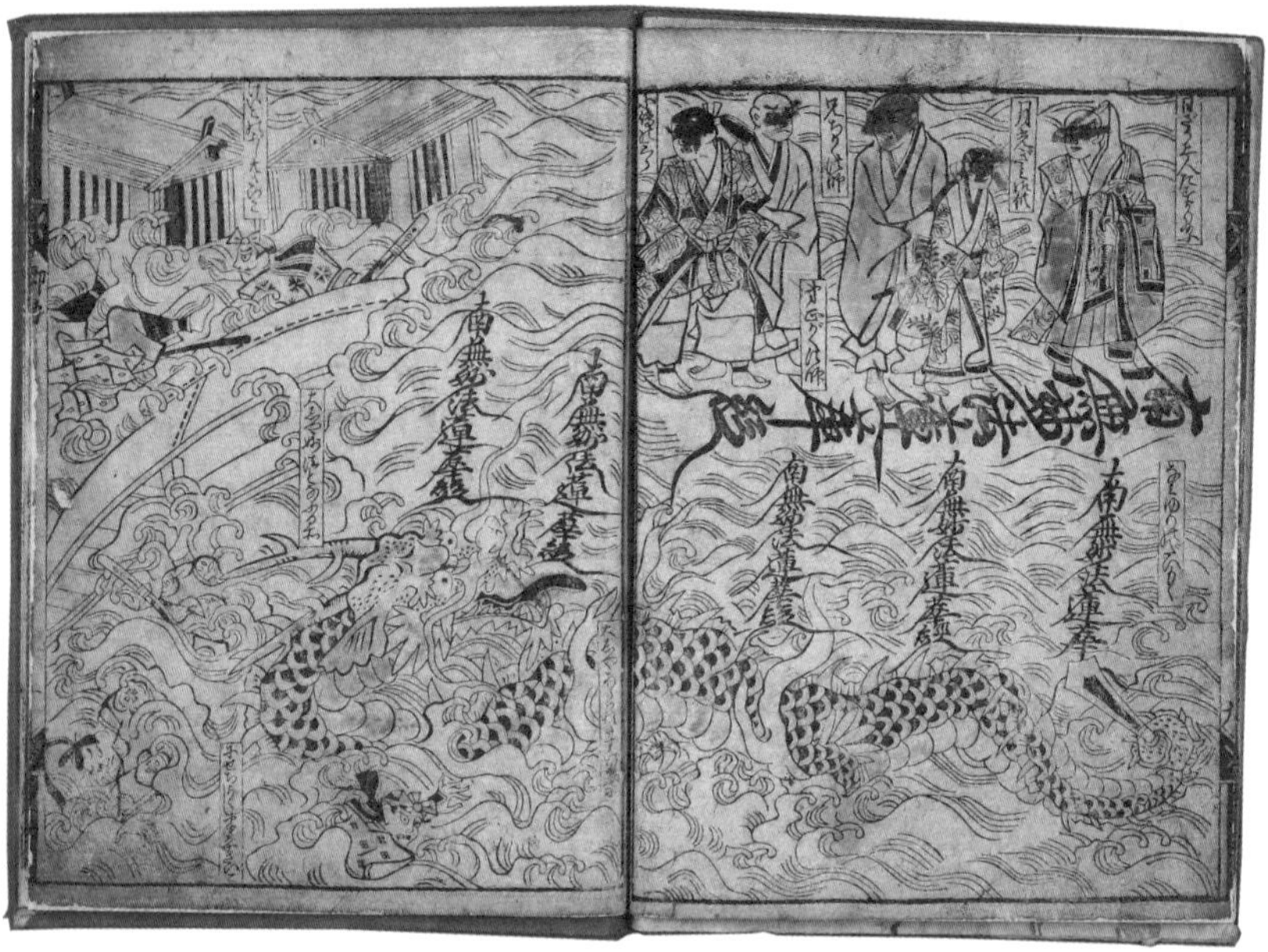

図1 『女人即身成仏記』(7丁裏・8丁表，早稲田大学図書館蔵)

御伝記』ではこの場面、

ふねはみぢんにくだけつゝ、地そこのみくずと
三重〽なりにけり。
コハリハルされども二つのろうごし、知覚正覚高則は、すこしもなみにひたりもせず。あまつさへろうごしは、さうはうへさばけ、ふないたもろともしばしが程なみにたゞよひナヲス見えけるが、時に大じやくだけしふないたこと〴〵く取まき、みめうふしぎのこゑを色ハルあげ、ウ如渡得船(にょどとくせん)南無妙法蓮花経ととなふれば、ふな板をのれと一つにあつまり、もとのごとくのふねとウなる、
フシきめうなりける次第なり。
地色中ハル人々きゐのおもひをなし、日像(ざう)をはじめ、をの〳〵ふねにのり給へば、其時大じや色立あがり、ウたちまちかたちをへんじ、ハルウ妙法五字(じ)のほばしらとなり、おをもつてうしほをまくと見えけるが、ありがたや界如(かいによ)三千のほをあげて、

諸法実相のおひ手を得、風にまかせてそれよりもびぜんの、こじまへ三重へふかれゆく。（引用同右）

と、少し変えられている。挿絵は『女人即身成仏記』と同じながら、竹本座では砕かれた船がもとの船となり、大蛇が妙法蓮華経の帆柱に変わったりする、巧妙なからくりが用いられていることになる。『大覚大僧正御伝記』の八行正本の奥書には「近松門左衛門」の名が揚がっており、両者の関係を考えれば、『女人即身成仏記』も近松作と考えられる（拙稿「『日本西王母』をめぐる問題（承前）」、『山辺道』第二八号、一九八三・3、拙著『近松浄瑠璃の成立』八木書店、二〇一九・6に所収）。なお、『女人即身成仏記』でも第二に、桂川に身を忍び釣糸を垂れる高則のところに月光の異母妹雨夜の前がやってきて、川渡しを頼む場面がある。高則はその姿を見て濡れかかるが、そこへ酒を竹小筒に入れて女房が来掛かり、嫉妬するが、これも前述した歌舞伎的な世話場の取り込みである。

この時期の宇治座と竹本座との間では、『女人即身成仏記』と『大覚大僧正御伝記』との関係に類似するかたちで、ほぼ同内容の作が一部に改作がほどこされ、改題して上演されている。こうした先行作を改作、改題して上演することは浄瑠璃の世界にあってはさほど珍しい現象ではないが、この二座の間では宇治座が上演した作を竹本座が後に改作上演することが多い。この関係が逆転するのは、竹本座に近松が作品を提供することが多くなる、元禄も末年近くなってからである。

（2）三巻物の上演

この時期の宇治座で三巻物の浄瑠璃が上演され始めていることが注目されよう。

元禄七年（一六九四）上演と推定される『和訓三部経』が上中下三巻物の最初の作である。ただし、外題については、残存正本には題簽がなく、「上巻　天竺月蓋長者」「中巻　震旦聖明王」「下巻　日本本田善光」とそれぞれに内題が記されているため、仮外題としている。ただ、この三巻に分けられたのは、月蓋長者と提婆達多（だいばだった）との転生の行き先を、天竺・震旦（中国の異称）・日本の三国へと追って話を展開したためだけであり、上中下巻の筋が三巻構成といえるような緊密な関係を持ちながら展開してはいない。本曲の上演には、その年時推定の論拠とされた、元禄七年六月二十四日から八月晦日まで京都東山真如堂で催された、信濃善光寺如来開帳への当込みがある。善光寺に関わる語り物は出羽座系の太夫が得意とするところであるが、それらとの関係は薄い。また、同年夏に京都の都万太夫座でも二番続き『日本月蓋長者（にっぽんがつかいちょうじゃ）』（富永平兵衛作）が上演されている。この作も善光寺如来開帳の当込みであるが、お家騒動物に仕立ててあり、如来の由来を説く浄瑠璃とは異なっている。元禄六年春には現在知られる近松の最初の歌舞伎作品『仏母摩耶山開帳（ぶつもまやさんかいちょう）』も上演されており、歌舞伎の三番続きの定型も出来上がってきてはいるが、加賀掾の『和訓三部経』の三巻構成を歌舞伎の三番続きと関連づけることはできないようである。むしろ、そうした意味で注意すべきは『飛騨内匠（ひだのたくみ）』の上演であろう。

（3）『飛騨内匠』と水からくり

『飛騨内匠』の上演の時期について、元禄八年説が信多純一氏によって提示されているが（「宇治加賀掾年譜」、《近世文芸資料》六『加賀掾段物集』、古典文庫、一九五八・7）、元禄十年（一六九七）十一月頃の上演と私自身は考えている。その論拠はすでに述べたことがあるが（前掲拙著）、繰り返せば、一つは江戸の上り役者猿若三左衛門が元禄十年に大坂荒木与次兵衛座の顔見世『大和国ちごの文殊』で演じた飛驒内匠の評判が、浄瑠璃の内容と一致することである。『三国役者舞台鏡』に載る評判は次の通りである。

　難波（なには）の顔見せひだのたくみ、はじめは塩（しほ）くみの翁（おきな）こきやうをおもひ出スしうたん、若（わか）やいでからゆうれいの付声（つけごゑ）にて、ないつわろふつするうつり。（『歌舞伎評判記集成　第二巻』より引用。岩波書店、一九七三・2）

浄瑠璃『飛驒内匠』では謡曲『高砂』をもじった謡で上巻は始まり、流謫の身の飛驒内匠は塩汲みの翁となって登場しており、また、龍宮に招かれた内匠は若者に若返って娘の前に現れる。さらに、『大和国ちごの文殊』の番付（『元禄小唄番附尽』所収）に見られる役名が『飛驒内匠』の登場人物と類似することにある。また、右の「番附尽」には須弥山の図が描かれており、これも浄瑠璃で内匠が須弥山の図を得んがために渡唐するのと一致が見られる。二つは、元禄十一年正月上演の歌舞伎『けいせい浅間嶽（あさまがだけ）』との関係から同年秋上演と推定される、宇治加賀掾正本『南大門秋彼岸（なんだいもんあきのひがん）』の絵入り八行正本の表紙見返しに載る宇治座の出演者の顔触れが、『飛驒内匠』の絵入り十七行正本の表紙見返しに載る人形役人付けとほぼ重なり合うことにある。加えて、『飛驒内匠』の景事「めいしよづくし・しゆみの記」が加賀掾の段物集『紫竹集』七に載るが、その所収曲の順序から見て、『魂産霊観音（たまむすびのかんのん）』（元禄十年春頃と推定）、『忠信廿日正月（ただのぶはつかしようがつ）』（元禄十年頃と推定）以後『南大門秋彼岸』以前に『飛驒内匠』が上演されたと考えられることにある。ただ、歌舞伎と浄瑠璃との上演の先後は決め難いが、『飛驒内匠』が三巻構成を取っていることからすれば、歌舞伎の三番続きの影響が考えられ、以上のことから、『飛驒内匠』は『大和国ちごの文殊』の上演された元禄十年十一月頃に上演さ

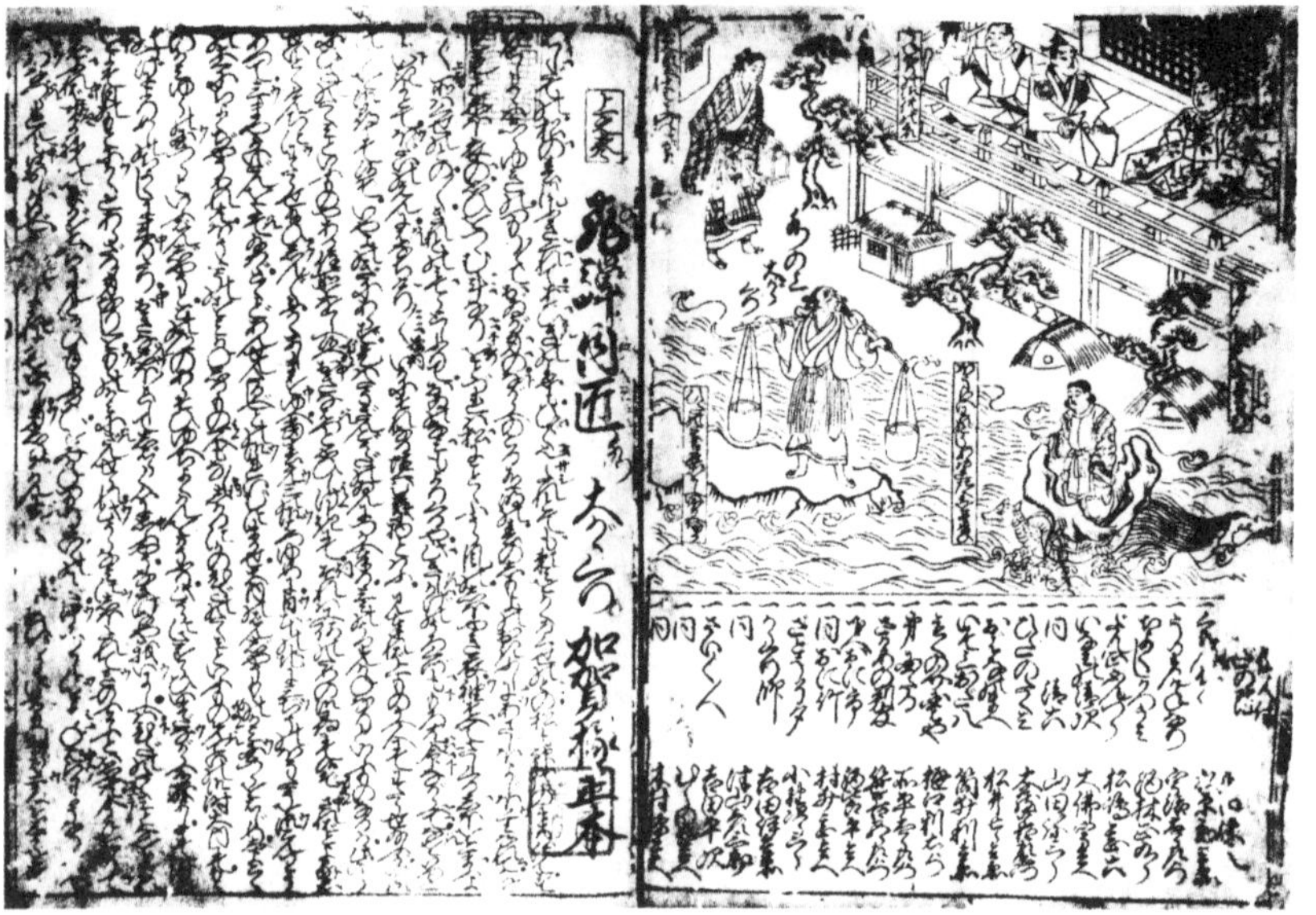

図２『飛驒内匠』表紙見返し（天理図書館蔵）

れたと推定する。

本稿では元禄九年までの上方浄瑠璃界を取り扱うこととしているが、敢えて元禄十年十一月頃と推定する『飛驒内匠』にまで言及したのは、歌舞伎の影響を受けた三巻物の始まりの問題に加えて、宇治座における本格的なからくりの使用をこの作に見るからである。

元禄十年春上演と推定される『魂産霊観音』の絵入り十七行本の題簽上部に「宇治加太夫／仁王の大からくり」と書かれており、同曲におけるからくりの使用が見られる。しかし、これは時松孝文氏が推測されるように（『古浄瑠璃正本集　加賀掾編第三』同氏解説、大学堂書店、一九九一・2）、初段終了後の附舞台での間狂言（あいきょうげん）としてなされたものであろう。一方、『飛驒内匠』では絵入り十七行正本の題簽に「ひだのたくみ水大からくり」、また、内題下にも「水大からくり」と記している。『魂産霊観音』とは規模の上からも違った大がかりなからくりの使用が窺われる。絵入り本の表紙見返しに描かれた「水の上大からくり」は、第一段の次の場面である。

時にかいしよう風はげしく、しらなみ天を三重へひたすかと、おどろきみれば、こはいかに、いくとしふる共しらなみに、をよぎ出たる大亀の、かたちかうに三きよくのいはほをいたゞき、松竹しげりおひたるは、ていげうにさゝげたる、ゑつしやうこくの大亀かと、せうようとして立所に、かうじやうのいは二つにわれ、やうらくさいなんの、ゑもんたゞしき天どう、こつぜんとしてこゑをあげ、いかにたくみあきらかにきけ。汝がさいく（中略）老をかへして今一度、身をわかたけのよゝにほまれをとゞむべしと、大龍王のめいにおうじ、只今むかいにらいりんせり。りうぐうじやうへいざなはん、とく〳〵、とこそ仰けれ。　（『古浄瑠璃正本集　加賀掾篇　第三』より引用〈句読点は私に付す〉。大学堂書店、一九九一・2）

と、水上に亀が現れ、その甲上の岩が割れ、童子が出るさまを、水からくりで遣っている。その他、随所に水からくりを用いている。

水からくりの大がかりな使用は宇治座よりも、むしろ、出羽座関係の太夫たちに早くから見られ、宇治座がこうした傾向を強くしてきたことは、当時の趨勢ではあるが、手妻人形の使用とともに出羽座や山本座からの影響をも考えなければならない。それが加賀掾の望んでいた方向であったとは、我が一流の浄瑠璃に誇りを持ち、近松にさえも正本に作者署名を入れさせなかった、その見識からして疑問に思われるところである。

三、出羽座――付記・山本角太夫

伊藤出羽掾藤原信勝が創設した出羽座は延宝末年（一六八〇）頃にはすでに初代岡本文弥に一座は任せられており、文弥節は大坂にあって人気を博していた。大坂の地誌で諸職諸芸の者をも載せる『難波鶴』（延宝七年〈一六七九〉七月刊）には、「町浄瑠璃并だうけ諸芸」に「文弥風」を語る者七名を掲げているのに対して、「播磨風」六人、「二郎兵衛風」二人、「本出羽風」一人と、泣き節を特色とする文弥節の人気の高さが数字で示されている。特に、「本出羽風」が出羽座本来の語り風をいっていることからも、文弥の出羽座での存在の大きさが知られよう。初代出羽掾は貞享三年（一六八六）八月以前に死去していたと指摘されているが（阪口弘之「一心二かびやく道」解題、『赤木文庫古浄瑠璃稀本集――影印と解題――』、八木書店、一九九五・5）、出羽座で中心的な立場にあった文弥自身も元禄七年（一六九四）正月には没する（『名人忌辰録』）。この初代文弥は自身の正本をほとんど残しておらず、具体的な活動を挙げることができないが、山本角太夫は初代伊藤出羽掾、初代岡本文弥に師事したと考えられており、両者の密接な連携を示す段物集も紹介されている（阪口弘之「出羽座をめぐる太夫たち――「道行揃」を手がかりに――」、『人文研究』第二六巻、一九七四・10）。その後、元禄十二、三年頃には二世出羽信濃掾が座を継ぎ、太夫も二代文弥（今文弥）の時期となるが、その間の状況もよくわかってはいない。しかし、出羽座は文弥節とともにからくり使用の人形演出によって人気を博していたことが知られており、元禄五年七月上演の『新大織冠水がらくり』を取り上げることによって、この間の出羽座の特色の一端を知ることができる。

（1）『新大織冠水がらくり』

『新大織冠水がらくり』には吉身屋藤九郎版の絵入り十七行本があり、その節付から伊藤出羽掾正本と推定されるが、第一冒頭の節付は山本角太夫の特色を示している。このことから、『新大織冠水がらくり』の角太夫正本は現在知られていないが、角太夫の逸題段物集（大阪大学忍頂寺文庫蔵）に『新大織冠　たんかい公道行』が所収されており、その本文が出羽掾正本と同文であることから、出羽掾正本のもととなった角太夫正本の存在が想定されている（信多純一「山本角太夫について」、『古浄瑠璃集　角太夫正本』、古典文庫、一九六一・10）。延宝・天和期の初代出羽掾の盛時には、出羽掾正本を角太夫が改作して上演することが多かったが、元禄期にはその逆の関係も見られてくる。両座におけるそうした関係が、角太夫の出羽掾・文弥弟子説の論拠の一つにもなっている。

『新大織冠水がらくり』は題名にも「水がらくり」と銘をうつように、各所に本水を使う大がかりな水からくりが利用されていることが、絵入り本の挿絵に添えられた説明から明らかとなる。しかし、浄瑠璃の本文からはその場面の具体的な表現を得ることが、いまひとつ、できない。それは後の山本飛騨掾のものにも感じるところであるが、語りに合わせて人形を遣うという二者間に繋がりの希薄さが感じられるのである。言い換えれば、人形の演出は、語りに縛られることなく、人形独自の舞台として見せるといった、芸見せ的な演出がなされていたのではなかったかと思われるのである。なお、角太夫の弟子松本治太夫に本作を部分的に改作した『大がらん宝物鏡』（元禄九年〈一六九六〉上演と推定）があり、からくり利用の場面については『新大織冠水がらくり』がそのまま持ち込まれているが、『大がらん宝物鏡』においても、からくりの様子を具体的に想像させる記述は見られない。この二曲の比較検討や松本治太夫について、林久美子氏に考察がある（「大がらん宝物鏡」解題、『赤木文庫古浄瑠璃稀本集――影印と解題――』前出）。

「出羽がしだしの水がらくり」（元禄十三年三月刊『役者万年暦』京之巻）と評判される、出羽座のこうした傾向は元禄十三年十一月二十五日に山本弥三五郎が飛驒掾を受領して一層盛んとなる。

（2）泣き節

一方、文弥以来の愁嘆場での泣き節も受け継がれており、「出羽しばゐの阿波太夫がうれいぶしに打こみ、四十八願記の三段めをおぼえて」（享保二年〈一七一七〉秋序『世間娘容気』巻二ノ三）と、文弥の弟子岡本阿波太夫（鳴門太夫）も愁い節（泣き節）で人気を得ていたことが知られる。ただし、阿波太夫については、『竹豊故事』上で「殊更山本飛驒掾、手妻人形の所作事・繰抔取雑へ見せられし故、其時代の見物衆大に悦ひ繁昌し、大坂中は云に及ハす、遠国迄も名誉を顕ハされたり」と、大坂における出羽座の繁盛を述べた後に続けて、「其門弟岡本阿波太夫も相続て世に鳴られし也。此人声柄と云、甲乙共に揃ひ上手成しか共、時移り年変りて一向当時は用ひず、惜き芸を埋もれ仕廻ニ終られたり」（『日本庶民文化史料集成第七巻人形浄瑠璃』より引用。三一書房、一九七五・10）と、竹本・豊竹両座に押され、消えていった出羽座の消長を伝える太夫として語られている。近松は後年「浄るりは憂が肝要也とて、多くあはれ也なんどいふ文句を書、又は語るにも、ぶんやぶし様のごとくに泣が如くかたる事、我作のいきかたにはなき事也」（『浄瑠璃文句評註難波土産・発端』）と語っているが、感情を率直に表現する文弥節やからくりなどの視覚的な舞台効果に頼るだけでは受けとめきれない、新しい動きが演じる側にも見る側にも、元禄後期には始まっていることを予想させる、出羽座の衰退である。

（3）山本角太夫

宇治加賀掾と同時期に京都で活躍した太夫に山本角太夫がいる。延宝五年（一六七七）閏十二月相模掾を受領し、貞享二年（一六八五）九月頃に改めて土佐掾を受領するが、角太夫の呼称で通しておく。

前述のように、角太夫は伊藤出羽掾、岡本文弥の弟子筋にあたる太夫と考えられている。早くは出羽掾の語り物を流用または改作するなどが目立つが、出羽座の泣き節をうれい節とするなど、独自の語り風を聞かせるとともに、水からくりや南京からくりを利用した変化ある舞台で、京都の見物を引き付け、興行を保持してきた。角太夫の没年は元禄十三年（一七〇〇）と推定されているが（前掲、「山本角太夫について」）、元禄期に入っての角太夫の活動を代表する浄瑠璃として『天王寺彼岸中日』があげられる。

『天王寺彼岸中日』は元禄元年二月頃が初演と推定される、角太夫の元禄期における当り浄瑠璃であり、その第一段は主人公とよかつが天王寺に参詣し、一睡の中に仙術を学び、仙人となる場面である。この一段を、「かはりとよかつしまばらみゑくのもん日」と題して、遊里での場面に置き換えて、酒席などで余興に語られる肴浄瑠璃が作られるほど、この作は評判を得たものであった。しかし、その内容は、邯鄲の枕の故事を利用し、生死輪廻の根本にある有相（仏教の正しい在り方をいう無相に対して、誤った在り方をいう）への執着を見せ、人々を仏縁に導くという、角太夫が延宝期の当初より演じてきた説経的なものである。この上演がたとえ天王寺の聖徳太子御影開帳の当込みであったとしても、また、からくりなどを用い、舞台がどれほど変化にとんだものであっても、当時の加賀掾や義太夫が語っていた作と比べてみれば、仏教的な人生観・人間観から踏み出すことのない内容に、時代遅れの感は否めない。現に、この頃から角太夫の語り物に『天智天皇』『凱陣八島』『源氏烏帽子折』『出世景清』『京みやげ』（『本朝用文章』の改作）といった、加賀掾・義太夫からの借り物が目立って現れてきている。ただ、角太夫の場合、『古浄瑠璃正本集 角太夫編』が古浄瑠璃正本集刊行会によって三冊編まれ、その活動の全般を知ることは容易になったけれども、上演年時が確定できないものが多く、活動の展開については今後より精密な研究が求められてこよう。特に、元禄期に角太夫がいかほど活躍していたかは、摑みがたく、むしろ、弟子の松本治太夫の方が盛んではなかったかと、最初に引用した『好色由来揃』の評判や逸題『松本治太夫段物集』（天理図書館蔵）からは窺われる。

おわりに

元禄前期の上方浄瑠璃は、既述の各座の動きから見れば、竹本義太夫と近松門左衛門との提携による新浄瑠璃の勃興を承けて、おおいに活況を呈していた。ただ、義太夫と近松との提携が示した、優れた詞章と語りによる人間の情の表現は、強い個性の結び付きによる成果であったため、他の太夫たちが簡単に学びとることのできないものであった。義太夫自身さえも、近松が歌舞伎界に去った後は、自分一人だけでは、貞享期のように次々と新作を発表し、他座の太夫たちに脅威を与えるような意欲的な活動を展開することはできなかった。それでも、いったん作られた雰囲気は浄瑠璃界に新しいものを求めようとする、積極的な動きをもたらした。それが上述してきたようなことであった。もっとも、この動きについても、各座の特色を育てたそれぞれの歴史があり、全体としては同じ方向を示していても、その展開は一様でない。

例えば、『野郎立役舞台大鏡（やろうたちやくぶたいおおかがみ）』に、「おかしたいもの」として、近松の歌舞伎狂言や浄瑠璃本への作者署名への非難と、合わせ並べられているのは「南京（なんきん）のあやつり」である。その説明や理由は『野郎立役舞台大鏡』には何もない。しかし、南京操りが『竹豊故事』下に「南京糸操（なんきんいとあやつり）ハ寛文延宝の比より遣ひ始めし由、京都山本角太夫芝居ニ専ハら遣ひし也」とあるように、浄瑠璃操りの一つであることから、それに対する批判であると考えてよかろう。この南京操りは山本座だけでなく、出羽座においてもよく用いられている。南京操りには水操りもある（『百丈山大知禅師伝暦』）が、挿絵などよりして、比較的小さな人形の操作に利用されているようである。それが批判の対象になるのは、この後に続く近松への賞美の言葉「此人作られける近代の上るり詞花言葉にして内典外典軍書等に通達したる広才のほどあきらけし」（『野郎立役舞台大鑑』）から思えば、そうした小細工は語り物の浄瑠璃の本道から外れるとされたからであろう。

浄瑠璃作者近松の登場は、「某出て、加賀掾より筑後掾〔義太夫〕へうつりて作文せしより、文句に心を用る事、昔にかはりて一等高く」（『浄瑠璃文句評註難波土産・発端』）と、本人が語るように、浄瑠璃は言葉すなわち表現の魅力とそれを聞かせる太夫の語りの魅力にあることを観客に改めて教えたものであった。しかし、各座ともに近松のような作者がいなければそれもできない相談である。各座は近松の作文に代えて、新しい動きに遅れないために、人形の演出の目新しさで観客の興味を繋ぎ止めようとした。南京操りではなく、より大掛かりなからくりの使用といった、観客の目を見張らさせるような効果をねらった演出も盛んに行なわれた。また、人形遣い自身をも見せる附舞台での演技などの工夫もこらされた。各座がそうした技術の開発に走ったのは、人形が添え物ではなく、浄瑠璃と操りが正に一体化する意味において、通るべき道でもあった。そして、こうした方向が選ばれた理由には、さらに、歌舞伎との関係もあった。「歌舞伎の生身の人の芸と芝居の軒をならべてなすわざ」（『浄瑠璃文句評註難波土産・発端』）の浄瑠璃操りが歌舞伎を意識せずにすまされない状況が、近松個人の問題でなく浄瑠璃界全体に、生じてきていたのである。歌舞伎の芸や演出の発展であり、歌舞伎の演目の新しさである。この少し後、世話浄瑠璃が世話狂言の影響を受けて作られたことはすでに説かれて久しい。その前段階が浄瑠璃への三巻物の導入であり、お家騒動物や世話場の取込みである。説経浄瑠璃種の題材からなかなか抜けきれなかった出羽座や山本座に対して、宇治座や竹本座は近松を擁したことから、新鮮な題材での新作上演の経験を持つことができた。この相違が四座それぞれの発展のあり方を変えたといっても過言ではあるまい。

そして、これまで述べてきた各座の様子は、概略にすぎないが、特徴的にその方向を示したものである。それは、竹本座という新浄瑠璃の参入がもたらした浄瑠璃の革新をどのように受け止め、浄瑠璃界の発展に遅れないための創意工夫――そこには試行錯誤的なものも見られるが――をどのように重ねてきたかということの現れでもある。最初に述べた、元禄期の上方浄瑠璃界の多彩な繁栄とは正にそうした活力の中で生まれてきたものと言えよう。

（補記）

本稿発表（平成十年五月）後、大橋は「浄瑠璃史における貞享二年」（本書所収）で、竹本座の道頓堀での創設を貞享二年とし、同年の道頓堀での竹本義太夫と宇治加賀掾との競演も否定する見解を発表（平成十一年三月）している。本稿では従前の貞享元年竹本座創設、同二年の義太夫と加賀掾との競演説を紹介するが、この件と本稿の内容とは直接に関わらないため、初出時のままを掲載している。

合作浄瑠璃の時代

はじめに

竹本座の座付作者近松門左衛門が享保九年（一七二四）正月上演（以下、浄瑠璃の年時は初演時を記し、上演の文字は省略）の『関八州繋馬』を絶筆に、同年十一月二十二日に没し、また、豊竹座の座付作者であった紀海音が享保八年七月の『傾城無間鐘』を最後に浄瑠璃への筆を断って後、浄瑠璃は単独作もあるが、多くは複数の作者による合作へと移っていく。合作浄瑠璃の初作は享保八年二月十七日、竹本座の『大塔宮曦鎧』（作者竹田出雲・松田和吉）とされる。この七行正本の内題下には「近松門左衛門添作」とある。前年九月朔日の松田和吉作『仏御前扇軍』にも「近松門左衛門添作」とあり、近松在世中より、竹本座では近松を中心とした作者部屋で浄瑠璃が作られていたと考えられる。[1] 豊竹座でも享保八年十一月三日の『建仁寺供養』は西沢一風・田中千柳の合作である。合作浄瑠璃への移行は、近松・海音以後の浄瑠璃創作の方法として、予定されていたかのように進められているのである。そして、太夫の出演形態の変化、人形の操法の発達、舞

台の構造や大道具等の発展の中で、

> 近比、ある人の説に、操りを見やうならば今の芝居にしくはなく、本を読みて楽しむには中古近松が作にしくはなし。（『浄瑠璃文句評註難波土産』巻二）

と言われるように、浄瑠璃操り芝居が変貌していくにつれて、合作の制度も一段と盛んになり、浄瑠璃操り芝居の全盛期を築くとともに、衰退への道をも辿っていくのであった。

一、享保後期の竹本・豊竹両座

近松没後の竹本座は、作者をも兼ねる座本竹田出雲（元祖。俳号、千前軒奚疑）を中心に、太夫に竹本政太夫や竹本大和太夫など、人形遣いに吉田三郎兵衛やその子吉田文三郎など、作者に松田和吉（享保十五年〈一七三〇〉以降は文耕堂と称す）や長谷川千四がいた。ことに、竹本政太夫は櫓下として活躍し、享保十九年二月には二代目竹本義太夫を襲名、翌二十年十一月に竹本上総少掾藤原喜教を受領、さらに播磨少掾を再受領（受領の時期については、享保二十年十月頃、元文二年〈一七三七〉正月、元文三年正月以前と諸説がある[2]）する。その語り口は「音声に深く人情を含みけるゆへ、聴く人感心して、浄瑠璃中興開基の名人なり」（『音曲口伝書』）と評判高く、竹本大和太夫没（享保十八年三月）後は、一人で大序・二段目切・三段目切・四段目切を語り、節事よりも役柄の性格を着実に語りこむ地事に特色をもつ西風と称される竹本座系の芸風を確立する。延享元年（一七四四）七月二十五日に播磨少掾は五十四歳で没するが、この西風の語り口は竹本座の太夫たちに伝承され、義理と情との葛藤をより積極的に描く、竹本座の浄瑠璃を語るに相応しいものへと洗練されていくのであった。

一方、豊竹座は、座本を兼ねる豊竹上野少掾は四十代の充実期にあり、享保十六年九月三十日に再受領して豊竹越前少掾藤原重泰を名乗る。若年の時、竹本義太夫に師事するが、豊竹若太夫の名で独立し、宝永四年（一七〇七）暮に豊竹座を大坂道頓堀に再興する。「音声天然と格別に生れ」（『竹豊故事』中）ついたと評判される美声で、竹本義太夫とも対抗してきた越前少掾は、歌うように語るとされる優艶な語り口をもって、西風に対して東風と呼ばれる芸風を形成する。作者には、紀海音に代って、豊竹座の正本の版元（西沢九左衛門）であった、浮世草子作者西沢一風や田中千柳を迎え、二人の合作の時期を経て、享保十一年四月八日の『北条時頼記』より並木宗助（後に宗輔、延享二年竹本座へ移ってからは並木千柳。豊竹座時代の表記は宗輔で統一）・安田蛙文が加わる。この『北条時頼記』は、

……並木宗助・安田蛙文、美若なれ共、浄瑠璃一段も書かねぬ器量、西沢の下知に任せ、どをやらかうやら五段をつゝくり、切に最明寺雪の段、太夫本の出語り厳しく当、卯月八日を初日とし、今月今日（享保十二年一月）まで入詰、年越の浄るりとなれり。（『今昔操年代記』上之巻）

と評判良く、「北条蔵」という蔵まで建てるほど、豊竹座の経営基盤を築いたと言われる当り浄瑠璃であった。五段目切の出語り・出遣い「女鉢の木（最明寺雪の段）」は近松作『最明寺殿百人上﨟』（元禄十二年〈一六九九〉三月頃）下巻から本文を流用するが、この段の豊竹上野少掾の語りについて、『音曲口伝書』は「豊

竹越前掾（越前少掾の誤り）は音声よき人にて誉ぬものなし。しかしながら、鉢の木の文弥節にて誉を請けられしは義太夫の本意にあらず」と、竹本播磨少掾の言を伝える。竹本義太夫の語り物を文弥節に代えて当りを取る越前少掾（上演時は上野少掾）に対して、義太夫の名跡を継いだ播磨少掾の義太夫節への思い入れのほどを語る話であるが、この相違は両者の芸風の違い、ひいては、竹本・豊竹両座の対抗意識を代弁するものと言えよう。

二、享保後期の作風

享保後期の浄瑠璃は「今作者と云る、人〳〵、みな近松のいきかたを手本とし書きつゝる物也」（『今昔操年代記』下）と言われるように、目前の手本である近松や海音の作から多くを学んできている。『北条時頼記』[3]の五段目切が近松の作文の流用であることを述べたが、そうした流用だけでなく、三段目の首無し死体の趣向や、三浦弾正が捨てた娘と知らず邪恋におよび、我が娘と分り、悪心を改め、自らを成敗して罪障を懺悔するのは、近松の『津国女夫池』（享保六年〈一七二一〉二月）の二段目の首無し死体や三段目の清滝が捨て子であったことから、冷泉造酒之進と清滝とが兄妹夫婦の苦しみに陥り、そのことが冷泉文次兵衛の過去の罪障の懺悔を導くといった場面からの影響が考えられる。ただ、『北条時頼記』の三浦弾正の懺悔への展開は、紀海音作『傾城無間鐘』の近藤平次兵衛の懺悔と同じように、終局に運ぶために利用される都合良い一人芝居的なものであり、そのことがそれまでの劇展開とは結び付かないものである。この点は、この直前の場で弓削の後室が敵同士となった拾い子と実子との間にあって、義理と恩愛に苦しみ、自害して実子の婿を助けようとする義理詰めな場面とともに、紀海音的な技巧[4]が強く感じられる。このように、近松と海音の影響を受けながら、この時期の浄瑠璃は作られていくが、同時に、時代の動きに応じた、より複雑な筋立てとなる。その点について、竹田出雲（元祖）と並木宗輔の作品を取り上げ、両座の動きを考えてみる。

元祖竹田出雲は、竹田からくり芝居の創設者初代竹田近江（清房）の子[5]で、宝永二年（一七〇五）顔見世より、竹本義太夫に代って、竹本座の座本となる。出雲の竹本座への参画によって、人形浄瑠璃にも竹田からくりの技法が応用され、舞台面では、人形の動きが一段と精彩を放ったとされる。作者としても、近松の指導を得て、名を挙げ、享保九年七月十五日の『諸葛孔明鼎軍談（しょかつこうめいかなえぐんだん）』を単独の第一作として、享保十三年三月『工藤左衛門富士日記（くどうさえもんふじにっき）』まで七点の単独作を発表し、その他に長谷川千四との合作がある。享保十四年八月以後、五年間の空白を置いて、享保十九年十月『芦屋道満大内鑑（あしやどうまんおおうちかがみ）』を単独で、続いて文耕堂などと合作を行ない、文耕堂没後に『男作五雁金（おとこだていつつかりがね）』（寛保二年〈一七四二〉七月）など三点の単独作を著作し、『菅原伝授手習鑑（すがはらでんじゅてならいかがみ）』（延享三年〈一七四六〉八月）が作者の名を残した最後の作となる。延享四年六月四日没、享年未詳。

『浄瑠璃文句評註難波土産』（元文三年〈一七三八〉正月刊、以下『難波土産』と略記。）は、「発端」に穂積以貫（ほづみいかん）の聞き書きによる、近松の虚実皮膜論（きょじつひまくろん）と呼ばれる浄瑠璃芸技論が載ることで著名であるが、本論は角書が記すごとく、九点の浄瑠璃を取り上げ評註した書である。[6]その中に、出雲作の『大内裏大友真鳥（だいだいりおおとものまとり）』（享保十年九月）と『芦屋道満大内鑑』が含まれる。当時の浄瑠璃通が出雲の作品にどのような批評をしているかを記すと、『大内裏大友真鳥』については、

　全体上出来、おさ〳〵近松が趣向に劣らぬ所多し。双生（ふたご）の入組み始終にわたり、お作（さく）・かとり姫が二度のびつくり、助八が養母の繰り言、真鳥が猛悪、兼道（かねみち）が勇気、女の勢揃への発明、ひとつとして抜目な

し。それゆへ見物の喜び、数月の大入りを取し事、作者の満足、座本の大慶言はん方なく、いかなる家にも鼠の糞と真鳥の本のなき所はなかりき。（巻三）

と、高く評価されている。竹本義太夫正本に『大友真鳥』（作者不明）があるが、内容はずいぶん異なる。本作は、登場人物の人間関係を入り組んだ縁戚関係で結び、筋立てたところに特色が見られる。すなわち、反逆者真鳥と征伐を命じられた兼道とは叔父と甥、兼道の母は真鳥の姉で、真鳥に捕えられた夫雅道の救出に心痛める。また、兼道の臣亀山蔵人と真鳥の臣菊地金藤太とはともに相手の妹婿となる重縁である。大乱の争いの中に骨肉の情が渦巻いているのである。加えて、兼道の身代りとなる双生児の百姓助八とお作、兼道とかとり姫との恋人同士が、助八の犠牲死をめぐって悲嘆に沈み、養母・実母の情が悲劇の場を作る。双生児の身代りの趣向は珍しいものではないが、こうした人間関係が生み出す義理や情愛の間にあって、義理に殉じる男たちと、そこに絡む親子・夫婦・兄弟姉妹の情や男女の情愛の哀れさが巧みな構成のもとに展開していき、そうした義理と情とが人間的なものと肯定されて、一曲がまとめられている。このことは『芦屋道満大内鑑』にも当て嵌る。

　善悪の人間関係を説明すれば、桜木親王の御息所の父橘元方は外戚の威を得るため、小野好古の娘である側室六の君を亡き者にせんと謀る。その家臣岩倉大輔が芦屋道満を使い、六の君を誘い出させ、石川悪右衛門に殺させようとする。六の君は危ういところを乞食に救われる。この乞食は主君の悪逆を諫めかねた道満であり、道満の妻築羽根は岩倉大輔の娘である。岩倉に対するのが好古の家臣左近太郎であり、安倍保名もその配下にある。なお、左近太郎の妻花町は道満の妹である。道満と保名は、加茂保憲の兄弟弟子であり、保憲死後のその跡目を争うことになるが、それを二人の主君が後援している。保憲の後妻は岩倉の妹で、保憲には養女榊(さかき)の前(まえ)があり、保名とは恋人同士である。また、榊の前は信太庄司の姉娘で、妹が葛(くず)の葉(は)、葛の葉に横恋慕しているのが信太庄司の甥石川悪右衛門である。この入り組んだ関係が三段目の悲劇を呼び起す伏線である。妻築羽根の誤解による嫉妬から、道満が六の君を助けたことが岩倉に悟られ、主人を裏切った言訳に、道満に代って道満の父芦屋将監が自ら謀って、道満の手にかかる。また、岩倉も築羽根の手で殺される。夫婦ともに我が父を殺すことになるが、その遠因は敵味方に分れた人間の複雑な縁戚関係にある。この絡みの中で忠義と孝行とを貫く人間を描き、作者は「孝行忠義二タ筋を一トつ血筋にむすぼれし親子の。別れぞ哀なる」と段末を結ぶ。

陰陽師安倍清明(あべのせいめい)にまつわる伝説信太妻(しのだづま)の浄瑠璃化は、伊藤出羽掾正本『しのだづまつりぎつね付あべノ清明出生』(延宝二年〈一六七四〉九月)、山本角太夫正本『しのだづま』(延宝六年二月)、紀海音作の豊竹若太夫(わかたゆう)正本『信田森女占(しのだのもりおんなうらかた)』(正徳三年〈一七一三〉)等があるが、『芦屋道満大内鑑』は近松作『弘徽殿鵜羽産家(こうきでんうのはのうぶや)』(正徳四年〈一七一四〉九月十日以前)から構想を得、また、四段目の葛の葉子別れの場は、同じく近松の『百合(ゆり)若大臣野守鏡(わかだいじんのもりのかがみ)』(宝永七年〈一七一〇〉一月)三段目の、百合若に連れ添った鷹の妻とその子還城丸(かんじょうまる)との別れの場面から摂取している。『難波土産』は「此浄瑠璃、始終の趣向文句共、おほやう面白くよく出来たるものとはいへ共、又、格別に外の浄瑠璃に優れたり共見へず。然るに格別の当り有りし事は、与勘平の助けなるべし」(巻五)と厳しい評価を下している。それは先行作の影響が強く、新しい趣向が内容の上からは見られないこと、また、複雑な人間関係を仕組みながら、その絡みが弱いこと、加えて、人物に個性的な働きがないことが挙げられる。その中で、奴与勘平(よかんべい)には今までにない個性が見られる。この与勘平の人形より三人遣いが始まったとされる（『浄瑠璃譜』）。なお、四段目の二人妻（狐葛の葉と葛の葉）、二人奴（与勘平と野干平）の双面の趣向は子別れの場面とともに、「奴と奴の所作、町中子供のうれしがる所、葛の葉がせりふは女中の感あさからず。何やかや都合よく出来た故の評判なるべし」との、当を得た評がなされている。

並木宗輔は『北条時頼記』以後、豊竹座の立作者として、安田蛙文や並木丈助（丈輔）を脇作者に元文五年（一七四〇）まで執筆する。この第一次豊竹座時代の宗輔の活動を三期に分けると、[7]

一期は『北条時頼記』以後、享保十七年（一七三二）十月『忠臣金短冊』まで、十五点を安田蛙文と合作。「大職冠」の世界に、摂津国淀川の両岸垂水と長柄との間に橋を掛けるについて、人柱がなくては完成できないとされ、人柱を決めるに、垂水村の長者岩氏が継ある袴を着た者を捕えて人柱にすることを申し出るが、調べてみると、岩氏の袴に継当てがあり、自らの言によって人柱にされたという長柄の人柱伝説（『摂陽群談』巻八）を加え、恋の奴となった蘇我入鹿像に新しさを求めた『摂津国長柄人柱』（享保十二年八月）、お夏・清十郎劇に当時の新田開発に関わる一件を背後に絡めた世話物[8]『和泉国浮名溜池』（享保十六年四月）、『仮名手本忠臣蔵』への影響作『忠臣金短冊』など注目すべき作がある。

二期は享保十八年から同二十年まで、門人並木丈輔との『苅萱桑門築紫𨏍』（享保二十年八月）他二点の合作、上演禁止となった単独作『南蛮鉄後藤目貫』（享保二十年二月）がある。『南蛮鉄後藤目貫』は南北朝に時代を設定するが、徳川と豊臣との大坂の陣を題材とし、家康に当る足利尊氏を鉄砲で襲撃する場面などがあり、幕府の忌諱に触れ、上演禁止になったと伝えられる。そのため版行された正本はなく、数種の写本のみ伝わる。『苅萱桑門築紫𨏍』は説経『かるかや道心』によるが、先行作の趣向を取り入れながら、大内義弘の野望を事件展開に持ち込んだ点、構想の新しさがある。そして、守宮酒の惚れ薬といった俗説を利用し、

三段目切に夕しでの死を描く。この場面は『難波土産』に、

> 女之助の趣向（引用者注—未通女夕しでに守宮酒の惚れ薬を飲ませて、女之助と情交させる）尤おもしろとはいへ共、仕組の筋入くまぬ故か、一つ〳〵先が見へて気の毒、それ故、素人目には感ずれ共推は呑み込ぬ所多し。（巻四）

と、筋立てに物足りなさを指摘する。

三期は元文元年（一七三六）から五年までで、『和田合戦女舞鶴』（元文元年三月）、『安倍宗任松浦簦』（元文二年正月）、『釜淵双級巴』（元文二年七月）、『狭夜衣鴛鴦剣翅』（元文四年八月）、『鶊山姫捨松』（元文五年二月）など単独作七点、『茜染野中の隠井』（元文三年十月）の添作一点がある。『和田合戦女舞鶴』四段口の「阿闍梨場」は危急の場を滑稽に言い逃れる場面で、この場が訛ってチャリ場の語ができたと言われている。『安倍宗任松浦簦』について『難波土産』では、第一・第二段の「さらり」とした趣向への不満から、先に引用した「近比ある人の説に、操りを見やうならば今の芝居にしくはなく、本を読みて楽しむには中古近松が作にしくはなし」と述べ、「太夫衆の音曲と操りの色どりにて評判をたのむも一手立といふべきか。しかれば、場所により趣向もさらりが勝なるべし」（巻二）と、作者には手厳しい評をなすが、三段目については「大出来、文句・趣向共、諸人の難ずる所なく、みな当りとの評判」と誉める。特に、この三段目は「趣向の先が少しも見へぬ所が何よりの珍重」と、宗輔の推理小説的手法と言われる作風が見える段である。その手法が完成した作として『狭夜衣鴛鴦剣翅』が注目される。この作は『太平記』巻二十一「塩冶判官讒死事」に載

る、高師直(こうのもろなお)が塩冶判官(えんやほうがん)の妻顔世(かおよ)に横恋慕する一件を題材とする。しかし、この周知のことを逆転して、すなわち、師直の顔世への思いは偽りの恋であるとして用いたところが、事件の謎を解く鍵となるのである。むろん観客には師直が道義に厚い武人であることは隠され、『太平記』の常識に従って事は仕組まれている。この伏線のもとに、登場人物の不審な行動を次々と謎のまま積み上げていく。その趣向は隠された心底、身代り、人物の入れ替り、偽病い、影絵の利用などであり、それらの趣向の間には見えない糸が緊密に張りめぐらされており、師直が正体を現すことによって、謎解き的にその糸が解(ほぐ)されていく。問題が三段目切ですべて解決されてしまう難を除けば、理詰の構成は正に推理小説に通うものがある。『釜淵双級巴』は盗賊石川五右衛門を捨て子という出生のため、身を過ったごく普通の、親を思い、子を思う人間として扱った上中下三巻の世話物的な作である。なお、『鵜山姫捨松』四段目に、中将姫の首を渡せとの勅使の言を受け、二人の家臣が身代り首について相談する場で、身代りはもう古いという意見に対し、毎日食べるお米を持ち出し、「今日迄食(しょく)すれ共。命をつなぐ一粒(りう)万倍(ばい)。真実(しんじつ)しんの甘露(かんろ)の味(あぢは)ひ。幾度(たびく)食てもあかぬぞや。身代(がは)りも忠義の誠。其誠をもつて姫の身命(しんめい)を養(やしな)はゞ。古(ふる)くと一口は大事有ルまい」と言わせているのは、身代りという趣向の利用に通じた宗輔の見解のごとくに思われ、興味深いものがある。

　宗輔と出雲の作を比較して目立つのは宗輔の作における女性の役割の大きさである。『苅萱桑門築紫轢』の夕しで、『狭夜衣鴛鴦剣翅』の顔世（実は勾当内侍）・侍従（実は顔世）などが挙げられる。出雲が善悪の対立の中で複雑な人間関係による義理と情との葛藤を描く時、義理が優先される公の世界、つまり、男の世界が正面に出てくる。しかし、宗輔は善悪の対立よりも人の心の動きや働きに主眼を置いて、理詰の構成をなす。そこでは男女は同様に事件に絡んで動く余地をもつ。そうした二人の作風の違いは播磨少掾と越前少掾との芸風の違いと無縁ではないと思われるが、具体的な指摘はし難い。なお、この頃以前より浄瑠璃の歌舞伎化は盛んになってきているが、本稿ではその問題に触れる余裕がないため、以後の時期についても言及しないことをお断わりしておく。

三、操り浄瑠璃の全盛期

延享二年（一七四五）七月『夏祭浪花鑑』が竹本座で上演される。この年、竹本座に移った並木宗輔改め並木千柳の移籍後の第二作であり、合作者は三好松洛・竹田小出雲である。『浄瑠璃譜』はこの作の記事に、

> 是当芝居始まりてより、世話物九段続きの初め也。比しも暑気の気をとり、四ツ目より八ツ目迄、始めて人形衣装帷子を着せる。是三代前吉田文三郎趣向にて、七冊目長町裏の段、本泥にて人形水をかくることを思ひ付しは吉田文三郎也。……操り段々流行して歌舞伎は無きが如し。芝居表は数百本の幟、進物等数を知らず。東豊竹、西竹本と相撲の如く東西に別れ、町中近国ひいきをなし、操りの繁昌いはんかたなし。（私に句読点、漢字等をあてる）

と、浄瑠璃操りが演出において飛躍し、また、竹本・豊竹両座が全盛期にあることを載す。

竹本座は前年の七月に播磨少掾が没するが、初段の切を錦太夫、二の切を政太夫、三の切を此太夫、四の切を島太夫と切語りの太夫を分けて、その穴を補う。人形の方は右の引用のごとく、吉田文三郎が次々と新しい演出を行ない、評判をほしいままにしていた。作者も、元祖竹田出雲は以前のように著作することはな

いが、並木千柳の参加に、出雲門人の三好松洛と元祖出雲の子竹田小出雲が元文二年（一七三七）十月『太政入道兵庫岬』（竹田正蔵と合作）より作者に加わり、次第に頭角を現してきていた。

豊竹座は、延享二年十一月に『北条時頼記』雪の段の出語りを一世一代として越前少掾が隠退し、座本として経営に当る一方、梁塵軒の名で『酒呑童子出生記』（延享三年五月）他を著作し、作者活動に入る。太夫は豊竹内匠太夫が上野少掾を襲名し、延享四年二月に竹本紋太夫が豊竹上総太夫と改名し加わる。人形も若竹東二郎などが舞台を盛り立てており、作者にも並木宗輔に代って為永太郎兵衛（前名竹田正蔵）や浅田一鳥等が加わり、一座を一新するところがあった。

こうした両座の陣容の入れ替りの中で、とりわけ、大きな変化として取り上げなければならないのは、播磨少掾・越前少掾の引退によって、各段の切場語りが太夫の分担となったことである。それ以前は大序・三段目切・四段目切、場合によっては二段目切や五段目の景事までも播磨少掾や越前少掾は一人で語っていた（『竹豊故事』中、『浄瑠璃譜』）。このことは浄瑠璃の戯曲構成に、各段に太夫の技量を活かす場を設けるという点から、影響を与えることになる。

近松や海音以後の浄瑠璃が合作という著作形態に比較的容易に移行できたのは、一つは近松などの活動を通じて、時代物五段、世話物三巻とする戯曲形式が確立されていたからである。すなわち、時代物五段の展開は、一・二段が善悪の対立の発端とそれを承けた事件の進展、三段は一段または二段に設けられた伏線が主筋から離れた者に事件の余波を与え、事件に関連してではあるが、その者の身内に犠牲死などを迫る、いわゆる三段目の悲劇となる。四段は二段からの展開を承け直して、事件の決着がほぼつけられ、五段で大団円となる。二つは、浄瑠璃を作る上での「世界」という、題材に伴う時代や事件の大筋、さらに登場人物の役柄などの枠組が、近松以後、繰り返し同一題材が改作や翻案されることによって、出来上っていたからである。[9]「世界」を無視して浄瑠璃を作ることができないほど、「世界」は観客にも共有されるものとなっていた。

この浄瑠璃五段の形式と「世界」という制約のもとで新作を構想すれば、同じ題材を利用する限り、旧作とは違った目新しい趣向を求めることが眼目となる。加えて、太夫の持ち場の分散であり、人形の演出の発達である。叙事的な主筋が見失われ、趣向の面白さが目立つ浄瑠璃へと、創作の傾向が移っていくのは、作者としてもやむを得ぬ方向であった。それは、また、『夏祭浪花鑑』が世話物でありながら九段に分けられ、一曲の長さも時代物と変わらなくなったように、近松以来の時代物五段、世話物三巻とする形式にも及び、必ずしもこの形式も順守されなくなる。このことは、立作者が全体の構想を立て、三段目などの一曲の要を書き、助作者が割り当てられた場を書くという合作の制作方法[10]にとっては、各作者がそれぞれの持ち場の中で腕をふるい、太夫や人形遣いのために聞かせ場・見せ場を書くという意味からは、時宜に適ったものであった。こうした浄瑠璃操り界の動きの中から生れ出た成功作が、三大作『菅原伝授手習鑑』（延享三年〈一七四六〉八月）、『義経千本桜（よしつねせんぼんざくら）』（延享四年十一月）、『仮名手本忠臣蔵（かなでほんちゅうしんぐら）』（寛延元年〈一七四八〉八月）である。作者は三作とも並木千柳・三好松洛・竹田小出雲（二代目竹田出雲清定（きよさだ））である。元祖竹田出雲が『菅原伝授手習鑑』の内題下に作者名を載せるが、座本としての統括であって、作の内容にはそれほど関わっていなかったと考えられている。

『菅原伝授手習鑑』の執筆分担については、延享三年春『楠昔噺（くすのきむかしばなし）』の当り振舞の川船の中で、松洛が天満宮一代記の腹案を披露し、二・三・四段に親子の別れを三人が書き分け、二段目道明寺を松洛（一説に千柳）、三段目桜丸切腹を千柳（一説に松洛）、四段目寺子屋を小出雲が書いたとする伝承がなされていた（『続々歌舞伎年代記』他）。この伝承の真偽とともに、『菅原伝授手習鑑』だけでなく、他の二作についても、合作がどのような執筆分担でなされたのか、議論のあるところであった。この問題については、森修[11]と内山美樹子[12]の二論が学界を代表する。森氏は各作者の単独作を分析し、全般の趣向の立て方や五段構成における山場の展開の設け方から、千柳と出雲の特色を取り出し、三作に見られるそれらの特色の符合を捉え、分担箇所を考察した。内山氏は森氏の論考を承けて、森氏とは観点を変え、作者の思想や作品の主題に注目し、その分析・検討から元祖出雲・小出雲・宗輔（千柳）の特色を取り出し、三作の執筆分担を決めた。両者の間で特に問題となる分担箇所の相違は、『義経千本桜』の三段目・四段目を、森氏が出雲・宗輔としたのに対し、内山氏は宗輔・松洛または小出雲とし、また、『仮名手本忠臣蔵』の第一・第五・第六・第七・第八を森氏が出雲・出雲・出雲・出雲・宗輔としたのに対し、内山氏は宗輔・宗輔・宗輔・宗輔・宗輔、松洛または小出雲とした点である（森氏は当初出雲について元祖と二代の区別を明確にされなかったが、後にそのことについて言及し、出雲は二代出雲〈小出雲〉をいう）。これは二作の立作者を森氏は出雲、内山氏は宗輔としたに等しい。両氏の綿密な分析と検討にはそれぞれ説得力があり、その是非を早計に云々できないが、このような相違が生じる理由は考えられる。それは、大筋の定まった「世界」と、その中で繰り返し用いられる趣向、それを適宜変形してまた転用していく浄瑠璃の戯曲手法が、作者の個性を埋没させてしまい、趣向の類似から作者を判定し難いことにある。その困難さはあの近松にさえ五十点近い存疑作があることが示している。しかも、この時代まで下れば、判定の基準とする作品自体が最早オリジナルな趣向ではないため、溯源をどこに求めるかによって解釈の相違が生じるのである。森氏はむろんこの限界を承知して、さらに五段構成の問題まで踏み込んだのであり、内山氏も思想・主題へと目を向けたのであるが、過去の浄瑠璃の手法が集大成された三大作であるだけに、容易に解きほぐすことのできない絡みやもつれがなお残るようである。近年、河合真澄は、『苅萱桑門築紫轢』からの趣向の利用やその詞章との類似によって、『義経千本桜』三段目切を『苅萱桑門築紫轢』の立作者である並木宗輔の執筆と推定（内山説に同じ）し、また、『菅原伝授手習鑑』四段目切（寺子屋）も『苅萱桑門築紫轢』四段目切の変形した流用と見て、作者を宗輔と、小出雲（ただし、内山氏は完成時には宗輔の手が入ったとされる）とする森・内山両氏とは異なる推定を出した(13)。二作の間に共通した趣向や類似の詞章があり、その二作ともに共通する作者がいる場合、二作が同一作者によって書かれたとするのは自然な考え方である。まして、趣向を越えて、作品の主題や人間観・人生観にまで共通するものを見れば、二作が同一作者による作とするのは当然ともいえる。しかし、それが前述した戯曲手法をもつ浄瑠璃についても言えるかどうかとなれば、河合氏のような異論を生む余地が、判定の基準をどこに取るかによって出てくるのである。

　たとえば、『仮名手本忠臣蔵』に影響を与えた作に『忠臣金短冊』（作者、並木宗輔・小川丈助・安田蛙文）がある。豊竹座系統の忠臣蔵劇として紀海音作『鬼鹿毛無佐志鐙』（宝永七年〈一七一〇〉秋頃）を受けて、小栗判官の世界に仕組む。この作と『仮名手本忠臣蔵』との関係で最も注目すべきは早野勘平の描かれ方である。『忠臣金短冊』の勘平は二段目中と四段目切に登場する。主人小栗の敵横山を討たんため、勘平は妻歌木を鎌倉の横山の屋敷へ女中奉公させ、自らは魚売りとなって出入りし、妻の手引きで横山を討つ機会を狙っている。機会到来と酒宴の場に妻と二人で討死を覚悟し、斬り入らんとするが、その日奴奉公した寺沢七右衛門に止められ、都の大岸由良之助・力弥親子、原郷右衛門の動静を見定め、時を待つように説かれる。しかし、勘平は酔い伏した横山の姿を見て、斬り込むが、かえって横山の策にかかり、妻は討死し、勘平のみ寺沢の助けで虎口を脱する（二段目）。原郷右衛門より大岸へ両手を縛られた聾啞の下男が使いとして送られる。使者の様子に不審を抱いた力弥が窺うとも知らずに、男は両手の紐を解き、鏡に背中を写し、背中に書かれた原からの手紙を声を出して読み、奥へ斬り入らんとする。敵の間者と見た力弥は男を刺す。この下男、実は大岸の敵討ちの意志を確かめんため、原宅へ奉公した勘平であり、背中の文面が傾城町で会わんとの内容故、大岸に敵討ちの意志なしと早合点し、憤りから大岸を斬ろうとしたと打ち明ける。そして、人を疑い、身の上をも弁えない我が身の不運を嘆く。大岸は文面の誤解を諭し、連判状に血判させ、死に際に本望を叶えてやる（四段目）。四段目切の勘平は近松作『碁盤太平記』（宝永七年か）の大石宅の下人岡平（実は寺岡平右衛門）の焼直しであることは瞭然であるが、二段目中で先に勘平を登場させ、血気に逸る性格を描き、一度目の失敗を教訓にすることができず、再び早合点から、自らの本望とは逆の行動に走る若者とする。作者は勘平の死を「心の功はあつけれど薄き運命力なく終にはかなく成にけり」と結んでいる。目的をやり遂げる意志と行動力を持ちながら、その行為が未熟ゆえに、焦れば焦るほど不運な回り合せに落ちていく、この勘平の姿は『仮名手本忠臣蔵』の勘平と同じ、薄き運命を背負った男である。『仮名手本忠臣蔵』の勘平も我が意志と行為が「鶍の觜程違ふ……武運に尽たる」（第六）者であった。この二作に共通する勘平の姿から、『仮名手本忠臣蔵』の勘平が登場する第三（恋歌の意趣）、第五（恩愛の二玉）、第六（財布の連判）は『忠臣金短冊』の立作者並木宗輔（千柳）の作であるとする推定もなしうる。なお、『仮名手本忠臣蔵』のおかるも『忠臣金短冊』の勘平の妻歌木と寺沢七右衛門の妻の連れ子である娘おやつ（遊女九重）とが合わされて作られたと見ることができる。さらに、横山の家臣太田武太夫（小多文平）が別れた娘おやつの力弥への嫁入りを願い、横山の屋敷の見取図を教え、九重に斬られる（三段目）のは、『仮名手本忠臣蔵』第九（山科の雪転）の加古川本蔵に取り入れられている。とすれば、第九も宗輔作と見ることができよう。[14] しかし、宗輔は『忠臣金短冊』の立作者であるが二段目・四段目を書いたとする確証はない。むしろ、一般的には立作者は三段目の切を書くとされる合作のあり方からは、[15] 宗輔でないと言われても強く否定しにくい。四段目にあっては『碁盤太平記』の影響が明白であるだけに、宗輔以外の丈助や蛙文が書いたとしても不都合はない。前述した趣向の転用の問題が起ってくるのである。前提が不確定のままで結論を導くことに躊躇がある、という研究方法の問題が付きまとうのである。それは合作という創作方法自体が、大まかなところは押えられても、具体的には何も分らないということにも繋がる。特に三大作の場合、三人がそれぞれ十分に経験を積んだ作者である。その者たちが浄瑠璃を書く時、集って具体的なところまで相談されることはないのか、他の作者が執筆した箇所については全く別の作者の手は入らないのか（立作者と助作者との地位がはっきりしている場合はこのことは十分あり得る）、作者たちは一座のために浄瑠璃を書くのであるから、そうした相談があっても不思議はないと思うが、どうなのか。さらに、操り浄瑠璃の発展の中で各段の独立性が強くなり、作者の個性も関連する段単位、あるいは、趣向された場面単位で捉えられるが、一曲全体としてまとまってこそ浄瑠璃は成立する。まとめるのが立作者の役目であるが、まとめるとはどのような作業をいうのか、こうした問題は容易に解決のつくことではないが、今後の課題として、合作の問題を考える場合、考察の対象に加えなければならないことである。

ところで、この三作は江戸時代を通して浄瑠璃操り芝居に限らず、歌舞伎芝居でも最も好まれた演目であり、『仮名手本忠臣蔵』に至っては芝居の独参湯とまで称された、不当りのない人気芝居であった。これはよく出来た芝居であることの証拠でもあるが、内容の上で三作に共通して読み取ることができるのは、ある体制内の闘争に敗北した者の不幸な運命（それ自体は自業自得である）と、それに関係するより弱い立場の人間が同じように不運の中に取り込まれていき、自己の能力を越えて迫る宿命に迷い、悩み押し流されていく姿である。作者たちはその弱い人間の人生を、主君への義理と自らを押し殺そうとして、なお押えきれない情との間にあって葛藤する姿として描く。また、それを舞台に表現し、観客を堪能させる、太夫や人形遣いの技芸も十分に具わっていた。ただ、技芸の成熟は一方において、忠臣蔵騒動と呼ばれる、竹本此太夫と吉田文三郎との間で、語りと人形の操法についての意見の衝突を生む。この一件は座本竹田出雲（二代目）が文三郎の意向を入れたため、此太夫ほか三名の太夫が竹本座を退座し豊竹座へ移り、竹本座へは豊竹座から上総太夫ほか二名の太夫が逆に移るという、両座の太夫の混交をもたらした。これ以後、西風・東風と称された両座の区別は失われ、個人単位の太夫の芸風が伝承の対象となっていく。

並木千柳は寛延四年（宝暦元年〈一七五一〉）に再び豊竹座に戻るが、宗輔の名で同年九月『一谷嫩軍記（いちのたにふたばぐんき）』を三段目まで書いて没する。二代目竹田出雲も『双蝶蝶曲日記（ふたつちょうちょうくるわにっき）』（寛延二年〈一七四九〉七月）を最後に筆を断ち、座本に専念するが、宝暦六年十一月四日に没する。しかし、役者評判記に倣う操り評判記が出版されるなど、浄瑠璃操り芝居の隆盛は今しばらく続く。やがて、全盛期を支えていた太夫や人形遣いの死去や退隠が続き、太夫の入れ替りなどが両座ともに多くなり、当り浄瑠璃も少なくなってくる。加えて、宝暦九年五月四日には竹本座、同十一年二月十四日には豊竹座、同十三年一月九日には両座ともに火事による焼失といった不運も重なり、衰退の機運が生じてくる。豊竹越前少掾が明和元年（一七六四）九月十三日に没すると、座本の相続を息子がすることができず、翌二年八月末に豊竹座は退転する。また、竹本座も宝暦十一年暮に座本竹田家の本家竹田近江大掾が奢侈によるお咎めで入牢などがあり、明和に入り竹田家も没落していき、明和四年末には竹本座も退転する。

四、近松半二と菅専助

衰退していく浄瑠璃界にあって、竹本座の近松半二や退転後の豊竹座の再興を計った豊竹此吉座の菅専助などが、世代交代した作者として特筆される。

近松半二は『難波土産・発端』の近松の虚実皮膜論の筆録者穂積以貫の二男である。寛延四年十月『役行者大峰桜』に二代目竹田出雲の門人として名を載せるのが初作である。安永五年（一七七六）の豊竹此吉座で菅専助の助作者を務めたほかは、竹本座のために執筆し、生涯に五十七点の作品を残す。宝暦四年十月の『小野道風青柳硯』二段口を書き、合作者としても力量が認められ（『浄瑠璃譜』）、宝暦六年の竹田出雲没後は次第に頭角を現し、宝暦十二年九月『奥州安達原』より作者連名の筆頭に、その後竹本座の立作者となる。なお、半二と合作した作者は、竹本三郎兵衛が最も多く、他に古参の三好松洛や北窓後一、八民平七、松田才二などがいる。

『奥州安達原』は三段目切「傔仗館」（袖萩祭文の段）、四段目切「一つ家」が一曲の山場をなすが、この作には半二の作風の特色が多く現れている。半二の作は、国家秩序に関わる雄大な史劇的事件を題材に構想されるものが多い。秩序を預る人間によって綿密な策略が布石された（しこみ）上で事件は展開されていくのであるが、そのことは最後の種明し（ほどき）まで観客には知らされない。策略実行のために配された、強力な意志を持った人物と、そうした策略があることを知らず、自らの目的や使命に献身する人物とが交錯して動くため、それぞれの人物の行動や関係が謎めいたものとなり、観客は場面場面の複雑な趣向に乗せられながら、全貌が摑めぬまま、最後のほどきで、事の始終の成り立ちを知ることとなる。一曲の構成には「発端即ち初段に相対立する二つの条件を持出し、以下それを展開させて行き、最後五段目に至ってすべての人物を一緒に集めて解決させる」[16]相対法、あるいは対位法と称される方法を用いることが多い。半二の代表作の一つ明和三年正月『本朝廿四孝（ほんちようにじゆうしこう）』[17]（近松半二・竹本三郎兵衛・三好松洛・竹田平七・竹田因幡・竹田小出合作）を例に二者対立の進行を解説すれば、

武田信玄と長尾謙信（秩序を預る両者）とが、足利家への叛逆者を退治する策略として、確執を起している。両者の対立は信玄の子勝頼（簑作）、謙信の子景勝の活躍に移される（第一）。また、信玄の臣高坂弾正夫婦、謙信の臣越名弾正夫婦にも持ち込まれる（第二）。そして、信玄、謙信の家臣であることを隠して、横蔵（山本勘介）・慈悲蔵（直江山城）の対立へと、二人の母親を深く関わらせてなる（第三）。第二段切で信玄が勝頼の首を討つ難題を幼児よりの身代りという深慮遠謀によって解決したのに対し、第四段切は謙信が景勝の首を討つことを迫られるが、謙信や山本勘介による叛逆人斎藤道三の見顕しによって落着する（第四）。叛逆の張本北条氏時も信玄・謙信の合戦にことよせて討ち取られる（第五）。

近松作『信州川中島合戦（しんしゆうかわなかじまがつせん）』（享保六年〈一七二一〉八月）の影響を受けた作で、山本勘介の働きが事件の解決を導くが、その勘介を動かすのが信玄であり、謙信でもある。第一段の足利義晴を狙撃した曲者の穿鑿に関わってすべてが動くが、各段各場に複雑な趣向や謎の人物を配し、それらは曲者を見顕す伏線であったこと

が最後に明かされる。この手法は並木宗輔に近いものであるが、半二の場合、場面展開の変化に重きを置く点、宗輔ほど理詰ではない。なお、この対位法は舞台にも持ち込まれ、その代表的な場面が『妹背山婦女庭訓』（明和八年〈一七七一〉正月）三段目切の山の段である。吉野川の流れを挟んで、対立する背山の大判事館と妹山の大宰小弐亭が並立して設けられる。共に子の命を断たなければならない親（父と母）子（息子と娘）の悲哀が、争うことのできない運命として受け止められ、同時平行に演じられていく。川を隔ててのやりとりは掛合いでなされ、視覚的で立体感ある舞台はそのまま歌舞伎にも利用され得るものである。また、半二には単独作『新版歌祭文』（安永九年〈一七八〇〉九月）などの優れた世話物もある。しかし、半二の活躍も半二自身が嘆くような「一向太夫に太夫なく、返て素人に名人あり。されば作文無益となりぬ」（福松藤助『浪速日記行』[18] 安永九年十月二十六日）状況では、とても浄瑠璃操り芝居の衰退の流れを挽回するには到り得なかった。

菅専助はもと豊竹光太夫という浄瑠璃太夫であった。[19] 豊竹此太夫は豊竹座の再興を目指し、明和三年（一七六六）冬、北堀江に豊竹此吉（此太夫の座本名）座を設立するが、翌四年十二月『染模様妹背門松』を上演し、「お染蔵」が建つほどの大入りを得た。これが豊竹光太夫から作者菅専助へ転向した第一作で、しかも、単独作である。その後も此太夫の座付作者として、単独作十点、合作二十三点を著作する。そのうち世話物が十三点あり、世話物が少ない当時の浄瑠璃界にあっては、そのこと自体専助の特色と見ることができる。ただ、傾向として、豊竹此吉座は世話物で評判を得ることが多く、「全体世話事にかけては此人」（『浄瑠璃操評判闇の礫』中）と評判された此太夫の芸風との関係もあろう。代表作には紀海音作『袂の白しぼり』の翻案『染模様妹背門松』、『潤色江戸紫』の改作『伊達娘恋緋鹿子』（安永二年四月、合作者松田和吉・若竹笛躬）、近松作

『冥途の飛脚』の改作『けいせい恋飛脚』（安永二年十二月、合作者若竹笛躬）、『曾根崎模様』の改作『桂川連理柵』（安永五年十月）などがある。いずれも改作や翻案というべきものであるが、その方法は、原作の基本的な筋や登場人物は変更せず、さらに人物を加えるなどして、事件の筋や見せ場を拡げるとともに、人物の性格や人間関係の把握を、善悪をはっきりさせることによって容易にする、という工夫にある。時代物の代表作には、説経の『しんとく丸』と『あいごの若』両系統の語り物を取り合わせた若竹笛躬との合作『摂州合邦辻』（安永二年二月）がある。上下二巻物で、下巻切の合邦内の段は世話場であり、世話物に近い作である。継母玉手が、俊徳丸を守るため、俊徳丸を癩病にさせ、自らの命をもってその病いを救うという心底を告白させ、最後に玉手の真意を観客に伝える手法は、浄瑠璃の趣向の一つであるが、この場が聞かせ場として、現在の文楽にも上演されている。

こうした二人の活躍も浄瑠璃操り芝居の繁栄を取り戻すには及ばず、浄瑠璃は歌舞伎にも押され、北堀江や新地、宮地での興行に命脈を保つにとどまる。その衰退の理由については、色々と指摘されるが、その一つとして、同じ演目が繰り返し上演されることによって、浄瑠璃が音曲としてより洗練されていき、太夫の芸の固定化が進んだことが挙げられる。そして、伝承の芸の世界となっていった時、そこでは新作への熱意も薄れ、庶民的な娯楽としての活気よりも、聞き巧者を誇る観客のための浄瑠璃へと変化していき、衰退する。人形もまた同じ道を辿っていった。

五、江戸における義太夫節と作者

江戸においても浄瑠璃操りは寛永期（一六二四～四四）より、上方と交流しながら、盛んに演じられていたが、寛文（一六六一～）から元禄末（～一七〇四）にかけて活躍した土佐少掾橘正勝以後は、伝統的な江戸浄瑠璃に優れた太夫が出ず、享保初めに進出してきた義太夫節に圧倒されていく。義太夫節の江戸進出は、享保二年（一七一七）十月の竹本喜世太夫正本『八百屋お七恋緋桜』（江戸伊賀屋勘右衛門版）版行にも窺えるが、喜世太夫の江戸下りは一時的なものであり、同四年の人形遣いの名手辰松八郎兵衛の辰松座設立をもって挙げるべきであろう。[20] 辰松の芸は将軍家の上覧をも受け（『旧記拾要集』巻十二）、義太夫節の江戸での地盤は固まる。やがて、上方からの太夫たちの江戸下りも盛んになり、中でも、享保十八年に豊竹新太夫の前名で江戸下りした豊竹肥前掾によって、江戸に義太夫節の流行が齎される。新太夫は元文三年（一七三八）六月に肥前掾を受領し、堺町に肥前座を設立し、芝居主・座本・太夫を兼ねる。寛保元年（一七四一）には師匠の豊竹越前少掾が江戸下りをするなど、上方の太夫や人形遣いの往来も盛んとなる。折からの上方での浄瑠璃操り全盛期の勢いもあり、名作の多くが江戸でも上演され、義太夫節は俗に「河東上下、外記袴、半太羽織に義太股引、豊後可愛や丸裸」と歌われるほど馴染みのものとなる。肥前掾の段物集『豊曲不二谺』（宝暦五年〈一七五五〉三月刊）には江戸にて豊竹一流を名乗る二百余名の弟子の名が、肥前掾の在江戸二十二年の成果として載る。

当初、江戸で上演される義太夫節の浄瑠璃は上方で評判の作を選んで舞台にかけていたが、流行とともに、江戸人の好みに合った江戸新作の義太夫節浄瑠璃も、江戸在住の作者によって作られ、上演されるようになる。これを江戸作者浄瑠璃と呼んだりする。先駆作は寛延三年（一七五〇）八月、肥前座『新板累物語』（作者、並木良輔〔内題下〕、二三軒・八州堂・三楽坊〔本文末〕）である。以後、ぽつぽつと作られるが、江戸作者浄瑠璃が盛んに著作されるようになるのは明和期（一七六四～七二）以降のことである。三十余年続いた江戸義太夫節の開拓者辰松座は宝暦十年に廃座となるが、義太夫節浄瑠璃自体は、宝暦十一年一月に土佐座が竹本伊勢太夫を座本に興行が許可され、宝暦十三年には外記座も大西藤蔵が座本となって、竹本系の太夫を招き、活動を始め、肥前掾没後の肥前座は豊竹丹後掾が率いており、三座鼎立の活況を、上方浄瑠璃界の状況とは反対に呈する。上方からの太夫や人形遣いたちの江戸下りも多く、各座の陣容も充実していく中で、江戸作者による浄瑠璃が次々と作られていく。それら初期の頃の作者として、福内鬼外・紀上太郎・松貫四・容楊黛・烏亭焉馬など挙げられる。これらの作者に共通するところは、彼らが素人作者で、自らの趣味生活の一つとして浄瑠璃に筆を染めた者たちであることである。それだけに、福内鬼外を除けば、単独作は少なく、作品数も少ない。全般的な作品の特色は場面的な趣向に陥り、主筋の緊密な流れ、すなわち、主筋が取扱うべき闘争や善悪の対立といった構想に独自の発想がなく（先行作に安易により掛ったところが多い）、その対立を通して人間の愛憎や人生の葛藤を見詰めようとする姿勢に欠けることである。反面、江戸の言葉や吉原の風俗をうまく取り込み、江戸趣味を楽しむ大らかさがある。

福内鬼外は平賀源内の浄瑠璃作者名である。当代の鬼才を誇る器用人が二代目吉田冠子の勧めで浄瑠璃に筆を執ったのは、小遣い稼ぎの面もあったとのことであるが、明和七年（一七七〇）一月、肥前座『神霊矢口渡』[21]を初作に、没後に上演された二作を入れて九点の作を残す。単独作は三点あるが、鬼外の代表作は補助者に吉田冠子・玉泉堂・吉田二一が入るが、『神霊矢口渡』であろう。『太平記』の世界に題材を取り、荏原郡矢口（現、東京都大田区）の新田大明神社の縁起（『江戸砂子』他）を絡めて構想された作である。源内の才気溢れた文章もよく、構成にも無理がない、「杵臼程嬰（『太平記』巻第十八）」の故事を利用した、新田義興の二臣南瀬六郎と由良兵庫助の若君を守り立てんとしての、身代りもよく仕込まれており、観客を引き込む趣向と言える。義興の弟義岑（よしみね）と傾城うてなの九条の廓の場面で、うてなに江戸詞を使わせ、江戸の遊女の張りを持たせたところは、いかにも江戸作者浄瑠璃と言える。四段目の渡し守頓兵衛の強悪な性格は、宗輔が『釜淵双級巴』や『夏祭浪花鑑』で描いた三二五兵衛や義平次に通じ、江戸作者浄瑠璃には見られない役柄である。この福内鬼外を後援したのが、南三井家四代の当主三井次郎右衛門、諱高業（たかなり）、浄瑠璃作者紀上太郎（きのじょうたろう）である。狂歌名を仙果亭嘉栗（せんかていかりつ）といい、大坂の狂歌師栗柯亭木端（りつかていぼくたん）の弟子である。家業に専心するかたわら、狂歌・浄瑠璃を趣味とし、浄瑠璃四点を合作する。中でも『糸桜本町育（いとざくらほんちょうそだち）』（安永六年〈一七七七〉三月）、『碁太平記白石噺（ごたいへいきしろいしばなし）』（安永九年正月）が著名である。紀上太郎の浄瑠璃の特色について森修は、唄浄瑠璃的、用語の江戸風、関東を題材といった江戸浄瑠璃が持つ三つの特色が入っているとされ、素材の目新しさを掲げる。(22)

なお、江戸作者浄瑠璃の特色として江戸歌舞伎の影響が言われるが、歌舞伎を浄瑠璃化した作に、『伊達競阿国戯場（だてくらべおくにかぶき）』（安永八年三月、作者、達田弁二（たつたべんじ）・鬼眼・烏亭焉馬）、『伽羅先代萩（めいぼくせんだいはぎ）』（天明五年〈一七八五〉正月、作者、松貫四・高橋武兵衛・吉田角丸（かどまる））がある。上方で浄瑠璃の新作が途切れた時期に江戸でこのように新作が上演されるのは、江戸作者浄瑠璃の特色から見て、江戸人の好みには上方浄瑠璃の義理と情との葛藤といった人の生き方を問うような重い感じのする作は合わず、江戸風の物事のはっきりした筋立が求められたからと思われるが、敵討ち物が目立つのも、そうした傾向を表わすものであろう。江戸作者浄瑠璃の最後は文化四年（一八〇七）七月、肥前座『女郎花縁助太刀（おみなえしえにしのすけだち）』（作者、松貫四・記中葉・真羽亭市喜。補助、樹下石上）とされるが、これまでに約六〇点近い作が執筆されている。

【注】

（1）森修「浄瑠璃と近松」（『近松と浄瑠璃』所収。塙書房、一九九〇・2）。

（2）安田富貴子「浄瑠璃太夫の受領に関する一考察」（『国語国文』第33巻7号、一九六四・7。後に『古浄瑠璃―太夫の受領とその時代』（八木書店、一九九八・2）に所収。）

（3）趣向の定義として「広義には作全体を構成するための、狭義には一段あるいは一場面に用いられる、劇展開をなすための技法や工夫」とする。

（4）大橋正叔「海音」（『元禄文学の開花Ⅲ』勉誠社、一九九三・10）

（5）祐田善雄「竹田出雲の襲名と作品」「竹田近江・出雲の代々」（『浄瑠璃史論考』中央公論社、一九七五・8）。安田富貴子「初代近江と先代出雲」（『芸能史研究』第66号、一九七九・7。後に『古浄瑠璃―太夫の受領とその時代』（前出）に所収）。

（6）大橋正叔「浄瑠璃文句評註難波土産成立存疑」（『語文叢誌』田中裕先生の御退職を記念する会、一九八一・3。後に『近松浄瑠璃の成立』（八木書店、二〇一九・6）に所収）。

（7）「並木宗輔」『日本古典文学大辞典　第4巻』同項目（内山美樹子執筆、岩波書店、一九八四・7）

（8）内山美樹子「並木宗輔の世話浄瑠璃　一、「和泉国浮名溜池」」（『浄瑠璃史の十八世紀』勉誠社、一九八九・10）

（9）諏訪春雄『近世戯曲史序説』第二章第一節「「世界」の成立」（白水社、一九八六・2）。大橋正叔「近松門左衛門と『世界』」（『近松研究の今日』和泉書院、一九九五・3。後に『近松浄瑠璃の成立』（前出）に所収。）

（10）西沢一鳳『伝奇作書初編』（天保十四年序）に「竹田出雲、三好松洛、並木宗助、近松半二出で浄瑠璃の脚色段々巧になり、一通りの作にては聞者（きいて）も看官（けんぶつ）も承知せぬことに成り、譬ば作者三人あれば場割とて、建作者（たてさくしや）より誰は二の切、かれは序切、誰それは四の切と二の口、我は大序と三段の切を書なんど、一場〳〵と割付合作する様になり」とある。

（11）森修「浄瑠璃合作者考」（『近松と浄瑠璃』（前出）所収）。

（12）内山美樹子「『菅原伝授手習鑑』などの合作者問題」（『浄瑠璃史の十八世紀』（前出））。なお、内山は「研究ノート『仮名手本忠臣蔵』の作者　―『忠臣蔵岡目評判』と並木宗輔―」（『近松研究所紀要　第29号』二〇一九・9）で上記論考を補説する。

(13) 河合真澄「操浄瑠璃の黄金時代――合作浄瑠璃における立作者の推定」（『浄瑠璃の世界』世界思想社、一九九二・6）。

(14) 森・内山両氏とも第九は宗輔と認定。

(15) 前掲注（10）に同じ。

(16) 園田民雄『浄瑠璃作者の研究』第六章「近松半二」（東京堂、一九四四・2）。

(17) 『芸能史研究』（第58号、一九七七・7）は「特集 近松半二」であり、内山美樹子・松井今朝子の共同研究「『武田信玄長尾謙信本朝廿四孝』論」が載る。

(18) 「翻刻 浪華日記行」『語文』第九輯（大阪大学国文学研究室、一九五三・7）。

(19) 土田衞「菅専助は説教僧にあらず」（『考証元禄歌舞伎――様式と展開』八木書店、一九九六・6）。

(20) 祐田善雄「当流義太夫節の江戸進出」「豊竹肥前掾論」（『浄瑠璃史論考』（前出）に所収）。

(21) 『神霊矢口渡』正本の跋に「只初段の切・三段目の口のみ予が筆にあらず」とあり、この二場は補助者の執筆になろうが、補助者の意は『風来山人集』（日本古典文学大系）「解説」（中村幸彦）に「この補助作者達は、人形づかいや太夫との間にむつかしい約束のある浄瑠璃のこととて、全体に玄人としての補助を加えたと見るべきであるが、それは演技に関した面で、文章の上では、源内の作たる」とある。

(22) 森修「江戸浄瑠璃と紀上太郎」（『近松と浄瑠璃』（前出）に所収）。

『国性爺合戦』と鄭成功

一

『国性爺合戦』は近松門左衛門作時代浄瑠璃の作品名で、鄭成功（ていせいこう）はその主人公の名前である。鄭成功は、中国人の父鄭芝龍と日本人の母田川氏との間に生れ、清に亡ぼされた明を復興する為に活躍した、実在の英雄の名でもある。『国性爺合戦』はこの鄭成功の活躍を題材にして書かれており、近松は和藤内（和〈大和〉でも唐〈中国〉でもない）と洒落を利かせた名前で当初は登場させるが、後に延平王国性爺鄭成功を名乗らせる。なお、「国姓爺」というのは明国の国姓、つまり、明の皇帝の姓（建国者は朱元璋）をいい、鄭成功がその功績によって皇帝から国姓の「朱」（朱成功）を名乗ることを許されたことからの称号であるが、『国性爺合戦』では皇帝ではなく甘輝将軍から称号を提示されたためか、近松は「姓」の字を「性」に代えている（本稿では文脈に応じて「性」「姓」とを使い分けている）。また、「爺」は尊貴な人への敬称である。

正徳五年（一七一五）十一月に大坂の浄瑠璃操り竹本座で『国性爺合戦』は上演され、三年越し十七ヶ月に渉る長期興行を記録する。すぐさま、大坂だけでなく京都や江戸にあっても、歌舞伎にも仕組まれ「国性爺」ブームが起る。また、国性爺合戦にもとづく読み物などの刊行もみる（後出の略年表参照）。このブームの様子を伝える近松自身の次のような手紙（天理図書館蔵）も伝わっている。

今に国姓（ママ）爺繁昌仕候。五月菖蒲の甲（かぶと）のぼり、団之絵（うちわ）、野も山もこくせんや〳〵ニて御座候。如何様盆之比ハ新浄ルリ替可申候。（享保元年四月晦日付、宛名不明書簡）

『国性爺合戦』の人気は、一時的なブームに終わることなくその後も続き、初演の正徳五年から幕末までの江戸時代百五十二年間に、浄瑠璃では約七十回、歌舞伎で約六十回の上演数えることができる。鄭成功の名もその上演とともに忘れられることなく、日本で広く知られる人物となるが、芝居の主人公鄭成功と明朝復興に立ち上がった実在の鄭成功との間にはおのずから人物に違いもある。二者それぞれを江戸時代にはどのように受け止められていたのか、また、その間隙に位置する鄭成功の姿をも追って行くこととする。

二

江戸幕府は寛永十六年（一六三九）にポルトガル船の日本への渡航を禁止して鎖国を実施する。その後は長崎の出島でオランダおよび中国との貿易を認め、李朝朝鮮とは対馬藩を通じて国交を保つが、日本と海外との通路はオランダ、中国、朝鮮三国からのみという状態が幕末まで続く。

『国性爺合戦』の舞台となる中国の明は、建国後三百年ほど続くが一六四四年（日本・正保元年、三代将軍徳川家光の時）に、李自成の反乱が起こり、北京に入った反乱軍により明の思宗帝が自殺し、滅亡する。その隙に乗じた清が北京に侵攻して、都を北京に移して国名を清とし、中国本土の支配を始める。明は漢民族を中心とした国で、清は明代には女真といわれた満州人の国であるため、漢民族にとっては異民族の支配を受けることになる。そこで、明王室の血筋の者を皇帝または監国（皇帝の代理として国を治める者）に立てて、明の遺臣たちが「抗清復明（清に抗い明を復興する）」のために立ち上がるが、その一人が鄭成功である。一時は旧都南京近くまで攻め寄る勢いを示すが、しかし、清に敗れ明の復興はならず、当時オランダが占領支配をしていた台湾にオランダを追い払って、退くこととなる。鄭成功は台湾開放の英雄でもある（後出略年表参照）。

鎖国という海外の情報が閉ざされた中で、近松はこの鄭成功の活躍を浄瑠璃に仕組むにあたって、隣国の近時点での出来事をどのようにして知ったのであろうか。『国性爺合戦』には、中国の政変に関係する登場人物名や地名がかなり正確に書かれており、また、内容にも事件との関わりを指摘できる箇所も見られる。例えば、『国性爺合戦』の敵役は、明の臣下でありながら敵国韃靼と内通し、敵を城内に引き入れ、明の皇帝を殺害する李踏天であるが、これは反乱を起こした李自成がモデルになっている。また、皇帝の傲りを諫言する忠臣として呉三桂という将軍が登場するが、呉三桂は史実では李自成の乱を鎮圧するため、女真族の金に援軍を頼み、金の北京入城の直接の原因を作った人物でもある。後に呉三桂は清に投降し相応の地位を得るが、三藩の乱（一六七三〜八一）を起こして清の康熙帝に滅ぼされる人物である。逆臣と忠臣この二人の関係をうまく取り合わせて登場人物の役柄を配置するなど、事件の核心を知ったうえでの工夫がみられる。こうした題材をどこから得たのか。このことについては、近松は『明清闘記（みんせいとうき）』から題材を得ており、作の趣向にも『明清闘記』の内容が取り込まれているとの野間光辰氏の指摘がある。(1) なお、杉村英治氏にも両者の関係を述べた論考がある。(2)

『明清闘記』については、同書に添えられた石斎鵜飼信之の序文（寛文元年〈一六六一〉十一月）が成立の由来を説明する。その一部を意訳して次に示す。

長崎の前園噌武という者が自分の家に訪ねてきて言うには、明が侵略を受けて滅び、入ってきた北の民族が清と国号をつけ、年号も順治と改元して中国を支配している。泉州の鄭芝龍という者が日本の肥前松浦に逃れて平戸一官と名乗り、明を復興する為に義兵を起こしたが、不幸にも捕虜となり、志を遂げることができなかった。その子供の成功は平戸で成長したが、優れてたくましく、智謀も事の道理もよく分かった人物であり、父の悲運を心に深く刻んで、志を立ててその後を継いで、明の恥を雪ぎ清を撃たんと兵を起こした。各地で敵城を攻めとること、大変な勢いであったが、南京市を落さんとして失敗し、その後は一進一退をなしているが、豪傑、大丈夫とも言うべき人物である。私の父は漳州の出身で徐という、日本に渡ってきた者で、私は長崎で生れた。七歳の時に父を亡くし、今は田舎にいる養い親に育てられたが、毎年長崎に商船が入ってくれば、この中国の騒乱を見聞きした者から、また、商船の客達から聞いては書き留めてきた。そのノートがかなりの冊数となった。

右の序文では、『明清闘記』は、長崎の前園噌武という者が入港する商船や商客から中国での騒乱を聞書きして書き留めた冊書があり、鵜飼信之は筆者から添削を求められたため、共に中国全図や明朝歴代の皇帝名や南京城の様子、戦場の布陣図などまで付載した首巻をも加えて全十一巻の書物とした、とある。なお、前園噌武の鵜飼信之への依頼は長崎奉行の斡旋で京都所司代を介してなされたと序文は記す。『明清闘記』は、その記事全てが史実そのままでないにしても、鄭芝龍・鄭成功父子の連戦の活躍がかなり詳しく書き出されており、単なる聞書きを超えた歴史的な通俗軍談物となっている。序文の寛文元年は、後出の略年表に記したように、鄭成功が台湾に入った年で、亡くなる一年前である。その子鄭経（錦舎―錦舎は近松の『国性爺後日合戦』〈享保二年二月上演〉に登場）と共に台湾にあって清への抵抗を続けている時でもある。正に時事的な情報であり、『明清闘記』自体も鄭成功が台湾に入るところで終っている。近松はこの『明清闘記』を利用し、『国性爺合戦』を著作するが、文辞においても『明清闘記』との類似が少なくない(3)。

この隣国での騒乱は徳川幕府にとっても等閑視できる事件ではなかったはずであるが、幕府の対応についても触れておく。

徳川幕府は、海外の情報の入手については、長崎にオランダや中国の商船が入港すると、船長たちから世界の情報を、通事（通訳）を通して訊ねさせ、オランダからの情報は「オランダ風説書き」として、中国からの情報は「唐船風説書き」として、長崎奉行所に提出することを求めている。対馬藩を仲介して李氏朝鮮を通じての情報も得ていたことと思われる。特に往来の多い唐船からの「唐船風説書き」については、幕府の儒官林鵞峰・信篤父子に命じて、この正保元年（一六四四）から享保二年（一七一七）までの約二千二百通の「唐船風説書き」を、他の国の風説も少し交じるが、編纂させ『華夷変態』(4)と題してまとめさせている。その慶安元年（一六四八）の箇所には

大明興りて三百年以来、久しく太平にして、人戦の道を知らず。然るに韃靼強く興りて、南京・北京を破り、都まわりへ乱れ入る。大明の国々、畜類の国となる。某大明の恩を深く思う故に、一度恥を雪ぎ、

仇を報いんと思ひ、浙江・閔江の間を経巡る。同心する者多し。されども独り身にて、志遂げ難く、嘆きて年月を過ぐ。某、日本に生れたれば、尤も日本を慕う心深し。今艱難の時分なれば、憚りながら、日本より我を伯父甥のごとく、兄弟のごとく思し召して、恵みの心あらんことを願う。某生れ出る国なれば、懇ろの志を起し給ひて、数万の人数を貸し、大明へ渡し給われば、大きなる誉れ、末代に残り伝はらん。昔より歴々の人、或は他人の力を借り、或は異国の加勢をもつて、本意を遂ぐる例多きによりて、志を述べて、返りごとを待つものなり。

平戸一官が子シンクワン（森官）がところより、右長崎に罷有候唐人の通事五人へ来る書簡なり。森官は則ち鄭彩なり。朱成功も同人なり。（筆者注・鄭彩は鄭成功の族兄で別人）

（国姓爺鄭成功の手紙　『華夷変態』慶安二年〈一六四九〉より〈読みやすい形にして記す〉）

と、鄭成功より長崎の通事に宛てた、日本からの援軍を求める手紙を成功と鄭彩とを混同しながらも記録されている。

復明のために日本の援軍を乞う手紙は、鄭成功の父鄭芝龍が正保二年（一六四五）に、鄭成功は正保三年（一六四六）に送っているが、幕府は、内部ではかなり意見が分かれたようであるが、鎖国政策を盾に援軍の派遣を拒否する立場から、無視して返事すら出さなかったようである。右の手紙四行目に「大明の国々、畜類の国となる。」と書かれているが、『国性爺合戦』（第二）でも呉三桂をして「韃靼国は…畜類同前の北狄、俗よんで畜生国といふ」と言わせている。また、続いて手紙には「某大明の恩を深く思う故に、一度恥を雪ぎ、仇を報いんと思い」とある文面も、『明清闘記』序の四行目に「以為国雪恥。為家復仇焉」（序文抜粋参照）

と同じような表現となっている。こうした類似からして、この鄭成功の手紙などは案外外部にも洩れて知られていたのではないかと疑われるところである。つまり、隣国の中国の情報については正規には幕府に先ず報告されて、鎖国下には秘されることも多かったと思われるが、風説として錯綜しいろいろな方面から、しかも、かなり正確に流出していたことが、『明清闘記』の刊行事情や詳細な内容から考えられ、幕府も覆い隠すことには限界があったと知られる。

三

『国性爺合戦』は近松時代浄瑠璃の傑作で、前述のように三年越し十七ヶ月の上演を記録する評判作である。前年の正徳四年（一七一四）九月十日に竹本座を創設した竹本筑後掾が亡くなり、竹本座はその後継者に竹本政太夫を立てて、一座の立て直しを図ろうとしていた大切な時期でもあった。浄瑠璃の概要は、主人公和藤内が父の国明の滅亡を知り、中国に渡って、父が中国に残してきた娘錦祥女の夫甘輝の協力を得て、明の復興のために戦い、敵の韃靼（清を興した女真族はトゥングース系の民族でモンゴル系のタタール族とは違うが、中国では韃靼とされており、先の鄭成功の手紙にも韃靼によって亡ぼされたとある）を打ち破る大活躍である。第一段は明朝の宮廷が舞台となり、華やかな異国情緒に飾られた場面の後、一転して、その滅亡となる明暗が展開していく。第二段は日本（平戸）に舞台は移って和藤内が登場し、蛤と鴫との争いから軍法の奥義を悟るとともに、流れ着いた皇帝の妹栴檀皇女から明の滅亡を知り、父母とともに中国に渡ることとなる。そして、中国千里が竹での虎退治と見せ場が設けられる。第三段は、時代浄瑠璃の構成法の上で「三段目の悲劇」と言われている、その型を完成させた場面で一曲の山場となる。父鄭芝龍が日本に渡るにあたって明に置いてきた二歳

国性爺合戦絵本番付（奈良女子大学蔵）

の娘錦祥女は成長して獅子が城の城主甘輝の妻となっており、その娘婿を味方に中国での足場を得ようと、鄭芝龍は十八年ぶりに甘輝の館獅子ガ城に娘を訪ねる。父と娘は再会を果たし、甘輝不在の城に和藤内の母一人が入ることを許される。帰城した甘輝は母から頼みの一件を聞き、明の旧臣として味方すべきではあるが、既に韃靼より十万騎を率いる散騎将軍に任じられているため、妻の縁、つまり、私的な情にほだされて味方となるのは恥辱であると、錦祥女に対して「女の縁に引かれざる。義信の二字を額に当て、さっぱりと味方せんため、（中略）親の慈悲と忠孝に命を捨てよ」と迫る。和藤内の母は自分の目前で継子の錦祥女を見殺しにすれば、我が身ばかりか、日本の恥、自分も生きていられようかと止める。その場は収まるが、夫甘輝を父たちの味方とするために錦祥女は自害する。駆け付けた和藤内に、甘輝は味方となって共に明の復興のために戦うことを誓い、和藤内を延平王国性爺鄭成功と名乗らせる。和藤内の母は錦祥女を死なせたことから、自分が生きていることは、先に言った「娘殺すを見物し、そも生きていられようか」とのことばが虚言となり、二度日本の恥を引き起こすこととなると自害する。錦祥女の犠牲死は親兄弟を見捨てては孝悌に背く唐土の恥、和藤内の母の死は継子を見殺しにし、自らのことばを偽りとなす日本の恥。共に国の恥を思っての自害であるが、ここには中国でいう烈婦（貞節で道義を重んじる気性の激しくしっかりした女性）像とともに、『明清闘記』巻之三に描かれる、鄭芝龍の敗軍によって賊の手に陥ることを恥じ、自らの節操を守り、海中に身を投じた、鄭成功の母の姿を投影しているとみることもできよう。この場面は歌舞伎『国性爺合戦』でも役者の見せ場として評判の場であったことが、享保二年（一七一七）正月刊の歌舞伎評判記『役者色茶湯（やくしゃいろぢゃのゆ）』のよし沢あやめの評[5]などから窺われる。四段目は九仙山の場で、二段の手すりを用い、からくりを駆使した大掛かりな人形舞台が作られ、四季に渉る鄭成功の戦いの様子がパノラマ式に展開する文面であるが、舞台装置・演出がどのようになされたか具体的なことは不明で、評判のほどを示す絵番付から舞台を想像するにとどまっている。五段目は裏切り者李蹈天が退治され、韃靼王は追放とお定まりの大円団となる。

この上演の評判を受けて、大坂や京都だけでなく、江戸においても『国性爺合戦』は歌舞伎化されて演じられるとともに、後続の国姓爺ものが作られ上演されていく。また、読み物としての国姓爺物も出版され、国姓爺の根強い人気は続いていくこととなる（後出略年表参照）。それは取りも直さず国姓爺鄭成功の人物像の形成に大きく関わることでもある。

四

ところで、近松は広く世間に知られた実在の英雄鄭成功を『国性爺合戦』ではどのような人物として描いているであろうか。登場した和藤内すなわち鄭成功は、大軍を統率する沈着冷静な軍将というより、母親に度々諫められる血気に逸る若者であり、延平王国性爺鄭成功と名乗るまでは、観客になじみ深い金平浄瑠璃の主人公坂田金平と同類の豪勇の士である。舞台に登場する国性爺については、『国性爺合戦』の大当たりに気を好くした竹本座が、その続編として享保二年二月に上演した近松作『国性爺後日合戦』においても変わらない。『国性爺後日合戦』の書名を『国性爺後日軍談』（天理図書館蔵）と一部改題し、浮世草子風に目録を付して挿絵を加えた絵入浄瑠璃本が出版されているが、その序文では和藤内（延平王国性爺）を次のように記す。

> 古今武勇をもつて世に鳴者多しといへども、和漢に名をあげ、犬うつ童まで名を称じてもて興ずるは、和藤内人口にあづかる延平王国性爺の行跡なり。父、一官、名は芝龍、字は微弘。泉州府の晋江県石井の人にて、壮年の時より軍謀密策を鍛錬す。万暦年中に故あつて逐臣となつて、日本肥州松浦郡平戸に住し、一子をもふけたり。是則国姓爺、父に勝れて無双の猛将、大軍をつかふ事、我手足を働すごとく、自猛虎をとりひしぐ力量あり。今此一局を画に顕し、童男の心を勇しめるのみ。（句読点、私に付す）

『国性爺後日合戦』では、舞台は台湾に移って、国性爺、甘輝に加えて、国性爺の息子錦舎をも登場する。『明清闘記』は鄭成功が台湾に入るところで終り、錦舎の名前は出ていない。『国性爺後日合戦』で錦舎を登場させたということは、近松はその後の台湾での鄭成功の動静に注目していたことになり、その継続した注視がさらに、前年五月に台湾で起こった朱一貴の清朝への反乱を扱った作[6]「唐船噺今国性爺」（享保七年〈一七二二〉

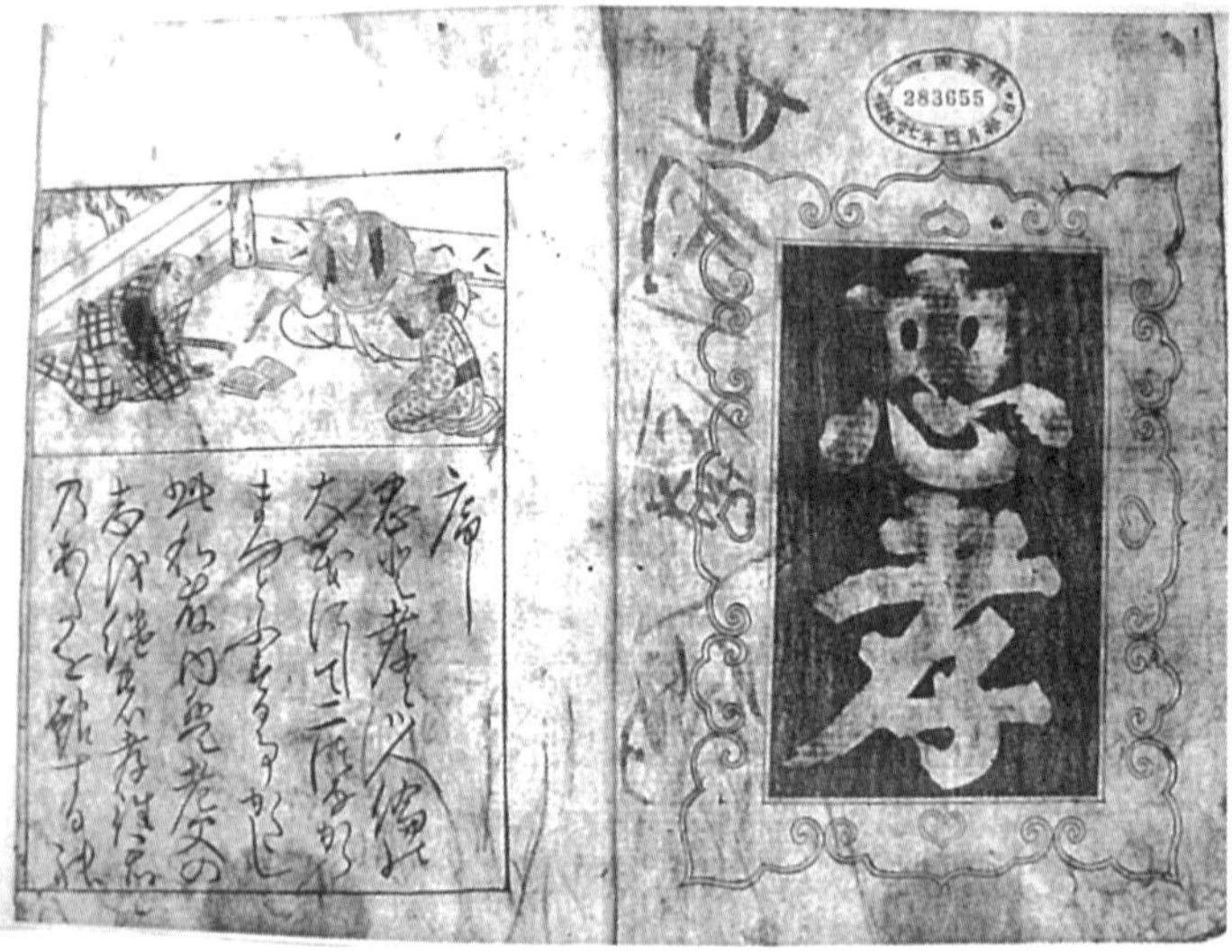

『国性爺往来』（天理図書館蔵）

正月上演）へと繋がることになる。「唐船噺今国性爺」には、『明清闘記』と同じように、この事件を記した軍談物『通俗台湾軍談』が享保八年に刊行されているが、この出版よりも浄瑠璃での上演のほうが早い。『国性爺合戦』の好評から、鄭成功に関わる隣国の情勢に観客の嗜好があるとみた、芝居の側が敏感に対応し、いち早く舞台へ持ち込んだこととなる。また、こうした話題は、鎖国下にあっただけに、人々を惹きつける魅力ある題材でもあったのであろう。ところで、右の序文で国姓爺を「父に勝れて無双の猛将、大軍をつかふ事、我手足を働すがごとく、自猛虎をとりひしぐ力量あり。（略）童男の心を勇しめるのみ」と豪勇の士として紹介する。しかし、一方において鄭成功の豪勇な活躍よりも、その「抗清復明」の行動により意義を感じて、芝居の誇張された勇者とは違った評価も時間の経過とともに強調されてくる。この点を特に強調した一つに往来物『国性爺往来』（天理図書館蔵）がある。『国性爺往来』の序（享保二年刊）では忠と孝とハ人倫の大義にして、二つなからまつとふする事かたし。此和藤内は老父の志を継の孝、往君のあたを報するの忠。爰をもつて世にこそつて唱ふ。なをちうこう（忠孝）の道たる事を思、略文にして一編を成、童蒙の筆のすさミにも、教にも彫らんかしと爾云。

享保二酉の春（句読点、私に付す）

と、行動の大義に「忠孝」を前面に取り上げ、その実践の士としての和藤内（国姓爺）を顕彰する。

往来物は、当初は往来＝往復の書簡文（手紙）形式で、日常生活に必要なことばやさまざまなことを学ばせる習字のための文範であるが、ここでも「童蒙の筆のすさミにも」と子供の手習い用の教科書を標榜し、「忠孝」の教えを前面に出している。「忠孝」は儒学に限らず江戸時代の基本的な人倫の道義である。この表紙の見返しに大きく描かれた額には「忠孝」とある。しかし、『国性爺往来』のような特定の人物の活躍をことさら取り上げて教材とするのはむしろ珍しく、享保二年の刊行はまさに国性爺ブームに乗った時宜的なものである。『国性爺合戦』で「忠孝」という言葉は、先に取り上げた、甘輝が和藤内たちの味方となるために錦祥女を殺そうとしたときに使われているが、それは錦祥女の死によって、夫甘輝が明の遺臣として明朝の復興に立ち上がることは、甘輝の明朝に対する「忠」であり、錦祥女が自ら死ぬことによって、夫甘輝を父たちの味方に引入れることは父への「孝」となる、の意で使われており、和藤内の行動について言われたものではない。また、『明清闘記』でも国姓爺の行動を「忠孝」と意義づけてことさら取り上げることはない。つまり、『国性爺往来』の「忠孝」は『国性爺合戦』での和藤内の活躍からというより、序に「老父の志を継ぐの孝」「往君のあたを報するの忠」とあるように、行動の大義を斟酌して、ことさらに和藤内の活躍を「忠孝」に意義づけて強調しているといえよう。確かに、伝えられる国姓爺鄭成功については、その活躍を「忠孝」と評しても、矛盾するものではないが、『国性爺合戦』という浄瑠璃が『国性爺往来』の種本でもあるので、『国性爺往来』は芝居中の人物和藤内のもつ豪勇の面と、史実として父とともに「抗清復明」に立ち上がった鄭成功の忠臣・孝子という、二つの面をともに取り入れ、教科の書として「忠孝」に重点を置いた配慮をなしているのである。ただし、『国性爺合戦』を書いた近松には、他の作品でもそうであるが、自らの浄瑠璃を通じてあからさまに道義（義理）を説くようなことはない、それが人の心を慰める芝居の常道であるからである。(7)『国性爺往来』では、啓蒙という往来物の役割を表面に立てて、芝居が作り上げた鄭成功の虚像と現実の鄭成功の実像とを、著者が慮って、混淆した形でその人物像を伝えているといえよう。前述のように、『国性爺合戦』は江戸時代に数多い再演を繰り返し、それらの上演を通して和藤内則鄭成功は、芝居の人物としては人々に豪勇の士、さらに忠義の士と肥大化されてもいくが、一方においてはその実像への検証もなされていく。

五

『明清闘記』を通読して鄭成功の活躍を知るのはある程度の知識層であり、一般には『国性爺合戦』の上演とその影響下にもたらされた芝居や諸書が、江戸時代の人々に鄭成功への興味を呼び起こしたといえよう。これまで述べてきた以外にも、どのような鄭成功像が伝えられてきているか、他の伝聞のあり様についても知り得たことを述べてみる。

江戸時代には多くの随筆類が書かれているが、『国性爺合戦』上演後に鄭成功について何らかの言及をする記事が諸書に散見する。早いところでは、長崎の西川如見（一六四八〜一七二四）の『長崎夜話草三』（享保五年跋）に「〇塔伽沙谷（たかさご）之事并国姓爺物語」で『明清闘記』にも触れながらかなり詳しい記事を伝えている。また、新井白石（一六五七〜一七二五）の『白石先生紳書』、天野信景（一六六三〜一七三三）の『塩尻・九二』、神沢杜口（一七一〇〜一七九五）の『翁草・巻十六』、大田南畝（一七四九〜一八二三）の『一話一言・巻四十二』等々に鄭成功の記事が、精粗はあるが、掲載されている。鄭成功への関心の高さが窺われ、それらの多くは「唐船風説書き」から伝えられたことによるものが多いように思われる。しかし、少し時を経ると歴史的な人物としての鄭成功の本格的な伝記『国姓爺伝』が公刊される。これは清の鄭亦鄒（ていえきすう）が著した『鄭成功伝』の舶載本を、木村孔恭（一七三二〜一八〇二）、字世粛、号巽斎または蒹葭堂が原本そのままに訓点・送り仮名を付して校訂し、上下二冊本とした書である。

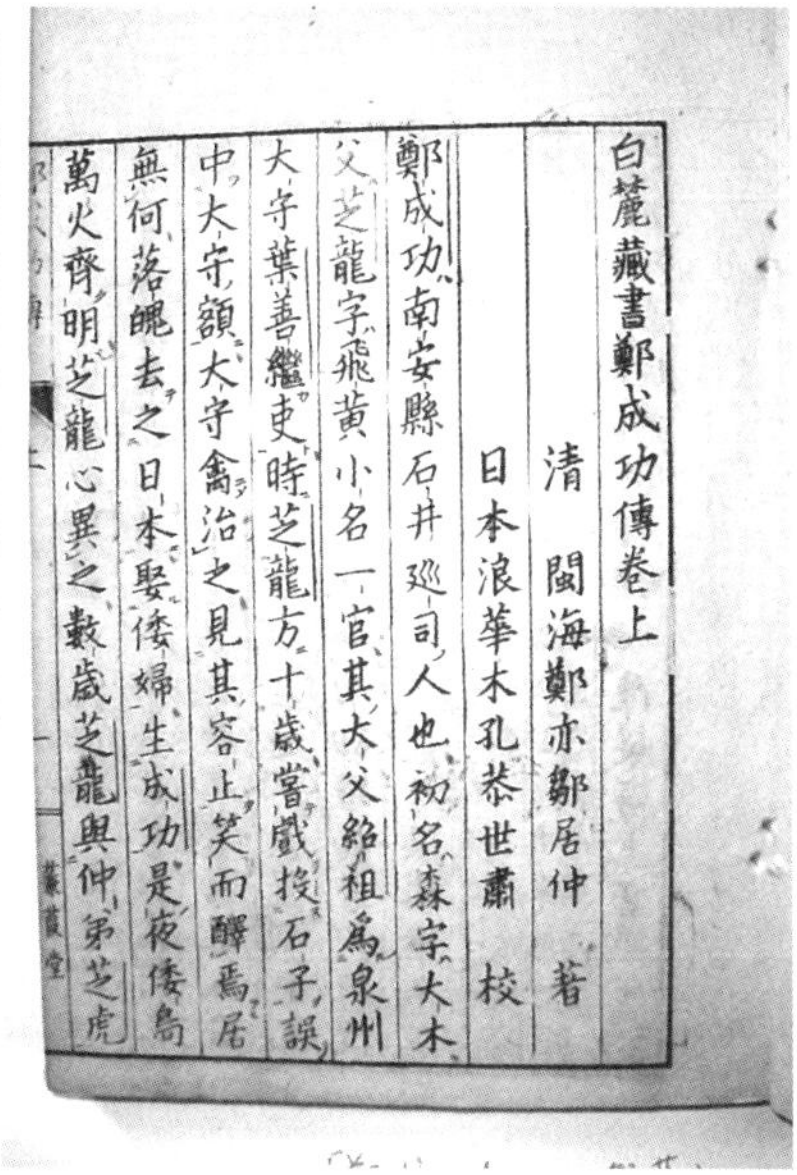
白麓藏書鄭成功傳巻上
清 閩海鄭亦鄒居仲 著
日本浪華木孔恭世肅 校
鄭成功南安縣石井巡司人也初名森字大木父芝龍字飛黄小名一官其大父紹祖爲泉州太守葉善繼吏時芝龍方十歳嘗戲投石子誤中太守頟太守禽治之見其容止笑而釋焉居無何落魄去之日本娶倭婦生成功是夜倭島萬火齊明芝龍心異之數歳芝龍與仲弟芝虎

「鄭成功伝」（著者蔵）

この公刊に当たって序文を、上巻は金龍道人敬雄（一七一二〜一七八二）が、下巻を芥川丹邱（一七一〇〜一七八五）が書いている。金龍道人序（抜粋）には

余少時嘗読院本……一挙不克復。保台湾級躬殲軍務之労矣。可惜哉。其子鄭経能継父志。父子三世三十九年間。独能奉明正朔。称号永暦。抗衡清師。清主屢勤宵旰。軍旅数出。而能竭其膂力。而遂不屈臣節而亡矣。故余悲其業不成。多

其志確乎不撓。余竊比諸楠公父子云。蓋成不者天也。豈以成敗可議乎哉。……

皇東明和辛卯（一七七一）冬吉日　　金龍道人敬雄題

と、志半ばに倒れた父鄭成功の志を継いだ息子の鄭経にふれ、父子をして楠正成・正行父子に比べ、称賛している。鄭成功を楠正成に譬えることは、王室復興の大義の下に立つが、事成就せず敗れた二人の境遇の類似を思えば、ごく自然に受け容れることができる話となる。頼山陽はこの書を読み、文化七年（一八一〇）に「読鄭延平伝」（七言律）と題する詩で

英魂千載桑梓（さうし）に游ばば　楠公父子を問ふ可きや無（いな）や（『頼山陽詩抄』(8)）

と、鄭成功の優れた魂は永遠のものであり、その魂が桑梓＝故郷（平戸）に戻ったならば、同じ思いを持つ楠正成父子を訪ねていくことであろうと、鄭成功と楠正成を同じ志を持った人物として詠じている。

この鄭成功と楠正成が結び付くのは、二人の置かれた状況や不屈の精神と活動の類似から、ごく自然な連想であるが、さらに、この両者を結び付けるものとして、明の遺臣朱舜水（一六〇〇～一六八二）と「嗚呼忠臣楠氏之墓」の碑文の存在を無視することはできない。楠正成を忠臣として江戸時代に最も顕彰したのは、元禄四年（一六九一）に正成戦死の地、摂津国湊川（現兵庫県神戸市）に「嗚呼忠臣楠氏之墓」を建立した、水戸藩主徳川光圀である。その碑文裏面に刻んだのは、加賀藩主前田綱紀が狩野探幽の「楠父子訣別図」に書かせた、朱舜水の賛（「楠正成像賛」三首の第一）である。左記に撰文の一部分を記す。

朱舜水撰文「嗚呼忠臣楠子之墓」元禄四年建碑

忠孝著乎天下日月麗乎天。天地無日月、則晦蒙否塞。人心廃忠孝、則乱賊相尋、乾坤反覆。余聞楠公諱正成者。忠勇節烈、国士無双。（中略）故能興復王室、還於旧都。（中略）父子兄弟世篤、忠貞節孝。萃於一門。盛矣哉。[9]（後略）

明の遺臣朱舜水は明末を代表する朱子学者で明の復興にも奔走するが果せず、万治二年（一六五九）に長崎に亡命して日本に帰化する。その後、徳川光圀の招きによって寛文五年（一六六五）六月江戸に上り、天和二年（一六八二）江戸の地で没するが、鄭成功は日本にいる朱舜水に、日本からの援軍を派遣してくれるように働きかけて欲しい、と要請する手紙を送ったと伝えられている。朱舜水が本国にいた時には鄭成功と面会することはなかったといわれるが、この賛にある「故能興復王室、還於旧都」は楠正成の思いであるが、朱舜水にとっても、鄭成功にとっても最大の目的であったはずである。しかし、死を覚悟して湊川の決戦に臨んだ楠正成の敗死を思う時、朱舜水には、楠正成に自らと重なるものを感じるとともに、中国に渡り、勝ち目のない「抗清復明」への戦いを果敢に挑む鄭成功とも重なるものを感じたことと思われる。頼山陽には、「朱舜水の楠公碑陰賛後に書す」と題する詩もあり、「忠孝日月の詞感奮、頌賛臭味の合するに由るに非ずや。」と、楠公も舜水も共に忠義の士であることを称えている。「忠孝」を称えるそのことばが鄭成功へと繋がるものであったこと思えば、楠正成と朱瞬水さらに鄭成功とは、頼山陽でなくとも、一線上に並ぶ人物となる。こうした思考は水戸学の中でより強く受け止められていく。

徳川光圀は彰考館を設け、朱舜水門下の安積澹泊を二代総裁に任じ、『大日本史』の編纂に当たらせるが、光圀一代で完成せず歴代の藩主にその事業は受け継がれる。その総裁を勤めた中の一人川口長孺（一八三五没）に『台湾鄭氏紀事』[10]と題する、鄭成功の行動を中国側の多くの文献や史料をも博捜してまとめた著作があり、文政十一年（一八二八）に刊行されている。鄭成功の日本における本格的な編年体の伝記であり、識者の間では評判の書であったことが、「近頃、水府にて台湾鄭氏紀事と云書を編せられ専ら世に行はる」といった松浦静山（一七六八〜一八四一）の『甲子夜話続編・巻二十』の記述から窺われる。この書の跋文は同じく彰考館総裁であった青山延于（一七七六〜一八四三）が書いている。その跋文にも

……夫芝龍反覆之徒。固無足道。然妻為烈婦而子為忠臣。忠義貞烈咸萃一門。何其盛也。蓋成功母子雖其忠烈出於天性。亦非我神州風気之使然歟。然則鄭氏之有成功。不翅明国之光。亦神州之華也。……

文政戊子（一八二八）春　　彰考館総裁青山延于書於礫川邸

と、鄭芝龍については清に投降したため「固より道に足ること無し」と非難するが、鄭成功は「忠臣」、母は「烈婦」と称え、日本の風気の現れ、神州（日本）の華とすら述べている。母の「烈婦」とは、鄭成功の母が、泉州の城が清軍に攻略された時、城壁から飛び降り自害した（『明清闘記』での記述とは異なる）、とも伝えられている行為を指してのことである。「神州の華」とまで賞賛するが、それほど高く鄭成功や母の行動が日本で評価されていたことの証といえよう。

以後、国姓爺鄭成功は芝居が作り上げた虚像に実像が加わるに従って、ますますその評判は高くなり、忠

孝や忠義愛国の臣として祭り上げられ、特に、日本人の母を持ち、幼児期に日本で育ったことが特筆される。このような鄭成功を日本に引き付けて国粋的に捉えることが明治以後に再び強調されて、日本の台湾侵攻に利用されたことを、石原道博氏は『国姓爺』（吉川弘文館人物叢書）で説かれている。歴史的人物としての実像は、芝居での虚像の肥大化をも組み入れながら、また、違った思わく（日本の節義を体現した忠臣孝子として）を加えながら拡大化されていくこととなる。

六

鎖国下にあっては、海外情報はごく限られた国の、ごく限られた範囲のものでしか、一般の人々には伝わらなかったが、国姓爺鄭成功のように、話題性にとんだ人物については、多くの人々が通常以上にその活躍のさまに興味を抱いていたことを残された資料は語っている。ただ、それらの情報は、昨日のものが今日届くというわけには行かないのは当然ながら、風聞という形では案外早く伝わっていったと思われる。殊に、『国性爺合戦』のように芝居化された場合には、より増幅されて虚像と実像とが入り混じりながら人物像が作られ、拡大して行く様子が窺える。こうした人物像の作られ方は、特に海外の人物に限ったことではない。しかし、国姓爺鄭成功の場合は、隣国の国家が変わるという大事件で大活躍した人物であり、母親が日本人であったことなど、話題性の大きさから国内の歴史上の人物とはまた違った形象がなされ、加えて、人倫の道義「忠孝」を柱にして楠正成と並称されたことは、後世への影響をも含めて特筆すべきことといえよう。

近松の『国性爺合戦』の上演によって、鄭成功の人物像がどのように受け止められていったかについて、端折った考察となったが、その流れをたどってみた。

【注】

（1）野間光辰「『国性爺御前軍談』と『国姓爺合戦』の原拠について」（『京都帝国大学国文学会二十五周年記念論文集』一九三四・11）。

野間光辰「『明清闘記』と近松の国姓爺物」（『国語国文』一九四〇・3、後に『近世芸苑譜』（八木書店、一九八五・11）に所収）。『明清闘記』は原本内題のルビから「みんせいとうき」（岩波文庫『長崎夜話草』一九四二・6）と読まれてきているが、『明清闘記（メイセイタウキ）』が本来のルビである。「明（ミン）」「清（シン）」を避けた読みには鎖国下における海外事情を公開することへの慮りが働いたかと思われる。

（2）杉村英治「『国性爺合戦』虚と実と」（『文学』一九八六・12）。

（3）大橋正叔『国性爺合戦』校注（『新編日本古典文学全集　近松門左衛門集③』（小学館、二〇〇〇・10）参照。

（4）『東洋文庫叢刊　第十五　華夷変態』（一九五八・3）刊行。以下は同書より引用。

（5）「万大夫座で国仙爺の狂言．日本の母とならんして唐のむこ．かんき柴崎殿とのつめひらき．後にじがいし．しうとめの道を立てさんす所のうれい．爰がかなめと成て大当り」（『役者色茶湯・京』『歌舞伎評判記集成　第六巻』（岩波書店、一九七四・10）所収）、「よし澤あやめ評」より抜粋。

（6）中村忠行「『台湾軍談』と『唐船噺今国性爺』」（『天理大学学報　第65輯』一九七〇・3）。

中村忠行「『台湾軍談』と『唐船噺今国性爺』補正」（『山辺道　第19号』一九七五・3）。

（7）人の情が役者・演者の芸（表現）を通じて伝えられ、その筋運びの中に人倫の道理を含めて仕組み、観客に慰みの感を持たせる、それが近松の作劇手法と、作品や言説から捉えている（拙稿「近松の後悔」『近松浄瑠璃の成立』（八木書店、二〇一九・6）に所収）。

（8）頼成一・伊藤吉三訳註『頼山陽詩抄』（岩波文庫、一九四四・9）より抜粋引用。

（9）『摂陽群談・九』（元禄十四年一月跋）「楠正成ノ塔」より抜粋引用。

（10）『台湾文献叢刊　第五種　台湾鄭氏紀事　川口長孺』（台湾銀行経済研究室編印・中華民国47年1月）より引用。

国姓爺鄭成功および『国性爺合戦』関係略年表

年紀	国姓爺鄭成功	『国性爺合戦』
1624（寛永元）		鄭成功（幼名福松）、日本肥前平戸に誕生。
1628（寛永 5）	鄭芝龍、明に帰順する。	
1630（寛永 7）	福松、森と改名。中国に渡る。	
1634（寛永 13）	後金、国号を清と改める。	
1639（寛永 16）	ポルトガル船の来日禁止（鎖国）	
1644（正保元）	李自成、北京を落とす。清、李自成を破り、北京を都とする。	明の騒乱伝わる（唐船風説書）
1645（正保 2）	国姓朱を賜り、鄭成功と改名母、田川氏中国に渡る。	鄭芝龍、日本に援軍要請の書簡を送る（華夷変態）。
1646（正保 3）	清に泉州攻略され、鄭成功の母自害する。鄭芝龍、清に投降する。鄭成功、泉州で挙兵する。	
1647（正保 4）	明、永明王永暦帝即位。鄭成功、厦門に本拠を置く。	
1649（慶安 2）		鄭成功の手紙、鄭彩の日本へ援兵を求める手紙とともに届く。（華夷変態）
1653（承応 2）	永明王永暦帝、鄭成功を延平郡王に封じる。	
1658（万治元）	鄭成功、南京への北伐に出船。	
1659（万治 2）		舜水（60 歳）日本に帰化する。（鄭成功が朱舜水のもとに日本の援兵要請を依頼するように求めた手紙が伝わる〈偽書カ〉）
1661（寛文元）	鄭成功、オランダの占拠を退け、台湾に入る。鄭芝龍、清に殺される。	『明清闘記』成る。（鵜飼信之序）
1662（寛文 2）	永明王永暦帝、雲南で殺され、明滅亡する。 鄭成功、台湾にて没する（39 歳）。	

1681（天和元）	鄭経(錦舎)、台湾にて没する(35歳)。	
1683（天和3）	克塽（奏舎）清に降り、台湾、清領となる。	
1701（元禄14）		「国仙野手柄日記」（錦文流作）上演。
1715（正徳5）		『国性爺合戦』(近松門左衛門作)上演。
1716（享保元）		『国性爺御前軍談』刊。 絵尽し『こくせんや合戦』刊。 京坂・江戸の歌舞伎で『国性爺合戦』物の上演が以後続く。 段物集『国性爺大明丸』刊。
1717（享保2）		『国性爺往来』刊。六段本『国性爺合戦座敷軍談』刊。 『国姓爺明朝太平記』刊。 『国性爺後日合戦』（近松門左衛門作）上演。 『国性爺後日軍談』刊か。 絵尽し『国性爺後日合戦』刊。 『通俗国姓爺忠義伝』刊。
1721（享保6）	朱一貴の乱起こり、鎮圧される。	
1722（享保7）		「唐船噺今国性爺」（近松門左衛門作）上演。
1723（享保8）		『通俗台湾軍談』刊。
1773（安永2）		『国姓爺伝』刊。（鄭亦鄒著『鄭成功伝』和刻本）
1828（文政11）		『台湾鄭氏紀事』（川口長孺著）

【参考文献】

野間光辰「『国性爺御前軍談』と『国姓爺合戦』の原拠について」（『京都帝国大学国文学会二十五周年記念論文集』1934.1）
野間光辰「『明清闘記』と近松の国姓爺物」（『国語国文』1940.5）
中村忠行「『台湾軍談』と『唐船噺今国性爺』」（『天理大学学報』第65輯　1971.3.2）
中村忠行「『台湾軍談』と『唐船噺今国性爺』補正」（『山辺道』第19号　1975.3.25）
杉村英治「『国性爺合戦』虚と実と」（『文学』1986.12）

歌舞伎・浄瑠璃界と西鶴

若衆贔屓

花は恋をまいた種也初芝居　西鶴

（歌舞伎若衆は芝居の花であるが、この花は多くの男女の恋焦がれる思いの種が実ったものである。初芝居はその花園である）

歌舞伎芝居の華やかさへの、それも美しい若衆の女色・男色二道の恋所としてへの、西鶴の心のときめきがうかがわれる句（『道頓堀花みち』）である。西鶴にとって歌舞伎芝居は、観客としてのみ舞台を楽しみ、自らを慰める憩いの場で足れりとするには、あまりにも魅力と誘惑に満ちた世界であった。

西鶴と歌舞伎界との繋がりは延宝七年（一六七九）八月刊『句箱』における役者たちとの俳諧歌仙にまず現れる。仙台の木村一水催しの一座で、立役大和屋甚兵衛や狂言作者富永平兵衛等が加わっている。同年十一月刊『道頓堀花みち』は富永平兵衛俳名辰寿の撰で、西山宗因をはじめ、大坂の談林俳諧師たちとともに上方役者の多くが名を連ねる。西鶴も発句二句、付合十句を投句する。役者が俳諧の座に一座するのはこの頃から嗜みの一つとして盛んになってきており、俳諧師西鶴が同座することも自然な成りゆきである（乾裕幸「俳諧狂言説異聞―〈談林俳諧と歌舞伎〉序説」、『俳諧師西鶴』前田書店、一九七九・6所収）。ただ『好色一代男』（天和二年十月）で「色道ふたつに、寝ても覚めても」と二道の精髄を描かんとしていた西鶴が、見物席からでなく、俳諧を通じてとはいえ、役者との個人的な付き合いによって歌舞伎界と交わったことは、男色の世界でもある役者の私生活を語る材料を得るには好都合であったと思われる。加えて、男色の花である歌舞伎若衆との日常生活の場での交友は、浮世草子作家への道を踏み出そうとしていた西鶴にとって、直接にその情報が得られるだけでなく、

若衆方の常成素皃をみるに、偽りなしに見事なる物を。よい国に生れ合せて自由に成事に付て、遠国の金持、一しほ哀と師仲間にて中悔ぬ

（『男色大鑑』巻七の五）（『定本西鶴全集　第四巻』より引用〈私に句読点を付す〉。中央公論社、一九七三・2）

と述懐せずにはいられないほど楽しいものであった。それはすでに俳諧の座を離れた世界である。

天和三年（一六八三）正月、西鶴自筆自画、版下水田西吟と『好色一代男』と同じ二人が組んだ、野郎評判記『難波の皃は伊勢の白粉』が発表される（土田衞「『難波の皃は伊勢の白粉』の刊年」『ビブリア』31、一九六五・9、後『考証元禄歌舞伎―様式と展開―』〈八木書店、一九九六・6〉に所収）。現存するのは巻二・巻三のみの零

本であるが、大坂道頓堀の嵐三右衛門・鈴木平左衛門座（巻二）、荒木与次兵衛座（巻三）の若衆形・若女形の評判が収められている。西鶴がたいへんな若衆贔屓であったことが、若衆たちの姿態を得意気に自ら画く挿絵から察知される。しかも、評判記として役者の芸にほとんどふれるところがないのは、若衆たちの美しい姿態が魅力の中心であったことを語っている。遊女評判記と対応する野郎評判記であれば、芸自体より容色に評判の重点が置かれ、また、楽屋落ち的な衆道に関することも少しはふれるのが常套である。『難波の皃は伊勢の白粉』もそうした面を持つが、それ以上に、評判を逸脱した西鶴の若衆をめぐる諧謔的な文章と場面的な一齣の描写が、難解な、評判記らしからぬ書を作りあげている。

沢村小伝次　若衆方（巻二）

五日の雨十日の風、国ゆたかなる時は奢るもの也。色さはぎ、こゝろのあらしやむ事なく、是では出られまいとかな錠をおろして、礒なんどせゝり、或はやりませう舟をまねき、唐わたりの望性求るもあり。朝には右左のひゞきをかんがへ、大事の水もへりゆくに随ひ、うはかぶりになつて、おのれをたかぶり、思日もよらぬ熊谷笠のしゆかう、尤と同じて、頓而通ひ舟に取乗、西堀より橋〳〵の下こがれよせ太鼓の音づれをたのしむ……

（『定本西鶴全集　第九巻』より引用（私に句読点を付す）。中央公論社、一九七三・2）

と続くが、最後まで「小伝次風の武道。こま・もろこし人迄もさたするくわほう、ゆゝ敷人。……せりふの時は思ひ入すぎて、つむり少しゆがみ、また、口跡も余りあいらしくいひたがるゆへか、舌について隠居そだちの小性を見る様な」（『難波立聞昔話』貞享三年十一月刊）といった芸評がない。語っているのは色遊びの心の高ぶりであり、その詰りに芝居の若衆買いがなされる。小伝次は最後に置かれた狂歌に、大尽客名指しの若衆として名が詠み込まれているに留まる。ここには『好色一代男』から抜き出したような色漁りの転合書ともいうべき一文が、小伝次に関係なく描かれている。言い換えれば、役者よりも役者を取り巻く人たちの様子を描いているともいえるが、それは評判記の形を取るかぎり、西鶴の独りよがりでしかない。この独りよがりを捨て、役者たち自身を、彼らとの直接の交際を通して、綴ったのが『男色大鑑』の後半部である。

若道の嗜み

『男色大鑑』（貞享四年正月刊）は巻一から巻四までと巻五から巻八までとの二部に内容が分けられる。前半部は武家社会の衆道咄、後半部は役者咄である。後半部で西鶴は、寛文期から貞享期にかけての歌舞伎芝居の様子を語るとともに、歌舞伎若衆たちが現実の生活の中で見せた若道の嗜みを取り出し賛美する。西鶴のそれらの情報は、『西鶴名残の友』巻五の五「年わすれの糸鬢」で大和屋甚兵衛・藤川武左衛門・坊主百兵衛の役者たちと年末の一日を過ごす記事などからみても、自らの体験や役者からの直接の聞き書きであることが多いように思われる。『男色大鑑』巻八の四「小山の関守」は、

> 西国三十三所の観音。五番は河内国藤井寺の開帳、天和三年四月に参詣せんと、重といへる人俄にさそう水、夜前の寝皃洗ひもあへず、法師の徳には髪結までもなく……（引用同右）

と年月を明記し、自身の様子まで述べ、役者・若衆たちとの遊宴を描く。そこには舞台から離れた役者の私

生活が伝えられる。その一人上村辰弥について、「今朝よりすぐれてうつくしきは、定めて上村辰弥ならめと名をさしあつるも真言なり」と、辰弥の美しさを誉め、若道の情の話に及んで、辰弥が座興話の中に親指を押し切った逸話を紹介し、人々の不審を払い、「是を思ふに、まつたくよくに非ず。無分別といふ人はのけて置きて、なるべき事かとおもひめぐらす程きもにめいじ、古今の芸子のうはもり、万人共に思ひつく事。此人先生にていかなる種を蒔きて今の花の咲きける、しらずかし」と賛える。舞台の美しさにも増して、衆道に美しく生きる若衆たちの姿こそ、『男色大鑑』の追求した主題であるといえよう。辰弥に対する西鶴の思い入れは強い。

貞享五年（一六八八）三月某日、大坂の医師真野長澄宛西鶴書簡（第五書簡）の尚尚書で「尚〳〵鑑（鎌）くら新蔵芝居に、能子共出申候。人は何ともいへ、たつや能子にて候」と訴えている（野間光辰「西鶴の転向―西鶴第五書簡をめぐって―」『西鶴新新攷』一九八一・8所収。なお、この書簡を元禄二年〈一六八九〉度とみる井口洋氏の説「鎌倉新蔵芝居考証―京大本『うたをんど』をめぐって―」『国語国文』一九七三・6、もある）。『難波の㒵は伊勢の白粉』でも矗眉ぶりを発揮し誉めるが、しかし、『難波立聞昔話』は「舞台のげい、しどろにして腰かゞみ過、両手少しひろ過、うれい何にてもしつぽりとした事がならん」と酷評する。野間光辰氏は辰弥に対するこうした世間の評判が西鶴には不満であったと解説する（前掲論文）。このことは西鶴の歌舞伎への接触が、自己の好みに即した非常に趣味的なものであったことを示しており、「定舞台つらみせ時もめぐりきて／その前髪を判官矗眉」（『大句数』第二）と、矗眉役者あっての楽しみであったことを語っている。

後世、歌舞伎作者の一人に西鶴を掲げる書もあるが、作品は一作も伝わっていない。西鶴が狂言の仕組みについて云々する記述は『男色大鑑』（巻六の五）等にあるが、役者との日常生活での一座を楽しみ、特定の役者を贔屓して憚らない様子から、彼が狂言作者として成功するのは難しいことのように思われる。それ以前のこととして、歌舞伎に対する西鶴の興味が、演技者としての役者より、自分の生活空間の中にあるその人自体にあったことを思えば、狂言作りに努めようとする意欲など持つこともなかったのではなかろうか。

加賀掾贔屓

貞享二年（一六八五）正月、大坂道頓堀は、前年竹本座を創設し、大坂での地盤を固めつつあった竹本義太夫と競演するため、京都より宇治加賀掾が下り、賑やかな年明けを迎える。[1] その情況を西沢一風の『今昔操年代記』（享保十二年刊）は次のように伝える。

其明刁の年（丑の年の誤り）、京都宇治加賀掾難波にくだり、今の京四郎芝居にて、西鶴作の浄るり暦といふをかたられければ、義太夫方には賢女の手習并新暦として、両家はりあい、ついに義太夫浄るりよく、嘉太夫がた止ぬ。其次のかはり、かいぢん八嶋。是も西鶴にて、評判よき最中出火して、加賀掾は是限にして京へのぼられ……

（句読点、私に付加）

西鶴はこの時、加賀掾に『暦』と『凱陣八島』の二作を書き与えたという（『凱陣八島』については西鶴作とする一風の言を認める通説に従う。森修「『凱陣八島』は西鶴作なり」「『凱陣八島』の諸版について」、『近松と浄瑠璃』塙書房、一九九〇・2所収）。

宇治加賀掾は和歌山出身の浄瑠璃太夫で、延宝三年（一六七五）、四十一歳の時、宇治嘉太夫の名で京都に宇治座を興し、延宝五年十二月十一日に受領して宇治加賀掾好澄を名乗る。延宝六年八月には段物集『竹子集』を編集し、自序で自らの浄瑠璃論を述べるとともに、節章の解説をもなし、やがて、延宝七年五月には浄瑠璃愛好者のために八行稽古本（『牛若千人切（うしわかせんにんぎり）』）を開版するなど、浄瑠璃の格式向上と享受層の拡大をはかる。『諸艶大鑑（しょえんおおかがみ）』（貞享元年四月刊）巻七の二で「今時は東山の浄瑠利会にも、嘉太夫が弟子分の者共、如何なる縁にや、稀なる御筆者の書本（かきほん）、大竹集にてかたるぞかし」と、『源氏物語』や歌書の写本と並べて西鶴が『大竹集』を引き合いに出したのも、加賀掾の浄瑠璃が上層の町人等に稽古されていた証を述べ、それを結果として顕彰する意図があってのことであろう。

一方、竹本義太夫は天王寺村出身の大坂根生（ねお）いの浄瑠璃太夫であり、一時、加賀掾のもとで助語りを勤めてもいたが、本来は大坂の井上播磨掾の語り口を継いでおり、竹本座の成功も地元贔屓の思いが加わって大きかったと思われる。大坂人の代表のような西鶴が義太夫でなく加賀掾を応援するのはこの点からは不可解といえよう。加賀掾は「ふしくばりこまかに、よは〳〵たよ〳〵、うつくしくかたり」、義太夫は「大音にて甲乙ともにそろひ、まないたに釘かすがいを打たるごとく」（『今昔操年代記』）と、両者の語り口からして、西鶴は上品な加賀掾の浄瑠璃に惹かれるものが多かったのであろう。「浄るりは宇治嘉太夫節」（『日本永代蔵』巻二の三他）と後までも西鶴の評価は定まっているが、加賀掾との交流がいつ頃から始まったかはっきりしない。

『暦』『凱陣八島』はともに文章が散文的であり、語り物としては上作ではない。浄瑠璃の五段構成の組立てからみても、一つの頂点へ向かって劇展開を繋ぐことができず、部分的な趣向倒れに終わっている。加賀掾は大坂下りの計画に当たって、俳諧・浮世草子で世間の注目を集めていた西鶴に新作を依頼し、万全を期していたことと思われる。西鶴の浄瑠璃第一作『暦』は、西鶴の自信の程はともかくも、評判はいま一つであった。見物相手の浄瑠璃、作劇の形式もある浄瑠璃だけに、それらに合わせる工夫はなされてはいるが、以前からの浄瑠璃作りの習練なしに、語り物の文体的特徴をも含めてまとめあげることは、いかに西鶴といえども難しい注文であった。続く『凱陣八島』は盛り沢山な馴染みの場面で見物を引きつけることに成功するが、不運な出火によって、加賀掾の退却、と西鶴にとっては不本意な結末となる。この後、西鶴は貞享二年七月には加賀掾の懐中用段物集『小竹集』を編集し「嘉太夫口まねをして、月待ち・下り舟・小風呂のうちにても、此一ふしのやむ事なし」と自ら語り楽しんでいるが、浄瑠璃の著作には新たに挑戦した形跡はない。嘉太夫節の愛好者として楽しめればそれで心慰むことができ、浄瑠璃作者への道はさほど興味あるものでなかったのであろう。

西鶴第五書簡

先に尚尚書のみを紹介した西鶴第五書簡の本文は「此ごろの俳諧の風勢（情）、気に入不申候ゆへ、やめ申候。嘉太夫ぶしの上るりに、うき世をなぐさみ申候　以上」とある。この文面から、野間光辰氏は俳諧師西鶴の浮世草子作家への転向の動機を読み取っておられる（前掲論文）が、「俳諧の風勢」に加えて、歌舞伎・浄瑠璃も元禄初年頃を転機に、西鶴の好んだ風情から変わりつつあることをいわなければなるまい。すなわち、歌舞伎にあっては、元禄初年頃より狂言本が刊行され、演技にも当風の趣が求められるようになり、戯曲性重視や演技中心へと進み、容色に愛でる鑑賞のあけ方は後退していく（鳥越文蔵『元禄歌舞伎攷』（第一部第二章・八章及び第二部第五章等参照）八木書店、一九九一・10）。浄瑠璃も貞享二年の竹本義太夫と近松門左衛門との提携によって、新浄瑠璃の時代へ移行する時期に当たる。前者では今まで以上に立役の位置が重要となり、西鶴が贔屓する若衆形・若女形の子供役者は、評判記の芸評の面からも、主役ではなくなっていく。また、後者では浄瑠璃界を導いていた加賀掾が義太夫に遅れをとるようになり、西鶴が贔屓する太夫の影は薄くなる。しかし、この時期に浮世草子作家としてもっとも精力的に活動していた西鶴自身にとっては、自らの好みと外れた形で発展していく歌舞伎・浄瑠璃から縁遠くなるのはやむをえなかったことであろう。西鶴の歌舞伎・浄瑠璃に関係する著述は貞享五年三月刊の『嵐は無常物語』で終わる。確かに、元禄四、五年頃の道頓堀の役者評が、『独吟百韻自註絵巻』第三句「役者笠秋の夕に見つくして」に添えられた自註に載るが、西鶴のそれまでの歌舞伎の楽しみ方と異なった、均一的な詠嘆と第三者的な文辞に、心なしか「見つくした」静かさが感じられる。

【注】

（1）本稿発表（平成五年五月）後、大橋は「浄瑠璃史における貞享二年」（本書所収）を平成十一年五月に発表し、この一件を否定する見解を記している。本稿では西鶴自身の問題を扱っているので初出稿のまま掲載することとした。

『甲陽軍鑑今様姿』と「甲陽軍記今様姿」

はじめに

宝永から享保期にかけて、豊竹座の座付作者として、活躍した紀海音については、諸氏の御研究によって闡明になってきたとはいえ、なお、問題とされる点が多い。特に、海音作浄瑠璃の著作年代に関しては、祐田善雄氏の論考[1]に負うところであるが、また、『鸚鵡籠中記』の公表による補訂が氏の研究をより確実なものとなしたが、より細かな著作年代の考証を要とする作品も少なからず存在する。本稿では、そうした作品のうち、『甲陽軍鑑今様姿(こうようぐんかんいまようすがた)』について述べてみる。海音作浄瑠璃の歌舞伎化を考えさせる材料ともなるからである。

一

『甲陽軍鑑今様姿』の上演年時について、明和版『外題年鑑』は『甲陽軍鑑今様粧(いまようすがた)』と題し、享保二年

（一七一七）正月三日の上演としている。しかし、現存正体は内題を「甲陽軍鑑今様姿」とする。なお、管見の範囲では、豊竹上野少掾正本しか見出し得なかったが、黒木勘蔵・祐田善雄両氏は若太夫正本の存したことを述べておられる。(2)

祐田善雄氏は、この曲の上演を、『外題年鑑』が享保二年正月三日とするのに対して、同年秋とされている。(1) 即ち、初段にみえる

色イヤ申し。詞近日の内、堀江には敵討がござるげな。地色ハルお伴致てみせませよ

という長坂長閑の詞にある「堀江の敵討」を、芝居等に仕組まれた敵討物の評判とみて、享保二年七月十七日の高麗橋の女敵討の芝居がそれにあたると考えられ、さらに、全篇の季を秋として脚色するところから、推定されたのである。しかし、氏の推定は、豊竹若太夫の上野少掾受領を、『外題年鑑』等による、享保三年正月とする従前の説においては首肯されるが、若太夫の受領を正徳五年（一七一五）秋とする立場からは時間的に不都合な問題が生じてくる。

つまり、『鸚鵡籠中記』の正徳五年十一月の条の

○当秋豊竹若太夫受領。上野少掾藤原信房と云

という記載によって、若太夫の上野少掾受領の時期を、従来の説より三年早めた正徳五年秋とすれば、『甲

陽軍鑑今様姿』に若太夫正本が存在したことは、この曲の上演を受領以前、即ち、正徳五年秋以前としなければならなくなるからである。

　この『鸚鵡籠中記』の記事は、正本の奥書等にみられる受領名「藤原重勝」が「信房」となっているという難を持ちながらも、信用すべき記事であることは、藤山（小谷）成子氏に、上野少掾受領を正徳五年秋とすることによって、若太夫正本のいくつかの上演年時が、また、上野少掾正本のみが現存しながら、他の記録によって享保三年正月以前に上演されたと考えられる曲の上演年時が、矛盾なく理解できるとする指摘がある(3)。藤山氏は、そこで、『甲陽軍鑑今様姿』にも言及しておられるが、確証を得ないまま「宝永極末年から正徳五年秋の上野少掾受領までの間に、若太夫正本『甲陽軍鑑今様姿』が上演されたと考えるのである。」とされる。しかし、同曲の第四に

　　（詞）ム、さては問答におまけなされてへいかうか。（地色ハル）サア二人リして御衣はぎ御国本へともなはん

と、正徳二年九月の浄土僧了海と日蓮宗僧侶との法問談義の一件（『鸚鵡籠中記』）が当込まれているので、この以後の作であることは明白である。しかも、この表現は、時事的な当込みとみるよりは、問答で相手をやり込めた折の常套句の感が強い。また、この当込みは、事件直後に上演された『小野小町都年玉（おののこまちみやこのとしだま）』（正徳三年正月上演(4)）で有効に利用されており、その二番煎じともみることができる。とすれば、この曲の上演は、祐田氏の秋とされる指摘に従えば、正徳三年秋以降正徳五年秋以前のいずれかの秋になされたことになる。

「堀江の敵討」についても、芝居の評判とみれば、高麗橋の女敵討を考えなくともいいのではなかろうか。

まして、当時の堀江芝居の実情が不明なので、ことさらの限定も必要ないかと思われる。敵討の狂言は好んで演じられた題材だけに、この長閑の詞に当込みを考えることもできるが、それを詮索する資料は残念ながら不明である。

このように『甲陽軍鑑今様姿』の上演年時を考えると、その外題の類似からも、この浄瑠璃の影響をうけて作られた歌舞伎狂言を指摘することができ、海音作浄瑠璃も、宝永から享保期の浄瑠璃が歌舞伎化され上演されるという、当時の傾向[5]の中にあったことがわかる。以下、一枚の番付を資料として、海音作浄瑠璃『甲陽軍鑑今様姿』の歌舞伎化という点について、ふれてみたく思う。

二

大阪府立中之島図書館蔵の「保古帖」巻四の中に、「甲陽軍記今様姿」と題される三番続きの狂言番付が貼付されている。京都四条大和大路大芝居にて享保元年九月八日より名代布袋屋梅之丞・座本大和屋甚兵衛で上演されたと、同館刊行の『大阪府立図書館蔵芝居番付目録』に紹介されている番付である。この狂言の内容は、狂言本は無論、当時の評判記の類にもその評判を見出し得ないので、不明であるが、番付に記されている狂言内容を端的に説明した、語りや附り・并び書が、浄瑠璃と歌舞伎に密接な関係のあったことを示している。左に番付の翻刻を付し、両者の関係を考えてみたい。

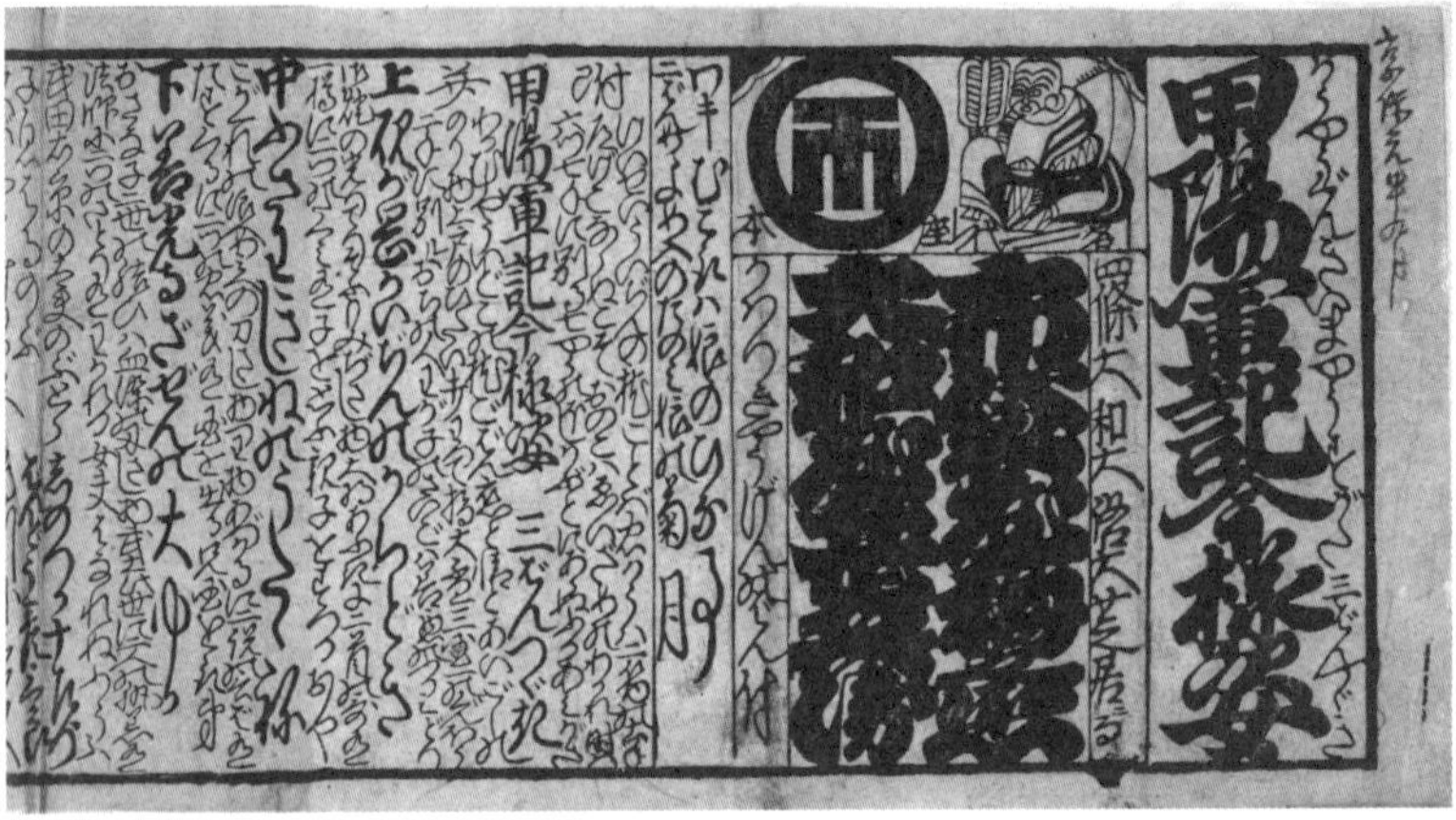

（大阪府立中之島図書館蔵）

甲陽軍記今様姿（かうやうぐんきいまやうすがた）　三ばんつゞき

名　四条大和大路大芝居ニ而
（紋）代　布袋屋梅之丞
座　大和屋甚兵衛
（紋）本　かはりきやうげんのばん付
ワキ　むこ取は娘のひな事
二ばんめ　よめ入のたのみ娘の菊月
　けいせいういぢんの枕ことば　忠かうは二筋の土手
附道　げこならぬこそおのこはゑいざめのわかれ　時は
　六つ七手に別る七やうのほしかぶとにあらぬふかあみがさ
甲陽軍記今様姿　三ばんつゞき
　わかむしやういどこの枕ごばん　恋と情とあいごしの
并のり物　上戸のひたい打わつて指大盃　三国一のぐんほう
　二手に別ルおちの人　わが子のさいごは善悪のふかみどり
上　硯が岡かいぢんのかちどき
御灯の光りてりそふもみぢさし物　大将あふぎに二首の歌有
一樽に二つのたくみ有　子を思ふ親子をすつるおや
中　ふさわきしねのうたたね

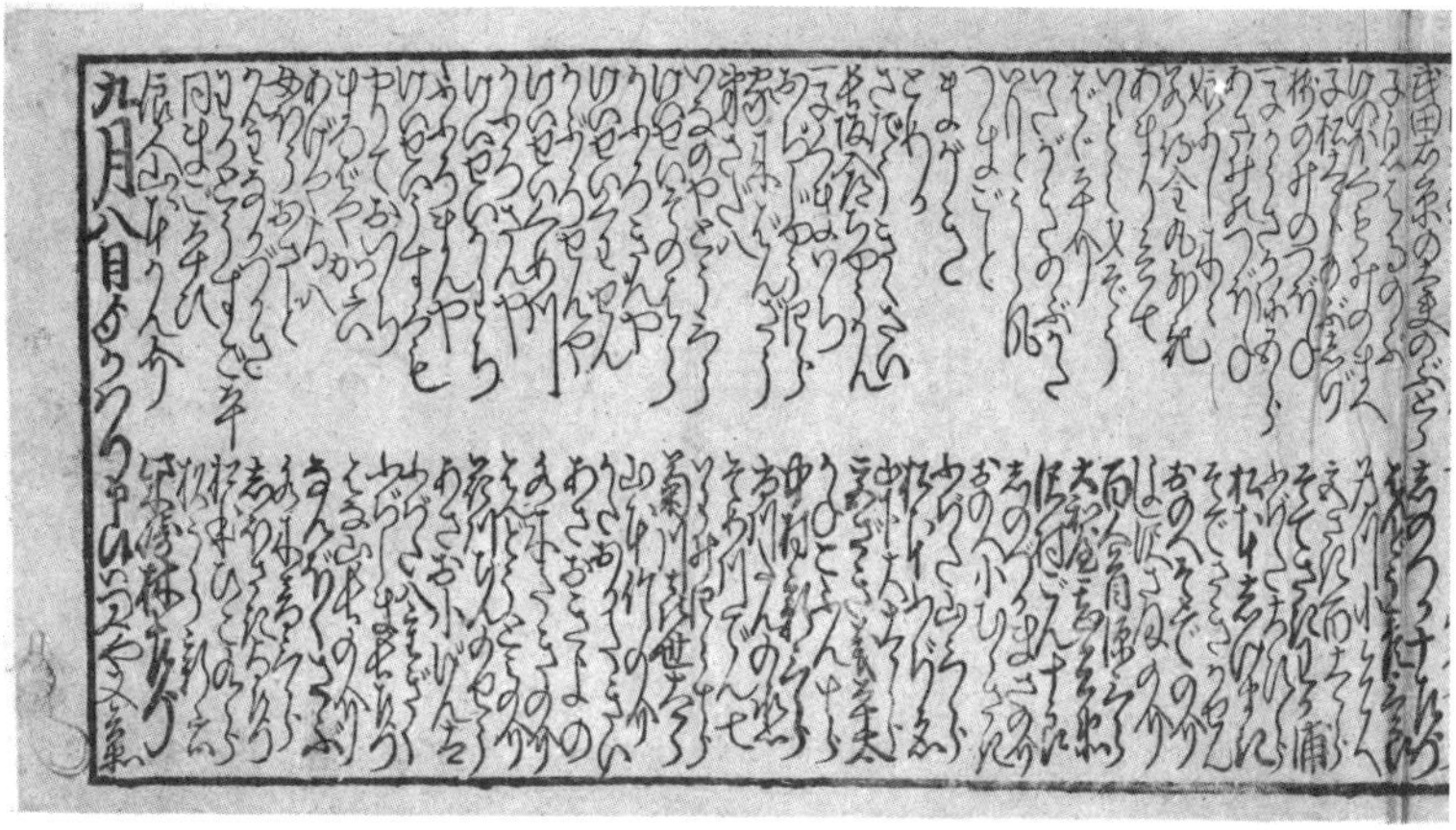

こがくれの浪人めみへの刀さし物　つわ物あづかるに二説の言ば
有
たすくるに二つの忠義有　国を出る兄国を取弟

下　善光寺ざぜんの大ゆか

おさな子二世の結ひは血染の刃さし物　武士此世に二人の執着有
法師に二つのさとり有　わかれる女夫はなれぬふうふ

○武田右京の太夫のぶとら　しのつか十左衛門
○子息はるのぶ　ばんどう彦三郎
△けいぼくも井のまへ　為川小兵へ
○子松太郎のぶしげ　宮さき百太郎
梅の井のつぼね　そてさきわか浦
△一子かうさか弥五郎　ふぢた大次郎
あさ井のつぼね　松本しけまき
△娘にし木と　そでさきかせん
○若侍金丸外記　おのへそでの介
△あまり兵七　よし沢さまの介
○い丶とみ才ぞう　百人首源三郎
○ばゞ平介　大和屋甚兵衛

○いたがきのぶかた	沢村ごん十郎
いもとうら風	しのづかまさの介
つまごと	おのへ小むらさき
まがき	ふぢた山三郎
とめか	松本ふぢゑ
さだうきくさい	山下大太郎
○長坂入道ちやうかん	宮ざき義平太
一子くまいち	かねこふん十郎
おぢじやう四郎	中村新三郎
家来ばんざう	市川たんの丞
弟さだ八	そめ川でん七
いなのやとう三郎	いわ井四郎十郎
○けいせいそのはら	菊川喜世太郎
かふろきんや	山本竹の介
けいせいくわぜん	かたおかたきい
かぶろせんや	あさおきよの
けいせいくめ川	水木たきの介
かぶろさんや	はんどうとみの介

けいせいかわち　花川ぢんのせう
かふろまんや　あさお小げん太
けいせいうすくも　ふぢた八重ぎく
やりておいち　ふぢしま長左衛門
まつばや加六　はな山長の介
あげや与八　なんぼくさぶ
女はうおさと　水木音三郎
かん主なかづかさ　しほさき与左衛門
わかとうすご平　松本ひこ九郎
同まご平次　杉うら新六
○浪人山本かん介　柴崎林左衛門
九月八日よりかはり申候　いつみや又兵衛

〔註記〕役人替名の上に○印を付したのは、その役名が『甲陽軍鑑今様姿』にもみえることを示す。また、△印は同名ではないが、その役柄にあたる人物が『甲陽軍鑑今様姿』にも現れていることを示す。

番付には四十一名の役人替名が載るが、そのうち、浄瑠璃・歌舞伎に共有する役名は十名である。なお、浄瑠璃では、武田信虎の御台の名は常陸御前であるが、歌舞伎では雲井の前となっている。さらに、信虎の重臣として、浄瑠璃は高坂弾正・板垣信賢(6)が登場するが、歌舞伎にはその名が見えない。しかし、二人の子供錦・板垣弥五郎に類似した役名にし木々・かうさか弥五郎が番付にはみえるので、それぞれの母あさ井の局（松本重巻）・梅の井の局（袖崎和歌浦）が、それを演じた役者からみて、女形の役分として彼らに変って、その重要な役を勤めたかと思われる。とすれば、一座の主たる役者の大部分が、浄瑠璃と同名の役を勤めていたことになる。なお、この歌舞伎の上演時であるが、番付欄外に「享保元年九月」と墨書されており、同館刊行の目録もこの説に従っているようである。しかし、替名付の一座の役者の動向を調べてみると、柴崎林左衛門が一座している点で疑義が生じてくる。柴崎林左衛門の享保初年頃の出勤は

正徳六年（享保元年）　榊山座　（『役者願紐解』・『役者我身宝』・『芝居晴小袖』）
享保二年　甚兵へ座　（『役者色茶湯』・『役者賭双六』）

であり、途中の移動も、各評判記の柴崎林左衛門の評に

顔みせ前ニ万大夫座国仙爺の狂言．かんきと成義を守るの本実（中略）酉（享保二年）の顔みせ大黒天神に（『役者色茶湯』享保二年正月刊）

去冬の国せんやの狂言に．五常軍甘輝と成．いか様大明国の一城主かんきらしき人相．是去年中の大あたり．（『役者賭双六』享保二年正月刊）

前は去秋万大夫座でなされしかんきの役．一入手へ入てよし．（『野傾髪透油』享保二年四月刊）

とあって、享保元年中は榊山座（名代都万太夫）に出座しており、大和屋座へはなかったようである。また、享保三年には榊山座に戻っている（『役者三幅対』享保三年正月刊）ので、この間、柴崎林左衛門が大和屋甚兵衛座に一座できる秋（九月）は享保二年の秋だけとなる。他の役者の動向を合せ調べてみても、享保二年秋とすることに不都合は生じない。「甲陽軍記今様姿」の上演は享保二年九月八日より大和山座でなされたとすべきであろう。

三

右の番付に記述された狂言内容と『甲陽軍鑑今様姿』との関係を考える必要上、左に『甲陽軍鑑今様姿』の梗概を述べる。

第一段

硯が岡　武田晴信が硯が岡に初陣の凱陣を布く所へ、父信虎の臣長坂長閑が、灯籠をもち、中元の嘉儀と凱戦の祝いにくる。長閑は晴信の軍を軍法に適わぬ法であると批難し、信虎も立腹していると告げる。晴信は長閑が継母に讒言した故であろうと怒る。さらに、長閑の持参した灯籠を、武士の凱陣に無用のものであると、踏み破る。長閑は、晴信に三島への蟄居を言い渡した、親殿の口上を伝え、危くなった身を逃げ去る。

信虎居城　我子信しげに国を得させようと企む、信虎の当御台常陸御前は、長閑を呼び、長閑が高坂弾正の娘錦にあてた恋文の詮義を、ことさら、申し渡す。不義の恋文が披露され驚く長閑に、御台は自分の頼みを聞き入れるなら、二人の中を取り持ち、不義の罪はなきものにしてやろうと約束する。二人の前に呼ばれた錦は、二人の言をふり切り、その場を逃れるが、その時手にしていた恋人板垣弥五郎から貰った扇を、長閑に奪われる。扇には二首の歌が書かれており、その筆蹟は晴信のものであった。二人は晴信を不義者として闇討しようと計る。

三島の宿　晴信は三島の宿の傾城その原に馴染む。その原は、晴信の前で今迄飲まなかった酒を初めて飲んでみせ、酔狂して晴信の頭を打つ。晴信は怒りその原を手打ちにしようとするが、我身の大酒を諌めんための必死の意見と知り許す。そして、その原のこの行為も、その兄山本勘介の状よりなしたことであると聞き、勘介こそ、軍師として自分が訪ね求めていた者であると喜ぶ。さらに、勘介の仕官を求め、家来の妹に廓勤めはさせないとその原を受け出す。その原は、兄が妹の縁で出頭したとあっては不名誉なことであるからと、晴信の前から姿を隠す。帰途、晴信は闇討に会うが、同衣装をつけた近衆六人が現れ、曲者を退治する。

第二段

信虎居城　晴信の異母弟信しげが晴信と対面しない信虎を諌めている所へ、晴信に謀叛の心ありとの知らせが届く。信虎は長閑に晴信を国境まで追放するように命じる。

街道　晴信のもとに向う勘介は道筋で長閑の行列と出会い、一騒動おこすが、置き去られた駕籠の中は、長閑ではなく、不義者として縄目をかけられた弥五郎と錦であった。勘介は死に急ぐ二人を時節を待てと救う。

州沢城　讒臣長閑を打たんと晴信は州沢の城に陣を構える。その場に駆けつけた勘介は、父信虎に叛くことは礼義に悖ると晴信を諫める。勘介は討手に来た長閑を追い払い、自らが州沢の城を預り、晴信に城を明けさせる。

第三段

信虎居城 病に臥す信虎は晴信を呼び、四ヶ条の不義をあげ切腹を命じる。高坂・板垣の両執権は信虎に諫言するが、信虎は受けつけない。晴信は一旦、切腹の刀を手にするが、折から出されていた大盃に酒を重ね、刀を捨て高鼾をかく。信虎は晴信の髻を切り、弟信しげに国を譲る。

州沢城 弥五郎と錦は晴信の身を案じ城内を窺う。折から、新城主信しげを迎える二人の親信賢・弾正や勘介の姿を見、三人の晴信への背信を思い、二人は城中に忍び込み主君の仇を討んとする。信しげの前で勘介が、二心なき証拠として、晴信より頂戴した盃を打割ったのを見て、信賢・弾正は、信しげ・長閑の去った後、勘介を責める。勘介は、晴信公に、国を滅す大酒も時によっては一命を助ける、と教えたのも勘介、又、盃を打割ったのも、丸うて一体の親子が争うのは割れたこの盃同前、そこを忠義の漆で固めればもう一度丸くなると二人を説く。椽の下で三人の忠義を知った弥五郎と錦はその場で自害する。二人の親は、勘当した手前、息子・娘に声をかけえない嘆き悲しみの中で、魂魄はとどまって主人晴信の身を守れ、主君帰城の時は勘当を許すと二人を励ます。勘介も、若殿を御世に出し、夫婦の者も親子の対面をなせと、割れた盃を二人に与える。

第四段

信玄道行 晴信は信玄居士と法名し、影の如く付き添う弥五郎と共に筑摩川に至る。川原で信玄は隠れ暮すその原と出会う。その原は信玄に、国主として、人々に慈悲を示すことを勧めるが、信玄は返答なきままその場を去る。その原は身投げを計るが、錦の亡魂に助けられ、信玄の庵室へと誘れ行く。

新善光寺　新善光寺の床で座禅に心清ます信玄の庵室には、勘介以下面々が詰め、信玄に長閑征討の為の出陣を乞う。勘介その他の臣の諫言に動じない信玄に、面々は最早これ迄と切腹の決意を示す時、信玄は浄衣の上に甲冑をつけ軍扇を持ち現れる。部下に親信虎に刃向うのではないと諭し、信玄は太刀・刀を抜くことを禁じ、槍なら柄でつけ、弓は弦をはずせと命じ城に向う。

第五段

信玄の様子をみて、城中の者は信玄のもとに走る。長閑はこれ迄と、冥途の土産に信虎を殺そうとするが、弥五郎の亡魂が現れ長閑を櫓から下へ突き落す。親子は和睦し、勘当を許された弥五郎・錦の魂魄は消え去る。弥五郎は武田の家の氏神であるとされ祭られる。

四

浄瑠璃『甲陽軍鑑今様姿』と歌舞伎「甲陽軍記今様姿」とが似通った内容をもっていたであろうことは、実態を捉み得ない番付の記述であっても、右の梗概と比較すればほぼ推察することができる。今、その類似点を考えれば、次のような点が指摘され得よう。

一、構成において類似をみる。

浄瑠璃は五段、歌舞伎は三番続きであるが、硯が岡の凱陣で初まり（新）善光寺の座禅の床を幕切れ近くに置く点で一致している。登場人物名に多くの一致をみることも、この推定を支持している。また、主題とする所も、共に、親子の確執・山本勘介の軍法であると、片方は不十分な番付であっても、理解することができる。

一、類似の趣向があったとみれる

(1) 番付に「大将あふぎに二首の歌有」とあるのは、浄瑠璃の初段中にみえる、晴信が二首の歌を書いた扇をいうと思われる。扇が、共に、重要な小道具として利用されている。

(2) 番付に「子を思ふ親子をすつるおや」とあるのは、上であるので、継母とその子信しげ・信虎と晴信の関係を指すと考えられる。当然ながら「国を出る兄国を取弟」は晴信と信しげをいうことになる。と理解すれば、「一樽に二つのたくみ有」は、酒をもって晴信を陥し入れようとする信虎の奸計と、逆に、酒をもって身を救った晴信の計略をいうと思われる。歌舞伎でも、酒を小道具に趣向が組まれていたのであろう。並び書の「上戸のひたい打わって指大盃」はそのことを示唆する。

(3) 番付の付りの文言は、浄瑠璃初段の切にみられる、傾城その原と晴信との一件を思い出させる。「ゐいざめのわかれ　時は六つ七手に別る……」は、晴信がその原と別れた後、闇討に会う時、影武者六人が現れ、七人が曲者七人と対峙し争う場面をいうかと思われる。

(4) 番付の并び書にみえる「恋と情とあいごしののり物」は、浄瑠璃第二段中の弥五郎と錦が縄目のまま合駕籠で運ばれ、勘介に助け出される場面を思わせる。合駕籠が一つの場をつくっていたことはいえる。

(5) 酒が場面を盛り上げるため、利用されていたことは両者共いえるが、番付の「上戸のひたい打わって指大盃三国一のぐんほう」も、浄瑠璃第三段中の、勘介が盃を割って諭す軍法をいうかと推測させる。盃を割るという趣向が二者共にあったということはいえよう。

(6) 番付に「法師に二つのさとり有」とある法師は、替名付をみても法師の名が見えないので、晴信が信玄と法名したことをいうのであろう。浄瑠璃にみられる筋立である。

以上、実態の捉み得ない番付から、狂言内容を推測するという不安定な作業をなし、歌舞伎と浄瑠璃との考えられる類似点をあげたが、二者がかなり類似した内容・趣向を持っていたことは認めることができよう。そして、推測ながら、この二者の関係において、歌舞伎が最も浄瑠璃から得たものはその縦筋であり、その演出においても、縦筋を展開させる為に有効な役割を果すものはそのまま利用されたかとすら思われる。無論、一方では、浄瑠璃と大きく相違する演出が行なわれていたことも考えねばならない。例えば、前述のように、一座の立女形袖崎和歌浦・松本重巻の働き場をつくるため、浄瑠璃の二人の執権（高坂弾正・板垣信賢）の役割は変えられていたと思われ、それによって、父と子の愁嘆は母と子の愁嘆へと変化し、片意地張った武士の義理は、より潤いのある母の情へ転化させられ演出されたかと推察される。また、浄瑠璃に数倍する女性（女形）の登場は、各場に歌舞伎の華かさを盛り上げたことであろう。浄瑠璃が三島の宿（初段切）に、わずかに廓場を設け彩りを添えていたのとは自から異っていたと思われる。さらに、廓場における道外形南北さぶ（上上白吉『野傾髪透油』）の演じた「あげや与八」は、浄瑠璃の詞章を越えたものであったと想像される。(7)

むすび

番付の、その狂言内容を述べ込んだと思われる、端的な語句を、浄瑠璃の本文と照し合わせることによって、『甲陽軍鑑今様姿』と「甲陽軍記今様姿」との関係を述べてみたが、この砂上の楼閣を築くようなことは、他に資料とすべき狂言本・台本・評判記等を持たない時点での、一つの試みのノートでしかない。しかし、こうした試みによって、海音の浄瑠璃とある歌舞伎との間に、直接的な影響関係を認めることができれば、浄瑠璃の歌舞伎化という、時の傾向の中に、海音浄瑠璃も位置づけられることになる。また、逆に、そうした関係を指摘することができれば、不明とされた海音作浄瑠璃の著作年代を解く糸口を得ることもできる。そうした期待もあって、このような試みをなしたが、事はそれ程単純ではなさそうである。他に、海音作浄瑠璃と関係ある番付として、『新板兵庫の築嶋』（しんぱんひょうごのつきしま）と「泰平山兵庫築嶋」（たいへいざんひやうごのつきしま）（享保元年四月　京榊山座）・『鎌倉三代記』と「鎌倉三代記」（享保四年正月　京大和山座）とがあるが、より以上の資料が現れるのを待ちたく思う。そして、これらの関連が説明づけられた時、堅苦しくて、人情に訴えて筋を運ぶというより、理知的に事件を解決していこうとする理屈ぽさがあると評される、海音の浄瑠璃に対して、当代歌舞伎の資質との対比において、違った観点からの論述も可能になるのではなかろうかと思われる。

【注】

（1）祐田善雄「紀海音の著作年代考証とその作品傾向」（『国語国文』第6巻7・8号、一九三六・7〜8）。
（2）黒木勘蔵「紀海音の作品考」（『近世演劇考説』六合館、一九二九）、及び、注（1）の論稿。
（3）藤山成子「豊竹若太夫考」（『芸能史研究』32号、一九七一・1）。
（4）拙稿「紀海音研究ノート㈠—『小野小町都年玉』と『大和歌五穀色紙』—」（『山辺道』第21号、一九七七・3）。
（5）松崎仁「浄瑠璃の歌舞伎化—宝永・正徳・享保期における—」（『国語と国文学』、一九五八・10、後に『元禄演劇研究』〈東京大学出版会、一九七九・7〉に所収）。
祐田善雄「宝永・享保期の浄瑠璃狂言」（『ビブリア』18号、一九六一・3）。

（6）番付には沢村権十郎の扮する「いたがきのぶかた」の名が見えるが、若侍の列記の中にあり、また、若女形の篠塚政之介扮する「いもとうら風」のある所からみて、老臣の役とは思われない。

（7）松崎仁氏は注（5）の論稿で、道外形の登場に注意されて、「いずれも相当な役者の扮する所であって、ある程度重要な仕所を与えられていたはずである」と指摘されている。

芝居と稲荷大明神

はじめに

本稿は江戸時代の歌舞伎・浄瑠璃操り芝居における稲荷大明神との関わりについて述べるものであるが、芸能という視点からすれば、芸能と稲荷大明神との関係を人々に知らしめたという点では、能「小鍛治」の影響は甚大である。「小鍛治」については、その成立の基盤や背景等が従前の研究によって指摘されているが、本稿では、先にその要点を記し、また、「小鍛治」の影響を追いながら、江戸期の芝居と守護神稲荷大明神との関わりを見ていくこととする。

能「小鍛治」について

「小鍛治」は能勢朝次著『能楽源流考』「演能曲目考」によれば、天文六年（一五三七）二月二十四日の石山本願寺での金剛太夫の演能が最古の上演記録とされる、作者不明の五番目物に配される曲である。よく知られた曲であるが、内容はほぼ次のようになる。

霊夢を見られた一条院は、京都三条小鍛冶宗近（むねちか）（ワキ）に御剣（みつるぎ）を打って奉るようにと、橘道成（ワキツレ）を勅使に立てて宣旨を下す。宗近は相槌を打つ者がなく途方に暮れ、氏神稲荷大明神に頼みをかけ参向する。稲荷社に参ると童子（前シテ）が現れ、宗近を励まし、自分が力を添えるから、剣を打つための壇を設け待ち給えと告げて消え去る。【中入】宗近が壇にしめ縄を張って祝詞を奏し、剣を打たんとするとき、稲荷明神が狐の姿（後シテ）で現れ、相槌を打つ。御剣の表に小鍛冶宗近、裏に小狐と銘を入れた稲荷の御神体小狐丸を勅使に捧げると、明神は稲荷山へと帰っていく。

「三条小鍛冶宗近」という刀鍛冶のこと、「小狐（丸）」という御剣のこと、「稲荷大明神が眷属の狐となって現れ相槌を打つ」こと、この曲のキーワードともいうべき三点が論点となって、能「小鍛冶」成立に関しての考察が能楽研究者によって(1)、また、「三条小鍛冶宗近」や「小狐（丸）」については刀剣研究者等(2)によって資料の博捜が早くからなされ、考察が加えられている。それらの諸論考を私なりにまとめれば、以下のようなことが指摘されてきている。

「小狐（丸）」については、藤原忠実の日記『殿暦（でんりやく）』（元永元年〈一一一八〉十月二十六日）や藤原頼長の日記『台記（たいき）』（保延二年〈一一三六〉十二月十八日他）に相伝の儀仗用の太刀として記されており、公家の故実を記した『餝抄』（嘉禎三年〈一二三七〉頃成立）にも公卿や高位高官が朝廷の儀式に帯びる野剣（のだち）に、頼長の公子たちが直衣始（なおしはじめ）に「小狐」を帯びたことを伝えている。なお、「小狐」を三条小鍛冶宗近の作として挙げているのは、鎌倉末期に成立したとされる最古の刀剣書『観智院本銘尽』で、「一条院御宇　宗近」、さらに「三条のこかちといふ、後とはのゐんの御つるきうきまるといふ太刀を作、少納□入道しんせいのこきつねおなし作也」と記す。『観智院本銘尽』に藤原通憲（法名信西）が小狐を帯びていたとするのは、なにによったか不明であるが、『保元物語上』（官軍勢汰へ并びに主上三條殿に御幸の事）に「小納言入道信西末座に候ぬ。袖すこしき浄衣に、家につたひたる、小狐といふ木工ざやの太刀を帯たりける。」（金刀比羅本）と書き留められたような伝承ができていたのであろう。「小狐（丸）」に関しては、江戸時代初期と時代は下るが、松永貞徳著『戴恩記』に九条稙通の話として次のような話が伝えられている。九条稙通と近衛前久とがいずれが藤原氏の長者であるかを争論したとき、前久が近衛家には藤原鎌足が蘇我入鹿の首を切った鎌が印としてあると、その正統性を述べたのに対し、稙通は、その鎌は神として祭り埋められているので手元にあるはずはない。ところが九条家には三宝があり、その一つに小狐の太刀があると述べ、

此小狐の太刀と申は、菅丞相百千の雷となり、朝廷をうらみ奉り、本院の時平公を殺し、昼夜雨風やまず。おそろしかりし比のなかにも、猶はたゝ神のおびたゞしく御殿さくる計になりさかりし時、御門大にさはがせ給ひ、今日の番神はいかなる神にておはするぞと、貞信公（藤原忠平）にとはせ給へば、御はかしのつかゞしらに、白狐の現じ給ふを見て、御心やすくおぼしめされね。いなりの大明神の御番におはすと、答へ給ひければ、程なく神もなりやませ給ひ、雨もはれ侍しとなり。其御太刀を小狐の太刀とは申侍る。

（日本古典文学大系95『戴恩記他』所収）

と答えている。「小狐（丸）」が藤原摂関家の正統を証明する太刀と捉えられているのである。藤原忠平から八代目忠通の後に藤原氏は五摂家に別れるが、その当初は小狐の太刀はその所持者の記録を見る限りでは近衛家の太刀であったが、十三世紀後半から十四世紀初頭には所在が不明となっており、やがて九条家にその所有が移っていることを『後愚昧記』の記事から須藤敬氏は指摘されている。[(2)⑥] 三条公忠の日記『後愚昧記』（応安三年〈一三七〇〉八月十五日）の記事は、

　前関白九条経教亭に落雷があり、青侍二人が打たれて死に、病人もでたが、経教は太刀を抜きはなって雷を打ち払ったとする風聞と、その太刀が小狐という名物の太刀であった。

とするもので、「小狐」が九条家にあったことを物語るものである。稙通（たねみち）が述べたように、九条家で小狐の太刀を家宝と崇めるにふさわしい話であり、そうした言い伝えが同家にあったのであろう。そして、「小狐」を三条小鍛冶宗近の作とするのは『観智院本銘尽』が初見とされる。そこには三条小鍛冶宗近が伝説化された刀鍛冶となっている姿を見ることができる。

京都粟田口周辺にいた刀鍛冶集団として、三条小鍛冶は『観智院本銘尽』後の『鍛冶名字考』（享徳元年〈一四五二〉奥書）や『長享銘尽』（長享三年〈一四八九〉）等種々の刀剣書にはその名が載るが、宗近の名は挙げられてはいない。また、これらの書以前に書かれた『新札往来』（貞治六年〈一三六七〉）にも、後鳥羽院の番鍛冶の後に「三條小鍛冶」は載るが宗近の名までは載せてはいない。しかし、この書を踏襲・増補した『尺素往来』では「三條小鍛冶宗近」を後鳥羽院番鍛冶の前に記している。宗近の時代についても「一条院御宇

（九八六～一〇一一）」、「永延（九八七～九八九）頃」（『諸国鍛冶寄』）とするものが多いが、後鳥羽院御宇（一一八三～一一九八）、また、『諸国鍛冶寄』の他の記載箇所では「四条院御宇（一二三二～一二四二）」ともする。こうした伝承の乱れこそ宗近を伝説的な刀匠と崇めている証左でもあるが、ただし、実在の宗近についての記録もある。藤原俊家の日記『大宮記』に、法興院藤原兼家に仕えていた橘仲宗が天元二年（九七九）に九州薩摩に流罪となり、その地で鍛冶修行をして宗近と改名するが、永祚二年（九九〇）に赦されて帰京した、とする記事が紹介されている。この人物が三条小鍛冶宗近その人なのか決めがたいが、この説は『慶長以来新刀弁疑』（安永六年〈一七七七〉刊）や大田南畝著『一話一言・巻二十五』などに引き継がれ伝えられている。

また、「稲荷大明神が眷属の狐となって現れ相槌を打つ」というのは、太刀に神力を与える威徳説話であるが、太刀と稲荷大明神の結び付きについては、先に引用した『戴恩記』に語られているように、北野天神との関係から従来説が出てきている。摂関家藤原氏の全盛期の歴史を綴った『大鏡』「時平伝」に、雷神と化した菅原道真が清涼殿に落ちかからんとした時、藤原時平が太刀を抜き放って「在世にあっても右大臣として私の次位におられたではないか。今日、神となられても、この世では私に遠慮されるのが当然ではないか。どうしてそのようにはしないのか。」と言って睨みつけた、とある記述について、『北野天神縁起』（弘安本）には、この件の後に

主上は御衾をかふりてける、守護神はおはせぬか、と被仰たりければ、稲荷大明神候とて、女房声にて答へ申されたりける、神明冥衆礼を忘ざる理、かれこれ止事なかりける事にや

と加わることを、近藤喜博氏は紹介され、(3)（「しかし女房声の結番神が稲荷明神そのものであつたか、或は、眷属としての命婦を以ってされたのかと云つた点は、稲荷信仰を考える上には重要だとしても」）、稲荷大明神が三十番神の結番神として禁裡守護にあたり帝を守護したことに加えて、『稲荷記』（高野山持明寺本、正応元年〈一二八八〉十月書写）の

雷電神ト現シテ内裏ニヲチクタリ、臣下ヲ損害シ又御門ヲアヤ□（メカ）マイラセントシ給シニ、今日ノ宿直ノ神ハタレニカト御尋アリシカハ、稲荷明神トナノリマシ〳〵テ御殿ニカケリ、御衣ノハシヲ延喜（醍醐天皇）ノ御門ニウチカケカクシマヒラセラレシカハ、サシモヲソロシクヲハシマシ、天満自在天モ、稲荷ノ神威ヲハヽカリテ、ミツケ（見付）マイラセラレサリシカハ、災蘖玉体ヲヲカシマイラセラレサリケリ、メテタカリケル御事也。其時女房ノ□（御カ）体ニテトヒキタリ（飛来）テ、ミカトヲカクシマヒラセラレケルトソ、大臣（藤原時平）ノ御目ニハヲカマレ（拝）サセタマヒケル、是大臣ノヌキ給タル御太刀ニ、命婦ノ御形ノカケウツリ給ヘリケルコソ、フシキニメテタクヲホヘ侍レ、ソノ太刀イマニ近衛殿ノ御マホリ（守）ニテ□□（ツタカ）ハリ侍トカヤ、自是天神ノ御門ヲ、カシマイラセラレヌコトハ、稲荷大明神ノ御故ソト。（『稲荷大社由緒記集成　信仰著作篇』所収）

を引用し、この一件が稲荷大明神と北野天神との反目を伝説化したとも述べられる。中世の比叡山天台を中心に諸説を集録する宗教百科全書ともいうべき『渓嵐拾葉集・巻第四』（応長元年〈一三一一〉から貞和四年〈一三四八〉成立、『大正新修大蔵経巻七十六　続諸宗部七』所収）にも「稲荷与北野中悪事」が記され、「仍当日ニ北野ニ詣レバ即日稲荷へ参詣セザル也」とまで記録する。しかし、『稲荷記』では、このことに対して、右の引用文

の後に「本意ナキコトニ思食サルラムト恐ヲナシテ、稲荷ノ氏人北野ヘハマイラサリケリ、コレハヒカ事也」と、北野天神からの託宣もあり、稲荷の氏人も北野へ参詣することに問題はない弁明を加えている。また、ここに語られる「是大臣ノヌキ給タル御太刀ニ、命婦ノ御形ノカケウツリ給ヘリケルコソ、フシキニメテタクヲホヘ侍レ」とあることから、稲荷大明神の使いが命婦とも呼ばれた狐であるので、この太刀の名は書かれていないが、「小狐」への連想を誘うものであり、『戴恩記』の伝承もこうした話を受けてのことであろう。

稲荷大明神は穀物神であるだけでなく、その祖秦氏との関係から鍛冶神でもあるとの説(4)もあり、小鍛冶宗近が氏神として稲荷大明神を崇めていたことからすれば、既に鍛冶神としての信仰も古くからあったと思われる。ただ、『稲荷大明神利現記』(『稲荷大社由緒記集成　教化著作篇』所収)などは逆に、小鍛冶宗近が稲荷山の埴土(はにつち)を用い名剣を鍛えたと、韋襄祭(ふいごう)にかけてその信仰を説くに留まっている。また、鍛冶神としての稲荷信仰の根底に雷神信仰を見る説もある。そして、稲荷山の神龍頭太を雷神の人格化として捉え、雷神の小童と化して護法童子となる考えも示されている。(5)「小鍛冶」で稲荷大明神が童子(前シテ)となって現れたのは護法童子であり、狐(後シテ)となるのは眷属へと顕現の姿を変えたからであろう。宗近の打った太刀が小狐丸に結びつくことは、ここでも種々の伝承から容易に連想されたことである。「世阿弥直後(十四世紀中頃)」の成立と推定されている能「小鍛冶」が作られる基盤や背景は、稲荷信仰の拡がりを背後に持ちながら、十分に備わっていたと考えられているのである。以上が「小鍛冶」に関する先行研究を私なりに捉え直したうえでの要約であるが、諸論考への言及に欠ける点ご海容をお願いしたい。

「小鍛冶」の影響

天理市は私の勤務地であるが、土地に次のような伝承がある。

小狐丸（布留町）

むかし、布留の近くに修験者がいて、毎月松尾山に参詣した。途中で竜田社の神官の家に立ち寄った。そして神官の娘に恋慕されて困っていた。女をふり捨てて逃げたが追われて、八条町（大和郡山市）の菅田明神の裏の松の木に上って身をかくした。女は傍らの淵に身を投げて死んだ。それが大蛇と化し、嫁入りの行列に雨をふらして嫁を取って食べた。母狐が、この大蛇の毒気にかかって死んだため、子狐は空腹で困っていた。たまたま子を負った乳母がこの菅田神社に参詣して空腹の子狐に出合い、小狐に乳を与えて育てた。小狐はお礼にと刀鍛冶の弟子に入って、向槌を打って一刀を鍛えて乳母に授けた。この刀をもって村人の助勢で大蛇を退治した。その刀を三島のウバガ井手で洗い、石上神宮に献上した。これが世にいう小狐丸であるという。（『改訂天理市史・民俗』第九章口頭伝承二歴史伝承）

謡曲の「道成寺」と「小鍛冶」とを繋ぎ合わせたような内容であるが、菅田神社の祭神は天櫛杵命・豊受大神で、天櫛杵命は天目一箇命などの異名を持つ鍛冶神で、その子孫は倭鍛冶として全国に広がっており、また、同社は鞴祭の日が例祭となる全国鍛冶の総社でもある（『全国神社名鑑』）。小狐の救われた場所に菅田神社が選ばれたのは、それだけの理由があったのである。

石上神宮は『古事記』『日本書紀』にもその名が記され、神剣布都御魂（ふつのみたま）を祭神とし、『延喜式・神名帳』に石上坐布留御魂（いそのかみにますふるのみたま）神社と呼ばれる由緒ある神宮である。この神宮の縁起の一つに、文安三年（一四四六）二月の奥書を持つ『和州布留大明神御縁起』（『神道体系神社編　大神・石上』所収）がある。そこには右の民間伝承とは別に、草薙剣（天叢雲剣）が石上大明神として現じられる由来である、河上より浮き沈みしながら流れてきた霊剣が、貞女の洗う布に留まり祭られたとする、石上神宮の所在地布留の地名伝承にも繋がる布留大明神の縁起説話が、次のように「小狐丸」の話をも付加されて説かれている。

第七十二代白河院の御宇に、山城国の長池に大蛇が現れ、往還の人々を悩まし、南北に京への通路が絶たれて難儀することが起こる。帝（白河帝）は布留大明神の神力を頼み、奉幣されたところ、数日後に大蛇が死して池に浮かび出たので、その冥応への報賽に種々の霊宝をご寄付されたが、その中に「小狐太刀」があり、この神剣は三条小鍛冶が稲荷大明神とともに打って天子に奉じた剣であるという。

第七十二代白河院の御宇は延久四年（一〇七二）から応徳三年（一〇八六）であるが、白河院は「天下三不如意」として「賀茂川の水・山法師・賽の目」を挙げられてはいるが、強力な院政を開始されたことでも著名である。文安三年（一四四六）二月とある奥書の年代から、『和州布留大明神御縁起』が「小鍛冶」成立以前以後のいずれに書き留められたか判断に迷うところであるが、稲荷大明神とともに「小狐太刀」を打ち、帝に奉ったとある点から、「小鍛冶」の影響が加わっていると考えている。「小鍛冶」と石上神宮の神剣伝承とを結びつけたのは、ともに刀の威徳伝承であったからであろう。こうした地方に残る伝承に「小鍛冶」の話が取り入れられるにはそれだけの流布があったことを伝えている。なお余談ながら、石上神宮の社宝に古来小狐丸と呼ばれる太刀があるが、それは銘義憲作の古備前物で鎌倉時代の作とされる。

「小鍛冶」が成立後にどのような頻度で演能されたか、近世以前の記録はたどれないが、禁裏や仙洞御所や勧進能での江戸初期から元禄期までの「小鍛冶」演能の記録は宮本圭造氏の調査(6)から知ることができる。観世太夫や金剛太夫による演能もなされているが、特に好まれて演じられた曲とはいえないようである。また、禁裏や仙洞という特別な場所における演能はその観客も限られている。一般的には能そのものの観客自体はまだ限られた階層の人たちであったといっても言い過ぎではなかろう。ただ、謡本については刊本も多く出版されており、富裕な町人層にとっても謡は教養の一つとなっていたことを考えれば、「小鍛冶」をも含めて謡での享受はそれなりにあったといえよう。そうした演能や謡を通しての享受は能「小鍛冶」にふさわしい享受のあり方である。そうした享受のあり方とは違った形での「小鍛冶」の享受もみられる。

転封によって越後村上や姫路、豊後日田、山形、陸奥白河各地の城主であった松平大和守直矩の『松平大和守日記』(『日本庶民文化史料集成　第十二巻　芸能記録(一)』所収)は大名家の日記でありながら、江戸初期の芸能関係史料として著名な日記である。その万治三年(一六六〇)十月二十一日に堺町江戸日向太夫座の歌舞伎狂言が書き留められ、「おもしろき狂言いたすよし」とあって、「こかぢ」等の上演が記録されているが、「いづれも子供もの、由」と、子役による上演を伝えている。その他、浄瑠璃操り上演の間狂言に「三条小鍛冶」(延宝八年〈一六八〇〉四月十六日)、江戸半太夫の浄瑠璃操り「小かぢ名剣揃　上るり同断(江戸半太夫並初太夫)小鍛冶、并　合つち人形二」(元禄七年〈一六九四〉四月九日)、江戸市村竹之丞芝居での「小かちの大狂言の内」(元禄七年〈一六九四〉七月九日)等を記している。歌舞伎や浄瑠璃に取り入れられた「小鍛冶」の享受である。「大狂言の内」というのはある場面のみを抜き出しての上演をいうのであろう。また、元禄二年(一六八九)十一月の京都都万太夫座の顔見世狂言で「大福丸」が上演されているが、これは「小かぢむねちか

郵 便 は が き

料金受取人払郵便

神田局
承認

5469

差出有効期間
令和３年７月
20日まで

(切手不要)

101-8791

514

東京都千代田区神田小川町 3-8

八木書店 古書出版部

出版部 行

ご住所 〒 TEL		
お名前（ふりがな）		年齢 歳
E メールアドレス		
ご職業・ご所属	お買上書店名 都府県 市区郡 書店	

お願い このハガキは、皆様のご意見を今後の出版の参考にさせていただくことを目的としております。また新刊案内などを随時お送りいたしますので、小社からのDMをご希望の方は、連絡先をご記入のうえご投函賜りたく願いあげます。ご記入頂いた個人情報は上記目的以外では使用いたしません。

お買上げ書名

＊以下のアンケートに是非ご協力ください＊

1、ご購入の動機

□ 書店で見て
□ 書評を読んで（新聞・雑誌名：　　　　　　　　　　　　　　　　）
□ 広告を見て（新聞・雑誌名：　　　　　　　　　　　　　　　　　）
□ ダイレクトメール
□ 八木書店の Web サイト・Twitter を見て
□ その他（　　　　　　　　　　　　　　　　　　　　　　　　　　）

2、ご意見・ご感想をご自由にお聞かせください。

3、機会があれば、ご意見・ご感想を新聞・雑誌・広告・小社ホームページなどに掲載してもよろしいでしょうか？

□ はい　□ 匿名掲載　□ いいえ

ありがとうございました。

をすこしなをして」（元禄五年『役者大鑑』）とあり、「小鍛冶」が歌舞伎化されて既に上演されていたことがわかる。先行の能を歌舞伎・浄瑠璃が取り込んで、それぞれの舞台に応じて改作上演することはよくなされていることであり、「小鍛冶」もその一つであった。そうした流れを受けた稲荷大明神や眷属の狐が登場する作品の例を挙げれば、

江戸和泉太夫正本『金平稲荷参り』（元禄三年〈一六九〇〉正月）では

　魔道の障礙によって御悩の帝は、阿倍清明の占いに従って、祇園社・稲荷社に御幸される。稲荷社に三日三晩祈誓された折に、稲荷大明神の示現があり、さらに一七にちの祈りがなされた満願の日に、帝は御夢で、魔道の飛行夜叉に苦しめられるが、稲荷大明神と白狐が現れ、夜叉を打ち砕き、帝を守護して消える。さらに三七にちの祈誓がなされた（二段目）。また、鬼人の化けた大臣が帝のお車に近づくのを、数多の狐が出てきて鳴き叫び、危急を知らせる（五段目）。

（『金平浄瑠璃正本集　第三』所収）

江戸中村勘三郎座『面影砥水鏡（おもかげといしのみずかがみ）』（作者津打萱析、延享三年〈一七四六〉九月九日上演）では

　先斗町の廓を抜け出し、死ぬ覚悟をしたお花が、馴染みの恋人半七に別れを告げる場面で、冠装束と掛け物を取り出して、半七に「此掛物は稲荷の神霊小狐丸の御影、又、此冠装束は小狐丸の形。これは刀鍛冶の守り神でござんす。名剣を打ちたての時には（中略）小狐丸の装束をして、此掛物を掛けて相槌を打つのが、三條の小鍛冶宗近より始まつて、刀鍛冶の法式でござんす」と、お花の父刀鍛冶の来太郎

国行から伝わる掛け物と冠装束を弟に渡して欲しいと頼む場面がある。また、お花が刀を打つ場面では小狐丸の冠装束をつけて稲荷の神霊小狐丸の姿となる。（四番目下）（『歌舞伎台帳集成　第七巻』所収）

と、稲荷大明神の威徳や鍛冶守護神としての崇拝を舞台で語り、演じるのである。また、こうした上演を重ねる中で、「いなりの神霊」（元禄十三年正月、江戸、中村座「万年暦いなり山」鈴木平左衛門）、「いなりの姿」（宝永四年顔見世、江戸、山村座「行平尾花狐」生嶋新五郎）とあるように、狐の登場する歌舞伎にあっては、狐の仕種や所作をもって演じ、それがまた一つの芸として評判になるのであった。これら稲荷大明神や眷属の狐が登場する芸能の先駆は「小鍛冶」にあり、その影響のみではないが、芝居の世界でも稲荷大明神や眷属の狐は身近な存在であったのである。加えて歌舞伎や浄瑠璃操りには、上演演目や演技や所作以上に、稲荷大明神や狐との強い結び付がある。江戸時代における歌舞伎・浄瑠璃操り芝居と稲荷信仰について続いて見ていくこととする。

歌舞伎・浄瑠璃操りと稲荷信仰

江戸歌舞伎の役者の呼称に「稲荷町」と呼ばれた人たちがいた。「下立役」とも言われた下っ端の役者の居所が、芝居小屋に祭られている稲荷社の前にあったところからの名称である。関根黙庵著『演劇大全』（明治三十九年六月刊）は次のような説明をしている。

〈下立役（したたちやく）〉最下等の役者をいう意味にて、これは立役を勤むる者にかぎっている。女形を勤むる者は中通りまでにて、その下は色子より出でて勤むるのである。また下立役のことを若い衆、稲荷町、小徳、お下などと称えていた。稲荷町とは楽屋に勧請しある稲荷社の両側に下立役の部屋と囃子方の部屋があったからである。また、向側ともいう。お下とは二階の下という意であろう。また稲荷町は居なり町にて、その座に居据りて年ごとに異動がないからであるという説もある。（後略）

黙庵の資料となった諸書もその名の謂われについては同様の説明をするが、式亭三馬著『戯場訓蒙図彙・巻之二』（享和三年〈一八〇三〉正月刊）等に「いなり丁」とも書くが、これも読みは「まち」である。なお、「稲荷町」を廃して「新相中」としたのは明治の初め五世板東彦三郎の意見によってであると、また、「下立役」の名も既に無くなったとも黙庵は述べている。

江戸三座の戯場に祭られている三座稲荷について、江戸末期の狂言作者三升屋二三治著『三升屋二三治戯場書留・上巻』（天保八年〈一八三七〉成立か）には、

○三十六　三座稲荷

芝居三座に稲荷を祭る事、昔は楽屋ばしごの下に、下立役の居所を、いなりの前ゆへに稲荷町と呼ぶ。古来より下立役の名目とはなれり。中村座は銀杏稲荷大明神、但し比沙門天・妙見相殿。市村座は大津稲荷大明神、相殿棟木天満天神宮。三神とも近年曾我兄弟両社を祭り、此事略す。

（『日本庶民文化史料集成　第六巻　歌舞伎』所収）

と、三座とあるが森田座については触れていない。中村座、市村座に銀杏稲荷大明神、大津稲荷大明神が祭られた由来が、六代目田中伝左衛門（嘉永六年〈一八五三〉没）著『芝居囃子日記』に「中村座銀杏稲荷之事」、「市村座囃子に稲荷の有ル事」「稲荷枕カミに立候事」と題して書き残されている。それによると、中村座については、元祖中村勘三郎が「不二の山より鶴一羽折敷上江銀杏をのせ舞遊ぶ」夢を見て、上も無き出世の夢と、それより定紋を角（すみ）切り角（かく）に銀杏、また、角切り角舞鶴とし、芝居へ勧請した稲荷をも銀杏稲荷と申し上げた。なお、左右に安置されている毘沙門天と妙見大菩薩は、勘三郎が舳先に立って艪拍子船歌の音頭取りをした、安宅丸（あたけまる）に安置されていた毘沙門天と妙見大菩薩が勘三郎に下されて、伝えられてきたものであるという。中村座に稲荷大明神が勧請された由来は明瞭ではないが、市村座については詳しく語られている。少し長くなるが引用する。

市村座囃子に稲荷有ル事

一、昔寛永五年の頃、若女形吾妻竹之丞京都より江戸表江下りし節、大津の宿より年頃十七八歳に相見へ候美敷婦人連レニ成り、跡や先になり江戸表迄来り候所、此竹之丞至而美人故、大津の女狐竹之丞の色香に迷ひ、江戸迄附き添参り候事と覚候。凡三ヶ年程も右竹之丞に附まとひ女狐おり候由。竹之丞大望のある身分、大願成就をなし候之所、女狐申候には、大願成就の上は何をかくし申ふ、我こそは大津の国に年久敷住み候野狐なるが、大津の宿より御身の色香にまよひ附添来たりしものなれ共、大津迄帰る事あたわず、此土に祠なりと立くれ候よふ申、祠出来の上は御身の御武運長久を守るべしといふ。則竹之丞承引して大津稲荷とかんぜうして（市村座芝居の本寺は十一面観世音で利生院というが）、右利生院の持にて市村座江かんぜう仕候。正一位大津稲荷と号す。（中略）又囃子に稲荷之有るわけは、享保年中稲荷町に若年之者計にて、初午その他御縁日等にも一向かまはず候ニ付、囃子の頭宇野長七・太田市左衛門其外信心の者五六人有之、稲荷の頭江相談いたし、夫より座頭・頭取へ相届ケ、はやし町江右稲荷かんぜういたし候。夫より翌年二月初午之節は春狂言も大当にて、初午よみやには太夫元・座頭其外一統囃子町江まねき、其夜は大酒もりにて神楽をはやし、誠に賑かなる事に候。右に付、前文に有之候本所五之橋利生院より右稲荷へ僧壱人参られ御祈禱有之候。尤例年初午には利生院芝居江被参候。囃子町に稲荷かんぜう致し候訳如此に候。（後略）

（『同右』所収）

右の（中略）の箇所には「稲荷町」といわれる訳を、このところにいる役者は何役でも当てられた役を勤めるので、うまく勤めるのを化けるということから、狐のようだという俗説からいわれるようになった、とのまた違った説を紹介している。なお、囃子町へも稲荷を勧請するにあたっては、大津稲荷が太夫元・座頭・囃子町の頭の夢枕に立って勧請を乞うたとする話が「稲荷枕カミに立候事」に書き加えられている。芝居小屋に祭られた稲荷大明神は、ただ祭られているだけでなく、初午の夜宮には、

●二月初午

狂言終りて夜分、惣役者不残太鼓・かねニて舞台を囃子立、芝居の内に勧請の稲荷社をまつりいさむる事なり。表方俄狂言などを催す。或は役者のてんごうなど打よりて仕組狂言をなす。但シ芝居相休候時も此吉例はあるなり。（寛政十二年〈一八〇〇〉八月刊『増補戯場一覧・秋』芝居年中行事）

（『同右』所収）

と、表方、すなわち、役者でない仕切場などに勤める者たちが俄狂言を催したり、役者の中のいたずら者がふざけた仕組狂言などを行うなどお祭り騒ぎがなされる。もっとも、『戯場訓蒙図彙・巻之二』「戯場国の時候」では、

○二月初午　跡狂言の初日なり。京大坂にてははつ午しばゐとて、江戸の千秋楽狂言のごとく、素人うち交の狂言あるよし。江戸にもあやつり芝居薩摩座、土佐座などにはあれ共、大芝居には此事なし。

と、江戸の大芝居では前者のような催しはしなかったように記しているが、それは次に見るような見物を招いて上演される初午芝居そのもの自体をいっており、『増補戯場一覧』の記事と矛盾するものではない。

浄瑠璃操り芝居でも初午芝居は盛んに行われており、その折の番付まで刊行されている。『義太夫年表 近世篇〈寛政―文政〉2』には文化十一年（一八一四）二月八日大坂稲荷東芝居、文政十一年（一八二八）二月十五日大坂御霊社内での初午芝居が記録されているが、番付が残存するのは天保九年（一八三八）二月四日の大坂稲荷社内東芝居のものが早い例である。その折の番付には「座本正一位稲荷末広大明神・太夫本正一位稲荷末吉大明神」と、座本や太夫本に稲荷大明神を祭り上げるのが通例である。演じられる芝居は浄瑠璃操りではなく、浄瑠璃太夫、三味線弾き、人形遣い等が役者の真似をして歌舞伎を上演し、見物を喜ばせるのである。六世竹本染太夫の『染太夫一代記・第十二』（昭和四十八年一月刊）に、天保十年二月十六日の同じ稲荷社内での初午芝居の様子が、番付も書き写されて、詳しく記録されている。

こゝにまた二月十六日は当年の初午祭につき、文楽芝居守護の霊神にて末広明神、末長、末吉、右三社明神をいさめの祝儀として、芝居おどけ狂言を催しの談合極まると、はや芝居一統の者は明神眷属狐の乗りうつりし如く半月前より騒ぎ立ち、歌舞妓役者の真似をして鏡台鬘箱なぞを部屋にならび立て、皆々有頂天となつて、式日には楽屋へ振付の師匠なぞ来たりて、形振(なり)りを教へても、皆々根が不器用者の寄合ひにて、その振りをば覚えればこそ、（中略）かくの如く役者といへば太夫、三味線弾き、表勘定場の素人なれば、我れ一に賑はひの為、それ〳〵馴染先あるひは連中あるひはひいきの先々へこの事を吹聴すれば、その日の見物あたかも山のごとく、かの毎年冬に至りて顔見世芝居を見るがごとく、見舞物を持参して、部屋々々へ来る客人にて芝居の内は譬へがたなき大群衆して騒ぎ立ちける。

さてこの初午芝居といふ事は昔よりにあることにて、歌舞妓芝居とても初午にはその芝居表の木戸どもが打ちよつて、役者の真似をするは極まりてある賑はひ芸なり。または浄るり操り芝居は別してかゝるおどけ狂言を例年せしものなるが、近来久しくおこたり、このたびはたま〳〵のことゆゑに道具衣装もとゝのひかね、大いに混雑をして、当日にはじまりとても延引すれば、見物人始まりを待ちかねて、芝居の場には一統に手を叩きてせわり、高声を上げること山の崩るゝが如く、さもさう〳〵しかりける事どもなり。

以下、当日の俄役者の舞台での不器用なありさまを語って、尽きない筆を納めているが、正に「おどけ」た真似をして楽しむ子どものようなはしゃぎようである。

このように浄瑠璃操り芝居にあっても稲荷大明神が守護神として祭られていたことが知られる。なお、右の初午芝居は稲荷社内での上演であるが、稲荷社だから演じられたのではなく、浄瑠璃操り芝居の年中行事として行われているのである。稲荷大明神が江戸時代に芝居の守護神として祭られた明瞭な縁起は、市村座を除いて、見出し得ないが、稲荷信仰の一つの形態がここにも見られるのである。

おわりに

伏見稲荷大社への初午詣では福参りといわれ、特に参詣人が多く、門前の家々では百穀の種や雑菜の種が売られ、露天も出る賑わいである（『日次紀事・二月』）。

　初午やものだね売(うり)に日の当る　　蕪村

その賑わいに穏やかな日差しがかかるのを詠んだ蕪村の句であるが、二月の初午と十一月八日の家内安全無病息災を祈願する御火焼(おひたき)が、十一月八日はまた鍛冶師や鞴(ふいご)を使う職人たちが稲荷明神を祭るので鞴祭ともいわれるが、この二つの祭が人々の生活にもっとも根付いた稲荷社の行事である。京都の鞴祭の様子を、文政十一年（一八二八）江戸から京都勤番のために赴任してきた武士の見聞記『浪花洛陽振』から、抜き出すと、

　一、十一月八日、ふいご祭有之。かじやニ而子供参候ハ、菓子みかん、人別に呉候よし。表江まきは不致候。

一、同日火焼（ひたき）とて京中稲荷ニ而御祈禱有之、依之初午之ごとし。伏見稲荷江人多出る。五条辺に青物乾物ものにて造りもの有之。例年也。（上方藝文叢刊8『上方巷談集』所収）

と記し、さらに、祝いごとのある七歳ぐらいの羽織などで着飾った子供が、頭に綿の白髪を付けて美しく飾り、男の肩に乗せられて、供をつれて稲荷へ参詣する様子も伝えている。右の「表江まきは不致候」というのは、江戸では蜜柑を投げて子供に拾わせていたからであるが、それも後には禁じられたという（三田村鳶魚『江戸年中行事』）。

こうした年中行事に、連れだって直接に社前に参る稲荷信仰のあり方から見れば、稲荷芝居はずいぶん変わった稲荷大明神への帰依であるが、しかし、稲荷大明神を身近に祭り、日々守護し給うことへの感謝の思いは一般の人たちと変わるところはない。初午芝居はいかにも芝居の世界らしい感謝の気持ちの表し方といえよう。

【注】

（1）①八嶌正治「作品研究『小鍛冶』」（『観世』、一九七五・1）。
②田口和夫「〈小鍛冶〉の背景―名刀「小狐」のこと―」（『能楽評論』、一九八一・12）。
③村戸弥生「『小鍛冶』の背景―鍛冶による伝承の視点から―」（『国語国文』、一九九二・3）。

（2）①岩崎航介「三條小鍛冶宗近の文献に就いて」（『日本刀講座拾壹　歴史篇』、一九三六・6）。
②辻本直男「『中世に於ける刀剣書』の研究（一）―観智院本銘尽について―」（『刀剣美術』、一九五三・7）。
③辻本直男「『中世に於ける刀剣書』の研究（二）―長享銘尽について―」（『刀剣美術』、一九五三・9）。

④辻本直男「『中世に於ける刀剣書』の研究（四）―鍛冶名字考について―（『刀剣美術』、一九五六・7）。
⑤川口　陟「三条宗近の事跡（その一）〜（その三）―日本刀剣文化史の一節―」（『刀剣史料』、一九五九・5〜7）。
⑥須藤　敬「『保元物語』信西の太刀「小狐」をめぐって」（『軍記と語り物』、一九八七・3）。

（3）近藤喜博『古代信仰研究』「女神御影としての稲荷明神」（一九六三・3）。

（4）①金井清一「穀霊と鍛冶神―上代説話文学論その二―」（『古典と現代』、一九六八・10）。
②吉野　裕「稲荷信仰溯源」（『文学』、一九七一・11）。

（5）近藤喜博『古代信仰研究』「稲荷信仰の原型について」（一九六三・3）。

（6）宮本圭造『上方能楽史の研究』（和泉書院、二〇〇五・2）所収、「【資料一】江戸前期の禁裏・仙洞能」および「【資料二】洛中洛外の勧進能―元禄以前―」。

歌舞伎から浄瑠璃へ

『淀鯉出世滝徳(よどごいしゅっせのたきのぼり)』下之巻に、江戸屋勝二郎が紙子姿で、自分のために再び身を売って、奈良木辻の傾城となったあづまを訪れる場面がある。

> 坂田藤十郎が夕ぎりをま一ど見たいと思ふたが。此かみ子で手（素人が演じる真似ごと）夕ぎりを仕る。大夫又あひにきたはいの。

元禄歌舞伎の名優坂田藤十郎の夕霧狂言における、藤屋伊左衛門の舞台を見物に髣髴させる効果を狙っての文句であるが、それ以上に、近松の藤十郎への愁傷のほどを思わせる。

　近松が歌舞伎界にあったのは、この藤十郎のためであったと言っても過言でなく、藤十郎が病いに臥し、十分に舞台を勤められなくなったことが、近松を浄瑠璃界へ復帰させた最大の因と考えられている。この『淀鯉出世滝徳』の上演を宝永六年初めと推定するが、同年十一月朔日に藤十郎は六十三歳で没する。宝永元年頃に倒れた藤十郎であったが、その後一時は快気したものの、往年の評判を聞くことなく、夕霧劇の紙子も宝永三年冬に大和山甚左衛門に伝授し、宝永五、六年は舞台に立つこともなかったようである。近松が竹本座の座付作者として浄瑠璃の創作に専念するため、京より大坂へ居を移したのは宝永二年末頃であるが、このことは、取りも直さず、近松がその作者生活の初めから深く身を寄せてきた歌舞伎との縁を絶つことでもあった。現にこの後、近松作の歌舞伎狂言の上演はない。

　宝永期（一七〇四～一七一〇）の近松浄瑠璃『松風村雨束帯鑑(まつかぜむらさめそくたいかがみ)』『心中重井筒』『丹波与作待夜のこむろぶし』『雪女五枚羽子板』『けいせい反魂香』『心中刃は氷の朔日』『淀鯉出世滝徳』『傾城吉岡染』『心中万年草』の九点は、歌舞伎から浄瑠璃へ転じた近松が、歌舞伎で学んだ技量を浄瑠璃にどのように結実させるかという興味深い時期の作で、しかも、坂田藤十郎が舞台から遠ざかり、末期(まつご)を迎えた時期に重なる。冒頭のような詞章が作品に表われるのもうなずかれるところである。

　この時期の作品には、いずれを取っても、その脚色や趣向に歌舞伎からの影響や類似がみられる。例えば、『松風村雨束帯鑑』は謡曲松風と浦島伝説の世界とを奇妙に綯い交ぜし、節事やからくりを多用することによって舞台面を派手に飾った作品である。その第一段に龍女が蛇身と化して我が子に会いに来る場面があるが、これは、元禄十三年に坂田藤十郎座で上演された「松風」の中で、岩井左源太が演じた薄雲の怨霊事を取り入れたものである、との指摘が土田衞氏によってなされている（シンポジューム日本文学7『近松』学生社、一九七六・7）。こうして見過されそうな部分的な趣向取りから、『雪女五枚羽子板（ゆきおんなごまいはごいた）』の二世嵐三右衛門追善、『けいせい反魂香』の中村七三郎追善（信多純一「傾城反魂香試論」『文林』第六号、一九七二・3、後に『近松の世界』平凡社、一九九一・7所収）といった、作品全体の構成に大きく関わった歌舞伎との関連も言及されている。また、世話物の方は次のように、

　心中重井筒（宝永四年）――→難波重井筒（同五年、京都座）
　丹波与作待夜のこむろぶし（宝永四年）――→ゑびす講結御神（同五年、京夷屋座）
　心中刃は氷の朔日（宝永六年）――→姫神金龍嶽（同七年、京夷屋座）
　心中万年草（宝永七年）――→万年草朝露（同年、京亀屋座）

と、すぐさま歌舞伎に移され上演されるほど歌舞伎的でもあることから、早く松崎仁氏が論じられた（『元禄演劇研究』東京大学出版会、一九七九・7）ように、浄瑠璃の歌舞伎化という状況が生じるまでになる。こうした傾向は元禄十三、四年頃から目立ってくるが、宝永期はそのピークであった。しかし、この問題も、浄瑠璃の側から、両者の影響関係や趣向の類似の指摘を越えて、音曲面に、また、舞台構造や人形操法の上に、どのような変化をもたらしたかとなれば、まだ十分に考究されてはいない。そうした視点から本文を読み解くことも今後の課題となろう。

　ところで、『淀鯉出世滝徳』の勝二郎に藤十郎の面影を見たように、『松風村雨束帯鑑』の行平にも、歌舞伎「松風」で行平を演じた藤十郎の濡れ事、やつし事の投影が考えられよう。『傾城吉岡染』の憲法も剣の達人というより、廓場でやつし事を演じる歌舞伎の立役像に近い。『松風村雨束帯鑑』の五段形式を除けば、時代物三作とも歌舞伎の三番続きのごとく、上中下三巻形式であることも歌舞伎との関連を思わせる。主役像が従前の時代浄瑠璃の主役像と入れ替ってきたのも、こうした形式の変化とも無縁ではなかろう。演出面でも、付舞台の使用や掛け合い等で舞台に変化をもたらしたであろうことは推測できるが、それが近

松の詞章とどれほど相乗効果を発揮したのか、想像の域を出ない。

近松は「惣じて浄るりは人形にかゝるを第一とすれば、外の草紙と違ひて文句みな働きを肝要とする活物（いきもの）なり。殊に歌舞伎の生身（しやうじん）の人の芸と芝居の軒をならべてなすわざなるに、正根（しやうね）なき木偶（にんげう）にさま〴〵の情（じやう）をもたせて、見物の感をとらんとする事なれば、大形（おゝかた）にては妙作といふに至りがたし」（『浄瑠璃文句評註難波土産・発端』）と、浄瑠璃と歌舞伎との相違を十分に認識して、「文句も情をこむるを肝要」とし、作文（さくもん）した。近松の本領が余情、余韻を含ませ、観客を魅了する詞章にあるなら、こうした歌舞伎との関係も、人の芸に人形を近付けるのではなく、人形に人の情（こころ）を見出すべく、人形を語り活かすためのものであったと考えなければなるまい。

とすれば、大田南畝が『淀鯉出世滝徳』を「小言詹々たる者」と『荘子・斉物論』の語句を引用しながらも、その大坂新町遊廓の一節「こゝぞうき世のだての大木戸。あけぬは銀のとがし（咎・富樫）のせき。それつら〳〵おもんみれば。大じんきやく衆の秋の月は。小ばんのくもにひかり。小伝よびましや長へんじ。おどろかすべき夜はもなし」（注）（上之巻）を名言と掲げ、「新町橋のはしの上はしべんけいがなぎなたの。さやひろふたるごとくにてうろ〳〵として立たりしが」（上之巻）を滑稽といい、「ヤァこりやなんでころそふ刃物がない。おびをといてしめころそふか。いやゆるりとするまは有まいたばこでふすべころそふか。ゑふてさきへこちがしなふ」（下之巻）に対して「痴態妙々」と評した（『俗耳鼓吹』）のも、近松の意図を解した批評と言うべきであろう。

（注・謡曲「安宅」勧進帳一節のもじり）

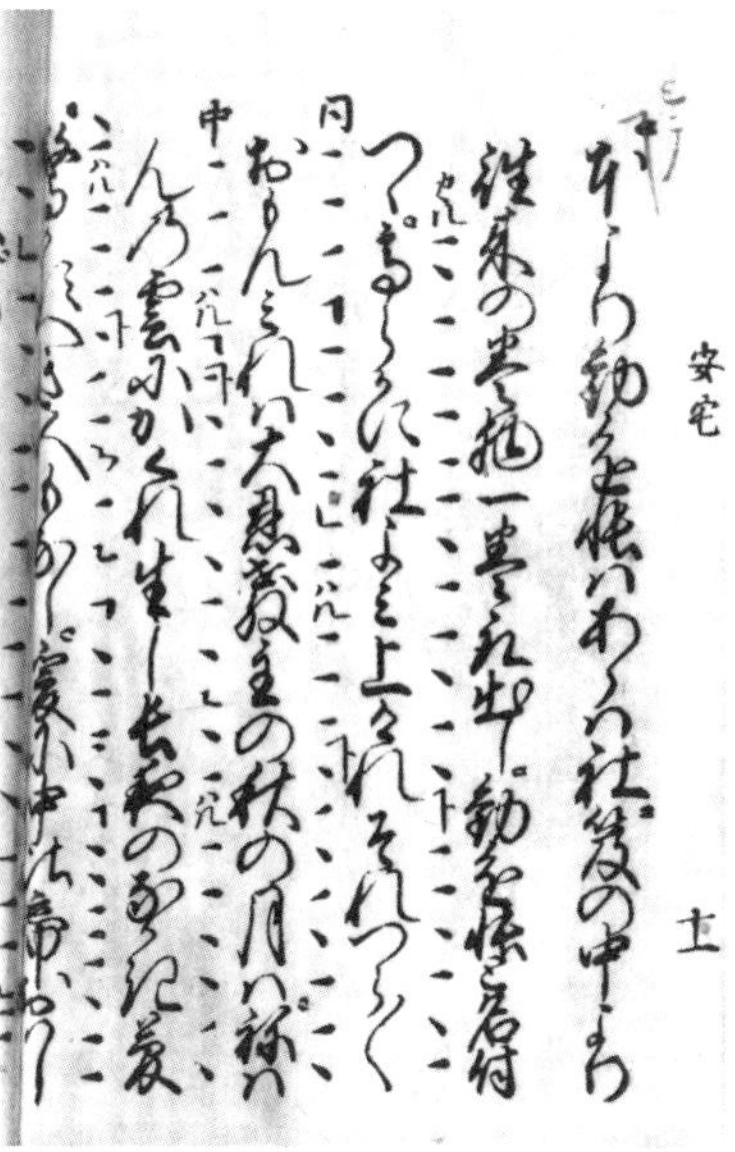

元禄四年刊観世謡本「安宅」　著者蔵

第二部　浄瑠璃本の出版

竹本一流懐中本について

一

浄瑠璃の段物集といっても祐田善雄氏の御指摘[1]の通り、その用途に応じて「絵入本、献上本、半紙本、懐中用の横本など多種多用」である。竹本筑後掾の段物集で生前に刊行されたものについてみても様々な書型のものがある。その中で量質とも代表とすべきものは正徳元年初秋刊の『鸚鵡ケ杣』であろう。半紙本上中下三冊、筑後掾の自序、門弟連名、近松の跋を有し、所収段物九十番は筑後掾の語り物の集大成の感がする。出版書肆はその正本を終始刊行してきた山本九兵衛・山本九右衛門である。刊行の正徳初年に強いて格別の意を見出せば筑後掾六十一の賀をみるが、浄瑠璃本でのかかる記念出版の例を他に知らない今推測にとどまる。こうした立派な装幀をもつ段物集には、宇治加賀掾の（東京芸大本は自筆識語さえもつ）『竹子集』自序にみられるような、

> 惣して浄るりほど下輩(げはい)なる物のやうに人にいやしまる丶ハなし。是皆ミつから芸をあさまにしなしたるゆへなり、既(すでに)浄るりを能(よく)語り得てハかたしけなくも口宣(くぜん)をいた丶き諸国(しょこく)の受領(じゅりゃう)に任(にん)ぜらる。いつれの音曲にか丶る事やある。

といった矜持に似たものが感じられる。『大竹集』にしても自序自筆署名をした大本で装幀も立派である。義太夫の『貞享四年義太夫段物集』も大本の立派なものであったと聞く。これらの段物集は正しく太夫直本の段物集であり、その自序には我一流の里程を示す意が強く込められている。浄瑠璃の興隆発展期を自ら創り出した加賀掾・筑後掾にとって自分の手で段物集を刊行することは、自らの浄瑠璃に対する姿勢を示すに恰好のものであり、よき宣伝の具でもあったろう。しかし、他方、太夫のそうした意を含まない携帯に便利な小本の段物集も出まわっていた。浄瑠璃にそうした小本の段物集を広めたのは西鶴である。

『小竹集』（貞享二年七月）の序文で西鶴は「大竹集を求めて明暮是を見しに、懐中のならざるを用捨して、節章を改め、小竹集に移しぬ。是なん小ハ大を叶へる一冊也」と小本にした理由を述べている。この刊行の意図について藤井紫影博士は『暦』（西鶴作）との関係から

> 殊に暦は小竹集以外のすべての段物集には全く影を見せない。それから考へると、此作は加賀掾にとっては最初大阪で語った時、義太夫の賢女手習并新暦の為に競争に敗れた不吉な思出もあり、且はさして面白い作でもないので、敬遠の体であったかと思はれる。西鶴はそれが不平で、どうだ俺の浄るりを見ろといふ意込(ママ)で、自作宣伝のために特に作ったもの丶如く、加賀掾の段物集がすべてつぼ屋や山本の手

から出てゐるのに、これのみが西鶴の著書を出した森田庄太郎の開板であることも、此間の消息を伝ふるものでなからうか。（中略）で此小竹集は加賀掾が編集して西鶴に序を頼んだものでなく、西鶴が勝手に撰んで出版したものであること、猶西沢一風が加賀節を集めて浄瑠璃加賀羽二重を作ったのと同様であらうと思ふ

との見解を示しておられる。[2] 加賀掾生前の段物集は多く自序や印記を有するに比して、『小竹集』には加賀掾の名は序文にでるだけであり、加賀掾がその編集に直接間接に関与した形跡を示すものが全くない。藤井博士の卓見は首肯されるべきであろう。このことは単に段物集に小本が生じたというだけでなく、太夫に関係なく享受の側から必要に応じた段物集をつくり得たことになる。『暦』に対する自負に加えて、西鶴は「好き者のけいこ用」により便利に「嘉太夫の口まねして月待下舟小風呂のうち」で楽しむに似つかわしいものを必要としたのである。そのために小本が求められた。このことに対する文言はないが、従前の段物集が自序をのせ、それが『竹子集』にいう座敷浄瑠璃の慰みのための口伝であっても、そこに浄瑠璃の芸に対する太夫自身の至情があるのをみれば、加賀掾にとってこうした小本の出現は好ましからざることであったろう。しかし、浄瑠璃そのものが享受範囲をひろめたことは認めねばならない。この西鶴の試みは好評を博したらしく、翌貞享三年七月に『新小竹集』、十一月に『千尋集』と、共に『小竹集』に倣った体裁で加賀掾・義太夫の段物集が出版されている。[3] そして、この懐中用小本は元禄末頃から横型小本のものに移り、一[4]時期竹本一流懐中本と称される段物集が多種刊行される。この横小本の懐中本について今迄個別に取り上げられ言及されたことはあったが、その成立、性格等についてまとまった発言をまだ聞かない。この度『浄瑠

璃花月丸』（信多純一氏蔵）を借覧し、この種の段物集に新たな一本を加えることができた。これを機に竹本一流懐中本について私見を述べてみたく思う。

二

『浄瑠璃花月丸』（正本屋九左衛門版）の惣目録のあとに左のような広告がある。

竹本一流懐中本出来分

一浄るり見取丸　　一浄るり小菊丸
一竹本秘伝丸　　一浄るり連理丸
一浄るり酒妻丸　　一竹本二朱一部
一竹本宝来山　　一浄るり大かゞみ
一竹本宝鑑　　一浄るり花月丸

（以下書名の記述は浄るり・竹本の語をとり簡略にする）

同様な広告は右に載る「秘伝丸」「連理丸」にもあるが、(5)ここに掲げている書名に加えることができるのは「略上るり」の一本である。表題の竹本一流懐中本の呼称も「花月丸」に倣ったのである。これらの書は「花月丸」の版元である正本屋九左衛門版（以下西沢版とする）で刊行されたはずであるが、管見の範囲で所在を知り得たのは西沢版の「花月丸」「見取丸」「秘伝丸」「連理丸」の四本と山本九右衛門版（以下山本版とする）「小菊丸」の計五本である。[6] なお、右の広告に書名はみえないが『浄瑠璃当流小百番』（自序『当流浄瑠璃小百番』）『浄瑠璃拍子扇』『竹本極秘伝』（原本未見）も同種同体裁の懐中本段物集である。「小百番」「拍子扇」は山本版、「極秘伝」は西沢版である。これらの書名が右の「花月丸」等の広告にみえないのは、「小百番」「拍子扇」は山本版ゆえであろうし、「極秘伝」は後述するように「花月丸」等より後の刊行だからである。しかし、こう判断した場合、山本版の「小菊丸」が西沢版「秘伝丸」「連理丸」「花月丸」に広告されるのはなぜかという疑問がのこる。広告にだけ頼るならむしろ「小菊丸」は西沢版とすら思われる。ところが「小菊丸」には筑後掾の序があり、

> 小ぎく丸・ミとり丸・ひでん丸此三艚の道行揃ハ・予が秘密のふし章の規矩を以て、是を正し集め・山本氏に板行に彫しめ・音曲の海をわたる楫棹とする所に・頃日ゑしれぬ類船出て・書の題号をとり付て正本をかすむといへども・ふし付に至りて・天地雲泥違ひある故・是をなげきて直本といへる舟印に序を加へ・猶証拠のため予が判形を相添て・高麗ばし壱町目山本九兵衛店にして是をうらしむ・只いつわらざる所をしらしめんとなり　　竹本筑後掾

と「小菊丸」だけでなく「ミとり丸」「ひでん丸」も山本で板行させたと明言している。これは「小菊丸」に西沢版を考えたのと同じように現存の「見取丸」「秘伝丸」が西沢版であることと齟齬する。現存の書はその板元まではっきりとしているので、このままではこの矛盾は解決しない。そこで考えられるのは山本版「見取丸」「秘伝丸」、西沢版「小菊丸」の存在の想定である。もし、それが立証できればこの複雑な問題も

簡単に説明がつき「小菊丸」の序の意味もはっきりする。しかし、そうした本を知らない今それを立証することはできないが、少くともそう考えてよいと思われる論拠がある。以下その点について述べたく思うが、それと共にこの問題の前提にも当る「小菊丸」筑後掾序文の吟味をしておきたい。

「小菊丸」は既に指摘されている（『未刊浄瑠璃芸論集』、演劇研究会編、一九五八・5）ように序と目次の標題以外は同じ山本九兵衛から出ている「小百番」と等しい。正確にいえば、「小百番」の「筑後掾自序・浄瑠璃凡例・酒中(さかな)浄瑠璃之事」を省き、右に引用した筑後掾の序を新たに加え『浄瑠璃小菊丸』と外題替した再版本である。そう断定するのは「小菊丸」（京都大学穎原文庫蔵）の丁附が「小百（丁数）」となっており、これは「小百番」（東京大学教養学部附属図書館蔵）の丁附と一致するからである。又、その書体・字配りの一致は両書を比べれば判然としている。そして、このことは「小菊丸」の跋に筑後掾の「山本を山木と一点(てん)を偽(あざむ)きて世人の目を閉(ふさ)ぐ事誠によしなき事也」と山木版に対する批難の文のあるをもって、この序も山木版に対するものでないかとする見解を消極的なものにする。何故なら、この跋文は同じ山本版の「小百番」「拍子扇」にも共通するものだからである。その板木も同じものとみられるので跋文はむしろ従来のものを形式的に附与したとみるべきであろう。これに反し、「小菊丸」の序は独自のものであり既に跋文で述べているのと同じような批難を序跋共に筑後掾の名で並べるのは異常である。「小菊丸」が「小百番」の再版本でありその相違が序文にあるならば、「小菊丸」を「小菊丸」たらしめているのはむしろこの序文といえよう。この書の刊行の意味もその辺りにあったのではなかろうか。ところで、この序のいう所にはかなりの真実性がある。傍証として序にいう「直本」に焦点を絞り山本版と西沢版を比べると、それぞれの内題左下の太夫名の所は次のようになる。

山本版「小百番」　竹本筑後掾直正本
〃「拍子扇」　〃
〃「小菊丸」　〃
西沢版「見取丸」　竹本筑後掾正本
〃「秘伝丸」　筑後掾直写
〃「連理丸」　竹本筑後掾正本
〃「花月丸」　竹本筑後掾直伝
〃「極秘伝」　筑後掾伝受丸

山本版が「直正本」と統一されているに反して西沢版では表記の仕方に苦心の程が窺える。西沢が山本の後塵を拝していた例として、筑後掾しか書けない『貞享四年義太夫段物集』の〈浄瑠璃大概〉が「秘伝丸」に少し整理され〈浄瑠璃口伝書〉として、又、「小百番」の〈浄瑠璃凡例〉が「極秘伝」に少し見易くされ、いずれもそのまま取り入れられていることがあげられる。ここにみえる表記の不統一もそうした苦労、つまり筑後掾の直本らしくみせるための苦労の表れかと思われる。こうした点を考えれば「小菊丸」の序は直接西沢版と名指しはしていないが、西沢版が批難の対象に入っていることは間違いあるまい。では、具体的に山本版と西沢版がどのような関わりをもつのかが問題となるが、それを示唆しているのが山本版「拍子扇」と西沢版「秘伝丸」の関係である。左に両書の目録を掲げる。

浄瑠璃拍子扇（山本版）

1 甲賀三郎　諸天づくし
2 同二段目　かねいへ道行
3 同三段目　ゆめのいろ町
4 同四段目　あふミ八けい
5 信田小太郎　神おろしのたん
6 同四段目　小ぎく姫道行
○かけ物ぞろへ　小百番ニ在
7 十二段之二段目　うつゝのわたしもり
8 百日曾我　けいせいたいないさがし
○けいせい請状○とら少将道行
○ぜんじ坊三ぶ経○かせん
右四色小百番ニ在
9 曾我五人兄弟　とら少将矢立の杉
○小袖もんづくし○つハものぞろへ
○とら少将道行○かたミをくり
右四色小百番ニ在

竹本秘伝丸（西沢版）

1 甲賀三郎　〽諸天づくし
2 同二段目　〽かねいゑミち行
3 同四段目　〽あふミ八景
4 十二段之二段目　〽うつゝのわたし守
▲四季段▲道行見取丸に有
5 信田小太郎〽神おろしの段
6 同二段目　〽おとこしなさだめ
7 同三（ママ）段目　〽小ぎくひめミち行
▲かけ物ぞろへ小菊丸に有
8 新板腰越状〽若草姫ミち行
9 藍染川　〽初段梅の名寄
10 同三段目　〽弁の君道行
11 百日曾我　〽けいせいたいないさがし
▲けいせい請状▲とらせう〱道行
▲ぜんじ坊三部経▲かせんのだん
右四色ハ小菊丸と申本に有

10 新版腰越状　若くさ姫道行
11 藍染川　初段梅名よせ
12 同三段目　弁の君道行
13 遊君三世相　二段目さんげ物語
14 同三段目　ミこの口よせ
15 同四段目　はるひめ道行
16 天智天皇　三段目三社たくせん
○びじんぞろへ○花てる姫道行
右二色ハ調子竹ニ在
○うねめ四きハ小百番ニ在
17 以呂波物語　いろはのまへ道行
○しゝらんぎょくハ小百番ニ在
18 世継曾我　ミかりせいそろへ
19 同三段目　とら少将十はんきり
20 同五段目　ふうりうの舞
○けはひさか○とらせうしやう道行
右二色ハ調子竹ニ在
21 盛久　ほうしやうかく道行

---

12 遊君三世相〽二段目さんげ物語
13 同三段目　〽ミこの口よせ
14 同四段目　〽はるひめ道行
15 同段　〽ふミぐるまの段
16 曾我五人兄弟〽とらせう〳〵矢立の杉
▲小袖のもんづくし▲つは物ぞろへ
▲とらせう〳〵道行▲かたミおくり
右四色も小菊丸と云本に有
17 天智天皇　〽三段目三社たくせん
▲びじんぞろへ▲花てる姫道行
右二色ハ見取丸と云本に有
▲うねめ四季物語ハ小菊丸ニ有
18 以呂波物語　〽いろはの前道行
▲しゝの乱曲ハ小菊丸に有
19 世継曾我　〽ミかりせいぞろへ
20 同三段目　〽とらせう〳〵十ばん切
21 同五段目　〽ふうりうのまひ
▲けはひ坂▲とらせう〳〵道行

22同五段目　　げんじ大けいづ
○馬ごうた○地ごくゑとき
右二色ハ調子竹ニ在
23悦賀楽平太　大名やくめ付
24虎石三段目　とらおもひぶミ
○とら御ぜん道行ハ調子竹ニ在
25根元曾我　　兄弟ノはゝ道行
○おとこぞろへハ調子竹ニ在
26薩摩守忠度　きくのまへ道行
○一の谷名所ハ調子竹ニ在
○太刀の銘づくしハ小百番ニ在
27一心五戒魂　小はる文づくし
28同五段目　　もんがくぢざう舞
○木づくしハ小百番ニ在
○かほるひめ道行ハ調子竹ニ在
曾根崎心中　壱段浄瑠璃
男ハ夜明のちしこを松の木の嵐
女ハあかつきのかねしゆろの木のつゆ

右二色ハ見取丸と云本に有
22盛久　　〽げんじ大けいづ
▲あけぼの馬小うた▲地ごくのゑとき
右二色も見取丸にあり
▲道行ハ竹本二朱一部と申本に有
23悦賀楽平太　〽大名の役目づくし
24虎が石三段目　〽とらおもひぶミ
▲とら御前道行　見取丸に有
25根元曾我　〽兄弟のはゝミち行
▲おとこぞろへ　見取丸に有
26薩摩守忠度　〽きくの前ミち行
▲一の谷名所つくし見取丸に有
▲太刀の名づくし　小菊丸に有
27大曾我　　〽おにわうどう三郎ミち行
▲時宗三部経ハ見取丸に有
28一心五戒魂　〽もんがく上人ぢざうまひ
▲木名づくしハ　小菊丸に有
▲かほる姫道行ハ見取丸にあり

作者　近松門左衛門

（目録標題の番号は漢数字をアラビア数字にかえた。）

右之外古来新浄るりのあたり所見取丸に廿七ばん小菊丸に廿六ばん有但シ此秘伝丸ハ右ふた色ニおちたるをひろい又ゝ板行して世の重宝となすこと予が才覚にあらずや

右二書共に二十八番所収中傍線をつけた三番以外はその曲目が一致する。「拍子扇」は十四行本（但し「曾根崎心中」は十二行で本文冒頭に全一段を載せている）、「秘伝丸」は十五行本と板式は全く異なり、所収部分にも長短の異なりがあるが、曲の配列目録の書き方等は類似している。又、右目録から山本版では「小百番」「調子竹」「拍子扇」、西沢版では「小菊丸」「見取丸」「秘伝丸」がそれぞれ三書で一組をなしているといえる。このうち「調子竹」については未知の書であるが、他の書はその曲目の一致から既にあげた書を指す。但し、「小菊丸」は西沢版のものと考えられ現存の山本版と異なると思われるが、目録にみられる曲目については山本版も同じである。そして、これら二組の書は「拍子扇」と「秘伝丸」だけでなく、「小百番」と「小菊丸」、「調子竹」と「見取丸」と共に掲げられた曲目は一致する。「調子竹」（山本版）「小菊丸」（西沢版）は伝存をしらないのでそれぞれと「見取丸」（西沢版）「小百番」（山本版）との比較検討ができず結論は出せないが、それぞれが山本版と西沢版とで対応する書でなかったかと思われる。そこで現存の書をもってすれば、「小百番」は「小菊丸」と外題替されて山本から刊行されているので、「小百番」「調子竹」「拍子扇」を山本版の「小菊丸」「見取丸」「秘伝丸」と「小菊丸」序にいう三書に見立てることができる。

或いは「小百番」「調子竹」「拍子扇」が一組となっているので、「小百番」が「小菊丸」と替えられたように「調子竹」「拍子扇」が「見取丸」「秘伝丸」と外題替され山本から刊行されたかも知れない。逆に「小百番」刊行後「見取丸」「秘伝丸」「小菊丸」が出され、その後「小百番」の連れとして「調子竹」「拍子扇」が出たともいえようが、「小百番」「見取丸」「秘伝丸」が「小菊丸」に先行し、しかも「小百番」が「小菊丸」と外題替し一組の三書が出来上っている時点で、わざわざそうしたことを行うのはいかに再版改題本の多い当時といえども不自然である。又、「小百番」の筑後掾自序に「せちに望まれて既に三帖となして、当流浄瑠璃小百番とえぼうし名づけをはんぬ」とあることから、三帖の残り二帖を「見取丸」「秘伝丸」と想定し「小百番」以前にそれらが刊行されていたとも考えられようが、それならば「見取丸」「秘伝丸」「小百番」を一組とすべきで「小百番」「調子竹」「拍子扇」を一組とすることに対して説明がつかない。山本版「見取丸」「秘伝丸」を確認できないでこうした穿鑿は無用とされるかも知れないが、「拍子扇」と「秘伝丸」（山本版）の先後を検討することは他の懐中本の成立年次にも関係してくるので無視することはできない。又、仮りに「小菊丸」序にいう山本版「見取丸」「秘伝丸」が「調子竹」「拍子扇」の西沢版に対する見立だけであって、実際には刊行されなかったとしてもこの吟味は必要である。何故なら、この仮定をするにも「拍子扇」が「秘伝丸」（山本版）より先に出たとする結論が前提となるからである。いずれにしても現存の西沢版「見取丸」「秘伝丸」に類似の「調子竹」「拍子扇」が山本版で刊行されており、さらに山本版「見取丸」「秘伝丸」が出版されていたとしてもそれは「調子竹」「拍子扇」の後に刊行されたものであるということができる。又、「小菊丸」序（ゑしれぬ類船出て、書の題号をとり付て正本をかすむ）や「秘伝丸」目録の奥書に「此秘伝丸は右ふた色におちたるをひろい又ゝ板行して世の重宝となすこと予が才覚にあらずや」とあるによって西沢が山本版を真似たといえよう。こう考えるならば同じように西沢版「小菊丸」があったとされなければならない。その点についても確証はないが、西沢版の他書に宣伝があること、その広告に「小菊丸一冊廿六番出来」とあるにその番数が山本版「小菊丸」の二十四番と合致しない（「見取丸」の広告については現存の板と一致）こと等から刊行された可能性は十分考えられる。以上のことから、山本・西沢両版の類似した三本がそれぞれ刊行され西沢版は山本版の亜流であったといえる。そして、こうした西沢版の存在が筑後掾や山本側を刺激し、「小百番」をことさら「小菊丸」と西沢版と同名に外題替し刊行させたのではないかとすら思える。そうみれば跋文序文共に他版を批難する文を筑後掾の名で載せた異常さが理解されはしないかと思われる。

こうした出版上の相違を考えれば、同じ懐中本といえども本質的な相違があるといえるが、しかし、これは刊行の側（太夫の側）の問題であり、享受する側にとっては共に同じ筑後掾段物集である。二書肆のものを比較しても節章墨譜に質的な相違はない。ただ厳密には竹本一流懐中本の呼称は西沢版の書のみに適用されることになる。

三

懐中本における前述のような二書肆の問題の因を探る前に、これらの書の成立刊年を先に検討しておきたい。

⑴「小百番」（山本版）東京大学教養学部附属図書館蔵

自序の末尾は「当流浄瑠璃小百番とえぼうし名づけをはんぬ。このとしこの月三陽の半、花果敷栄し、黄鳥の声あやをなせり、時なるかなこれこの時」と結ばれている。三陽は易の卦の三つの陽爻をいい、易の泰卦䷊は三陽が下にあって消息卦によれば正月に当り新年の意とされる。『翰墨全書』は「元旦、三陽交泰

（節序門）」を記す（『大漢和辞典』）。又、『古周易経解略』には䷊の卦は「正月之卦也」とある。さらに「黄鳥」は鶯の異名（『類船集』）で初春に詠まれることが多い。よって正月に書かれたとすれば筑後掾受領（元禄十四年五月）後の元禄十五年一月以降を指す。又、『津市史』によれば元禄十五年八月八幡祭の芝居で筑後掾等により「曾我五人兄弟・百日曾我・天鼓」が上演されている。(7) この曲目は「小百番」の所収順位の前三曲「百日曾我・曾我五人兄弟・天鼓」と同じである。ほゞこの頃に人気のあった曲であったと思われる。この公演が地方巡業であることを合せ考えて、以上のことから「小百番」は元禄十五年初春頃の刊行と推定される。尾崎久弥氏は『甘露堂文庫稀覯本攷覧』で「大礒虎稚物語」を最新曲とされ元禄末か少くとも宝永元年以前とされているが、その上演を元禄十五年五月廿八日とされたのは明和版『外題年鑑』によっており、義太夫正本存在によりそれ以前の上演が十分考えられるので、この論拠はそのまま採用できない。

(2)「拍子扇」（山本版）東京大学教養学部附属図書館蔵

『曾根崎心中』を冒頭に全曲のせている。しかも目録では番外に掲げ作者近松門左衛門の名まで記している。（目録参照）。他が十四行本であるのに『曾根崎心中』は十二行の板にし字も大きく見易くしているのは、既に準備されていた板に「曾根崎心中」の人気が予想外であったので新たに加えたものと思われる。なお、第一番目の「甲賀三郎」は明和版「外題年鑑」によれば宝永元年四月十六日上演となっており、所収曲の中で一番新しい曲である。この書についても尾崎久弥氏の考証があり(8)宝永元年五月から筑後掾病気引退前の同年秋までとしておられる。傾聴すべき説であろう。

(3)「見取丸」（西沢版）大阪教育大学蔵

「曾根崎心中」の特別な扱いを同心中の一周忌と関連づけて考えれば宝永初年五月頃の刊行かと思われる。

冒頭の目録番外に「増補一心五戒魂　かほる姫みち行」をのせているので、『一心五戒魂』上演直後の刊行であろう。『一心五戒魂』には義太夫正本があり初演は元禄十一年頃であるが、明和版『外題年鑑』は「新一心五戒魂　元禄十五年九月九日」上演とする。この『新一心五戒魂』は『一心五戒魂』の再演或いは改作をいうか不明であるが、藤井紫影博士紹介[9]の元禄十四年五月九日の石井兄弟の仇討を仕組んだ『一心五戒魂切上るり道中評判敵討』（竹本内匠利太夫正本）があり、『一心五戒魂』が竹本座でこの切浄瑠璃の立浄瑠璃として上演されたことが知られる。又、加賀掾の正本に筑後掾のものと同外題の『一心五戒魂』（元禄十六年十一月）があり、その板外が新五……となっている[10]とのことなのでこの当時の加賀掾の動静から筑後掾の後塵を拝したと思われ、元禄十五年九月頃の『新一心五戒魂』の上演は十分考えられる。なお、十二番目にのる「富貴曾我」には元禄十五年正月の正本が知られるので、これらを合せ考えて「見取丸」の刊行は元禄十五年末頃と推定される[11]。

⑷「秘伝丸」（西沢版）大阪大学忍頂寺文庫蔵

筑後掾門弟の名をのせるが、竹本若太夫の名を入れる本と、その部分板木を削除し空白にしている本とが存在する。若太夫は豊竹座を旗上げした豊竹若太夫である。若太夫は元禄十六年には竹本座からはなれ櫓を上げたがうまくいかず、宝永二年から三年暮までは竹本座に復帰し筑後掾を助けていた。祐田善雄氏は早くこの点を指摘され所収曲との関係からもこの書の刊年を宝永三年か四年春位とされた[12]。しかし、「秘伝丸」の所収曲は「拍子扇」に類似し、序の「浄瑠璃口伝書」が『貞享四年義太夫段物集』（山本版）の〈浄瑠璃大概〉の利用であること、前述の「拍子扇」「秘伝丸」（山本版）の関係からも「秘伝丸」が「拍子扇」を模倣した感がつよいこと。又、目録の奥書にいうように「小菊丸」「見取丸」より後のものであること。以上の点から「見取丸」を元禄十五年末頃、「拍子扇」を宝永初年五月頃とするので「秘伝丸」は若太夫が竹本座にいた宝永二、三年の間に出されたものとみる。若太夫の名を削除した本は若太夫が再び豊竹座を興した宝永四年以後に再版されたものであろう。

(5)「小菊丸」（山本版）京都大学潁原文庫蔵

前述したように「小百番」との関係から所収曲によって刊年を知ることはできないが、筑後掾の序の附与は西沢版「見取丸」「秘伝丸」刊行以後の出版であることを示唆する。「秘伝丸」刊行直後やはり宝永二、三年頃に出されたのであろう。

以上五書について成立刊行年次を推定してみたがいずれも確証がなくやや不安な気がする。しかし、前章にみた山本・西沢両版の関係はこれらの年次推定に微妙な関わりを持ち、「小百番」（「小菊丸」〈西沢版〉）（「調子竹」〈山本版〉）「見取丸」「拍子扇」「秘伝丸」「小菊丸」とした刊年年次の推定はこの考証においても保証される。又、これらの書は個別に成立刊年を推定した場合、背後の関係に目が届かず誤り易いので一括して取扱ったが、なお簡単に断言できない点があり今後の考証が必要であろう。さらに、この他の最初に列記したうち「連理丸」「花月丸」「極秘伝」の三書の考証もすべきであるが、これら三書は右の五書とは異った意味で懐中本の性格を表わしているので、以下の懐中本の流行の因を説く中で、それぞれの書についてふれていきたく思う。

四

元禄末から宝永二、三年頃にかけて前述した筑後掾の懐中本が流行した因の一つに、以前からの義太夫節の流行と共に義太夫節が肴浄瑠璃としてもてはやされたことが指摘できる。西鶴が『小竹集』に示した携帯の便利さがこの方面の利用に適したといえよう。『諸艶大鑑』（巻三ノ三）の「新町の暮をいそぐ風情」には、道行づくしの浄瑠璃本とあるのは浄瑠璃の享受のうちその利用の方向を表わしている。西沢一風の『御前義経記』（元禄十三年刊）には「廓にて専らはやりし野郎山伏笈探しと申す肴浄瑠璃なり」（四ノ三）と廓で肴浄瑠璃を楽しむ場面がある。一風は浄瑠璃作者でもあり正本屋九左衛門は板元としての別名であり、こうした浄瑠璃の浸透していく有様に敏感であったはずである。当流である義太夫節が宴席の余興としてもてはやされたことは他の浮世草子等からも推察できることである。吉永孝雄氏の解説[13]によると肴浄瑠璃という語は義太夫の社会ではあまり使われていないとされる。テクニカルタームとしての肴浄瑠璃は存在しないかも知れないが、しかし、遊宴の場で座興に演じられるものを肴――と称することは既にあり、酒席の慰みであればさかなとする発想もある。[14]もっとも、最初は場を限定していた語でも利用範囲が拡大されれば必ずしもその限定は必要としない。肴浄瑠璃の語も特別な場を限定することなく普通名詞として用いられている。そして、『傾城請状（けいせいうけじよう）』などが最も人気を持ち、浮世草子『傾城請状』（元禄十四年七月）を初め様々な方面でそのやつしが現われている。[15]なお、厳密には「さかな」と「やつし」は区別されるべきで、やつし謡本「乱曲扇拍子」（宝永四年）に「罷出て御さかな仕らんとせきはらいして、こゝを大じとうたへとも、たれかはなにもきかす、誉もせぬハ、わらひもせず。さらにやつしてみんと酒屋の藤次良たるつなと名のって」とあるように、宴席の余興としてが「さかな」であり「やつし」は本来の詞章を時宜よくかえる方法である。故に後に述べる略（やつし）浄瑠璃と肴浄瑠璃は用途は同じであってもその内容は異なる。略浄瑠璃は肴浄瑠璃の一種であるが詞章がやつされており、肴浄瑠璃は義太夫節の詞章そのままである。「花月丸」惣目録奥書に「右之内十一ばんハやつしさかな上るり／なりかたり様本間の道行けいごとの／ふし付にかはる事なし」とあるのはこの間のことに留意した注意書きである。

　これらの懐中本がその刊行の意図の一つに肴浄瑠璃への利用ということがあったことは、「小百番」が「酒中浄瑠璃之事」という目録曲とは別項目で「神道ひミつの巻・五戒魂北山名所・ねの日の遊・くハんじんちやう・宇佐八幡ぐハん書」の七曲を設けていることによっていえる。これら七曲が何故とり出されたか不明だが、その流行が無視できないものになっていたことが窺える。豊竹若太夫正本『心中涙の玉井』（元禄十六年七月頃上演　正本屋九左衛門板）に「此間に肴上るりにて八けいあれ共りやすく」といった一文が枠に囲まれ細字で割書されて出ている。お初と久兵衛が駈落を決意した直後、お初久兵衛河内ゑ道行の直前にである。酒宴の場面でもなく、『心中涙の玉井』の一場面とするなら劇的緊張という点からその破綻は大きい。間（あい）狂言に流行の肴浄瑠璃がなされたと思われる。「八けい」とは『いつくしま八景』であろう。『いつくしま八景』は金平浄瑠璃『源氏筑紫合戦』五段目にあり、一風の『今昔操年代記』にいう井上播磨掾の代表的な節事である。「小百番」にも「酒中浄瑠璃」とされ、『色里迦陵頻』（西沢九左衛門版）といったはやり唄を扱ったものにも「うつくしの八景　義太夫ぶし」[16]とやつしにされあげられている。当時最流行の肴浄瑠璃の一つである。舞台上演の間のものに演じられるまで肴浄瑠璃が流行していたことが知れよう。逆にこうした劇場関係者の時流的なサービス精神が肴浄瑠璃の盛況を招き懐中本の需要を煽ったともいえよう。そして、こうした状況を反映して前述の山本・西沢間の問題も生じてきたと思われる。だが、山本側では「小菊丸」の序で他板を批難したことで一応の解決をみたとしたのであろうか。その後懐中用段物集は『鸚鵡ケ杣』の翌年出した『鸚歌ケ薗』（正徳二年九月）まで寡聞にして知らない。一方、西沢では、現在その所在不明のものを含め竹本一流懐中本と称する一連のものを続刊している。しかし、現存の「連理丸」「花月丸」「極秘伝」をみる限りではその企画には行き詰りが感じられる。

「連理丸」（東京大学霞亭文庫蔵）は「恋慕段物揃」と銘うって「浄るりの眼（まなこ）」を標榜している。これは筑後掾段物集に加えて恋慕揃という、他の段物集が眼目とした道行節事とは異った、特色を附与したとみる。この「連理丸」所収段物と最も幅広く筑後掾の段物を集めている『鸚鵡ケ杣』のものとを比べてみるに、一段そのまま入れられた『曾根崎心中』を除くと重なり合う段物がない。他の懐中本では「小百番（小菊丸）」は二十四番中十七番、見取丸は二十七番中二十五番、「拍子扇」「秘伝丸」は二十八番中七番（『曾根崎心中』は除く）と『鸚鵡ケ杣』とはかなりの共通する段物がある。他の段物集と比してこの「連理丸」の選曲は異例といえる。横山正氏が論じられた(17)ように恋慕表現の発達意識下のもとに位置づけることができても、又、劇の内容に立ち入ってみようとする姿勢は評価されても、従来の段物集からすれば奇を衒い過ぎているといえよう。「小菊丸」「見取丸」「秘伝丸」と段物の多くが所収されてしまった後で、新しい段物集をつくるにはかなり思い切った編纂が必要であったのではなかろうか。十五番しか所収しないのも他の懐中本に比してあまりにも少ない。又、『曾根崎心中』を丸一段のせることにより一冊としての体裁を保ってはいるが、それにも「拍子扇」の影響が考えられる。「連理丸」の刊行を横山正氏は「『曾根崎心中』初演と同時またはその直後」とされている(17)が、「連理丸」にのる広告には「秘伝丸」の名が「前々よりひろめ置候物」としてあるに対して、「秘伝丸」に記す「ひろめ置申候懐中けいこ本」の広告の中には「連理丸」の名はない。つまり、「連理丸」は「秘伝丸」刊行後のものであり、「秘伝丸」の刊行を宝永二、三年とする今、「連理丸」は宝永三年頃刊となる。「拍子扇」が「秘伝丸」に先行することは既に述べたので、『曾根崎心中』についても「拍子扇」の模倣を考えなければなるまい。さらに、「拍子扇」にある『曾根崎心中』は「連理丸」のように「死出の道行」と題せず、道行部分を分離しない「元禄二八のほし初秋すゑの八日」の筑後掾序や近松序をもつ六行本『曾根崎心中』（山本版）に近い点からも、その所収時の早さが推察される。「連理丸」の恋慕揃は山本の亜流から抜け出ようとした結果というより段物集としての選曲の困難さが招いた苦肉の策でなかったかと思われる。この傾向は後のものに一層濃厚に現れている。

「花月丸」は従来紹介されていないので詳しく論じるべきであるが、それは別の機会に譲り[18]必要なことのみにとどめる。「花月丸」になれば最早それだけで一書の体裁を保つことができなくなってきたようである。前の「連理丸」にしても十五番とその番組は少く『曾根崎心中』を丸一段入れることによって独立した一書の体裁を辛うじて保っていた。ところが、「花月丸」になると「花月丸」「御酒中浄瑠璃」（内題）「竹本略浄るり」（奥附）の三種を合わせ目録のみを整えた寄本（よせ）になる。この「御酒中浄瑠璃」「竹本略浄るり」は次に述べる「極秘伝」にも合本されており、「略浄るり」は（略二一〜二十八）の丁附を持ち、「連理丸」広告の「略上るり」の一部でなかろうかと思われる。「略上るり」は合綴され『色里迦陵頻』（いろざとかりようびん）にも含まれている。[19]「御酒中浄瑠璃」「略上るり」については単行として以前の刊行が十分考えられ、その刊年推定は困難であるが、「花月丸」（十一番所収）は冒頭曲が『傾城八花形』であり、又、最新曲として『男色加茂侍』（なんしよくかもざむらい）が所収されていることから宝永初年[20]以後が先ず考えられる。さらに、「連理丸」にのせる広告に「花月丸」の名がみえないことを合わせ考えれば「連理丸」刊行後、宝永三年頃でないかと思われる。そして、その選曲の苦心の程は「烏帽子折　二段目うれい」「虎稚物語　三段目ふし所」と従前の段物をとらず、その曲の聞き所を見出してくる点にみられる。そこには「連理丸」の恋慕揃と共に西沢一風の見識がみられるが、既に筑後掾の語り物は現存の懐中本で外題にして四十五種、段物数百二十二番に至ってはこの工夫も新曲を待たねばならない所にまで来ている。この後に出た「極秘伝」はこの行き詰っていく有様をよく示している。

「極秘伝」（天理図書館蔵）は原本未見のため結論は控えるべきだが、信多純一氏より序の部分の写真、角田一郎・馬場憲二氏より所収段物・丁附等の記載ノートを拝借しほぼ内容を知ることができた。「極秘伝」が寄本であることは既に指摘されているが、(21)正に既に出た懐中本の寄せ集めである。『曾根崎心中』の観音廻り・道行は「連理丸」より、「御酒中浄瑠璃」「略上るり」は前述の「花月丸」のと同板といえる。なお、序は「極秘伝」の名にふさわしくするため新たにつけられたものであるが、その内容は「小百番」の〈浄瑠璃凡例〉をそのまま流用したに過ぎない。「筑後掾伝受丸」と称しはしているがその内実は西沢が今迄刊行してきた懐中本の終局を示すかのように、「花月丸」のような統一した目録もない継ぎはぎの間に合わせ本である。なお、「花月丸」にいう竹本一流懐中本に名がみえない点からして、又、「花月丸」の「御酒中浄瑠璃」「略上るり」と同じものを持つなどから「花月丸」刊行直後に出たと思われるが、宝永年間（三、四年頃カ）としか年次を規定できない。ただ、「花月丸」「極秘伝」にしても肴浄瑠璃のためのみの段物集とみた場合、その企画は評価されようが、寄本であることによって、又、筑後掾との関係をことさらみせようとする所に逆に安易な編集態度がみられる。竹本一流懐中本と称する限りは筑後掾を標榜するのは当然ながら、そのことが却って行き詰りとなっていったようである。しかし、同時に、こうした懐中本に対する需要の多さがこの刊行を支えたとみられ、この辺りに以後命脈を保つ義太夫節の底力をみるような気がする。

五

「花月丸」の借覧を機に竹本一流懐中本について述べてきたが、同種同体裁の懐中本であっても版元によりその刊行事情が異なり、一律に扱うことに問題があることがわかった。従来この問題を等閑視してきたのは、この当時の書肆間の規約・契約等の資料がないことと山本・西沢が共に正本屋であったためと思われるが、その正本屋であることが特定の太夫の正本刊行という（山本なら筑後掾、西沢なら越前少掾）結び付きがあり、却って他の太夫のものには非力であることがいわれており、前述のような状況を呈することは十分推察されることであった。しかし、何よりも強調されなければならないのは、この山本・西沢間の問題は懐中本の基点に西鶴が享受者の立場をあげつらったと同じく、二書肆間の競合を煽る需要があったということであろう。それは義太夫節の人気ということになろうが、その人気をうまく利用した西沢九左衛門の商魂も賞されるべきであろう。そして、竹本一流懐中本の横小本の小書を通して、段物集はそれを語った太夫のためのものでなくそれを愛した者達のものであることを感じるのである。この浄瑠璃愛好者の地盤こそ、加賀掾・筑後掾といった名人なきあとの浄瑠璃界の盛況を支えつなぐものであったと思われる。この竹本一流懐中本に現れた状況はそうした形に現れない浄瑠璃に対する一般の愛好を知る格好の資料でなかったかと改めて思われる。

【注】

（1）祐田善雄『演劇百科大事典』〈浄瑠璃段物集〉解説（平凡社、一九六〇・3）。

（2）藤井紫影『小竹集』複製解説（貴重図書影本刊行会、一九三〇・7）。

（3）『新小竹集』は豊竹山城少掾旧蔵本（焼亡）の写真しかみることができなかったが、節・地の解説は『竹子集』から転載しており、その字配りからして小本体裁と思われる。『新小竹集』の名もそれを示していよう。『千尋集』共十五番所収は『小竹集』と同じである。なお、『千尋集』も如水序とあるだけで義太夫が直接関与した形跡をみないのは『小竹集』と同様の事情を示すと思われる。なお、本発表後『新小竹集』を天理図書館が所蔵する。

（4）元禄末頃には横小本形式が流行したのか、歌謡・歌舞伎評判記・浮世草子等にこの種の体裁のものが多々みられる。

（5）「秘伝丸」には〈竹本宝鑑・浄瑠璃見取丸・同小菊丸・竹本二朱一部〉の四本、「連理丸」には〈見取丸・小菊丸・秘伝丸・二朱一部・竹本宝鑑・浄るり大鏡・略上るり〉が載る。

（6）合本された「略上るり」「御酒中浄瑠璃」をみるが丁数よりみて抄出なのでここでは省いた。

（7）祐田善雄「近松年譜」（『解釈と鑑賞』一九六五・3）。

（8）尾崎久弥『甘露堂文庫稀覯本攷覧』（浄瑠璃拍子扇）備考（名古屋書史会、一九三三）。

（9）藤井乙男「道中評判敵打について」（『江戸文学叢説』岩波書店、一九三一・9）。

（10）信多純一「宇治加賀掾年譜」（『加賀掾段物集』古典文庫、一九五八・7所収）。なお、信多純一「近松世話浄瑠璃の方法―心中物を中心として―」（『帝塚山演劇学』第二巻一号、一九六九・5）には高野正巳が「新一心五戒魂切上るり」と内題右肩にある「道中評判敵討」の筆写本所持のことを記してある。

（11）「見取丸」については「調子竹」との関連が考えられ、「調子竹」にも「かほるひめ道行」が載っていることになっているためその所収のされ方が問題となる。しかし、その所在不明な今、その点については不問にしておく。ただ、「調子竹」「見取丸」の刊行時期はほぼ同じ頃と思われるので「増補　一心五戒魂」を根拠として強調しても左程のずれはないと考えられる。

（12）祐田善雄「竹本座と豊竹座」（『上方』）121号、一九四一・1）。

（13）吉永孝雄『演劇百科大事典』〈肴浄瑠璃〉解説（平凡社、一九六〇・6）。

(14) 安原貞室の『かたこと』(慶安三年一六五〇)に「さかなといふこころは(中略)又酒の慰みといふ下略歟」とある。

(15) 長谷川強『浮世草子の研究』第一章74頁(桜楓社、一九六九・3)。

(16) 『日本歌謡集成巻八』に翻刻されている『色里迦陵頻』は底本が目録半丁を欠くため内題をもってこの部分は目録とされているが、大阪大学忍頂寺文庫本は目録が完備しており「義太夫ぶし」と明記されている。

(17) 横山正『浄瑠璃操芝居の研究』(風間書房、一九六三・12)。

(18) 『浄瑠璃花月丸』は『樟蔭国文学第13号』(大阪樟蔭女子大学国文学会、一九七五・10)に翻刻・紹介。

(19) 早稲田大学演劇博物館には抜き本として「略上るり」のみが蔵書されている。

(20) 長友千代治「錦文流年譜」(『佐賀大学文学論集』5～7号、一九六四・2～一九六六・2)。

(21) 山本とも子「『曾根崎心中』の諸本」(『近松の研究と資料』第二、演劇研究会、一九六三・8)。

(22) 懐中本についてこの適用は懐中本の成立事情からみて問題はあるが、一応の考察の目安とはなろう。なお、「御酒中浄瑠璃」の奥書に「懐中本根元　大坂上久宝寺町三丁目　正本屋九左衛門板」とあり、「懐中本根元」の語が目につき懐中本については別の事由があったかとも推察される。

謡本「曾根崎心中道行」二葉について

一

反古として見捨てられた、版本の表紙の裏張りが、珍しい資料であった例として、横山重編『古浄瑠璃正本集　第一　増訂版』の口絵に載る、古浄瑠璃正本の零葉七枚がある。その七枚のうち、幸田成友博士所蔵の第一図から第六図までの六葉は、「大正の初年ころ、古板本の表紙の裏張りの中から」とり出されたと解説されている。これから紹介する謡本「曾根崎心中道行」（仮題）の零葉二枚も、浄瑠璃本の表紙の裏張りから現れたものである。粗雑な表紙の仕立が、表紙上側の藍色薄葉の厚いあて紙を裏打している反古紙の糊を剝がし、なおかつ、見返しをも剝がした偶然から、見出されたものである。その剝がれていた反古が、謡本「曾根崎心中道行」の版本の零葉だったのである。『曾根崎心中』の道行部分のわずか零葉二枚でしかないが、謡本として版行された「曾根崎心中」の所在を聞かないため、ここに紹介するのも意味あるかと思う。合せて、この零葉が裏打されていた、浄瑠璃本の書誌についてもふれておきたい。

二

山本角太夫の正本に『武蔵元山寺児（むさしもとやまでらのちご）』がある。天理図書館には右の正本二本が所蔵されるが、うち一本は『弁慶誕生記 山本土佐掾直伝』の題簽をもち、左の奥書を付す、

右此本は我等持本の通ちがひなく板本致し候
初心稽古のため也さればことぐくかながきにして
くぎりふししやう三味線ののりかたほどひやうし
三重をくりのしなぐ秘密を残さずあらはし候
なをしんぐの口伝は筆紙のおよぶべきにあらず
かしこ
山本角太夫
京二条通寺町西へ入町
正本屋　山本九兵衛板

十行二十八丁の半紙本一冊である。この正本の表・裏表紙のそれぞれの裏張りに、版行された謡本「曾根崎心中道行」の零葉が使用されていたのである。なお、同書には「式亭」（丸印）、「饗庭文庫」「紫影蔵印」等の旧蔵印があり、その伝書の由緒を語っている。

☆

まず、半紙本半丁分の本文を、裏表紙裏張り（以下「ウ裏」と略称）、表表紙裏張り（同「オ裏」）の順に翻字（墨譜は省略したが、その他の記号は全て原本相当の位置に残した）する。

「ウ裏」八行本。一行二二～二五字。

やら。わするゝ隙もないはいな。それをふりすてゆかふとは。やりやしま《ハル》せぬ《下》ぞ手にかけて。ヤヲころ
してをいてゆかんせはなちはやらじさりとはヤ〽《上シテトル》うたもおほきにあのうたを。ヤヲ《同トル》ときこそ《大》あれ《入》こよひ
しも。うたふはたそや《クル》きくはわれ。すぎにし人も《下》われ〳〵も。ヤハひとつ《トルハル》思ひ《下》とすがりつき。こゑも
おし《ハル下》まずなきゐたり。いつは《ハル》さもあれこのよはゝ。せめてしばしはなが《下》ゝらで。こ《クル》ゝろもなつのよのな
らひいのちおはゆる《下》（第一図）

「オ裏」八行本。一行二二～二六字。

。なみ《クル》だのたまのかず《下》そひて。ヤハつきせぬあはれつきるみち。こゝろもそらもかげくらし《上ロンキ同》ウヤそねさき《トル》
のもりにほどなくつきしかは。もりて立名も是までぞ。さあたゞ今ぞ南無阿みだな無あみだぶ《下》とまふせ
ども〽《上シテ》さすが思へば此とし月。いとしかはいと。ヤアハしめて《入》ねしはだにやいばが《下》あてられふか《上同》かなし
やまなこもくらみつゝ。手もふるひつゝむねせかれ〽《上シテ》あなたへはづれこ《上同》なたへそれ。ヤア《下》二三度ひらめ

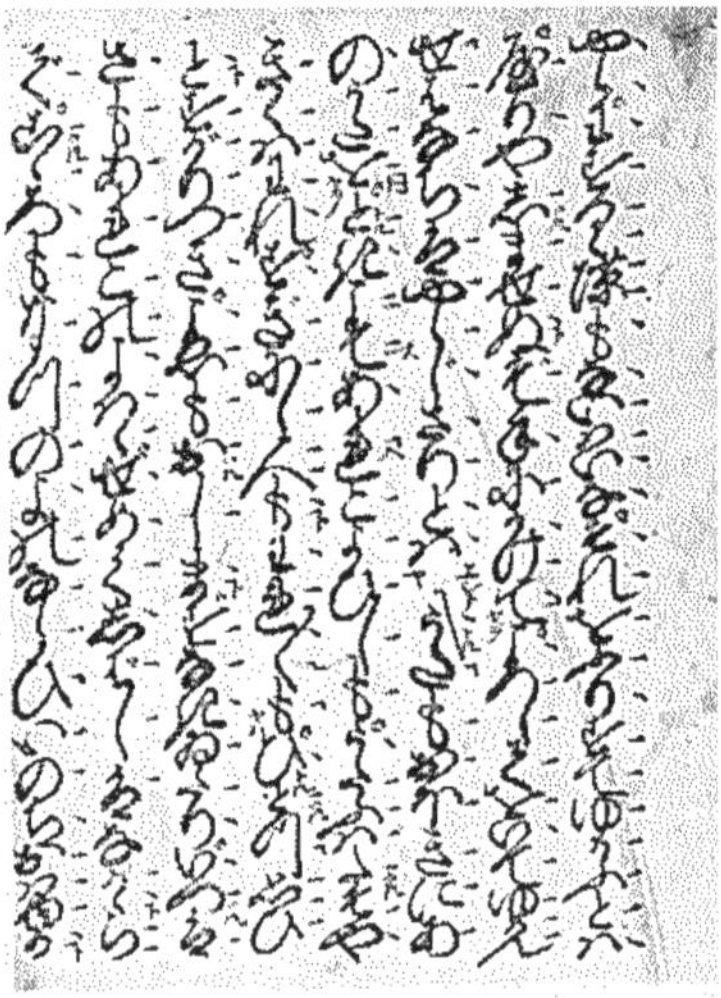

第一図「ウ裏」

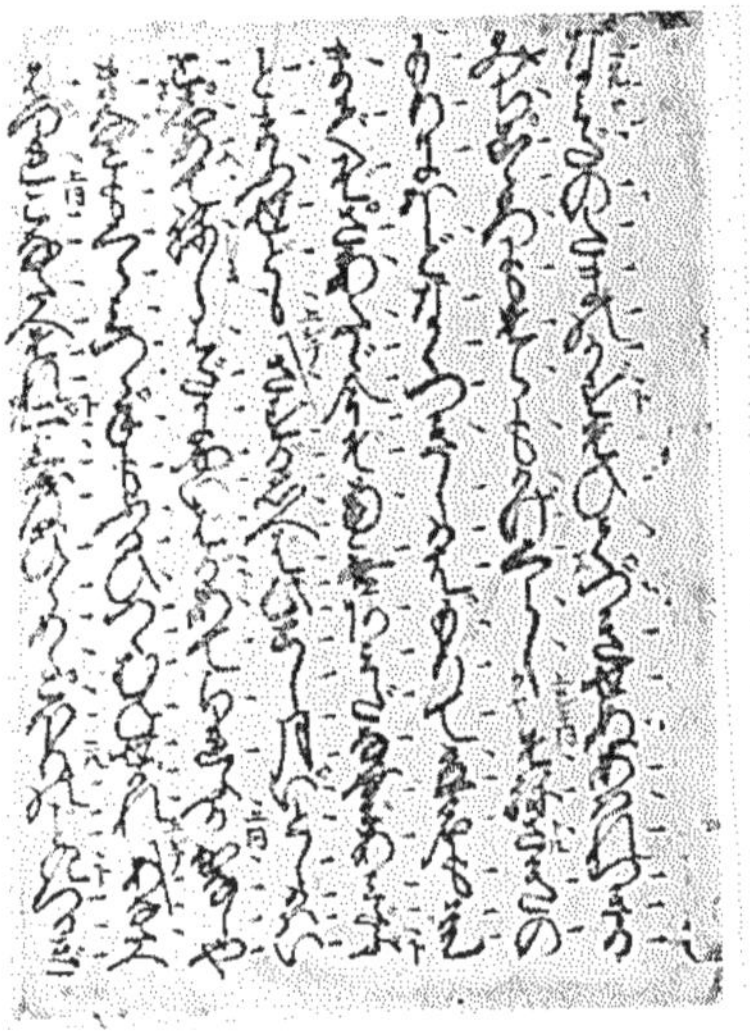

―天理図書館蔵―

第二図「オ裏」

く。こほりのごときつるぎ（第二図）

☆

上掲二枚の零葉は、詞章が連続していないこと右の通りである。その間を埋める部分も、また、この前後の詞章も当然版行されていたと考えられるので、この謡は、浄瑠璃『曾根崎心中』の全文が謡本にされたかどうかはともかく、少なくとも、道行部分のみは版行されていたものと思われる。それが、どの程度の丁数に纏められていたか不明であるが、残存の二葉が、一ケ所の大きな省略を除き、ほぼ浄瑠璃の本文通りに、詞章が綴られているので、それに従ってある程度の推測はできる。

「ウ裏」から「オ裏」の間に抜けている詞章は、八行二十六丁本の浄瑠璃正本（山本版）で約一七一字分である。この欠字分は、この謡本の半丁分の字数に相当する上、内容の点からみても、省略を必要とする詞章でもないので、少々の字句の入れ替えがあったとしても、謡用に節付してそのまま板に彫られたものと思われる。また、残存の「ウ裏」には、今綴じられている側（ノド）の反対側（ミミ）に、袋綴じされた時の、ノドの中綴じのこより穴、及び、糸綴じの穴の跡がみられるので、「ウ裏」はもともと丁表の半葉であったことが知られる。故に、ここに欠落している半葉は、当然、詞章の続きからみても、「ウ裏」の本来あるべき片割れ即ち丁裏の半葉ということになろう。さらに、「オ裏」の詞章の続きは、『曾根崎心中』の道行の結末（巻末）へと繋がっていくが、「オ裏」から巻末までの浄瑠璃本文の字数は、八行正本で約二三〇字（半丁と一行）となる。ただ、この部分には、断末魔の苦しみを生々しく描写する箇所があるので、謡でそのまま、浄瑠璃のように強調するのもどうかと思われ、その箇所を適宜省略すれば、ここも謡本半丁に収まることになる。この「オ裏」にも、「ウ裏」同様の、こより穴・糸穴の綴じ跡があるので、これも残存「オ裏」はもともと丁表の半葉で、それに対となる丁裏の半葉があって然るべきかと思われる。なお、この「ウ裏」「オ裏」の二枚の綴じ跡の穴の位置は、二枚を袋綴じのあり方に直して調べてみると、ノドの位置で合致するので、この謡本は、元は、表紙までつけて製本されていた（糸綴じより推定）ものであること、また、糸の穴の間隔から、現在は半紙本の大きさになっているが、本来は大本程度の製本であったことが推定される。(1)

さらに、道行部分が謡本化されたとして、その版刻を考えれば、「此世のなごり」で始まる心中道行が、「ウ裏」の詞章に繋がるまでに、八行正本で約四六九字分の詞章がある。この分を謡本にするには、謡本が半丁約一七五字程であるため、内題の余地を考えて一丁半に収める計算となる。であれば、『曾根崎心中』の徳兵衛・お初の道行は八行の謡本にして三丁半であったことになる。しかし、これは、道行の前半が省略なく全文謡化されたと考えてのことであるが、例えば、「オ裏」の「是までぞ。」と「さあたゞ今ぞ」との間には、八行正本で三丁と二行に渉る、徳兵衛とお初が死際の未練や述懐を語る詞章の省略があるので、必ずしも、一丁半に収められたといい切ることはできない。特に、三丁半というのは、板木の利用のあり方や袋綴という本の体裁からみて、不自然でもあるので、『曾根崎心中』中の最も評判高い名文であっても、一丁分に収めるべく、省略があったかも知れない。或いは、道行だけの謡本でなく、『曾根崎心中』全体の謡化がなされており、道行以前の終りの部分が丁表までできており、丁裏から道行が始まっていたとも考えることはできる。だが、浄瑠璃本文にかなり忠実な詞章による謡化からみて、後述する理由によって、後者の考えには、あまりこだわらなくてよいかと思われる。

実のところ、こうした換算までしてみたくなるのは、この零葉が、八行本で、しかも書体・様式が、いかにも丸本風に仕上がっているためである。こうした丸本風の書体をもつ謡本の版元として、この『武蔵元山寺児』の版元山本九兵衛をはじめ、数軒の正本屋が活動しており、このような謡本「曾根崎心中道行」が造り出されても、『曾根崎心中』の人気の程からは、不可解なことではなかったのかも知れない。

三

浄瑠璃『曾根崎心中』の謡化として番外曲「曾根崎」がある。天理図書館蔵『番外謡本集』所収（第六輯第二冊）のものと、観世元正氏蔵『観世本番外曲』所収（『未刊謡曲集』十六〈古典文庫、一九七〇〉に翻刻。原本は未見）のものを知る。この二本（二本間には詞章の異動等の相違はあるが、その比較及び異動等についてはふれない）と、零葉二枚との基本的な違いは、二本は共に写本にて伝わるものであり、その詞章も、近松作の『曾根崎心中』をはじめ、その事件にかかわるものを題材に借りて、謡曲の構成の型に従って作詞したものであるという点にある。この零葉にみるような『曾根崎心中』の詞章をそのまま綴っていくということはない。この点からみれば、この「曾根崎心中道行」は謡本の節付がされてはいるが、本式の謡として創り出されたものではないともいえる。小謡や酒宴謡の中にもみることができないだけに、むしろ、『曾根崎心中』の名文自体を謡にして鑑賞しようとする趣きでつくられた感が強い。板に彫ってはいるが、謡を楽しむ者へ売り込むための商品として、この謡本を版行したというよりは、別のところに本意があったように思える。節付の面でどのような配慮がなされているのか、私には全くわからないが、謡とするには、謡の基本の型からして浄瑠璃の詞章そのままでは不都合も多いかと思われ、また、このような謡本が浄瑠璃本の側からも謡本の側からも市場に出されるべきものとは思えない。田中允氏が紹介されている『未刊謡曲集』（古典文庫）には、こうした類の謡が数多く載るが、それらはいずれも写本で伝わり、また、上演されたこともない曲が多いということである。しかし、それでも、なお、謡としての形式（構成）は整えようとする意識がうかがえる。その点からみても、この版行は異質である。ごく少数の浄瑠璃と謡とを共に愛好する者達が、自らの慰みのために、わざわざ『曾根崎心中』の道行に謡の節付をして板に彫らせたという程度かと思われる。綴糸の痕跡からもとの形が大本であったこと、また、残存の零葉の刷りが、反古に使われたにしては、刀刻の線まで残るほど鮮明で、初刷に近いと思われ、しかも、それを本屋が反古に使う（後述）しか用途のなかったことからも、販売目的のない出版との感を強くする。そして、この謡が版行された時期も、竹本座で『曾根崎心中』が上演（元禄十六年五月）され好評を得た頃からさほど時間のたたない時と思われる。道行が選ばれたのも、大儒荻生徂徠が、この道行を評して、「近松が妙処此中にあり。外は是にて推はかるべし」（『俗耳鼓吹』）と語ったと伝えられるような評判が、巷に高かったからであろうか。

いずれにしても、謡と浄瑠璃がこのような形で結びついていることは、仮に、これが道楽でなされたとしても、浄瑠璃の背後に強い謡曲の造詣者の愛好があったことを示唆しており、興味深いことである。加賀掾や義太夫の芸論と称されるものに、謡の伝書の影響をみることや、浄瑠璃が謡曲から多くの素材を得ていること等を考え合せれば、より深い両者の結び付きを感じないわけにはいかない。

四

問題は移るが、この謡本の零葉は、これを裏張りに使用した正本『武蔵元山寺児』の版元、京都の山本九兵衛で版行されたのであろうか。その点について考えてみたい。江戸期の出版のあり方、及びその組織等について、近時いろいろな資料が公刊され紹介されつつあるが、元禄頃にまでそれらの資料が、どの程度適用し得るか私にはわからない。まして、原稿から印刷・製本・刊行に到るまでの具体的な仕組みについては、より判然としない。もし、この零葉が山本九兵衛の版行であるとすれば、浄瑠璃本の印刷・製本・刊行は出版元の正本屋が丸抱えで全てをなしていたということになるが、『人倫訓蒙図彙』の表紙屋（巻六）のような反対例すらあり、そういい切るべき証を寡聞にして知らない。また、そうであれば、現行の出版機構とも異なるので、一応の例証が必要であろう。殊に、正本屋山本九兵衛は竹本筑後掾にも専属する本屋で、竹本座上演の浄瑠璃正本の専売元である。そして、『曾根崎心中』については、通常の八行本に加えて六行正本を竹本筑後掾・近松門左衛門の序まで付して刊行しており、その筑後掾の序では

…花柳の都に山本九兵衛、梅芦の難波に山本九右衛門。此正本屋ははやくより等閑（なをざり）なくなれむつびし

まゝ、予が浄瑠璃本はいつとても草書の内より直にかれにゆるしてうつさしめ、ふし博士章句切までこまやかに挍合して梓に彫付れば、露たがふ事侍らず……（句読点・大橋）

とまで述べさせている。それだけに、『曾根崎心中』を謡本に仕替えて版行することは、筑後掾との関係を無視したものであり、まして、自ら類板ともとれるものを公けに販売することなどは考えにくいことである。仮りに私的な依頼によってなしたとしても、右の理由から、慎重に考えてみなければならない。

＊

左の十・十一行三十二丁本『国性爺後日合戦』が二本、天理図書館に収集されている。

(イ)本　題簽「国性爺後日合戦　竹本筑後掾直伝」。内題「国性爺後日合戦　近松門左衛門作」。奥書欠。

(ロ)本　題簽欠。内題(イ)本に同じ。奥書「右けいこ本正曲の調は節はかせ何も／其品多し故に太夫直之正本を写シ／文字かなづかひ甲乙てにはの相違等を改メ／口伝を残ず記し梓ニちりばむる者也／江戸大伝馬町三町目／売所鱗形屋孫兵衛／京ふ屋町通せいぐはんじ下ル町／板元八文字屋八左衛門」

(イ)本は奥書に欠いているが、刷りの程度は(ロ)本より良く、(ロ)本はかなり磨滅した板木による刷りである。しかし、二本が同板木によって刷られたことは、(ロ)本が(イ)本に比べ、板面の字高の天地の寸法に一粍から二粍の縮小がみられるにもかかわらず、第四丁裏に左端から右へ走った板木の割れ（下三分の一辺り）が両書にみられ、しかも、その長さが(ロ)本でより長くなっている点等から判明する。なお、後刷の場合、大本で早印本に比べて天地で一〜二粍程度の縮小がみられることがあるということ（大内田貞郎氏の御教示）なので、この場合の縮小も、その理由は不明ながら、覆刻によるとは考えない。また、逆に二本を比較しても覆刻とすべき理由は見当たらない。

(イ)(ロ)本が同版であれば、(ロ)本が奥書からして八文字屋版であるので、板株（板木所有権）の移動がなされていなければ、(イ)本も八文字屋の刊行となるが、それを裏付ける資料として、(イ)本の表表紙裏張りから現れた零葉一枚がある。(イ)本は奥書を欠き、裏表紙は他紙をもって補綴されているが、表表紙は題簽をも保存する。その表表紙の裏張りに、前述の「曾根崎心中道行」と同じ状態で、刷り反古が使用されていたのである。この零葉（第三図）には「第三」へつふ兄弟大じんを嶋ずて帰国の事」と書かれた箇所を含んでいるため、これが『ゆり若大臣』の第三の部分であることを知る。また、この『ゆり若大臣』がどの種の本であるかを調べてみるに、説経正本のそれに当たること、さらに、その完本が東京大学霞亭文庫に蔵され、同書は「寛文二年壬寅二月吉日」の刊記をもつ八文字屋八左衛門板であることがわかった。そこで、同書と零葉との二つを並べ比べたところ、この裏張りは同書の7丁ウ（実丁）に当たり、匡郭で一粍弱、字高でも〇・五〜一粍弱霞亭文庫蔵本の方が長いことが測られた。しかし、零葉の縮小は紙のしわがはなはだしい故かと考えられ、両者が同じ版木で刷られたものであることは確認できた。なお、この零葉の刷りは、字に欠けが見られたりする後刷のものであるが、霞亭文庫蔵本を採用した『説経正本集第二』（角川書店、一九六八・5）所収の『ゆりわか大じん』（題簽「ゆり若大臣」）の横山重氏の解題にも、八文字屋版以外の同版式をもつ諸板が報告されていないので、この零葉も八文字屋版と推定される。このことは、八文字屋の出した刷り反古（零葉）が、享保二年二月以降（『国性爺後日合戦』の上演は享保二年二月）に刊行された正本（(イ)本）の表紙の裏打紙として利用されていたことを示しており、しかも、その正本（イ本）の後刷版（ロ本）が、なおも八文字屋の板株によって刊行されているということから、(イ)本自体も奥書は欠けているが、八文字屋から刊行されたものであるということを結論づける。これは結局、八文字屋が自家刊行の正本の表紙の裏張りに、自家の刷り反古を使用したということであり、さらに、換言すれば、浄瑠璃本においては、正本屋自身で印刷・製本もなしていたということにならないであろうか。少なくとも、ここに例示した十・十一行本といった安価な浄瑠璃本にはその可能性が強い。そして、この正本屋のあり方は、八文字屋だけでなく、同じ正本屋仲間である山本九兵衛にも適用できるかと思われる。これは大坂の山本九兵衛（京の出見世）刊行のものであるが、例えば、東大霞亭文庫蔵の絵入浄瑠璃本『卯月紅葉』は、表表紙の色紙自体が同じような浄瑠璃本か狂言本の刷り反古を黒く染め直して利用したものである。このことは『図説日本の古典　近松門左衛門』（集英社、一九七九・6）のカラー写真を通してすら見ることができる。なお、(ロ)本は奥書にある如く、江戸の鱗形屋で売り出された分であるが、この表表紙の裏張りにも刷り反古が使用されており、その零葉は、作品不明ながら、板面からみて江戸版と推測される。このことを今得た結論によって類推すれば、江戸販売の分に関しては、本文は八文字屋で印刷して江戸へ送るが、奥書・装幀は江戸で鱗形屋がなしたとも考えら

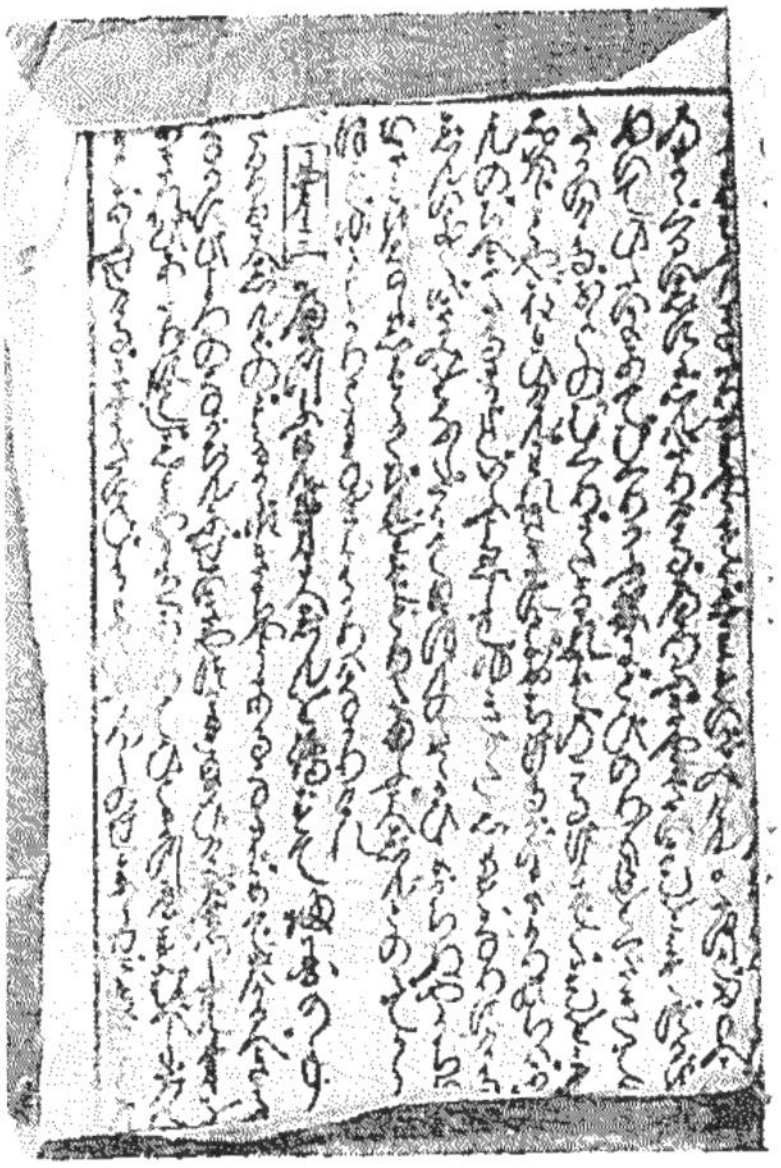

―天理図書館蔵―

第三図「国性爺後日合戦」表紙裏張り

れる。同形式の八文字屋単独版の奥書と、鱗形屋と連名の(ロ)本との奥書を比べてみても、その形式は踏襲しながらも、全く別な板によって刷られていることも参考となろう。

五

京都の正本屋山本九兵衛が刊行した山本角太夫正本『武蔵元山寺児』（題簽『弁慶誕生記』）の表紙の裏張りから現れた、謡本「曾根崎心中道行」の零葉二枚は、初刷ともいえる鮮明な刷りと、大本と推定される綴じのものであった。しかも、これを板行した本屋は、裏張りへの利用という点からみて、山本九兵衛であったと思われる。「山本九兵衛は、竹本義太夫旗上げ当時からの、義太夫正本の最も信用ある板元である。その山本九兵衛が『曾根崎心中』の浄瑠璃本ならぬ謡本を版行するのは、依頼者の有無にかかわらず、義太夫に対する背信行為でないか」という見解があるかも知れない。また、その山本を弁護して、「いや、浄瑠璃本が自家で印刷・製本されたからといって、裏打ちに使われた反古まで、自家版行のものとはいえまい。考えれば、こうした謡本が出たことに抗議して回収したものを、不用な反古として利用したのに過ぎないかも知れない」ということもできよう。しかし、この零葉が現れた正本『武蔵元山寺児』は、角太夫生前に刊行されたものである筈は無論なく、元禄末年頃に刊行されたものでもない。上演そのものは、彼の没した元禄十三年（一説正徳二年）以前であろうが、この種の角太夫の十行本の刊年については言明はされていない。その点では、この裏張りは一つの年時の解をあたえるが、むしろ、享保頃と考えるべきかと、奥書は異なるが、同版の天理図書館蔵のもう一本の『武蔵元山寺児』との関係から、推定される。この版は奥書の中程（四行目）から破れており、版元は不明なのであるが、次のような形式の奥書をもつ。

我等かたり本の通ちがひなく写させ〔不明〕候
此外口伝とてさのみむつかしき事もなく候
たゝ人の心を慰るを秘伝にいたし候しかし
〔　破　れ　〕ゑが大事ニ而候
〔　以下破れ　〕

右の奥書の版面には、一行目の第七字目「の」から三行目の第六字目「を」にかけて横に走る割れ目があるという特徴がある。この特徴は、同じ奥書形式の山木九兵衛が刊行した『相撲入道千疋犬』（正徳四年四月上演）『娥歌かるた』（正徳四年八月上演）『井筒業平河内通』（享保五年三月上演）『浦島年代記』（享保七年三月上演）[2]等にみられるものと同じである。残存部分をこれらの奥書と比べてみても同じ版木による刷りだということができ、その中でも、『井筒業平河内通』のものと最も刷りの程度は似通っている。故に、奥書の破れていた『武蔵元山寺児』も山木版となる。また、山木版と山本版の二本の刷りの状態を調べてみるに、版面の字高の寸法には両者の差はほとんどないが、山本版の方が少し早印であるといった程度に、両者の刷りの程度は近い。このことは、山本版『武蔵元山寺児』が刊行されて、それ程間隔をあけることなく、山木版『武蔵元山寺児』が版行されていることを意味しており、しかも、この種の山木版の奥書をもつ正本が享保以降に刊行されているということなので、山本版『武蔵元山寺児』も享保頃の刊行かと推測したくなる。この、山本版と山木版が同じ版木を使用して正本を刊行しているという事実は、浄瑠璃本の類版・重版という点で大変興味深い問題であるが、本稿ではその指摘だけにしておきたい。

この推定に従って、前述のことを承ければ、元禄末頃に版行したであろう謡本を享保頃までとっておき、それから反古として利用したとするのは、不用と成るに時間がかかり過ぎではなかろうか。普通の家ならともかく、常に紙を必要とする正本屋でである。また、偶然得た反古紙をそのまま利用したに過ぎないとするには、あまりにも偶然過ぎる。こうした表紙の裏張りは、普通は見返しをつけるので、ことさら必要のないものである。浄瑠璃本で私自身が見たのは、ここに述べた四点のみである。そうしたものに対して、大本であったものをばらし、半紙本に折込する手間までかけて裏張りする必要が、偶然の中から生じるであろうか。想像に過ぎるかも知れないが、版元山本九兵衛が、焼却するには忍びず、かといって、大びらに処分することも出来ず保管していたものを、もはやその必要なしとして、人目につかない形で処理した一つが、この裏張りでなかったであろうか。それ程、私にとって、この謡本「曾根崎心中道行」は本来公に目にふれる書として、存在すべきものでないように思える。

【注】

（1）裏打を行う際に、天で二～五粍、ノドで四～六粍のはみでた部分を折込んでいる。それが原寸かどうか問題であるが、綴じ糸の穴が天地共に際に近過ぎるため、大本に近い寸法をもっていたと思われる。なお、板面は半紙本と同じである。

（2）これらの諸本の所在は次の通りである。
『相摸入道千疋犬』『娥歌かるた』『井筒業平河内通』（以上天理図書館蔵）。『浦島年代記』（大阪大学文学部国文学研究室笹野文庫蔵）。

『好色橋弁慶』について

はじめに

享保二年（一七一七）八月二十二日より大坂竹本座で上演された、近松門左衛門作『鑓の権三重帷子』は、同年七月十七日大坂高麗橋上にてなされた雲州松江松平出羽守家中の士による女敵討ちを題材とした、当込みの世話浄瑠璃である。この事件は往来なお多い夕刻の橋上での女敵討ちとて、人々の耳目を驚かすと共に興味も誘い、素早く各地に伝わり、京都の本島知辰の『月堂見聞集』や名古屋の朝日重章の『鸚鵡籠中記』等が書き留めたごとく、かなり詳細な記録まで残る。無論これ程の芝居種を芝居の側で見逃す筈なく、竹本座の他、京坂の各座は歌舞伎狂言に取り組み、競演も賑やかに一層この事件を著名なものとした。その状況を、やはりこの事件を敏速に草子に綴った『女敵高麗茶碗』[1]の序は次のように述べる。

難波の芝居に八つの櫓先をあらそひ、盆替りの間もなく、場所の動目を驚かし、実や好色橋弁慶とは、近松門左が思ひつき、浮世は夢の浮橋と、吾妻三八が趣向の外題也、是ぞ因果はまはり灯籠の、嵐にな

びき吹つたへたる女敵討、名高き橋の咄しをそのまゝ、取つくろはずたて掛けて、高麗茶碗と此書をいふのみ、

時に　享保弐つのとし七月廿一日

本稿で取り上げようとするのは、右に「好色橋弁慶とは、近松門左が思ひつき」と評判された『好色橋(こうしょくはし)弁慶(べんけい)』である。

一

前掲「好色橋弁慶とは、近松門左が思ひつき」とは、近松がこの女敵討ちの事件を『好色橋弁慶』と題して仕組み、竹本座の勾欄にかけさせたことを述べると読まれて、同じ事件を仕組んだ『鑓の権三重帷子』との関係が問題となった。ところが、『好色橋弁慶』が発見され天理図書館の所蔵となり、その本文が『鑓の権三重帷子』と同文であることが紹介されて、二作の関係は「初演の時の外題が『好色橋弁慶』で、再演のとき『鑓の権三重帷子』とあらためた」[2]、或いは、近松は初め『好色橋弁慶』と題する作品を書いたが、その題名が幕府の忌諱に触れる恐れがあったので『鑓の権三重帷子』と改められ上演した[3]との説明がなされている。こうした説明がなされる因は、宝暦版『今昔操浄瑠璃外題年鑑』が『鑓の権三重帷子』の上演を享保二年八月二十二日とするのに対し、『好色橋弁慶』の名を掲げた『女敵高麗茶碗』の序の日付が「享保弐つのとし七月廿一日」と一箇月早いことによる。しかし、右の序の記すところを認められながらも、『鑓の権三重帷子』と『女敵高麗茶碗』とを比較され、その作意が酷似するところから、「何れが先案であらうか確定しがたい。

序文には享保二年七月廿一日とあれど、出版までにはいかに急ぐとも三四十日を要するであらう。或は当時此不義の男女に対してか丶る同情ある風聞が伝はつてゐたのであらうか」と、その日付に一抹の疑問を示されたのは藤井紫影博士であった。なお、博士が『近松全集　第十壱巻』に右の『鑓の権三重帷子』の解題を執筆されていた時点では、『好色橋弁慶』の本自体はまだ学界に知られておらず、藤井博士も一覧される機会はなかった。確かに、藤井博士がご指摘のごとく右の序の日付は事件四日後であり、宝暦版『今昔操浄瑠璃外題年鑑』が記す『鑓の権三重帷子』の上演時が事件後約一箇月と上演迄の準備に必要な時間を十分持つに比べて、また、序の描く内容に比べても早過ぎるのである。『女敵高麗茶碗』の序の言うところはほぼ認められる、即ち、この女敵討ちの事件に対する大坂の劇界の状況を捉えた文章であると認める、がそれ故にその日付「七月廿一日」は以下の理由によって早過ぎると考えるのである。

序は、大坂には八つの芝居櫓が上がっていたが、それらが盆替りの間もなく、七月十七日に高麗橋上で起きた女敵討ちの事件をすぐさま先を争って上演した。『好色橋弁慶』というのは近松門左衛門の「思いつき」で、「浮世は夢の浮橋」とは吾妻三八が仕組んだ外題で、「嵐（嵐座）へ」も「なびき吹つたへ」られ上演された、という。『役者三幅対』(4)（享保三年正月刊）は「去秋の女敵の宗義は．京大坂五芝居の内此人さんが随一で有た」（大坂　嵐三十郎評）と、歌舞伎芝居だけで京大坂五芝居がこの事件を仕組み上演したと述べる。吾妻三八は同書（大坂）に「作者はあづま三八殿．役づかひのお名人．去秋女敵討．たつた一夜に作り．しかも大出来」と載り、序の記述を裏付ける。この時吾妻三八は、『野傾髪透油』（享保二年四月刊）によって、大坂新地桜橋北の芝居で片岡今仁左衛門と相座本で一座を持っていたことが知れる。なお、『鸚鵡籠中記』が女敵討ちの事件に続けて、「廿日より大坂片岡座にて切狂言にす」と記すので、「浮世は夢の浮橋」と外題した吾妻三八の狂言は、享保二年七月二十日より大坂新地桜橋北の芝居で上演されたのをいうのであろう。嵐座（座本嵐五三郎）については、やはり『役者三幅対』に「是大坂嵐座女敵（めがたき）の時せられしを、座本大和山殿くだりて見られ、女敵の時はせずし、此度顔みせへ入給ふはでけました」（京　芳沢あやめ評）とあるのでその上演を確認でき、嵐三十郎の属した荻野八重桐座と片岡・三八座とで大坂三座、京での大和山座、大和屋座（『役者三幅対』）を加えると、京坂五座の名は判明する。

「八つの櫓先をあらそひ」もあながち文飾ではなく、大坂では歌舞伎三座浄瑠璃操り一座の計四座が少なくとも競演していたことになる。『女敵高麗茶碗』の序はむしろこうした状況を踏まえた上での表現と捉えるべきで、その言うところほぼ認めてよいと思われる。ところが、序の内容をこのように解釈すれば、序の日付「七月廿一日」はあまりにも早過ぎる日時となり、そのまま信じることが難しくなってくる。何故なら、右の各芝居の中、事件から三日後の七月二十日にこの一件を仕組み上演した、吾妻三八の一夜漬の狂言が、評判記でその迅速さを手柄として取り立てている点からみても、最も早い上演であったと思われ、ならば他座はそれに遅れた筈で、七月二十一日の時点で序にいう三座の競演をいうことは無理であると考えるからである。もし、この日付を疑わないとすれば、竹本座については既述のごとく、『好色橋弁慶』が初演で『鑓の権三重帷子』は再演とするか、『好色橋弁慶』で一度は宣伝したが、実際は『鑓の権三重帷子』と外題し八月二十二日から上演したと説明するしかない。前者の『好色橋弁慶』を初演とする説は後述する理由から考え難く、また、後者の見解も『好色橋弁慶』と『鑓の権三重帷子』との関係に対する検証を欠く単なる推測にとどまっている。

早過ぎる日付を疑う理由に、歌舞伎はともかく例があるが、浄瑠璃操り芝居を事件後わずか四日間で全てを準備し上演することは無理であろうとする考えがある。証明しがたいことであるが、いか程近松が速筆で書き上げたとしても、太夫三味線弾きが節付し、人形遣いが演出を考え、大道具小道具全てを準備するのに四日間では時間が足りないとする考えは妥当と思うが、それを論拠として早過ぎると言うわけではない。また、この考えは、『好色橋弁慶』を初演とする説を否定することにもつながるが、これをもって否定するつもりはない。むしろ、序の日付を疑って、即ち、序の日付は『女敵高麗茶碗』の序者が自らの刊行書（この書の場合、序者の署名がないので作者も同一人と考えてよいと思われる）の速報性を強調する為に作為的に記した日付で、実際は大坂で各芝居の競演がなされた後に書かれたものである、とすれば、序の内容も素直に理解できるし、以下の現存本『好色橋弁慶』から引き出した結果もよく理解できるからである。そして、『好色橋弁慶』と『鑓の権三重帷子』との関係もそれによって新たな解釈が可能となってくるからである。その糸口『好色橋弁慶』自体について吟味していく。

二

『好色橋弁慶』は、浄瑠璃『鑓の権三重帷子』の十行正本に、正本にはない匡郭をつけ、挿画を加えた草子（読み本）である。左に書誌を記す。

好色橋弁慶　　半紙本一冊　　　　天理図書館蔵

表紙　替表紙

題簽　後補左肩。「好色橋弁慶」と墨書。

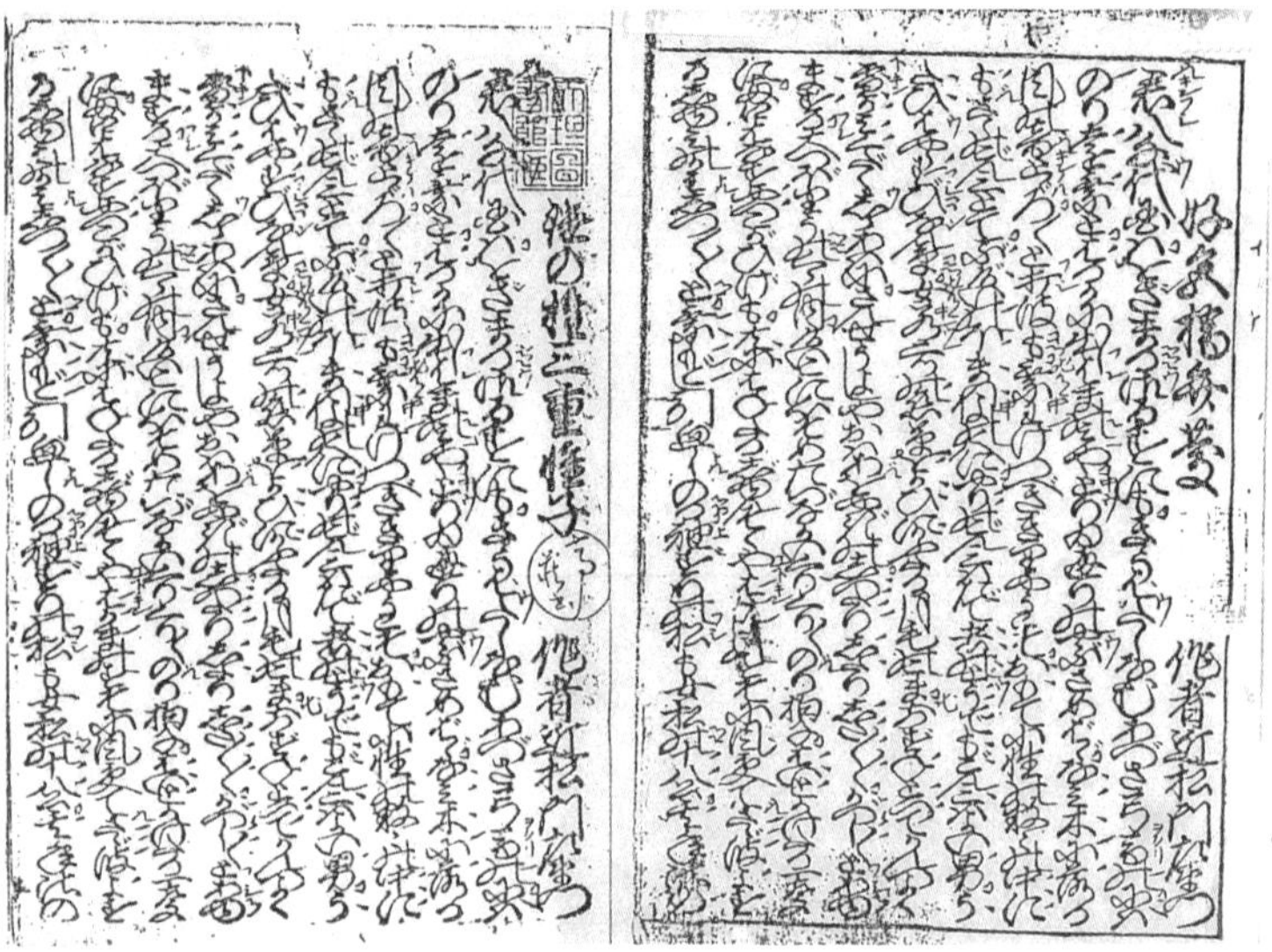

―天理図書館蔵―

〈鶴屋版〉

内題　「好色橋弁慶　　作者近松門左衛門」
丁付　のど。［はし弁一］［はし弁二］［　］［はし弁三ヌろ］［はし弁四］〜［はし弁六］［　］［はし弁七ヌに］［はし弁八］［はし弁九上終］［はし弁十］［　］［はし弁十一ヌへ］［はし弁十二］［はし弁十三］［ロノ…と］［はし弁十四ヌち］［はし弁十五］［はし弁十六中終］［はし弁十七］［はし弁十八］［　］［はし弁十九ヌぬ］［はし弁廿］〜［はし弁廿二］［ロノ…る］［はし弁廿三ヌを］［はし弁廿四］［はし弁廿五了］
行・丁数　十行31丁（全丁匡郭あり）
挿画　見開六丁（十二面）画者未詳
版元　不明
刊年　無し

図版に見るごとく、本文は浄瑠璃正本と同じように文字譜と墨譜の節章が施されている。これが従来の絵入浄瑠璃正本と異なる点は十行本ということにある。十行本に匡郭を付けるのは珍しく、これが正本ではないと思わせたい版元の意図を感じる。しかし、匡郭と挿画を取り除けば十分に義太夫節の浄瑠璃十行正本として通用する。現に、鶴屋喜右衛門版、山木九兵衛版の十行二十五丁本『鑓の権三重帷子』（共に天理図書館蔵）と比較（図版参照）するに、二本共に『好色橋弁慶』から内題を削り、埋木して「鑓の権三重帷子」と題を替え、不用な匡郭を削り取り、挿画を除いた同版木使用の後刷本であることが知れる。匡郭を削る際に生じた本文の欠損を部分的に補修している為、一見違うように見える箇所もあるが、丁付はし弁（丁数）も残る。なお、鶴屋版と山木版とでは鶴屋版の方がわずかに早印本とみる。この丁付はし弁から、『好色橋弁慶』は当初より『好色橋弁慶』の題で刊行される書であったことがわかる。さらに、「上終」「中終」と丁付の下に加えられていること、書誌には記さなかったが十二丁表ののどに甲之巻初とあることから、上中下三巻三冊に分けることを予定していた書であったかと思われる。しかし、丁数が不足の為か現存本を見る限りは一冊本で上中下三巻には分けられていない。また、この丁付は、挿画と本文との丁付を別になしており、本文だけを刷り出せば丁付は一から廿五に続くように計られている。さらに、同じ丁の表と裏にある挿画と本文のそれぞれの匡郭の天地の位置がずれているのも、挿画と本文とがわざわざ別の板木に彫られたことを示しており、本文のみ刷り出して浄瑠璃の十行正本に流用する意図も最初からあったことを推測させる。ここに前述の『好色橋弁慶』と『鑓の権三重帷子』との関係を解く鍵があると思われる。

　最初から草子用と浄瑠璃正本用と二つの使途を考えて彫られた版木は、まず『好色橋弁慶』と題し匡郭を付けた形で作られた。その用が済み、浄瑠璃正本として刷り出される時（この間に版元が変わったかどうか定かでない）、匡郭が削られるのは当然ながら、内題「好色橋弁慶」も削られ、埋木によって「鑓の権三重帷子」

と替えられた。このことは、浄瑠璃正本として刊行する場合は『鑓の権三重帷子』でならなかったことを意味し、それはとりもなおさず、竹本座での上演外題が『鑓の権三重帷子』であったことをさす。『好色橋弁慶』なる外題で上演されていたなら、埋木して内題を替える必要はないし、また、竹本座が『好色橋弁慶』から『鑓の権三重帷子』に外題替えした為、それに合わせて替えたとするなら、『好色橋弁慶』と題した七行正本が存在しなくてはならないのである。何故なら、『好色橋弁慶』の本文には七行正本『鑓の権三重帷子』と同じ文字譜墨譜が施されているからである。

この享保二年頃は、大坂竹本座で上演した曲を正本として刊行するのは、太夫が節章を施した直之正本を得る大坂の正本屋山本九右衛門(5)で、まず山本版の七行正本が版行されるのが通例であった。そしてその後に、その本文と節章を写し取った十行本が出廻る慣例であった。この慣例からみれば、現存七行正本全て『鑓の権三重帷子』と題する中で、その七行正本と同じ文字譜墨譜を持つ『好色橋弁慶』の十行正本の本文が写される為には、『好色橋弁慶』と題した七行正本がそれ以前に存在していなければならない。ところが、そうした正本は現存しない。また、現存する七行本『鑓の権三重帷子』で内題を埋木と見るべき本もなく、それらの中には享保期の版とみてよい正本も多いことを思えば、『好色橋弁慶』と題した七行正本はむしろ存在しなかったと見るべきであろう。それに加えて初丁表数行であるが、現存『鑓の権三重帷子』七行正本とこの『好色橋弁慶』の本文である十行正本との文字遣い、書体の類似である。

宇治加賀掾や竹本義太夫の八行正本、七行正本を太夫自ら文字譜墨譜を施した権威ある正本として、京都の山本九兵衛が専属的に刊行し初めた後、より安価で読み物としても手軽な十行正本がどういう経過で刊行されるようになったか、なお不明な点は多いが、『世継曾我』『出世景清』『三世相』等貞享期の比較的早い

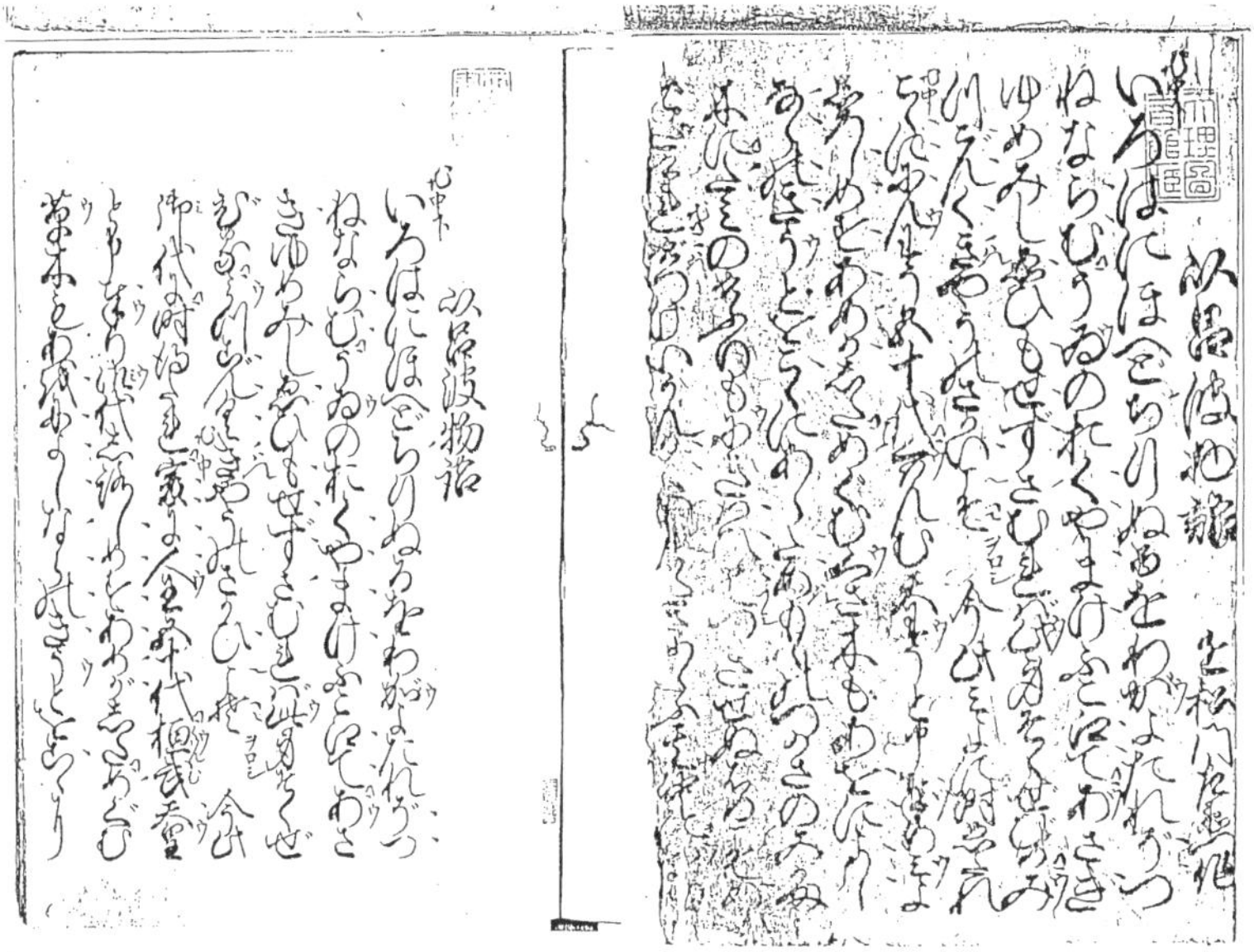

―天理図書館蔵―

十 行 本　　八 行 本

時期の作品にも十行本は見られる。それらの十行本が初演当時の八行本刊行を追ってすぐ版行されたかどうか疑問もあるが（その問題は山木版の問題と共に稿を改め考えたい[補注]）、当初よりその節章は八行本を写すことによって刊行されたものであることは、十行本の正本としての位置づけからも言い切ることができよう。今、八行本と十行本の例として『以呂波物語』を掲げるが、七行本と十行本の場合でも同じで、正本屋として活発に正本を刊行している本屋刊行の十行本（中字本）[6]は、山本版の八（七）行正本の節章を丁重に写すと共に、勢い読み易さを求めて仮名書きが多くなる中で、正本としての正統性を示すかのように、第一丁表やその初め数行は八（七）行正本の書体や文字遣い迄も真似るのが通例である。このことは十行正本が八（七）行正本によって作られていることを表しており、その手本が山本版の八（七）行正本であったことを明示している。『好色橋弁慶』の本文である十行正本もこの例外ではない。

現存正本の関係からみれば、山本版七行正本『鑓の権三重帷子』があってこそ『好色橋弁慶』の本文十行正本が作られるのである。

寛政六年（一七九四）とかなり後の本屋仲間の記録に、『諸事取締帳』(7)と題する、大坂の草紙屋天満屋源次郎と京都の草紙屋達の間で、浄瑠璃抜本の出版に関して争われた一件を書き留めたものがある。その中の「京都五軒衆中より源次郎方江直ニ取之候一札写」に、

一竹本義太夫座浄瑠璃大字七行正本板元山本九兵衛殿、豊竹越前座大字七行正本板元西沢九左衛門殿、右両家より往年之砌新浄瑠璃出板之節、当地之義ハ銘々共引請売弘メ罷有候。尤於当地右新浄瑠璃七行正本出板後仮名書十行ニ写取彫刻致候義、則当地中字株御座候（後略）

と、京都の正本屋仲間五軒（菱屋治兵衛、菊屋七郎兵衛、海老屋伊三郎、菱屋孫兵衛、鶴屋喜右衛門）が、山本で竹本座上演の新浄瑠璃七行正本を刊行した後、自らが持つ中字株によって、七行正本を写し取って十行本を出版していた事実を述べている。天満屋はこの山本の板株（版権）を受け継いでいる正本屋である。京都の正本屋仲間が右に記す中字株をいつ頃獲得したのかはっきりしないが、十行本の刊行にある種の方式が見られるのは事実であり、(補注)この点からも、現存本『好色橋弁慶』の本文は、その版元は不明ながら、正本刊行のあり方から見て、竹本座の外題が『鑓の権三重帷子』以外考えられない今、その七行正本なしには出版される筈のないものと考えられる。浄瑠璃十行正本として流用される時に『好色橋弁慶』から『鑓の権三重帷子』へと改題されたのは当然の処置である。現存本『好色橋弁慶』から導き出した以上の結果から見て、竹本座

における『好色橋弁慶』初演は無論その外題での宣伝すらなかったと思うのである。

三

『女敵高麗茶碗』の序の日付「七月廿一日」を虚構の日付とし、竹本座で『好色橋弁慶』なる外題で、女敵討ちの一件を仕組み上演したことはなく、現存本『好色橋弁慶』は『鑓の権三重帷子』の七行正本刊行後に出版された本であると推定したが、このことは、前出の序の内容、殊に「好色橋弁慶とは、近松門左が思ひつき」について、どのような新しい解釈を与えることになるのか。序の言うところを認め、眼前に『好色橋弁慶』を置く立場から出来る解釈は一つ、この序者は実際の竹本座の上演外題に関係なく、自分の知るこの近松作『好色橋弁慶』によってこの部分を記したのであって、その題名も、また、それが『鑓の権三重帷子』との間でどのような問題を引き起こすかは全く関知しないことであった、となる。

近松が『鑓の権三重帷子』と外題した意図について宗政五十緒氏に卓見がある(8)。氏は、

この作品には、実説の池田文次を伊達男、鑓の権三と虚構化せねばならぬ必然性はどこにも存しない。主人公の権三は「鑓の」と称されながら、道行の中にそのような人形の「振り」をする箇所はあるが、作品中にはただの一回も鑓を使っていないのである。だから、この作品の筋の上からの必然性として、鑓の権三という主人公の名が作者に選択されたのではない、といわねばならない。それはだから、この作品の筋以外に、鑓の権三を主人公に設定した理由を求めねばならない。

と説かれ、鑓の権三に「大坂に、元禄年中、鑓の権蔵と呼ばれた男伊達・遊侠の徒」の面影を重ねて、この作が虚構化されたと述べられる。宗政氏の立論されるところ十分に説得力あり、それに従えば、近松が「鑓の権三」の名を主人公に持ち出した時点で、「武芸のほまれ」と世に囃され、「男伊達・遊侠の徒のイメージ」をさらに付加された「鑓の権三」を、不義密通という単なる好色譚の主人公に貶めてはならないことになり、色恋沙汰を表立たすような外題『好色橋弁慶』は、近松のその企図を解さない外題となる。『鑓の権三重帷子』と『好色橋弁慶』の内容に変更がないから、なおのこと、近松の側（作品の内）からも『好色橋弁慶』と題される理由は当初からなかったと考えられる。さらに『好色橋弁慶』なる外題についても、浮世草子ならともかく、歌舞伎においても「好色……」とする外題は少なく、まして浄瑠璃にあっては先例がない。「幕府の忌諱に触れる」と後世推測されるような挑発的な題を、敵討の場所を実際あった大坂高麗橋から伏見京橋へとわざわざ遠慮して変更する程慎重な近松が付けたとは考えられない。また、『好色橋弁慶』が「男女の交情（「好色」）と、橋上の闘諍（「橋弁慶」）とを想定させる[8]」外題とすれば、これも、近松が過去に扱った姦通劇『堀川波鼓』『大経師昔暦』の外題のつけ方に比べて、あまりにも直接的な、しかも刺激的な外題で、いかにも安直なものとなる。とすればこの題は、『鑓の権三重帷子』を浄瑠璃としてでなく、草子として売り出すために、近松に関係なく、便宜的に付けられたと考えられないであろうか。それが現存本『好色橋弁慶』であり、そして、『女敵高麗茶碗』の序者（作者）がこの『好色橋弁慶』を読んだ上で、『女敵高麗茶碗』を書いたとすれば、両者の間にも何らかの影響関係が表れてくることも十分あり得ることであろう。

『女敵高麗茶碗』と『鑓の権三重帷子』との作意が酷似することは、先に藤井紫影博士のご指摘を引用したが、二作は、『月堂見聞集』や『鸚鵡籠中記』とは違って、女敵討ちの結果を報告するのではなく、事件への経緯を虚構し、読者観客にその始終を読み物として劇として与えることに重点が置かれる。第一の共通点はここにあるが、その展開における二作の人物関係のあり方が類似するのは、報じられたところの実説が、当事者達の家族関係のかなりな点まで立ち入ったものであったことによると思われる。しかし、その作意即ち事件展開の為に虚構された部分はそれぞれの作者の独自な解釈と趣向立てによる。もし、その点にまで類似の関係を見ることができれば、二者の影響関係について論じることが可能となる。そして、一方が浄瑠璃（演劇）、一方が浮世草子（小説）というジャンルの違いを越えて、論じることが可能となる作意とは、現実に大坂高麗橋上で討ち取られた男と女しかも姑と婿との不義を、どのような因果として虚構するかに焦点が絞られる。

左に『女敵高麗茶碗』の事件までの経緯を簡単に記し、適宜『鑓の権三重帷子』との類似点を比較していく。なお、『女敵高麗茶碗』と『鑓の権三重帷子』とに対応する人物が登場する時は、その人物名を括弧内に記しておく。

『女敵高麗茶碗』

夫増井宗茂（浅香市之進）の江戸詰で留守屋敷を守る女主人まつゐ（おさゐ）は、女中さよの不義を知って、相手の男を諭さんとさよを寝かせ、自らさよの寝所に入り相手の男を待つ。知らず訪れた男はたわぶれかかるが、まつゐは男の声にて、それが夫の留守中の安全を思い娘おため（お菊）に迎えんとする婿生田源次（笹野権三）であることを知り、相手の対面を憚って男を欺き、その場は事無きまま帰す。

後に源次はさよの話からその夜の相手がまつゑであることを悟り、共にこの一件については、源次はさよと不義しまい、まつゑはそのこと口外しまいとの誓紙を交わし、胸中におさめる。ところが障子越にその話を立聞きしたさよは、主人まつゑに自分の男を寝取られたと勘違いし、帰国した宗茂にその事を告げる。両者の心底を知る宗茂は二人を信じるが、誓紙のことを言われ、源次から密かに誓紙を取り上げ、なお真相を聞かんとする折、源次は誓紙のなきことに気付き、さよとの不義詮議と思い、若気から思慮することもなくそのまま遁走する。源次の置手紙からそのことを知ったまつゑは、誰に告げることなくその跡を追い、源次を連れ戻さんとするが、二人の留守に家中大騒動となり、帰るに帰れぬ身となった二人はやむ得ず共に大坂へ逃げる。（以下略）

『鑓の権三重帷子』での権三おさゐも、この源次まつゑも共に、恋情の沙汰故でなく、濡衣を受けて、言い訳の余地なくなり逃げ去ったとされる。これは同じ事件を扱った浮世草子『雲州松江の鱸』（享保二年カ）『乱脛三本鑓』（享保三年）にはなく二作のみに共通する点である。濡衣を晴らそうとしなかったのは、武家社会の規律の厳しさを背後に、『女敵高麗茶碗』は男女共に思慮到らざるが為にその規律を引っ被らざるを得なくなったとし、『鑓の権三重帷子』は女の悋気と激情が男をも巻き込んで、覚悟を決めなければならない状況を作ったとする。そして、濡衣を被せるに、源次、おさゐに対し、一方はさよ一方は川側伴之丞と男女を入れ替えはするが、一方的な恋に狂った者を配置する。この不義の駈落ちの因（解釈）とその仕掛（趣向立）の類似は、両者に影響関係なしとして済ますことのできない類似である。しかも、『女敵高麗茶碗』の序者（作者）は『好色橋弁慶』を見ているのである。

『女敵高麗茶碗』で女主人まつゑは、女中さよに替わって寝間に入り、不義せんとする男を待ち、懲らしめんとして反って不義密通と疑われる因をつくる。この趣向は西鶴の『好色五人女』巻三「中段に見る暦屋物語」にも、近松の『大経師昔暦』にもある。だがどちらかと言えば、『女敵高麗茶碗』の作者が、不義密通事件を描くに、その意志も行為も全くないまま、渦中に陥ってしまう女主人公を想定した時、『大経師昔暦』で、おさんが下女玉に替りその寝間に入り、夫以春に恥をかかせんと待ち、うたた寝の内知らずに茂右衛門と誤ちを犯す場面が頭にあったのではなかろうか。『好色橋弁慶』（『鑓の権三重帷子』）も近松作で、しかも『大経師昔暦』の上演は二年前の正徳五年春である。この『大経師昔暦』の趣向を借りて、『鑓の権三重帷子』の帯を誓紙に変えれば、濡衣を言い立てる趣向立ができる。『鑓の権三重帷子』で権三がする、川側伴之丞の妹お雪と取り交わした帯は、井口洋氏が

おさゐがあくまでも「姑が婿の悋気」をするにとどまっていたとすれば、お雪から贈られた帯に対置されるのは、おさゐのではなくて、娘お菊の帯でなければならなかったはずだからである。

と指摘された如く[9]、おさゐが自らの帯と「感情を制御でき」ないまま取り替えんとした為に、不義密通を言い立てられる小道具として利用される。『女敵高麗茶碗』でも源次が「此上ながらさよにかぎらず、総而外の女に色がましき言葉も出しますまいと」書いた誓紙は本来なら娘おために対して出すべき誓紙である。それを受取って姑まつゑが「おれも此事、宗茂殿は勿論親立にも咄すまい」と返しの誓紙を書くのは、まつゑにはおさゐのような嫉妬深く感情激しい性格の付与はないが、おさゐが我が帯と権三のする帯とを取り替え

んとした行為の小道具を入れ替えたにすぎない。そして、それがさよの疑うところとなって、主人宗茂に「おく様と源次様と不義」と訴えらえ、二人が追い詰められるのは正に酷似した作意というべきであろう。

二作に以上のような影響関係を認めれば、例え作品の内容からその先後を具体的に指摘できる材料を並べることができなくても、『女敵高麗茶碗』の作者が『好色橋弁慶』（『鑓の権三重帷子』）を掲げているという点からして、『女敵高麗茶碗』に『好色橋弁慶』（『鑓の権三重帷子』）の影響ありとするのが自然な帰結であろう。しかもその換骨奪胎の手法は先行作を十分消化した上で練られたと思われ、『女敵高麗茶碗』の作者が見たのは正しく草子『好色橋弁慶』であったと推測される。この作者の観劇即ち『好色橋弁慶』なる竹本座での上演外題は考える必要ないと思われるがいかがであろうか。

おわりに

浄瑠璃本は、浄瑠璃節の本文とそれを語った太夫の節章とを記した、太夫直之正本であることに違いないが、一方において、その節章に関係なく読み物としても享受されていた。そして、享保のこの時期では、前者は七行正本が、後者は十行本を代表とする中字本や絵入細字本がその役割を担っていた。だからといって前者と後者で外題が替えられることは、太夫が変わることによって改題される場合を除いて、あり得ないことである。しかし、これも浄瑠璃本という枠の中でのことで、本の形態やジャンルが変れば必ずしも厳守されていたわけではないようである。そのことを明瞭に示しているのが、『国性爺合戦』（正徳五年十一月）の評判に乗って刊行された『国性爺御前軍談』（享保元年刊）大本五巻五冊である。本文は浄瑠璃の文章そのままに節章を残すが、序と目録と挿画を加え、匡郭を付けた形はどう見ても浮世草子である。しかも、この版元は多くの浄瑠璃本を刊行してきた正本屋でもある菊屋長兵衛である。右に述べた浄瑠璃本の持つ原則的なあり方を十分承知の上で、外題を替えたのは、これが浄瑠璃本（太夫正本）でないと判断したからだと思われる。無論「近松門左衛門作」と原作者の名を入れるが、この企画は野間光辰氏の指摘[10]されたごとく西沢一風の手によるものであって、竹本座の座付作者近松が関与したからではあるまい。これを機に浄瑠璃本の安易な草子化はしばしば見られることとなり、『好色橋弁慶』もそうした傾向に乗った一冊と見ればさほど不可思議な出版でもなくなる。天理図書館にはもう一本『好色橋弁慶』と全く同じような浄瑠璃正本流用の草子が所蔵されている。

『盛衰開分兄弟(せいすいさきわけきやうだい)』は、享保三年（一七一八）二月二十二日大坂竹本座で上演された近松作『日本振袖始(にほんふりそではじめ)』の十二行正本（第一丁のみ十行）の本文二十六丁に匡郭を付け、三巻三冊とし、各巻に目録を加えると共に、挿画見開十三面を配したもので、原題簽、目録題、内題共「盛衰開分兄弟」とされている。藤井紫影博士旧蔵のこの書は、原装で各巻共題簽完備、印刷鮮明等保存すこぶる良好にもかかわらず刊記は無論、版元を欠く。むしろ、敢えて版元を出さなかったかとさえ思われる。そこで、この本文と同じ本文を持つ『日本振袖始』の十二行正本を調べるに、山本九兵衛版（大阪女子大蔵）及び山木九兵衛版（天理図書館蔵）の十二行二十六丁本がそれに当たることを知る。三本共に同板木使用、『盛衰開分兄弟』が最も早印で、その匡郭を削り、目録挿画を除いたのが他の二本であると、『好色橋弁慶』の時に求めた結果と同じ結論を得る。なお、山本版と山木版では、山木版の方がやや早印とする。山本版と山木版との関係からみて山木版の早印は逆な結果であるが、この山本版は同じ山本九兵衛刊行の別本（東大霞亭文庫蔵）絵入十二行三十二丁本（内挿画五丁）があるのでなお問題を残す。

山木版は山本版の名を掠めた偽版で、(5)『好色橋弁慶』『盛衰開分兄弟』二本共にその板木の正本への流用を追って行った場合、山木九兵衛刊行の正本に行き当たるのは、右二本が版元名を欠くことと合わせて、これらの出版が正式な経路に乗った出版でないことを思わせるが、本稿ではその問題について詮索する余裕も、また、具体的に提示できる資料も十分ではない。ただ、こうした浄瑠璃本の安易な草子化は、多分に浮世草子の側から起ったのではなく、浄瑠璃正本刊行の規則を無視することから生じたものと推察する。その証拠にこうして草子化された浄瑠璃が近松門左衛門作の竹本座上演のものに限ることがあげられる。近松が竹本座の座付作者であり、竹本座の正本刊行の版権を山本九兵衛・九右衛門が握っている限り、人気高い近松の作品を浄瑠璃本以外の形で出版することは、中字株を持つ他の正本屋仲間の権利をも考えれば、このルートに乗っていない本屋では出来かねることである。即ち、七行本から十行本（中字本）へとその間の手続きは定められており、しかも、浄瑠璃本の形以外での刊行は節章を付した太夫の権威からとてもできないことである。その間隙をぬって敢えて草子（読み本）にするには、何よりもその事情を熟知して、抜け道を選ばなければならない。その一つは、たとえ表面だけであっても、浄瑠璃本でないことを表明することであったと思われる。分冊にし、挿画や匡郭を入れて体裁を改めることもその手段であろうし、上演外題と全く違う題名をつけるのもその方法であろう。それが再び浄瑠璃本となって現れるのも右に述べたような事情を思わせる。そして、『好色橋弁慶』なる書は正にこのような事情のもとで作り出された本であると思うが、推測に過ぎた考えであろうか。

【注】

（1）原本の所在が不明（殊に上巻）の為、引用は『徳川文芸類聚第一巻』所収の本文による。刊年版元未詳。

（2）高野正巳著『近松とその伝統芸能』（講談社、一九六五・6）。

（3）諏訪春雄『鑓の権三重帷子』解説（『正本近松全集　第十七巻』勉誠社、一九八二・8）なお、『好色橋弁慶』出現以前に書かれた藤井紫影、木谷蓬吟、黒木勘蔵等の解説（『鑓の権三重帷子』）もほぼ類似の説をとる。

（4）役者評判記の引用は『歌舞伎評判記集成　第六巻』（岩波書店、一九七四・10）による。

（5）祐田善雄「近松浄瑠璃七行本の研究」（『山辺道』第8号、『浄瑠璃史論考』中央公論社、一九七五・8に再録）。

（6）例えば、『日本西王母』の十行本（大阪府立中之島図書館蔵）などは、同じ山本版ながら、手本とした八行本の錯簡に気付かず、錯簡をそのまま写し彫るという誤ちまでなしている。『近松全集　第三巻』（岩波書店、一九八六・11）所収『日本西王母』「解題備考」参照。

（7）拙稿「『諸事取締帳』（浄瑠璃本の出版—その二—）」（『ビブリア』第75号、一九八〇・10、本書所収）。

（8）宗政五十緒「『鑓の権三重帷子』の作劇法」（『近世文学作家と作品』中央公論社、一九七三・1）。

（9）井口洋「『鑓の権三重帷子』論」（奈良女子大学文学部『研究年報』第23号、一九八〇・3）。

（10）野間光辰「『国姓爺御前軍談』と『国姓爺合戦』の原拠について」（『京都帝国大学国文学会記念論文集』、一九三四・11）。

【補注】本書所収「中字十行本の場合」参照。

中字十行本の場合

一

浄瑠璃の稽古本の刊行について『今昔操年代記』（享保十二年〈一七二七〉刊）は、「浄瑠璃来歴」で井上播磨掾を説明して

其比は床本かたく閉て。弟子たらんにもむさとゆるさず。勿論稽古本といふ事なく。漸聞書にして。一行二行づゝ、おぼへ。夜あるきの友となしぬ。いまだ大坂に浄るり本屋なく。つてをもつて替り浄るり出れば。前の浄るりをこんもうして。京にて是を板行するといへども。しらみ本といふに五段を書。その間〳〵に。一段〳〵の絵をさし込。童子のもてあそびとしてひろむる。まつたく稽古人の助とならず。やうやく播磨太夫手筋より。心斎橋筋三津寺辺に書本を商売仕ル井上弥兵衛といふ人。太夫のゆるしを請。語り本の内。道行四季。神落などを乞請。是を書本にして稽古人の助となしぬ。其外段物望む

衆中。伝をもつて弟子と成。ふし口伝稽古するといへども。むさとおしへずむさと弟子をとらず……

と、播磨掾が活躍していた明暦（一六五五）から延宝初年（一六七三）頃の様子を伝える。この頃の浄瑠璃本は、金平本を除けば、大半が京都の草紙屋によって版行されており、早い時期には半丁に十三行又は十四行、後になれば十六行又は十七行の行数をもつ、絵入りの細字本であった。簡略な節章は寛永末期のものにも見られるが(1)、それが「稽古人の助となら」ないこと「操年代記」の言う通りである。しかし、延宝期に入ると、京都や大坂(2)で浄瑠璃を愛好し稽古に励む人達が多く現れてくる。「今時は東山の浄瑠利会にも。嘉太夫が弟子分の者共。如何なる縁にや。稀なる御筆者の書本。大竹集にてかたるぞかし」（貞享元年〈一六八四〉刊『好色二代男・七・二』）もこうした事情を伝えている。嘉太夫は延宝五年（一六七七）十二月十一日に受領して宇治加賀掾好澄と名乗った京都の浄瑠璃太夫、『大竹集』は延宝九年（一六八一）六月に刊行された加賀掾の段物集。「書本」と称したのは床本に等しい節章を指し、一本毎に自筆署名を入れて与えた配り本の故と思われる。「操年代記」は大坂の様子を伝えたが、京都にあっても、稽古本を得たいとする機運は同じであった。浄瑠璃が慰みの読み物として楽しまれている間は今迄の絵入り細字本で事足りていたが、それとは異った享受のあり方が浄瑠璃本に求められているのである。それはやがて

（宇治嘉太夫）程なく受領し。加賀掾宇治好澄とあらためしより。町中いよ〳〵此流をかたり出し。あまつさへけいこ本八行を。四条小橋つぼやといへるに板行させ。浄るり本に謡のごとくフシ章をさしはじめしは此太夫ぞかし。（『今昔操年代記』）

と述べられるように、加賀掾による大字八行稽古本の実現となる。残存する最初の八行本は延宝七年（一六七九）五月刊の『牛若千人切』であり、版元は京都二条通寺町西へ入町の正本屋山本九兵衛であった。「操年代記」が壺屋としたのは著者西沢一風が『大竹集』の版元と混同したためか。山本九兵衛は加賀掾の宇治座旗上げ当初よりその正本を刊行してきた京都の老舗の正本屋で、貞享元年（一六八四）に大坂道頓堀に竹本座を創設した竹本義太夫に対しても、大坂に出見世を開き応援するなど、宇治座・竹本座の専属的な版元として、この後の浄瑠璃界の発展に貢献著しい版元である。(3)

加賀掾が八行本を版行させたのは、当時盛んであった素謡のための謡本が六行本または七行本で出版されていたので、それに倣ってのことと思われる。半丁の行数を一行分謡本より増したところに、「浄るりに師匠なし。只謡を親と心得べし」（『竹子集』加賀掾自序）と、浄瑠璃を謡に近づけようとした加賀掾の謡への敬意が窺えるようである。以後、加賀掾や義太夫の正本は大字八行本が、大字七行本の現れる宝永末年（一七一〇）頃まで、主流となる。無論、それ迄の絵入り細字十七行本が消えたわけではなく、その数は次第に減少してはいくが、引き続き刊行され、稽古本とは違った従前の役割を担っていた。なお、絵入り本について付言すれば、絵入り本には当初から大字本が意図することのなかった、舞台面の鑑賞を与えることのできる挿絵の効用がある。この挿絵を抜き出し、より舞台に近い図柄とすれば後の絵尽しとなる。絵入り本が見られなくなるに従って、同じ草紙屋の手に絵尽しの出版が委ねられ、盛んに版行されていくが、それは人形や舞台面が華やかになる正徳末から享保以降のことである。(4)

ところで、浄瑠璃本が大字稽古本と絵入り細字本とに二分され、はっきりと用途を違えて版行されるに到って、今迄全く存在しなかった、半丁の行数を十行とする中字十行本が両者の中間に位置して現れてくる。

二

中字十行本の版行がいつ始まったか明らかでない。延宝九年（一六八一）正月上演の宇治加賀掾正本『東山殿子日遊』にも十行本（八文字屋版、山本版等）があるが、その出版を上演時と同じとするのは版式・版面などから躊躇される。むしろ、十行本の刊行を促したのは山本角太夫による十行正本の開版によるのではないかと思われる。

山本角太夫は延宝五年（一六七七）十二月十日受領して相模掾藤原吉勝、さらに貞享二年（一六八五）九月二十三日以後再受領して土佐掾藤原孝勝を名乗った、加賀掾と共に京都で評判の高かった太夫である。師匠筋は大坂の初代岡本文弥かと言われている。角太夫について精細な年譜・考証を記された信多純一氏はその「山本角太夫について」(5)の中で、「角太夫は当初、絵入の正本ばかりを出し、貞享二年に、土佐掾に改名した後、はじめて十行本を刊行し、その後も十行本ばかりを出しつゞけた」と説かれている。現存する加賀掾や義太夫の十行本の早い時期のものが、角太夫が十行本を刊行し始めたとされる貞享二年九月以後、即ち貞享末年頃までしか遡り得ないことから、また、既に加賀掾・義太夫共に大字八行稽古本を自らの正本の型として刊行している状況からも、山本角太夫によって十行本の開版が始められたと考えてよかろう。(6)なお、角太夫が土佐掾受領後、十行本へとその正本を代えた理由は不明である。十行本には八行本の持つ床本に近い稽古本としての重みはないが、節章を記入する余地もあり、同じ仮名書きであっても絵入り十七行本に比べれば、中字で見易い。さらに、八行本と比べれば丁数はほぼ三分の二ですみ、版行にかかる経費も安く、安価な正本が提供できる。加賀掾などの努力によって素人浄瑠璃が盛んとなっていく時流の中で、角太夫節も嘉太夫（加賀掾）節と共に愛好されていたことは『好色一代女・五・二』（貞享三年〈一六八六〉刊）を初め諸書に窺われ、角太夫正本もそれら愛好者に求められたことが推測される。その角太夫が絵入り正本から、八行本でなく十行本へと自らの正本を変更したのは、無論こうした様相を承知してのことと思われるが、それが十行本であるのは角太夫の見識によるのか、加賀掾への遠慮があってか、或いは角太夫と加賀掾との享受者層の違い、即ち、購買力の相違によるのか、探る術がない。しかし、この選択が賢明であったことは、以後加賀掾・義太夫等の正本にも陸続と十行本が刊行されることが物語っている。しかも、京都・大坂の全ての正本屋がその版行に関与する程、十行本は絵入り細字本に代るヒット商品であった。十行本がこれ程の需要を得たのは、時期的に、浄瑠璃が近松門左衛門などの登場によって読み物としても大人の楽しめる作品に成長していたこと、加賀掾・角太夫・義太夫等名太夫の輩出によって浄瑠璃の享受者層が拡大されたことといった状況の中で、十行本が絵入り本以来の安価で手軽な読み物の面と稽古本としての面をも残し持った点にある。さらに、出版する側からみても、床本に近い八行正本が一方にあるだけに、床本と離れた感のある十行本は、浄瑠璃本独自の出版機構から一歩外れたものとして、山本九兵衛以外の正本屋からも版行し易いという利点があったのではなかろうか。こうした事情が元禄から享保中頃にかけて最も多く見られる中字浄瑠璃本の盛行を齎したのであろう。

三

浄瑠璃本を出版するには、それが正本とも称されるだけに、他の草紙類とは違った要件が求められる。正本とは、直正本とも言われ、太夫が実際の舞台で語る時に使う床本から直接に文句や節章をそのまま写し取った、その太夫直々の由緒正しい本の意である。それが稽古本を標榜するに至ってはより一層右の要件に対する厳密さが求められ、その厳密さがまた売り物となる。しかも、謡本と異って浄瑠璃本は常に新作が出版されるため、浄瑠璃本屋でさえあればどの本屋であっても開版できるという訳にはいかない。何よりも新作上演された浄瑠璃の床本を提供してもらえる太夫との繋がり、換言すれば、床本を安心して任せられる本屋という太夫からの厚い信頼がなければならない。浄瑠璃本の奥書に「右此本者依小子之懇望附秘密音節自遂校合令開版者也」という文句と太夫名を記し、その下に在判するのは、この信頼関係があって初めて可能となることである。そうした中で、京都の正本屋山本九兵衛は大坂にも出見世（後に独立店舗となり山本九右衛門を名乗る）を持ち、加賀掾・角太夫・義太夫といった太夫達との間で専属契約ともいうべき強い関係を保ち、京都・大坂での浄瑠璃本の版行に独占的な販売力を持った正本屋であった。殊に竹本義太夫との結び付きは強く、「予が名の下に青赤の二印をくわへて直伝とあらはすは山本九右衛門一家にかぎりて外にはなし」（『鸚鵡ケ杣』竹本筑後掾自序）とまで筑後掾（義太夫の受領名）が記す程であった。山本から刊行される加賀掾や義太夫の正本は大字八行本だけではなく、絵入り細字本、中字本、段物集と全てに及ぶ。夙に『貞享四年義太夫段物集』の跋で山本九兵衛自身が

…新板をひろむる事数年にあり。身を立名をおこすは一芸の徳也。書は万代の鏡なり。一字のたがひ百万のあやまり。其つみのおもきをそれ。たびごとに直の証本をうつし。口伝を直に聞て。千たび校合

し。百たび琢磨し。墨紙をゑらぶも道を思ふがゆへ也。しかるに此比類板の塵芥ちまたにみち。或は。山本といふを山木とかすめ。あるひは板木を略し。あたひのかろきを以てあやぶめんとす。其書たるをみれば、愆文錯簡ふし訟のあやまり。かぞふるにたらず。あゝ一字は千金也。書のあやまりをもつて。大夫のあやまり芸のそしりとならん事をうらみて。愚が板行の正本には。大夫在判をしるしとなし侍る。

……

と、自らが開版する正本は厳しい校正を経た太夫在判の正統なものであることを誇り、他版を批難している。とすれば、山本以外の正本屋は加賀掾や義太夫の正本を版行することができなかったのかというと、そうではなく、現存する大字本・絵入り細字本・中字本全てに山本でない、複数の正本屋の名前が見られる。ただ、それらの正本には奥書に太夫名を明記するもの少なく、また、太夫名があっても在判されたものがないことを知れば、右の山本九兵衛の言はそのまま受取らなければならない。つまり、残存する山本版以外の正本は山本九兵衛の批難する類板などに当ることになる。類板・重板については、享保十二年（一七二七）に江戸の本屋行事が奉行所へ差し出した口上書（京都書林行事「上組済帳標目」(7)所収）が要を得た説明をなす。それによると、

一、類板と申候儀は、たとへば東医宝鑑共五冊先年に被為仰付板行出来申候。右之書之内肝要之処を書抜、少冊に致、或者、外題を相応に付替板行仕候得者、先板東医宝鑑之類板にて、先板之難儀に罷成申候。

一、重板と申儀(ママ)は、たとへば東医宝鑑を其儘にて又外に板行仕候へば先板之重板にて御座候。又は細字或

は小本に致板行致候も重板にて後座候。

とあり、正に山本九兵衛の言は、自店の存在を危くする類板・重板に対する批難そのものである。太夫の側にとっても自身の在判のないものは直正本とは認め難いものである。浄瑠璃本の開版がこのように厄介なものであれば、太夫との繋がりを持たない版元はその出版から締め出されたままとなるが、果して、さ程厳しいものであったのであろうか。

四

中字十行本は、角太夫正本は別にして、先に開版された大字八行本を写し取って作られることは加賀掾正本『以呂波物語』（貞享元年〈一六八四〉三月上演）を例にして述べたことがある。[8]また、筑後掾正本『日本西王母』[9]（元禄十二年〈一六九九〉頃上演か）のように、八行本の錯簡を気付かずそのまま本文を続け、十行本を作った例なども、その証となる。そして、十行本の初丁の数行が八行本のそれの字体や文字遣い、字配りまで似せることも、両者の密接な関係を語っている。さらに、十行本の特色は奥書に多く「初心稽古のためことぐ〱くかながきにして」と記すように、八行本の漢字表記を仮名書きにしている点にある。仮名書きにするのは、文字譜や墨譜の一字一字への掛り具合がよくわかるといった配慮からではなく、単に読み易さを求めてのことと思われるが、一行の字詰めも彫る手間も漢字に比べて仮名は容易であり、丁数を少なくできることとも関係するのかも知れない。その他、八行本と十行本とを並べ比べみるに、誤刻は当然のことながら散見するが、十行本だからといって浄瑠璃の本文自体が省略されているとか、改変されているといったことはない。ただ、文字譜や墨譜には省略がまま見られる。それも不注意かと思われるものも多く、大きく話題にしなければならないものは少ない。時代が下るに従って、こうした誤りは目立ってくるが、同じ中字本の十一行本、十二行本の粗雑さに比べれば十行本は全体としてよくできた正本といえる。ただ、一点一点につけば精粗があるが、今はそれにはふれない。

ところで、八行本が開版されれば十行本の版行が可能であるとなれば、同じように異版の八行本も版行することが可能となる。しかし、奥書を欠いて版元が不明な本も多いが、山本版以外の加賀掾や義太夫の八行正本は残存するものが少ない（七行本の場合は少し事情が異なる）。少ないのは大字八行稽古本を必要とする稽古人口が山本の供給する分で需要を満たしていたためか、或いは十行本に比べて多額の費用を要する八行本の出版は魅力ある商品でなかったからであろう。一方、十行本の方は、山本自体も他の正本屋に混って刊行しており、八行本とは異なった購買層があったことを示している。しかし、十行本であっても、山本以外の正本屋が版行すれば、それは前述の類板や重板に引っ掛かるはずである。にもかかわらず、多くの他版の十行本が現存していることは、そのことへの対応が何らかの形で計られ、他版の出版を可能にしたことを証明している。狭い地域内の同業者同士、顔見知り同士でもあろうし、本屋にとってお互い様のこと故、お互いの利益を守る立場から協定が結ばれても不思議なことでない。後の幕府によって公認された本屋仲間（京都は正徳六年〈一七一六〉、江戸は享保六年〈一七二一〉、大坂は享保八年）と違って法的な規制はなくとも、それが有効であることには違いあるまい。そうした動きを推測させる記録が『諸事取締帳』[10]と題する大坂の草紙屋仲間の記録帳に残る。それは寛政六年（一七九四）九月に大坂の天満屋源次郎（大坂の山本九右衛門の板株を受け継いだ正本屋）と京都の五軒草紙屋（菱屋治兵衛・菊屋七郎兵衛・海老屋伊三郎・菱屋孫兵衛・鶴屋喜右衛門）との間で

交された浄瑠璃の六行抜本の販売の取決めに関する「一札」であるが、そこで中字浄瑠璃本の版行について、

一竹本義太夫座浄瑠璃大字七行正本板元山本九兵衛殿、豊竹越前座大字七行正本板元西沢九左衛門殿、右両家より往年之砌新浄瑠璃出板之節、当地之義ハ銘々共引請売弘メ罷有候。尤当地右新浄瑠璃七行正本出板後仮名書十行ニ写取彫刻致候義、則当地中字株御座候。……

と、竹本座や豊竹座で新作浄瑠璃が上演され、山本や西沢がその大字七行本を開版すると、京都の草紙屋はその大字七行本を中字十行本に写し取って版行できる中字株を持つという。八行本でなく後の七行本になっているのは時間的に当然のことであるが、前述の八行本から十行本を作る、類似したやり方からみて、八行本の時代にも同様のことがなされていたと考えられる。菱屋治兵衛・菊屋・鶴屋は十行本を代々刊行してきた正本屋であり、「往年」という反って不正確な言辞から、本屋仲間結成以前を窺わせ、このあり方は十行本刊行の当初まで遡り得るのではないかと思わせる。少くとも、この記録から類推して、山本の持つ八行本の板株に対して他の正本屋が然るべき板賃を支払うことによって、八行本を手本にして十行本を版行する道筋が開けていたことが思われる。残存する、奥書に版元名が明示されている十行本の多くはこうして出版されたものであろう。そうした十行本は、八行本の写しではあるが、正本として正当な流れに乗るものであり、その版行に当って山本も太夫との関係から正確さを相手に求めたであろうし、相手もそれを商品価値として遵守したであろうから、比較的誤りの少ない信用に足る本が作られている。ところが一方、そうした手続きを経ず、厚顔に「山本といふを山木とかすめ」て、山木九兵衛を名乗り山本の信用を落しめると共に多くの

被害を与え続けてきた、山木版と通称される住所不明の海賊出版もあった。私の知るだけで、約六十点の山木版の正本等が刊行されている。

五

山本九兵衛の山木版に対する攻撃が『貞享四年義太夫段物集』(前出)に既にみられるところから、山木版の版行は横山正氏が指摘されたように[11]、「天和頃までは遡り、貞享・元禄には段物集にまでおよんで、盛んに刊行されていたことが窺われる」が、具体的に天和・貞享期の活動を跡付ける確実な資料は現在のところ知られていない。山木版の活動は中字十行本を中心に八行本から、七、九、十一、十二行、段物集と多様であり、その期間も貞享末年頃から享保中頃までが盛期で、それ以後は本屋仲間の公許と類板・重板への締め付けの厳しさのためか、目立った活躍はない。享保二十年(一七三五)頃刊行の竹本・豊竹両座の『逸題段物集』(九州大学文学部蔵)がその最後の版行かと思われる。山木版の正本も所詮山本版や他版のものを写し取る(覆刻の場合もある)ことによって作り出される故、文句・節章が大きく変えられることはないが、他版のものに比べて雑な誤りが多く、正本としても劣ったものであることは免れない。

度重なる山本の名指しの批難にもかかわらず、山木版の活動が可能であったのは、類板・重板に対する法的な規制がこの時期までできなかったことによるが、例えば、貞享二年(一六八五)七月に井原西鶴が加賀掾の段物集『小竹集』を加賀掾に無断で編集し、大坂の森田庄太郎から開版したように[12]、こうした版行に対して世間もそれ程やかましく言わなかったことにもあるのであろうか。後年豊竹座の浄瑠璃本を専属に刊行した西沢九左衛門にも加賀掾の段物集『浄瑠璃加賀羽二重』(宝永初年〈一七〇四〉頃刊か)の編集と開版があるが、これなども加賀掾に断り無く出版されたものであろう。こうした出版に対して加賀掾からの抗議や発言が聞かれないことを思えば、山本の山木版に対する批難が『貞享四年義太夫段物集』『当流浄瑠璃小百番』（元禄十五年〈一七〇二〉頃刊）『浄瑠璃小菊丸』（宝永二、三年〈一七〇五～〇六〉頃刊）『鸚鵡ケ杣』等全て竹本義太夫が共に加ってなされていることに、逆に気付かされる。版元の山本が類板・重板への牽制を太夫の権威を利用して効果的に示そうとしたか、或いは、義太夫自身も自分の浄瑠璃が勝手に版行され、文句・節章が粗略に扱われることを嫌ったか、おそらく、その両方があったのであろう。しかし、山木版の狙いは、その版行する正本の九割以上が中字本（うち十行本が半数を占める）で、八行本、九行本は一割弱といった点、また、粗悪な紙質による版面の悪さ、窮屈な字詰り等からして、浄瑠璃本というより安価な読み物の提供にあったことを思えば、義太夫を引き出しての重なる批難はいささか大仰な感がしないでもない。信用度や品質からして山本側は何ら山木版を気に留める必要もないが、山木版の粗略さと大胆さが山本には我慢できなかったのであろうか。だが、浄瑠璃本出版の機構が前述の如きのものであるなら、大いに流行し、多くの愛好者や読者を獲得しだした浄瑠璃本を出版したいと望む正本屋にとって、余りにも独占的な山本九兵衛の存在は決して有難いものではなかったに違いない。山本を無視して浄瑠璃本が出版できればそれに越したことはない。類板・重板を導いた素地は全てここにある。かつて『浄瑠璃小菊丸』の序跋で竹本筑後掾が山木の名を掲げて批難した類板が、具体的には山木版ではなく、西沢九左衛門が刊行した筑後掾段物集を指していることを論じたが[13]、そうした点からみて、山木版というのは必ずしも一軒の山木九兵衛を言うのではなく、山本九兵衛に押えられた浄瑠璃本出版の構造を打ち破りたい複数の正本屋の総称であると考えることも許されよう。

享保期に入ると山木版の活動にも一部理解しがたい現象が現れてくる。部分的にはふれたことがあるが、山木版の中字本と同版の山本版や鶴屋版が見られるのである。[14] 私の知るところ八種のそうした関係の正本がある。それら同版本の印刷時は、山木版を早印とするものが多いが、中には鶴屋版を早印とするものもある。二種以上の版元の異なる同版本が存在する場合、早印の方を元版とし、後刷版の版元は元版の版元からその版木を求版（購入）するか、或いは、一時的に板株を賃貸するかして、版行したと考えるのが普通である。山木版が早印である場合、山本なり鶴屋なりが山木版の存在を知って、その版木を買取るなどの措置を取ったことが考えられる。逆の場合は山木が鶴屋の持つ元版を求版、もしくは、賃貸したことになる。それが鶴屋から直接得たのか、中間者があったか不明ながら、経緯はそうなるはずである。とすれば、山木版は重板ではあるが、然るべき商取引きを通しての出版で、板株が認められていることになる。納得しがたいことであるが、このような種類の山木版もあったことを現存本は伝えている。無論、このいずれの場合も、山木版を刊行した者が何者であるか、山本等には分っていたことになる。それでも本名を名乗らず、山木九兵衛の名で版行するのは、一体どこにそれ程の利益があったのであろうか。

こと山木版については余りにも分らない問題が多過ぎる。その正体も、一軒の本屋を想定すべきか、複数の本屋を考えるべきか、或いは、本屋という観念を離れて、もっと違った事情を考えるべきか、さまざまの思惑が乱れる。また、具体的には一点一点を諸版と比較し、その版行の事情を捉えなければならないが、同版かどうかの対校の物理的困難さも伴い、不明なことが溜るばかりである。ただ、中字本の中に山木版を置くことによって、山木版の盛んな活動の意味が少しは見えてくるのではないかと思った次第である。

六

紙数の都合もあり、具体的な例示を控えて中字浄瑠璃本の出版に関わる問題の大筋を述べてみたが、実際のところ、文献や書誌の背後に隠れた事柄だけに、何一つ明確にすることができなかったというのが正直な思いである。しかし、この問題は浄瑠璃本を扱う者にとって、一度は通らねばならない迷路でもある。今ここにその問題を整理しておくのも、今後共いろいろな方面から調査し、少しでも問題の内実に迫りたいと思う故である。大方の御教示をお願いしたい。

【注】

（1）『天理図書館善本叢書　11　古浄瑠璃集』（八木書店、一九七二・11）及び同書祐田善雄氏解説参照。

（2）『難波鶴』（延宝七年〈一六七九〉刊）には「町浄瑠璃」として、播磨風六人、文弥風七人、二郎兵衛風二人、本出羽風一人の素人浄瑠璃太夫を掲げている。

（3）本書所収「浄瑠璃史における貞享二年」で大橋は本論考発表後に竹本座創設について貞享二年説を提示。

（4）拙稿「近世浄瑠璃芸論の問題（一）—段物集の序跋をめぐって—」（『大阪樟蔭女子大学論集』12号、一九七五・2、本書所収に際して「浄瑠璃芸論の問題」と改題。）

（5）古典文庫『古浄瑠璃集　角太夫正本（一）』（一九六一・8）所収。なお、角太夫の受領の年時についても上記信多説による。

（6）山本角太夫の土佐掾時代の浄瑠璃は上演年時を確定することが困難であり、また、その十行正本も没後に刊行されたものも多く、十行本として最も早い正本を決めることはできないが、天理図書館蔵『大念仏七万日詣』などは「土佐掾正本」と明記され、奥書にも太夫在判のある、早い時期の正本の型を示している。

（7）『京都書林仲間記録　第五巻』（一九七七・12）所収。

（8）拙稿「『好色橋弁慶』について—浄瑠璃本の出版（その三）—」（『山辺道』28号、一九八四・3、本書所収）

（9）拙稿「日本西王母」解題備考『近松全集　第三巻』（岩波書店、一九八六・11）

（10）拙稿「『諸事取締帳』（浄瑠璃本の出版―その二―）」（『ビブリア』75、一九八〇・10、本書所収）

（11）横山正「浄瑠璃本における山木版の意義」（『学大国文』五号、一九六二・1）

（12）貴重図書影本刊行会叢書『小竹集』複製（一九一六・7）藤井紫影氏解題参照。

（13）拙稿「竹本一流懐中本について」（『語文』32、一九七四・9、本書所収）

（14）注（8）の拙稿では「鑓の権三重帷子」（鶴屋・山本）、「日本振袖始」（山木・山本）についてふれたが、他に「熊井太郎孝行之巻」（山木・山本）、「武蔵元山寺児」（山木・山本）、「相模入道千疋犬」（山木・山本）、「井筒業平河内通」（山木・山本）、「浦島年代記」（山木・鶴屋）、「坂上田村麿」（鶴屋・山木）がある。（　）内は正本屋名で早印の方を上に掲げている。

（補記）　本論考後に山本角太夫正本の刊行および山木版等について、時松孝文に「角太夫節正本の刊行と京都草子屋の動向」、「浄瑠璃中字正本刊行事情」（共に『近松の三百年』和泉書院、一九九九・6に所収）の二論が発表されている。

当て込みと上演年時の決定

天保六年（一八三五）秋、滝沢馬琴のもとに、近松門左衛門が江戸の榎本其角に答えた、古尺牘一幅が持ち込まれる。『異聞雑稿』（『続燕石十種』第二巻所収）に記録された、その文面は次の様なものである。

尚々
此程之一件も、二月四日に片付候処、当地にても噂とり〴〵、うへなき忠臣との評判、いづくも其事計に候、仰越には、堺町勘三座にて曾我夜打に取組、十郎、少将、五郎に、伝吉との事、当時之義遠慮も可レ有存候所、花やかなる御しらせ、此方にても、愚案に仕立可レ申と存候間、猶亦委しく御沙汰御きかせ可レ被レ下候
不具
如月廿五日　近松門左衛門
東都
其角様
（以下略）

賛を求められた馬琴は、十二月に至って「……書中に赤穂四十七義士の事あり、便、是元禄十六年の墨跡なる事疑ひなし、嗚呼、聞人の聞人に答るや、忠信義烈の風聞をもてす、正に是、錦の上に花を添、こがねの中に玉を累ねたりとやいふべからむ、か丶れば、この手簡の外に此手簡あることなく、此老の外にこの才稀也……」と撰書した。しかし、この手紙は、忠臣蔵劇の歴史を綴った『古今いろは評林』（天明五年刊）の発端に掲げられた「元禄十五癸午年東武（とうぶ）なる俳諧師（はいかいし）宝晋斎其角（ほうしんさいきかく）のもとより浪華（なには）の何某（なにがし）へ来りし文」と、字句に少々の異同はあるが、同じ内容のものである。馬琴を感激させた手紙はいささか人物が揃い過ぎた感がある。実物は見ていないが、芝居作者でなくても興味津津たる事件、ことさら近松に仮託した贋物とみるべきであろう。近松筆の真偽など世間で取沙汰されることのない時期、馬琴が真筆としたのもやむを得ないことである。

近松が赤穂義士の一件を自作に当て込んだ最初の作として、祐田善雄氏は、元禄十六年二の替りに、京都早雲座で上演された『傾城三の車』を指摘される（「『仮名手本忠臣蔵』成立史」『浄瑠璃史論考』中央公論社、一九七五・8所収）。吉良邸討入りから数ケ月後に、白装束に鉢巻、手槍を持ち敵の屋敷に討入る場面を舞台に見せたのである。ただし、劇内容

は、公儀を憚ってか、後の忠臣蔵劇とは似ても似つかぬ御家騒動物である。宝永七年（一七一〇）九月、浅野大学が旗本寄合衆に入り、浅野家再興が一応成就する。赤穂事件が落着するに及んで、幕府への遠慮も緩み、史実を真似た義士劇ブームが再来する。この機運の中で上演されたのが『碁盤太平記』である。『碁盤太平記』には大星由良之介を初め、それらしき四十七士の名が登場する。近松の忠臣蔵劇である。この作の上演は従来宝永三年六月一日とされていた。明和版『外題年鑑』によっていたのである。それを、「判官が一子竹王丸父が遺跡相違なく。いづもはうき両国あてをこなはる、との御諚」（『近松全集』第6巻、岩波書店、一九八七・7、347頁）の詞章より、祐田善雄氏が浅野家再興の当て込みを読み取られ、宝永七年と考証されたのである（前掲論文）。『孕常盤』の文中「閏月」（同右第6巻185頁）の当込みと共に、作中の当て込みが上演年時を決定させた例である。

『外題年鑑』とは江戸時代に刊行された浄瑠璃の上演年表で、宝暦七年（一七五七）の第一版に続いて、明和五年（一七六八）、安永八年（一七七九）、寛政五年（一七九三）の増補版がある。

ところで、『近松全集　第6巻』に所収される以下の九作の上演年時は全て推定である。上演年時を確定する番付や正本の奥付に年月日がないためである。『孕常盤』（『源氏れいぜいぶし』）、『碁盤太平記』（『兼好法師物見車』）は年時を考証するが、その他は観劇記録（『酒呑童子枕言葉』）や正本の所属（『鎌田兵衛名所盃』『源義経将棊経』『薩摩歌』）、太夫の受領や改名、また所収された段物集の刊行年時等によって、上演時の下限を示すに止まっている。それは、従来適宜利用されてきた明和版『外題年鑑』が載せる、近松作浄瑠璃の上演年時を、信憑性に欠けるとして、『義太夫年表・近世篇〈延宝～天明〉』（昭和54年11月）以後、採用しなくなったことにもある。これは研究者の見識であるが、また、その上限を定め、下限との間をできるだけ縮めるのも研究者の仕事である。では宝暦版『外題年鑑』の記載はどうかというと、近松没後三十三年を経た刊行であるため、問題なしと言えないが、後の諸版と違って、上演年時の不明な場合は空白にしている。『吉野都女楠』の上演を「宝永七年（推定）」としたのは、その「叙」に「宝永七庚寅の年、竹本筑後掾の語られし吉野都女楠の時よりも、大字七行と成し始、是より前々の当り浄るり共をも改め、七行に再板せられし也」とあるに従っている。これといった上演年時を推測させる当て込みも本文中になく、推定に止るのであるが、この記事を援用するのは、宝永七年から三年後の正徳三年四月に刊行された歌舞伎評判記『役者座振舞』京之巻、山下京右衛門の条に「三月三日より三の替女楠（くすのき）に、上は楠正重（しげ）よろい武者と成、坊門のさい将と口論、一子たもん丸に一巻の書を渡さる、所よし」との評が載ることにもよる。この評判の場面は『吉野都女楠』第一、京内裏で楠正成と坊門宰相とが作戦をめぐって対立する場、桜井の宿で正行に兵法秘伝書を与える場、の趣向を借りたものと思われ、このことからみて、『吉野都女楠』の上演も歌舞伎上演（正徳三年三月三日）からそれ程溯ることはないと考えるからである。さらに、本文中に「イヤ義貞が二人有物か。新銀古銀同じ通用是でかんにん仕る」とある「新銀」が、宝永三年六月の銀の吹替え（宝字銀）をいうか、宝永七、八年になされた吹替え（中銀・三つ宝、四つ宝）をさすか、また、正徳四年（一七一四）の新銀に当るか問題のあるところであるが、今迄述べた点から宝永七年の新銀を当て込んだとしても矛盾しないからである。（宝永四年上演説もある。山根為雄「『吉野都女楠』をめぐって」『国語国文』一九八八・5）しかし、『吉野都女楠』より、竹本座上演の浄瑠璃正本が大字七行となって、正本屋山本九兵衛・九右衛門より刊行され始めた、とする記述については、七行本に先行する八行本『吉野都女楠』の存在が認められるので、そのまま受け取ることはできない。竹本座専属の正本屋山本が、八行正本から七行正本に移行させた狙いは、重板・類板の被害を避けるためだけではなく、「竹本座浄瑠璃本の出版権を独占するための下準備」にあったと祐田善雄氏はみておられる（「近松浄瑠璃七行本の研究」『浄瑠璃史論考』（前掲）所収）が、八行本から七行本に変わることによって正本自体に生じた一番の特色は、仮名書きが多くなり、稽古本として、句切り、節章（ふししょう）が大きく見易くなったことがあげられよう。そのため、丁数自体も八行本に比べて三割程度の増丁となっており、コストの上昇と共に売価もかなり値上りしたことと思われる。二種の正本の間に見栄えはともかく、実質的な相違を感じない立場からすれば、案外、売上倍増を意図した改革ではなかったかと勘繰りを働かせたくもなる。なお、鶴見誠氏は「正本屋山本の大字七行本刊行は、正徳四年正月から始まると思う」との見解を発表されている（「浄瑠璃七行本創刊に関する私見」『国語と国文学』一九八三・12）。ただ、『鎌田兵衛名所盃』の節事「屏風八景」が正徳元年秋の『鸚鵡ケ杣』に七行本で収められているのをみれば、七行本への試行はこの頃から既に始まっていたとも考えられる。

第三部　出版と読者

近世の読者序説

はじめに

近世（江戸時代）の文学をそれ以前の文学と大きく区別する外的な特質は、本屋によって文学作品が出版され、不特定多数の読者に提供される中で発展形成されたということである。中世文学以前にあっては宮廷や寺院とか特別な階層や場所を除いて、ごく少数の限られた人達のみが、写本や舶載の唐本等をやっとのことで入手し、読書を楽しむことが出来るだけであった。これに対して、近世は多種の本が本屋によって商品として多量に販売され、多くの読者が多様な読み物を得ることの出来た出版文化の時代であった。このことは徳川幕府成立後の安定した社会の下で初めて可能となった現象であるが、この出版文化の発展成長は、即ち、仮名草子から始まる近世文学自体の成長発展でもあった。本を読者へ、それを支えた本屋の活動は、貸本屋も含め、読者の知的好奇心や娯楽の動向をいち早く察知し、その嗜好を作品に反映させるように作者に働きかけ、作品自体の質的変化を誘導するまでになる。また、積極的な本屋の商業主義は、自店専属や抱えの作者に定期的に作品を発表させるという、職業作家の誕生をも導くこととなる。そして、本屋の活動が活発になればなるほど、読者にはそれだけ多くの書物が与えられたことになるため、読者の側からは、選択の余地も少なくただ眼前の書のみを受身的に得ていた今までの読書とは違って、人それぞれの需めに応じた書物を手に入れることができ、好みの読書が可能となる。

ここに初めて、作者や本屋と絡まった読者の問題が生じてくる。そして、読者の問題は作品の内容や形式さえにも強い影響を与える本作りそのものの問題となる。多種多様に提供される書物に対して読者は選択する。本屋は読者が求める本を出版しようとし、作者は読者の対象を考えて、その的を絞りながら作品創作に励む等々の問題が起こってくる。このことは文学の質的変化にも繋がって、近世文学史上の重要な課題となってくる。こうした問題について既に多数の先学の論考があるが、その研究成果に導かれながら、以下近世文学と読者との関係について、出版機構への言及をも含めて述べることによって、今後の課題を明らかにしていきたい。

一

本が印刷によって刊行されたのは、文禄から寛永（一五九二〜一六四三）に出版された古活字本(1)からである。百万塔陀羅尼(2)に見られるように、印刷技術そのものは奈良朝よりあったが、それが本の出版に利用されたのは一部の寺院版のみで、一般的な本にまで及ぶことはなかった。しかし、文禄・慶長の二度に渉る豊臣秀吉の朝鮮侵寇によって、活字印刷の技術が朝鮮より我国へもたらされたことが契機となり、印刷された本の時代へと急速にすすんでいくことになった。

当時朝鮮では銅活字等を用いた活字印刷が行われていたが、その活字や印刷道具が日本に持ち帰られるやその技術を倣っての開版が早速になされた。記録の上では文禄二年（一五九三）の『古文孝経』の刊行を最初とするが、現存本では同五年（一五九六）刊行の『標題徐状元補注蒙求』等が古い年代のものである。当初のそれらは、後陽成天皇の慶長勅版、徳川家康の伏見版、駿河版、豊臣秀頼の秀頼版や比叡山延暦寺の叡山版、日蓮宗要法寺の要法寺版等、為政者や寺院等の私家版であり、売る為の刊行ではなく配り本として、修学の必要の上から刷り出されたものであった。またその発行部数も多くて百部前後、しかも組版にあっても一丁毎に活字を組み変えるといった手間をかけたものであった。(3) こうした刊行では予め必要な部数が決まっており、その部数を満たせば事足りた為、再版を考えることなく、組版はその場で解体されていった。つまり、新たにその本を求める読者など最初から考えられていなかったといえよう。しかし、実用的な書や娯楽書が刊行され出すと、それを必要とする人々の要望によって、同じ古活字版でも再び組版した異植版による再版が現れ、追刷がなされたりしてくる。例えば、嵯峨本と呼ばれる本阿弥光悦が中心となって京都嵯峨の地で開版された一連の書は、その装幀、活字の字体から用紙に及ぶまで、彼らの趣味を凝らした高価な書物で、多分に私家版的なものではあるが、その中でも『伊勢物語』には数種の異版が見られ、それぞれにまた異植字版が見られる。(4) これはこの当時の『伊勢物語』の流行を示すものであるが、逆に見れば、『伊勢物語』が当時の教養人必読の書であり、それを求める読者の需めに応ぜざるを得ず、開版を繰り返したのであろう。また、こうした古典や歌学を学ぶための教養書でなく、娯楽の為に読まれた笑話本『きのふはけふの物語』にあっても数種の異版と異植字版が見られるなど、(5) 読書人口の増加を十分に窺わせる出版が現れて来る。さらに、慶長十四年（一六〇九）刊の『古文真宝後集』には、「室町通近衛町／本屋新七刊行」とあり、営利を目的とした本屋による出版も見られる。これ以前にあっては商業的な本屋として、絵巻や奈良絵本に見られる同じような図柄や仕立から、それを専門に制作した絵草子屋の存在は指摘されているが(6)、近世に入って最初に知られる本屋が右の「本屋新七」である。

　近世初期より読書人口が増加して来る事由には、

一、室町時代末からの知識人の増加に加えて、戦国時代の終結によって、武士層にも施政者側に立つ上層階級の者としての自覚と知識や教養が求められ、武士が新たな知識層をなしたこと。

一、乱世の終りと共に、経済的基盤も安定し、物品流通の発展に従って貨幣経済が浸透したことによって、富裕町人層が台頭して、それなりの知識・教養や娯楽を求めたこと。

等が考えられる。一例として、寛永十五年（一六三八）に刊行された『清水物語』をみるに、この書は京都の大儒意林庵朝山素心が通俗的な表現をもって表した儒学の解説書であるが「京やゐなかの人々に。二三千とをりも売申せし也」（『祇園物語』下）と評判される程販売されたのである。

それだけ人々の生活の中に必要な知識を与えてくれる書物が求められて来ているのである。この場合も、

　四書五経孝経、素読能覚候ハヾ、道雲折々呼ビ道理ヲ聞、国之仕置素直ニ、非道無レ之様ニ学問ヲ用ヒ候事、第一ニテ候。…　〔黒田長政遺言〕※

一、…人の主たる身の、学問なくば、政道なりがたし。四書五経七書類、文字は不二見知一とも、よま

せ聞、其理を具にすべし。
〔板倉重矩重道え之遺書〕※
（※『日本思想大系27　近世武家思想』（岩波書店、一九七四・11）より引用）

と述べられるごとく、儒教が徳川幕府の奨励する学であり、為政者側の必須の知識となったこととも関係して、その入門書として歓迎されたことによるのであろう。また、町人にあっても、

けいこすべき事
一、ものをかき、さんよう・めきき、いしや、しつけ、りやうり・ほうちやう、こゝろへてよし
〔長者教〕（『日本思想大系59　近世町人思想』（岩波書店、一九七五・11より引用）

と生活に必要な知識は稽古して身につけるべきものとされている。この『長者教』は寛永四年（一六二七）の古活字本に始まり多種の再版・重版を経て、約百年近く町人の致富と倹約の心得を説いた書として調法された書である。(7)こうした実用的な教養を求めた人々に対して多くの書物が刊行されてゆくことになるが、これの読者の増加に対応してゆくには、従来の古活字版の印刷方法では活字の減りや組版のゆるみ等から、手間のかかる割に多くの部数を印刷するに耐えないため、寛永頃より一枚の板木に文字をそのまま彫り込む整版印刷へと、その技術は移行していく。整版印刷の技術は、平安時代から版経等で既になされていた方法であり、また、その耐用度も古活字版に比べて十分強いものであった。そして、殊に京・大坂・江戸は、都市の

発展に伴う人口集中により、整版印刷によって大量に刷られた書物を売りさばくに十分な読書人口を擁した大都会であった。こうした背景の中から〝仮名草子〟と呼ばれる「慶長・元和（一五九六〜一六二三）頃よりほぼ天和（一六八一〜一六八三）の西鶴作『好色一代男』出現頃までの間に現れた、仮名書きの当時の思想・風俗を反映した小説、および小説的結構を備えた啓蒙教化読物[8]」が出版されてくる。

二

仮名草子は当時の書籍目録で「仮名類」と分類された書籍群にあたる。「仮名類」とはその本文が漢字でなく読易い仮名で標記されていることから便宜上与えられた名称で、その内容は多種雑多である。前田金五郎氏は作品の描かれた内容によって

一　教義教訓的なもの
　イ　教義問答的なもの
　ロ　随筆的なもの
　ハ　女訓的なもの
　ニ　説話集的なもの
二　娯楽的なもの
　イ　中世物語的なもの
　ロ　説話集的なもの

ハ　翻訳・ダイジェスト物
ニ　擬物語
ホ　事物解説物
三　実用本位のもの
イ　見聞記的なもの
ロ　評判記的なもの
ハ　男色物
ニ　艶書文範

と大きくは三分類、さらに細かな分類もなされている。(9) この仮名草子の中から特に小説的な作品だけを取り出して、より積極的な文学史的な位置づけをなそうと、「近世初期小説」と呼ぶ考えも提出されている。(10)

これら仮名草子の作者達は前時代からの知識層であった僧侶・公家に加えて、武士・浪人といった人達であり、直接新しい読者層へと繋がる顔ぶれが見られる。そして、教訓啓蒙家として時代的な役割を担っている。仮名草子全体を見れば、教訓啓蒙を説いた実用的な書物が大半を占めるが、『恨の介』(慶長末頃成立)や『薄雪物語』(同)等のように、中世小説の影響を強く受けながら、当世の流行や風俗を描き、現世謳歌の様子を盛り込んだ娯楽的な小説も現れてきている。これらは古活字本、整版本と版を重ねた評判の小説ではあるが、その表現は中世小説以来の伝統的な修辞を踏襲しており、また内容を理解するにはかなり古典に対する知識が求められる為、当初においてはそれなりの読者の限定がなされるべきであろう知識人を読者とする例として『犬枕』が考えられる。『犬枕』は、刊本は天理図書館蔵の古活字本一本のみ、他に写本で三本が伝存する稀覯な書である。その内容は『枕草子』をもじった題名が示す「物は付け」の書で、三藐院近衛信尹と側近の御伽衆との談笑の中から作られたと言われる。[11]羅列する書物に猥雑な物が多いがその一つ「いなせたき物　いちきの、ちそひね女」が著名な学者中江藤樹の書簡に引用されている。[12]藤樹は、色欲の為に勉学へ集中できないと訴える弟子を諌める返事に、『犬枕』の書名あげ、右の箇所を引き、女性への執着を断つように説き勧めているのである。この『犬枕』（古活字本）が「毎丁ごとに組版し、摺刷し、解版する」私家版（慶長中期頃刊）的な出版物であり、[13]残存する写本も陽明文庫本・国籍類書本といった公家・大名家のものであったことを考えれば、藤樹はどこでどのような形でこの書を読んだのであろうか。彼自身も女訓物『鑑草』を書いた仮名草子作者の一人であるが、同時に読者その者でもあった。また、戦国武将から転じて連歌俳諧師となった斎藤徳元も、やはり仮名草子作者の一人として、『尤之双紙』（これも『枕草子』をもじる）を作るが、その序文に『犬枕』の名を掲げるのは、それが先行の書であることに加えて、徳元自身がこうした書の読者であったことを物語っていよう。つまり初期仮名草子にあっては、読者にかなりの知識層があったことを予想させると共に、同時に、そうした読者が作者にもなり得たといえるのである。それをより明らかに示しているのが、『犬枕』のように刊本、写本共に伝わる書物にあっては、その内容に加除がなされて、読者が作者の仲間入りをなすということである。『大坂物語』[14]や『きのふはけふの物語』[15]にも同様な現象がみられ、本文の流動が、読者によるその書への参加という、その書の亨受の形態を伝えているといえよう。小部数しか刊行されなかった時代にあっては、その伝播の狭さから、なお写本によって（刊本を写す場合も、逆に写本による拡がりが刊本を作り出させた場合もあろう）亨受された時期が合わさってあったことを考えておくべきであろう。

しかし、『恨之介』や『薄雪物語』等が幾版となく版を重ねたことは、[16]作品の中にある中世的な面に加えて、新しく盛り込まれた当代性に注目していた[17]ことにもあるが、それらを読み得る新しい読者が成長してきていることを現していよう。殊に『薄雪物語』のように以後江戸時代を通じて続く、女性の教養書としての亨受のあり方からみて、『犬枕』が「こゝろにくきもの　女のものよくかく」と掲げつらった女性の読者を考えなくてはならないであろう。

人々が読書をなすのは、基本的には新しい知識・教養を求めての為にする読書と、生活の余裕の中で慰みを求める、楽しみの読書とが考えられよう。そして、仮名草子の時代に新しい読者となった武士や町人達が後者のようなあり方で書物に向かうことは、費用の面からもなお困難な状態がしばらく続いていく。[18]しかし明暦・万治（一六五五〜一六六〇）頃より、本の種類（ジャンル）によっては新しい状況が起こっていたといえる。

松平直矩の『松平大和守日記』万治四年（一六六〇）二月十三日の条に、

昔とかはりたることは、さま〳〵有といふうちに、上るりのさうしいろ〳〵出来たり、あらましかそへて見るに、内にせつきやうのさうしも有、よき物の本はすくなし、思ひいたし次第に書のせる

と説経節の正本十一点、浄瑠璃節の正本一五七点が掲げられている。これらは残存するものからみて、草子屋の刊行になる安直な仕立ての正本類で、舞台で上演されると共に読み物としても刊行されていたことが知られる。

この時期の浄瑠璃は「未熟かもしれないが、体制の拘束も保護もなく、自由に興行して観客の人気と歓声に応じた素朴な時代であった。庶民が生んだ浄瑠璃であった[19]」といわれるが、それだけに刊行された正本も「よき物の本はすくなし」とあるように、読者対象を考慮した仮名書で、多くは丹緑本と称される挿絵に筆彩で朱や緑等数色を施した、目からも楽しむ工夫がなされた、粗悪な紙質の本であった。しかも、これら古浄瑠璃正本の現存するものに再印本が多いことは、「その浄瑠璃がいかに歓迎されたか、流行のほどを示すものである[20]」が、それは同時に、これらの書が娯楽的な読み物としていかに読まれたかを現すものでもある。また、慶安四年（一六五一）日向国の蓮華院の僧によって書写された『義氏』という浄瑠璃は寛永十三年（一六三六）十月七日に上演の記録を知ることのできる作品であるが、その写本の奥書には「右之常瑠璃は悪筆斟酌候て堅辞退申候得共御懇望之間不顧他之嘲違字落字多々可在之候共正本の儘書付申候……」とあり、九州の地における浄瑠璃の読者の存在を教える。なお、浄瑠璃本について付言すれば、この後江戸時代を通じて庶民の手近な娯楽として浄瑠璃操り芝居がもてはやされたのと同じく、庶民の手近な読み物でもあった。それは現存する浄瑠璃本の多くに捺印された貸本屋の印や、貸本屋の在庫目録[21]等によって指摘し得る。

約八十年間続いた仮名草子の時代は、多様な作品を生み出したが、それはまた当時の人々の関心の対象を取り出したものでもあった。旅や芝居・遊里への関心は、実用的な道中記・名所記に満足することなく、それ自体を読み物として楽しいものにし、『東海道名所記』『竹斎』等の傑作を作り上げ、また役者評判記や遊女評判記といった、粋に通じる悪所の美を演出する書を作り上げてきた。

古典が改めて見直され、人々の興味を惹いたのもこの時代であった。松永貞徳の『戴恩記』には慶長八・九年（一六〇三・四）頃のこととして、林道春が論語の新註を、遠藤宗務法橋が太平記の講釈を、貞徳が百人一首や徒然草を初めて群集を相手に講釈したことを語っている。これは門弟にではなく、一般に対する公開講義といえるものであり、『徒然草』[22]や『太平記』[23]に対する人々の関心の高さを現している。殊にこの二書はこの頃より新しい古典として、また、史書・軍書として多彩な享受を展開している。近松門左衛門が堺の夷島（歓楽地）で原栄宅と共に徒然草講釈を若い頃になしたというのも、徒然草の当時における人気を語るものであるが、街頭講釈というより一層幅広い人々を対象とした古典の公開である。古典がこれ程身近なものとなった理由の一つに貞門や談林の俳諧師による積極的な活動が上げられる。彼らが俳諧の言葉の種として謡曲や古典をしきりに引用したことが、人々の古典への接近を導いたともいえる。中でも松永貞徳門の北村季吟（一六二四〜一七〇五）は『源氏物語湖月抄』『枕草子春曙抄』を始め数多くの古典注釈を世に送り出しており、江戸時代において『源氏物語』は「湖月抄」によって読まれたといっても過言ではない。後世の川柳に

紫の帛（ふくさ）につつむ湖月抄　　香貞（柳多留六二・二）
読（よみ）さした宵（よい）の枕（まくら）に春曙抄　　浪輔（柳多留一三〇・五）

とあるのもその影響の大きさを物語っている。井原西鶴の『好色一代男』（天和二年〈一六八二〉）と『源氏物語』との関係は早くから説かれるところであるが[24]。それもこうした出版・読書界の傾向の上から考えられることである。ただ、「一代男」は今迄の小説にはなかった新しい文体と内容を盛り込んだ小説であった。文学史の上では、西鶴の「一代男」の発表をもって浮世草子の時代とし、従前の仮名草子とは一線を劃す[25]。しかし、

『好色一代男』も最初に刊行された時は、西鶴がその俳諧仲間に読ませる程度にしか考えていなかったようで、求版出版元も荒砥屋孫兵衛という素人出版で私家版的なものであった。しかし、その人気は次第に高まり、求版された版木は専門書肆に次々と渉り、数版が刊行され、上方だけでなく、江戸版すら現れる程であった。(26)

以後、浮世草子の時代は約百年間続く。その間西鶴物を中心とした時期、京都の書肆八文字屋出版の気質物を中心とした時期が中心となるが、(27)この時期は殊に『元禄太平記』（元禄十五年〈一七〇二〉都の錦作）の「京と大坂に本替の沙汰」で述べるように、堅い書物は流行せず、商売になるのは好色本か重宝記の類で本屋も読者の嗜好をもとに活動しなければならない時期であった。つまり、本屋が読者との間に強く介在し初めた時代であった。西鶴自体についてもそうした問題が指摘されているが、谷脇理史氏が述べる(28)ように、その文体・内容、即ち作者の主体的姿勢から見て、西鶴自身の出版ジャーナリズムへの寄りかかりについてはなお慎重な検討を要する問題である。また、西鶴本については、八文字屋本に比べてはるかに高等な文体や内容であることを考えれば、読者層も『好色一代男』よりして、なおどの程度の人々を想定すべきか問題の残るところである。八文字屋本の気質物を好んだ人々よりは一段知的な層ではなかったのではなかろうか。

その後、それぞれの発生や展開には各ジャンル独自の事情や意味を有するが、作者・読者・本屋との強い結び付きの中で、洒落本、談義本、読本、草双紙、黄表紙、合巻、人情本、滑稽本等の多種多様な小説が作り出され、(29)多くの読者がそれらを享受してゆくことになる。

三

近世の出版は為政者や寺院等の私家版から始まったが、読者の増加と共に民間においても小規模ながら開版が行われ、やがて営利を目的とした本屋が出現した。古活字版十行本『きのふはけふの物語』は寛永の初め（一六二四）頃成立とされるが、その一話に

　ゐ中へ、ものゝ本売りに下りて、いろ〳〵の物売りける。又ある人、枕草子を買うとて「もし文字の違ひたる事があらばかへさうぞ。此ほどの、買うた中にも、悪しきことがある」と申されければ、「これは要法寺の上人、せいわう坊の、校合なされた程に、少しも違ひは御座有まい」と申た[30]

とある。文盲を笑った話であるが、田舎まで行商に本屋が下り、種々の本を運んでいたことが知られる。これら本屋が短期間の中にいか程めざましい活動と発展をなしたかは、当初は彼らの取引き上の必要から編まれた書籍目録が示している。最も早い書籍目録として、禿氏祐祥氏は「吾人が萬治の目録を掲げたのは萬治二年十月十一日書寫畢果快と記入した一寫傳本を東寺観智院で見ただけであるが[31]」と万治年間（一六五八〜一六六〇）の『新版書籍目録』を掲げられる。今その本の所在は不明ながら、同氏が昭和十二年に謄写版複製された本によって、阿部隆一氏がその掲載書目を整理され、「寛文目録の部門名をかりて、その分類順序を示せば、最初に経書から始まる外典・詩並聯句、字集の類、以下神書、暦書、軍書、往来物、医書、禅、法相・律宗・倶舎、天台、浄土並一向、真言、歌書、連歌、俳諧、手本、釣物並絵図、和書並仮名類・舞並草紙となっている。書名のみ一三六六部を録して、冊数以下の注記がない[32]」と報告されている。私的な古活字本が初めて刊行された時からほぼ五十年後になるが、その間冬の陣・夏の陣といった内乱を持ちながら、ここまでの刊行を見るに至っている。次いで知られるのは『和漢書籍目録』一冊（寛文六年〈一六六六〉頃刊）

である。これは部門を二十二に分け、書名と冊数を掲げた簡単なものであるが、書名は前者の約二倍二千六百種を数える。以後、今田洋三氏の調査では[33]

寛文十年（一六七〇）版　三八六六種
貞享二年（一六八五）版　五九三四種
元禄五年（一六九二）版　七一八一種

と陸続と書物数は増えていく。また書籍目録自体も部類分けに加えて、伊呂波分けの目録も出され、さらに寛文十年刊には作者付が、天和元年（一六八一）刊『書籍目録大全』には値段付がなされる。そして、享和元年（一八〇一）刊の『合類書籍目録大全』をその最後として、二十三種の書籍目録が刊行されている。これらは刊行された書名を掲載した書であるが、一方地誌類にはその本を販売する本屋を載せる。本屋と一口に言っても

『京雀跡追』（延宝六年〈一六七八〉刊）
　本屋、古本のうりかい
『難波鶴』（延宝七年〈一六七九刊〉）
　書物屋、草子屋、板木屋
『京羽二重』（貞享二年〈一六八五刊〉）

唐本屋、書物屋、浄瑠璃本屋、歌書並絵草紙

『増補江戸惣鹿子名所大全』（元禄三年〈一六九〇〉刊カ）

物之本屋、唐本屋、書本屋、浄瑠璃本屋、板木屋

と、その取扱う書物による店舗の違いがあり、また、同じ書物屋（物之本を取扱う）でも、

歌　書	林　白水
法花書	平楽寺
儒医書	風月
安斎書	武村市兵衛
禅　書	田原仁左衛門
真言書	前川権兵衛
同	中野小左衛門
法花書	同　五郎左衛門
一向宗	西村九郎右衛門
謡　本	金屋長兵衛

（『京羽二重』）

と、その種の本を専門に扱う本屋が現れてきている。江戸時代に幾軒程の本屋があり、それぞれの店でどの

ような種類の本を出版し、その店がいか程存続し営業していたかについては既にいくつかの調査があるが、[34]早い時期における本屋の活動や出版に到る迄の機構がどのようなものであったかはなお不明な点が多い。それはなお今後の課題であるが、本屋仲間が組織された後のことについては資料の公開が進んでいる。[35]

本屋仲間というのは、本屋の増加に伴って設けられた同業者の組合で、自分達が出版した書物の版権を守る為にその団結と統制を企図しており、先ず京都で組織化された。蒔田稲城氏は「享保八年九月十四日大坂本屋仲間の行司が当時の大阪町奉行に上った口上書の一節に

京都本屋仲間は弐百余軒御座候　従古来仲間相極り候故年数相知れ不申候云々

と記されてある」（『京阪書籍商史』復刻版、臨川書店、一九八二・5、九頁）ことから、京都の本屋仲間は元禄以前に組織されていたと言われる。ただ、徳川幕府が本屋仲間を出版物取締の意図から公認したのは、京都が正徳六年（一七一六）、大坂が享保八年（一七二三）、江戸が享保六年（一七二一）である。しかし、三都共それ以前から重板・類板・偽板の問題がしばしば表面化して現れているので、仲間組織化の動きは早くからあったものと考えられている。本屋仲間が成立して後は、書肆が新たに本を発行しようとする場合、次のような手続きを経て出版されることになる。

先ず書肆が書籍を刊行上梓（之を『開板』と云ふ）せんとする時にはそれに先達つて草稿を添へて、仲間行司に開板願を差出すのである。行事は御法度禁制に抵触する事なき哉、仲間内の既刊書の重板若くは

類板に非ざるかを検閲（吟味）し、若しも類板の懸念ある時には、仲間内に一応、其の草稿を添へて既刊者の内覧を求め（之を『廻り本』と云ふ）、何等支障なき時に始めて、行事は其の願書に奥印証明をなし（行事の名にて願書を差出す時もあった）、町奉行所に其の開版許可を申請するのである。（江戸に於ては町年寄、大阪には惣年寄があったので、此等の役人を経由したが、京都には年寄がなかったので、行事から直接奉行所に願出た）。奉行所に於ては更に之を検閲した上、開版を許可するのであるが、此時にも行事を奉行所に召喚して、行事に其の開版許可の指令を下附し、行事が更に開版人に之を伝達する。（『京阪書籍商史』前掲）

こうして許可された原稿を版下書に浄書させ、さらに彫師が板に刻み、刷師が刷って表紙屋で製本がなされて本が出来上るが、この間に校正もなされたりする。印刷製本された本は行事に差出され奉行所に献本（上ケ本）された後に、発売許可書ともいうべき添章が開版人に渡される。開版人はそれを受け取って、白板歩銀と上ケ本料を行事に支払い、発売にかかる。江戸、大阪でも発売する場合はそれぞれの土地の添章が別に必要となる。こうした数ヶ月もかかる厄介な手続きも自分達の版権と販路を守る為であるが、草双紙として扱われた浄瑠璃本や芝居絵本等は、この許可届出制度から長く外されていた。(36)

この本屋仲間は三都を中心に形成された株仲間であって、地方の本屋(37)にどれ程の拘束力を有したか疑問である。『大坂本屋仲間記録』は版権をめぐる本屋同士の訴訟を多く記録する貴重な記録である。

四

不特定多数の読者に対して本がどのように販売されていたか、前章では早くから行商本屋のあったことを

『きのふはけふの物語』の一話によって例示し、また、三都では本屋が店頭でそれぞれ専門の書を販売していることも記した。寛文五年（一六六五）刊の『京雀』の挿画に「物之本や」の看板を掲げた店頭図があるが、これなど本屋の絵として古いものの一つであろう。以後色々な書物に本屋店頭の図が描かれる。こうした問題について、長友千代治氏は行商本屋や貸本屋の実態を調査され[38]、その様子を紹介されているが、貸本屋の全国的な活動の跡について、「現在著者は八十五軒ぐらいはあげることができるから、実数はおそらく優に百四五十軒は越すであろう」と、全てが江戸時代の貸本屋とはいえないがとしながらも、述べておられる。一定の時期を捉えた調査とはいえないが、貸本屋の活動が全国に及んでいた一証といえよう。長友氏はまた「河内柏原三田家と行商本屋」で、享保四年（一七一九）から同七年（一七二二）にわたる四年間の三田家と行商本屋との書物の売買や貸本の出入を詳細に調査され報告されているが、ここに現れる二軒の中、本屋森田忠八は、野間光辰氏が紹介された[39]「河内国日下村元庄屋日記」にも登場する「本屋忠八」と同じ人物と考えられている。大坂から近郷の村々を廻るこれらの行商本屋の活動は本の売買、貸本にあったが、これ以前から、彼らがかなりの遠隔地まで足を延して活動していたことが、最近紹介され注目された『家乗』によって知られる。

『家乗』[40]は、紀州徳川家の付家老であった三浦家に仕えた儒医石橋辰章（号生菴）の寛永十九年（一六四二）から元禄十年（一六九七）までの日記である。日記とはいえ、内容は家譜としての記録をも兼ねるものであるから、政治・経済・社会・世相・芸能等の多方面にわたる。近世読者史の資料としては、彼自身が教養・娯楽として読んだ書物だけでなく、侍講として君主へ講釈した書物を丹念に記録すると同時に、その書物が購入したものならばその値段を、また貸本ならばその旨を読書日数、入手経路に及ぶまで記している点貴重なものである。彼の読書の幅は広く、出入する本屋の軒数も十数軒を数える。彼の元へは地元和歌山の本屋だけでなく、京大坂からも本屋が訪れて来て、同じ本屋が売買も貸本もして、彼の便宜を計っている。京坂からの和歌山までの来訪は数日を要するものと思われ、徳川御三家のお膝元とはいえ、当時の本屋の積極的な活動の程が窺われる。彼の読書対象が大半経書史書類であることは当然ながら、仮名草子や浮世草子等も交じり込んでいる。しかも、西鶴の浮世草子なども侍講の書に入っている。例えば、貞享三年（一六八六）閏三月二十二日には『好色五人女』の巻四・巻二が、翌二十三日には巻三・巻五が侍読されている。同書が同年二月刊行であることを思えば、かなり早い時期に読んでいることになる。しかも読書後、

○侍読五人女
江戸本郷八百屋於七［吉祥寺侍童／小野川吉三郎／天和二／年冬］○大坂天満樽屋於千間男麹屋喜左衛門［貞享／二春］（二十二日）
○侍読五人女
京大経師妻於佐牟間男手代茂右衛門［貞享／元年］○播磨姫路清十郎但馬屋妹夏　○薩摩鹿児嶋五兵衛琉球屋娘末無（二十三日）

と事件の当事者の名前や年時、地名を書き留めたりしている。尾形仂氏は「地名や年次を注しているところを見れば、一面ではそれを事実と受けとめ、当世の下情に通じ施政の参考に資する意味を伴っていたかと思われる。浮世草子の効用は、そうした読みかたに応えるに足る報道性を具えている点に認められていたとい

うことか」[41]と指摘されるが、そうした読み方がどこまでなされていたか疑問であるが、一面そのような受けとめ方があったことは他の市井の事件を速報的に取り上げている浮世草子が多く存在する点からも認められよう。そして、西鶴の作品が生菴だけでなく君主三浦為隆にも読まれている（生菴が読んだ『日本永代蔵』は君主からの恩借物である）ことは、西鶴の読者がかなりの上層知識者に及んでいたことを示唆して興味深いことである。徳川家康を初め、江戸時代を通じて好学の諸大名[42]は多く、各地に残る藩校や文庫の蔵書がその証跡となっているが、こうした軟派の文学も読まれていた例として、もう一つ紹介する。薩摩藩主島津宗信の少年の頃の話として『古の遺愛』に、公が毎夜、侍臣に古今の治乱興廃のことを語らしている時、ある家臣が咄の本の草紙を求めて、その咄を語って人々を笑わせていたが、公御一人微笑すらなされなかった。誰もが不思議に思い、この咄を初めてお聞きなされたのではと尋ねると、この咄は既に本で読んで知っていたと答えられたとある。享保末年（一七三五）頃のことという[43]。咄の本を大名の若君が読んでいた資料であるが、読書に若い頃から親しんだ人であったのであろう。伊藤梅宇の『見聞談叢』に、帰国途上の黒田候（特定の名を指名できない[44]）に西鶴が召されて、次の間で咄をしてお聞かせしたとの話が載る。読んで楽しい書物に対する人々の興味は共通するものといえよう。

『家乗』をみるに、娯楽的な仮名草子、浮世草子等を読むには、買取るのではなく、貸本によって済ましている場合がほとんどである。また、友人間での本の貸借がしばしば行われている。本がなお高価・貴重であることを語っている。これは武士以外では一層のことで、摂津国枚方の庄屋日記『見聞予覚集[45]』では京都より取り寄せた『源平盛衰記』を読むというので、ある者の家に皆が集まったという（元禄三年〈一六九〇〉十月二十七日）。おそらく、識者が読み解きながら進めていくのであろう。識字層の問題もあろうが、既に指摘されていることながら、当時の書物の値段は他の物価に比べて高く[46]、とても庶民層では自分の書として読むなど出来ないことであった。また、たとえ富裕な者であっても、教養・実用の書であればともかく、無用な娯楽書に大金を出すことは気の使うことであった。今の価格に正確に換算することは困難であるが、西鶴の浮世草子の売直を三匁から五匁とすると、当時の米価の平均を一石五十五匁とみて[47]試算すれば、それらの現在の値段は三千五百円から五千円ほどになる。小説のようなものに一冊三千五百円から五千円支払うのはやはり躊躇されよう。それを貸本屋で借りて読めば、約十五分の一から二十分の一の価格になるとなれば、手元に取置く必要がなければ貸本で十分であろう。また、買った本を大勢で読めばそれだけ本の値打も増すというものであろう。貸本屋のサービスもかなり行きとどいたものであった。山(やま)の八(やつ)（山本八左衛門）と名乗る浮世草子作者は、自作『好色床談義』（元禄二年〈一六八九〉）の自序で自分の書いた作品の摺刷部数を七百部から一千部だと自賛している[48]。自己宣伝を割引いても相当数が摺られ出廻っていたことになる。彼の掲げた作品『恋慕水鏡』『源氏色遊』『風流嵯峨紅葉』『好色旅枕』『好色覚帳』、いずれも上々の作といえないものであっても右の如くであれば、読書が日常生活の中でそれなりの役割を担い、文学全体がその位置を持つに到ったことを示すものであろう。

おわりに

享保七年（一七二二）、八代将軍徳川吉宗は『六諭衍義大意』を室鳩巣に作らしめ、三都の寺子屋へ手習・風教の書として下し、庶民教育の振興をはかった。つまるところ、教育は同時に本を読むことを勧めることでもあった。『教訓雑長持』（宝暦二年〈一七五二〉）は当時の庶民教育について

> 仮名書の草紙が読ば、鼠の娵入、金平本からそろ〳〵と仕込、（中略）昔の金平本は、いさみのあるよい物で、武士の子共には、猶更勇気を付るよい物じやぞ。夫から段々仕上て、六諭衍義の大意、同小意とて、中村氏が作、甚よいものじや、すゝめてよませよ。貝原の書は、下手談義にさへすゝめてある。必つねにおこたらずよませよ。共外町人袋、百姓袋、冥加訓の類、分量記の前後二篇、此類の草紙、皆平仮名で読やすく、其理さとりやすく、いずれもよい書じや。あづけて読せよ。女子には女大学、大和小学、女子訓の類、どれもよろしひ物じや。教へて読しむべし。亦少し年かさな娘共には、列女伝・女四書がよし（巻之五）[49]

と、なお数書読むことを勧めている。ここまで読む側に知識がつけば、あとは本人が読書を好むか好まないかにかかってくる。それに対して提供される諸書は八文字屋本以後は知識の普及に応じた様々なジャンルが形成されてきている。庶民的な娯楽読み物も多い。

享保以後の文芸の傾向として、一つは知識人による遊戯の文学即ち初期戯作が現れてくる。戯作について中村幸彦氏は「宝暦・明和の間、知識人が、通俗文学を作った際に用ゐた遁辞に始り、彼らの始めた小説界の作風が安永・天明期に入って、新様式として確立流行した。その時、その新小説群をさす称となった。」と定義される。[50] これは氏のいわれる狭義の戯作であるが、上方では初期読本、江戸では談義本に、知識人の洗練された趣味が、中国白話小説の影響や老荘思想による現実との不即不離の姿勢による諷刺を通じて表現されていく。また、この期の特色は「作者と読者が、具体的な情況を指摘できるものとできない場合があるが、知識や嗜好などの条件をもって一群をなしていた（中略）作者の予想する読者は、特定された狭い範囲であって、書肆は便法で介入していたのである」[51]と説かれる。洒落本しかり、黄表紙しかりで、その作者は武士や学問において一家をなした人達であった。当然ながら読者にもそれなりの知識教養が求められ、肥前島原藩主松浦静山といった人などが読者の中に数えられてくる。しかし、松平定信の寛政改革（一七八七）後は、洒落本や談義本の持っていた諷刺性は出版取締にあって消え、商業主義的な作家の活躍が中心となる。中村氏の広義の戯作、近世後期後半の小説（人情本、滑稽本、後期長編読本、合巻本等）の時代となる。これらの作は知的な楽しみよりも、登場人物達の会話や仕草、振舞等の中に実生活のカリカチュアや人情の綾を見て楽しむ、正にその場かぎりの慰みとしての読書の感が強い。中でも馬琴の読本は高踏的な姿勢をとろうと務めはするが、本人の衒学的な面があまりにも強く出すぎて、それ以上のものを作品に与えたかは疑問であり、全体の流れと質的な相違を見出すことはむずかしい。この期の読者は仮名書き本のこともあって、また、貸本屋の全盛期[52]であることも加わって、都鄙共に読書に興味を持つ全ての人達が平等な条件の下に読者になり得たといっても過言ではあるまい。それ程、作品の種類においても印刷部数においても十分な量が供給されていたのである。この意味からはこの時期の読者層をある範囲に限定することはむずかしいことであろう。[53]しかし、近世の読者という立場から近世文学史を把握してみるという試みは是非共なされなければならないことである。そうした試みによって、案外、作品の本質的な問題に入り得るのではなかろうかといった観測を、このレポートを記述する中で得ているからである。

【注】

(1) 古活字本というのは、江戸時代末期に刊行された近世木活字本に対しての呼称。
(2) 田中塊堂「百万塔陀羅尼文字考」(『ビブリア』23号、一九六二・10)
(3) 金子和正「古活字本の印刷技法について—慶長勅版を中心として—」(『ビブリア』67号、一九七七・10)
(4) 川瀬一馬『古活字版の研究』増補版(日本古書籍商協会、一九六七・12)
(5) 小高敏郎「『昨日は今日の物語』の諸本」(『学習院大学文学部研究年報』12、一九六六・4)
(6) 岡見正雄『天理図書館善本叢書　古奈良絵本集二』解題(一九七二・9)
(7) 野間光辰「『長者教』考」(『西鶴新攷』、筑摩書房、一九四八・6)
(8) 長谷川強「仮名草子」(『講座日本文学7近世編Ⅰ』三省堂、一九六九・2)
(9) 日本古典文学大系『仮名草子集』解説(岩波書店、一九六五・5)
(10) 市古貞次「近世初期小説の一性格」(『国語と国文学』、一九五四・4)
(11) 野間光辰「仮名草子の作者に関する一考察」(『国語と国文学』、一九五六・8)
(12) 山住正巳『中江藤樹』(朝日新聞社、一九七七・10)(「正保二年〈一六四二〉春、答フ佃叔ニ」『藤樹先生全集第二巻』岩波書店、一九四〇)。
(13) 木村三四吾「犬枕・解説」(『ビブリア』55号、一九七三・10)
(14) 中村幸彦「大坂物語諸本の変異」(『文学』、一九七八・8)
(15) 前掲小高論文、注(5)参照。
(16) 松原秀江「薄雪物語板本考」(『近世文芸』27・28号、一九七七・5)
(17) 松田　修「『うらみのすけ』をめぐって—仮名草子から浮世草子へ—」(『国語国文』一九五五・12)
野間光辰「恨の介」解説(日本古典鑑賞講座『御伽草子・仮名草子』角川書店、一九六三・2)
(18) 暉峻康隆「仮名草子の作者と読者」(『文学』、一九五八・5)

(19) 祐田善雄『天理図書館善本叢書　古浄瑠璃集』解説（一九七二・11）
(20) 同右　祐田解説
(21) 柴田光彦編著『大惣蔵書・目録と研究　本文篇』（青裳堂、一九八三・12）
(22) 中村幸彦「徒然草受容史」（『国文学　解釈と鑑賞』、一九五七・12）
(23) 大橋正叔「太平記読と近世初期文芸について―『太平記』の享受から―」（『待兼山論叢五』、一九七二・3、本書所収）
(24) 水谷不倒『列伝体小説史』（春陽堂、一八九七）
藤岡作太郎『近代小説史』（大倉書店、一九一七）
山口　剛「西鶴の『好色一代男』の成立」（『早稲田文学』、一九二二・3）
島津久基「西鶴と古典文学―特に一代男と源氏物語との関係を中心として」（『国語と国文学』、一九三九・11、一九四〇・9）
(25) 野間光辰「浮世草子の成立」（『国語国文』、一九四〇・11～12、『西鶴新新攷』、岩波書店、一九八一・8所収）
(26) 『西鶴』（天理図書館、一九六五）
(27) 長谷川強『浮世草子の研究』（桜楓社、一九六九・3）
(28) 谷脇理史「出版ジャーナリズムと西鶴」（『西鶴研究論攷』、新典社、一九八一・10）
(29) 久松潜一編『改訂新版日本文学史　近世Ⅰ・Ⅱ』（至文堂、一九七一・9）他参照
(30) 日本古典文学大系『江戸笑話集』（岩波書店、一九六六・7）所収の金地院旧蔵、現天理図書館本による。
(31) 禿氏祐祥編『書目集覧』壹（東林書房、一九二八）
(32) 斯道文庫篇『江戸時代書林出版書籍目録集成』第一巻、解題（井上書房、一九六二・12）
(33) 今田洋三「元禄享保期における出版資本の形成とその歴史的意義について」（『ヒストリア』19、一九五七・8）
(34) 井上和雄編『増訂版慶長以来書賈集覧』（高尾書店、一九七〇・12）
矢島玄亮『徳川時代出版者出版物集覧』『同続編』（萬葉堂書店、一九七六・8、12）

井上隆明『近世書林板元総覧』（青裳堂刊、一九八一・1）
市古夏生編「書林編纂書目板元名寄一～七」（「甲南国文」、一九八〇・3、一九八一・3、『白百合女子大学研究紀要』一九八一・12～一九八五・12）
(35)『大坂本屋仲間記録』（大阪府立中之島図書館、一九七五・3～一九九三・3）
宗政五十緒、朝倉治彦編『京都書林仲間記録』全6巻（ゆまに書房、一九七七・6～一九八〇・4）
『江戸本屋出版記録』全3巻（ゆまに書房、一九八〇・4～一九八二・9）
(36) 大橋正叔「諸事取締帳」（『ビブリア』75号、一九八〇・10、本書所収）
(37) 名古屋市博物館編『名古屋の出版』（一九八一・5）名古屋における出版について参考文献掲載。
(38) 長友千代治『近世貸本屋の研究』（東京堂、一九八二・5）
(39) 野間光辰「浮世草子の読者層」（『文学』、一九五八・5）
(40) 和歌山大学紀州経済史文化史研究所編『紀州藩石橋家家乗』（清文堂出版、一九八四・5）
(41) 尾形仂「一儒医の日記から」（『文学』、一九八二・11）
(42) 福井久蔵『諸大名の学術と文芸の研究』（厚生閣、一九三七）
『近世日本の儒学』（岩波書店、一九八四・2）
(43) 市古貞次「御伽衆・御咄衆・咄の本」（日本古典文学大系『江戸笑話集』月報、一九六六・7）
(44) 野間光辰『補刪西鶴年譜考証』（中央公論社、一九八三・11）
(45)『枚方市史』第9巻「見聞予覚集」（枚方市、一九七四）
(46) 暉峻康隆「仮名草子の作者と読者」（『文学』、一九五八・5）
前掲野間論文、注（39）参照。
(47) 山崎隆三『近世物価史研究』（塙書房、一九八三・2）
(48) 野間光辰「近世小説に関する覚え書（一）―作者山八の正体―」（『国語国文』、一九四一・7）
(49) 日本思想大系『近世町人思想』（岩波書店、一九七五・11）所収より引用

（50）中村幸彦『戯作論』（角川書店、一九六六・9）
（51）中村幸彦「戯作入門」（鑑賞日本古典文学『洒落本・黄表紙・滑稽本』、角川書店、一九七八・2）
（52）浜田啓介「馬琴における書肆、作者、読者の問題」（『国語国文』、一九五三・4）
前掲長友論文、注（38）参照。
（53）中村幸彦「読本の読者」（『文学』、一九五八・5、『近世小説史の研究』、桜楓社、一九七三・4）

写本から版本へ

―『江戸時代初期出版年表〔天正十九年～明暦四年〕』に学ぶこと―

一、『江戸時代初期出版年表〔天正十九年～明暦四年〕』について

平成二十三年二月に、岡雅彦さんを中心に十名の編者による『江戸時代初期出版年表〔天正十九年～明暦四年〕』が勉誠出版より刊行されました。これは、岡さんが国文学研究資料館副館長でおられた平成十四年に科研を受けて諸本調査が始まり、継続的に調査を続けてきましたが、正保期の調査分を除き、一区切りをつけてこれまでの調査結果をまとめて刊行したものです。ただ残念なことに無刊記本は、序跋に年月の書かれているものはそれを参考に挙げていますが、それ以外は刊年不明ということで掲載されていません。それを承知の上でレジメ【一】に、この書に掲載されています、私の計算いたしました〔天正十九年～明暦四年〕の間に出版された諸本の〔出版点数〕、〔総書名数〕〔十回以上出版された書名〕を挙げてみました。

レジメ【一】岡　雅彦他編『江戸時代初期出版年表〔天正十九年～明暦四年〕』所載

〔出版点数〕（未見本は各文庫目録や記録等に載るが調査時点では残存が確認されなかった書）

天正十九年（一五九一）〜文禄四年（一五九五）	七点（ただし、『古文孝経』一点は未見）	
慶長元年（一五九六）〜慶長十九年（一六一四）	三百十八点	未見本　二十点
元和元年（一六一五）〜元和九年（一六二三）	二百十四点	未見本　十一点
寛永元年（一六二四）〜寛永二十年（一六四三）	千二百九十一点	未見本　三百二十六点
正保元年（一六四四）〜正保四年（一六四七）	八百二十七点	未見本　五十八点
慶安元年（一六四八）〜慶安四年（一六五一）	八百五点	未見本　六十九点
承応元年（一六五二）〜承応三年（一六五四）	五百三十点	未見本　六十一点
明暦元年（一六五五）〜明暦四年（一六五八）	六百点	未見本　六十七点

総計　五千二百四点（計　四千五百九十二点　計　六百十二点）

〔総書名数（未見本を除く）〕

二千五百七十九部（ただし、謡本は「観世流謡本」として個別の曲名で数えず）

〔十回以上出版された書名〕（天正十九年〜明暦四年の間に十回以上出版。ただし、謡本は除く）

★『伊勢物語』十三回（歌書）　★『大雑書』十一回（暦書并占書）
★『錦繍段』十回（詩并聯句）　★『御成敗式目』二十二回（往来物并手本）
★『聚分韻略』十九回（字書）　★『初学文章並万躾方』十三回（医書）
★『塵劫記』十二回（和書并仮名）　★『素問入式運気論奥』十二回（医書）
★『太平記』十回（軍書）　★『臨済録』十八回（禅宗）

★『庭訓往来』二十三回（往来物并手本）　★『平家物語』十二回（軍書）
★『和漢朗詠集』十五回（往来物并手本）　★『倭玉編』十四回（字書）
★『和名集並異名製剤記』十一回（医書）　〈（　）内は「書籍目録」が挙げる部門別を私にあてたもの〉

出版総数五千二百四点、内、未見本も六百十二点有り、また、無刊記本は記載していませんので、この期間の出版本を網羅できてはいませんが、ほぼ当時の出版状況は把握できるかと思います。なお、阿部隆一先生が調査された万治二年（一六五九）『新版書籍目録』（禿氏祐祥氏紹介）には千三百六十六部の書名が数えられています（『江戸時代書林出版書籍目録解題　一』）が、それより約千二百部も多くの書名を数えています。今日はこの本を話題にして話を進めさせていただきます。

先ず、この本の第一頁天正十九年に挙げられています本は、キリシタン版『サントスの御作業の内抜書』（ローマ字本）一冊とキリシタン版『どちりいなきりしたん』（国字本）一冊の二点です。キリシタン版は、天正十八年の遣欧使節の帰国とともに、ワリニャーノが長崎に西洋活字印刷機を招来し、約二十年間、日本のイエズス会が主として九州の地で出版した一群の書をいいますが、キリスト教の禁教によって、その印刷術は日本に定着しませんでした。この年表では、慶長十六年（一六一一）の『ひですの経』（国字本）を最後にキリシタン版の刊行は見あたりません。キリシタン版について最近の研究では、古活字版の組版には朝鮮活字版よりもキリシタン版の技法が取り入れられた（森上修「古活字版組版印刷法の伝来」、慶長二年勅版『新刊錦繡段』印字調査。私立大学図書館協会西地区部会阪神地区協議会書誌学研究会編、一九九六・1）とする見解や、連綿活字を最初に取り入れたのはキリシタン版であり、嵯峨本に受け継がれて嵯峨本の優雅な版面を導いたとの見解が出されて（大内田貞郎「第一章　きりしたん版について」『本と活字の歴史事典』柏書房、二〇〇〇・6）、キリシタン版の影響を見直すべきとの発言がなされています。このキリシタン版に続いて、李朝朝鮮の活字印刷術が豊臣秀吉の朝鮮侵攻（文禄の役）によってもたらされ、左のレジメ【二】『時慶記（ときよしき）』に記すように、後陽成天皇のもとで『古文孝経』の版行が行われています。

レジメ【二】『時慶記』第一巻（時慶記研究会編）〔　〕はルビ位置につけられた底本校訂者の注記

文禄二年　閏九月廿一日「禁中御触○〔折紙〕アリ、雖当番、則参上候、〔ハン（ママ）〕ノ字ヲ十一両人ニ仰付撰候」

（閏九月廿二日・廿三日・廿四日、十一月六日にも植字の記事が載るが省略）

〃　十一月十六日「古文孝経ノ板行出来候、上〔後陽成天皇〕ヨリ披見下候」

〃　十二月　八日「自禁中孝経印本拝領、長橋迄御礼ニ参上、今度板校ヲ□〔被〕起候本也」

『時慶記』によると、文禄二年（一五九三）閏九月廿一日に後陽成天皇の命によって『古文孝経』版行への準備が進められ、十一月十六日に刊行されていますが、現物は伝存していません。西洋活字印刷術の渡来から二年遅れで新たな活字印刷術が輸入されていたことになります。豊臣秀吉が、後陽成天皇へ朝鮮銅活字を献納したのも、天皇の書物に対する思い入れを知っての行為かと思われます。ただ、『古文孝経』が豊臣秀吉の献納した活字によってなされたことを実証する記録は現段階では見つかっていません。しかし、文禄の役は二年に講和をして一旦収まっておりますので、時間的なことから見れば、秀吉献納の活字によるとする説はその後の古活字版に見える朝鮮植字工の関わりからも首肯されるところです。ただ、これを契機に、銅活字や木活字による古活字印刷が日本で盛んになり、近世の印刷出版の時代が展開されるわけですが、そのことによって、書物への考え方がそれまでの写本中心の時代とは変わったと見るのが、今日の常識的な見解かと思っています。

二、近世以前の写本

本に対する捉え方という点に関して、濱田啓介氏に「中世における造本について」（『近世文学・伝達と様式に関する私見』二〇一〇・12所収、初出『新国語研究一三』一九六九・5）と題する論文があります。この論文中で濱田氏は中世の写本には「所有者との間に特別な縁」があるとされ、卜部家・清家などの家伝の書、権威を示す秘伝の書、自ら校合などをした自分の書、あるいは、相伝の秘書といった写本の特質をあげておられます。自分の本、自分が関わった本という意識が写本には見られるということです。中世の写本、あるいは、写本一般についても濱田氏の指摘された特質を見ることができます。それに対して版本は、不特定多数の読者への提供本ですから、自分の関わった本という意識は写本に比べれば所有者にはないと言わざるを得ません。写本と版本の場合はその造本（制作）に関わっているかいないかという相違が見られるわけです。そうした意味で言うならば、初期の古活字本や初期の嵯峨本と称せられる本は、造本に関わり、その本の行方も承知されていたことを考えれば、写本に準じた版本ということも可能かと思っています。言い換えれば、濱田氏の指摘される「所有者との間に特別な縁」もさることながら「制作者との間に特別な縁」が見られるということになります。特に、初期古活字本の後陽成天皇・後水尾天皇勅版や徳川家康の伏見版、駿河版、豊臣秀頼の秀頼版などは、商業的な刊行でないことはその版行を指示した人たちの身分を考えれば当然の事であり、それらは下賜、または、配布本のための刊行となります。拝受する側からは写本以上の価値のある版本と言えるかと思います。

三、古活字本から整版本へ

左のレジメ【三】に、「『江戸時代初期出版年表』に見る古活字版の出版点数」挙げました。

各年度の出版点数の下に括弧で記した数値は、その点数の中に含まれる「慶長18年～元和3年・元和7年」は宗存版（京都北野経王堂にて天台僧宗存が刊行）、「元和4年・寛永元年～6年」は叡山版や高野版等の寺院版、「寛永14～正保3年」は天海版の出版点数です。このように仏書関係が多く、右の数値を見る限りでは、古活字版の版行は慶長後半期が嵯峨本の出版とも重なり、それなりの点数を出版しますが、宗存版などの寺院版の出版点数を除くとその後は一旦刊行点数が少なくなります。寛永当初にはまた増えますが、寛永七、八年頃から少なくなり、寛永十四年から慶安二年にかけて慈眼大師天海による天海版一切経が刊行され、天海版を中心に仏書が以前にも増して主流となってしばらくは続きます。なお、承応二年（一六五三）八月刊『小学』（村上平楽寺版）以後古活字版の版行は見られません。次頁表を正保三年で留めていますのは、正保四年以降の古活字版は天海版・寺院版以外は一年に数本刊行されているに過ぎないからです。この数字を見ますと、古活字版が出版に大きな影響を与えた時期は慶長初年から寛永七、八年の三十五年間ほどでしかありません。その間の文学関係の書物を見ますと大半は中世以前の古典で約三十点ほどです（参照1）。ただし、嵯峨本の謡本などは刊年がはっきりしませんので数には入っていません。しかし、この三十点ほどの大半を勅版や嵯峨本が占

レジメ【三】

『江戸時代初期出版年表』に見る古活字版の出版点数

寛永 9年	6点	元和 2年	18点	文禄 2年	1点
〃 10年	3点	〃 3年	35点	文禄 3年	0点
〃 11年	5点		（21点）	文禄 4年	2点
〃 12年	5点	〃 4年	21点	慶長 元年	3点
〃 13年	1点		（10点）	〃 2年	7点
〃 14年	6点	〃 5年	4点	〃 3年	1点
	（4点）	〃 6年	12点	〃 4年	13点
〃 15年	13点		（1点）	〃 5年	6点
	（11点）	〃 7年	19点	〃 6年	4点
〃 16年	12点		（7点）	〃 7年	4点
	（5点）	〃 8年	9点	〃 8年	9点
〃 17年	8点	〃 9年	13点	〃 9年	9点
	（4点）	寛永元年	19点	〃 10年	10点
〃 18年	8点		（3点）	〃 11年	10点
	（5点）	〃 2年	23点	〃 12年	15点
〃 19年	5点		（5点）	〃 13年	17点
	（2点）	〃 3年	39点	〃 14年	16点
〃 20年	4点		（16点）	〃 15年	18点
	（1点）	〃 4年	19点	〃 16年	16点
正保元年	36点		（1点）	〃 17年	14点
	（33点）	〃 5年	19点	〃 18年	14点
〃 2年	58点		（1点）		（2点）
	（53点）	〃 6年	13点	慶長19年	38点
〃 3年	142点		（1点）		（27点）
	（135点）	〃 7年	4点	元和元年	31点
		〃 8年	9点		（27点）

めることを考えますと、勅版や日本の古典などを刊行した嵯峨本の近世出版史の上に与えたインパクトの大きさが改めて感じさせられます。

古活字本が出版史に大きく影響を与えた版行時期を「慶長初年から寛永七、八年の三十五年間ほど」としましたが、その間も含めて、整版印刷での出版はどうであったかといいますと古活字版以上になされていたと言うことができます。古活字の寺院版を言いましたが、日本では早くから春日版等寺院において仏典の整版印刷がなされていたこともよく知られています。また、五山版では外典となる詩文集なども宋・元・明版および朝鮮刊本を元に覆刻されていますし、医書・節用集のような実用書も室町期には刊行されています。現に、中世以前のそれらの書物を見ましても、その印刷技術は優れたものといえます。仏書や実用書には、先ほど述べた中世の写本とは異なる意識、仏教宗派の学ぶべき経典のように、個人の立場でなく、その人の所属する場において日常に必要とされる教科書・参考書といった意識が働いていたと思われます。その例として「出版回数十九回」の『聚分韻略』について触れておきます。

四、整版『聚分韻略』について

レジメ【四】は『江戸時代初期出版年表』が掲載する『聚分韻略』十九回刊行の記事抜粋です。

レジメ【四】『江戸時代初期出版年表』が掲載する『聚分韻略』十九回刊行の記事抜粋

①慶長丙午（十一年）重陽日／医徳堂主守三刊行
②慶長壬子（十七年）季春吉辰
③寛永三年丙寅八月吉日／永楽町／伊藤助兵衛
④寛永五年／道伴梓行
⑤寛永七歳庚午三月吉日
⑥寛永九壬申仲／春吉日新刊行
⑦寛永癸酉（十年）三月吉旦／中野氏道伴新刊行
⑧寛永拾五寅歳孟春吉辰／二条仁左衛門
⑨寛永十六年／五月吉日梓
⑩寛永拾六己卯仲夏吉日新刊行
⑪寛永拾九年壬午下夏吉日／柳馬場通二条下町／吉野屋権兵衛新板
⑫寛永甲申（二十一年）下夏吉日／三条通菱屋町／林甚右衛門新板
⑬正保二歳四月中野氏道伴新刊

⑭正保二乙酉初冬／野田弥兵衛新板
⑮正保丁亥（四年）／書林豊興堂重校刊
⑯慶安元年戊子初冬（『三重韻〈聚分韻略〉』）
⑰慶安三庚寅年／三条通菱屋町／林甚右衛門刊
⑱慶安四辛卯稔九月吉祥／二条通玉屋町村上平楽寺／開板
⑲慶安第五暦仲夏吉辰日／崑山館道可処士鋟板

『聚分韻略』については次のような見解が説かれています。

「同書は臨済宗の学僧虎関師錬の著。鎌倉末、嘉元4（一三〇六）年の自序と師に当る寧一山の徳治2（一三〇七）の跋を有するもので（中略）韻引きの作詩用辞書である。既に南北朝頃の刊かと目される10行本もあるが、刊年の明確なものとしては、応永19（一四一二）年に師錬と由縁の深い洛東東福寺の霊源庵で刊行されたものが一番古い。（中略）いずれにしても、この『聚分韻略』は慶長以前の古版本だけでも20種余あるということになる。」（関場　武「辞書と古刊本」『「日本中世印刷史」展』図録所収・一九九八・1）

また、『聚分韻略』の古写本についても

「それらは概ね、何かの版本に関する転写本の類と見なされるのである。例えば、京都大学蔵の清原宣賢写本、国会図書館蔵の天文十六年写本、静嘉堂文庫蔵の室町末期写本などは、比較的古い写本として注目されるものであるが、その内容からして、それぞれ、原形版・明応二年版・永正元年版に関する転写本と見られる。」（奥村三雄『聚分韻略の研究』風間書房、一九七三・6）と述べられています。

なお、『聚分韻略』の慶長以前の版本には、

★応永十九年（一四一二）　京都版
★文明十三年（一四八一）　薩摩版
★文明十八年（一四八六）　美濃版
★明応二年（一四九三）　周防版
★永正元年（一五〇四）　京都版
★享禄三年（一五三〇）　日向版
★天文八年（一五三九）　大内版
★天文二十三年（一五五四）駿河版
★永禄十年（一五六七）　周防版（『毛吹草巻四・周防』）

等、その他無刊記の五山版などがあり、古活字本も一種あるとされていますが、右に挙げたものはいずれも整版で刊行されています。古活字本は未見です。

先行研究の所見を引用しましたが、『聚分韻略』は仏書や漢籍でない国書の中では早くから印刷された作詩用辞書（字書）であり、慶長以前・以後といずれも整版で多種の版本が刊行されてきています。天理図書館蔵の五種（南北朝末期刊の十行本・室町初期刊九行本・薩摩版・周防版・慶長十七年刊付訓本）の版面を見ますと、その技術は大変優れていることが看取できます。(参照2) また、『聚分韻略』には薩摩版・美濃版・周防版と地方版もあり、その版面からは整版印刷技術の発展の様子が窺えます。慶長壬子（十七）年版は付訓版ですが、その以前の天理図書館蔵の無訓本を見ますと、いずれにも丁寧な加筆訓が墨書されており、まるで写本と版本

との中間本を見るかのようです。これら『聚分韻略』の版面を見ていますと、近世初期の古活字版が消えて整版へと移行する現象の要因に、読者層の拡大が古活字版の技術では必要な摺刷部数に対応できないため整版へ移行したと説かれますが、それには既に需要に対応できる整版印刷技術の発達があってのこと、と『聚分韻略』の版面からも言えるのではないかと思っています。

五、『伊勢物語』の注釈本と写本

話を古活字版に戻しますが、古活字版がもたらした現象として、細川幽斎著『伊勢物語闕疑抄（けつぎしょう）』（慶長二年跋）や秦宗巴著『徒然草寿命院抄（じゅみょういんしょう）』（慶長六年跋）といった注釈書の刊行があります。『伊勢物語闕疑抄』は中院通勝（なかのいんみちかつ）が自らその跋に記すように、細川幽斎より「仍被免許書写。深秘函底、莫出窓外耳」とした秘書であり、本来写本でしか伝達しない書物でありますので、この意味からは写本に匹敵する価値を持つ版本が開版されたと言えます。この二書の跋文は共に也足叟素然（やそくそうそねん）、即ち中院通勝（一五五六～一六一〇）が生前に書いていますが、いずれも通勝自身の著書ではありません。『伊勢物語闕疑抄』の古活字版の刊年は「慶長末年ころの刊か」、『徒然草寿命院抄』も「慶長九年刊本が初刊」と『江戸時代初期出版年表』［備考］で補足していますが、『伊勢物語闕疑抄』については細川幽斎（一五三四～一六一〇）・中院通勝生前に刊行される事はなかったのではないかと思われます（幽斎は慶長十五年八月二十日に、通勝は同年三月二十五日に死去）。古典学に限らず、師匠から免許された意味は甚大であり、松永貞徳が、中院通勝から講釈を受けた『徒然草』を、一般の人たちの前で「大事の名目などをよみちらし」講釈したことが、師の通勝の耳に入り、貞徳をいたく憎まれたと、『戴恩記（たいおんき）』に貞徳自らが記しています。古典の注釈は師資相承の秘事であったはずですが、その種の注釈書が中院通勝自身の「跋」を付して刊行されたことに時代の変化が伝わるようです。『伊勢物語闕疑抄』に関連してですが、レジメ【五】に『江戸時代初期出版年表』が掲載する『伊勢物語』の出版年次（十三回）挙げました。

レジメ【五】『江戸時代初期出版年表』が掲載する『伊勢物語』の出版年次（十三回）（◎は古活字、他は整版）

①◎慶長戊申（十三年）仲夏上浣／也足叟（嵯峨本）
②慶長戊申（十三年）仲夏上浣／也足叟（覆古活字整版）
③◎慶長己酉（十四年）仲春上澣日（嵯峨本）
④◎慶長庚戌（十五年）孟夏日
⑤寛永己巳（六年）孟夏日（覆嵯峨本で絵入り・絵なし二種あり）
⑥旹寛永弍拾癸未良月吉辰／中村宗道庵重新刊
⑦正保二乙酉良月吉辰重新刊
⑧時正保参暦丙戌良月吉辰／中村宗道庵重新刊
⑨正保五戊子孟春吉旦／三条通菱屋町林甚右衛門開板
⑩慶安四暦初秋吉辰日／崑山館道可処士鋟板
⑪承応癸巳（二年）仲春吉日／寺町誓願寺前／西村又左衛門重新刊
⑫承応三甲午暦季春下旬／山田市良兵衛開板
⑬干時明暦元乙未七月吉日令開板之

『伊勢物語』は通勝の校訂による自著の花押を添えた慶長十三年刊の嵯峨本が本文版行の初めですので、本文より先に注釈書が刊行されるという状況は考えにくいことですが、慶長二年に『伊勢物語闕疑抄』跋文を記した時点で通勝に刊行の意図があったのかも知れません。しかし、こうした注釈は、中世歌学の世界では正に秘書とされるものであっただけに、中院通勝の意志がどのように働いていたのか疑問に思うところです。これと類似するのが、右に併せて挙げた慶長九年刊『徒然草寿命院抄』で「如庵宗乾刊行」です。如庵は嵯峨本刊行に深く関わった角倉素庵の叔父吉田宗恂（角倉了以の弟）といわれています（288頁・森上修論文）。『つれづれ草』自体は、三宅亡羊版下・烏丸光広校訂による慶長十八年刊が最初の開版であり、注釈書の方が作品本文より先に刊行されるという事象が見られます。この二本の書物について言えば、写本でしか流通しなかった書物が版本で流通する現象が生じたと考えられます。中世から近世への移行と合わさって、多くの古典が出版され「古典の解放」が行われたと言われますが、古典刊行の機運はこうした注釈書が出版されるという状況にも窺うことができます。

十三回の版行を挙げましたので、『伊勢物語』について写本との関連から少しふれておきます。天理図書館は善本叢書に『伊勢物語諸本集』（八木書店、一九七一・1）を刊行していますように「伊勢持ち」と自認しています。その天理図書館が現在発行しています『稀書目録』は第一から第五までの五冊ですが、この『稀書目録』五冊に載る『伊勢物語』四十四本のうち、四十本が写本で四本が版本、しかも版本のうち古活字本は一本だけと、予想外の蔵書内容でした。『稀書目録』ですから、江戸時代中期以降に刊行された版本などは『伊勢物語』については載せておりません。また、写本も江戸前期までのものしか載せていませんが、『伊勢物語』の近世・江戸前期写本は十二点あります。嫁入り本と称される本も多いようですが、写本が尊重される風潮は近世になっても強く残っていることを物語っているようにも思えるのです。こうした写本には嵯峨本『伊勢物語』をもとに書写されたものも見られ、絵巻についても嵯峨本『伊勢物語』によって描かれているとの指摘もあります（大口裕子「嵯峨本伊勢物語とその流れに立つ絵巻」『伊勢物語絵巻絵本大成　研究篇』角川学芸出版、二〇〇七・9）。つい最近も数軒の古書目録に『伊勢物語』の江戸前期以前の古写本が掲載されていました。江戸時代における『伊勢物語』の享受や版本の『伊勢物語』については片桐洋一氏に「元禄時代の伊勢物語」（『上方の文化　元禄の文化と芸能』大阪女子大学国文学研究室編、一九八七・6）と題する論考があり、江戸時代を通じて最も読まれた作品は『伊勢物語』であるとさえ言い切っておられます。版本だけでなく写本でも尊ばれた『伊勢物語』ですが、その根底には歌学の学ぶべき書としての位置づけがあったこともよく知られたことです。

六、写本の位置（和歌御会・竹柏園文庫・黒川文庫）

写本の文化が近世にも連綿と続いていることを、平成二十三年五月二十三日から六月二十四日、国文学研究資料館で開催展示された「近世の和歌御会二〇〇年―久世家文書にみる公家の文事―」で認識を新たにしました。そこには『伊勢物語』の写本も展示されており、パンフレットの解説では「江戸時代の公家衆は、右に見た『和漢朗詠集』や『伊勢物語』のような平安時代に成立した、王朝文化を伝える古典も盛んに書写しましたが、比較的近い時代の和歌や同時代の和歌をも写し取って手元に置き、熱心にそれらを学びました。」（Ⅱ　近世の公家の文事　和歌を書写する）と書かれています。『伊勢物語』や『源氏物語』は藤原俊成や定家が

「判云、……紫式部、歌詠みの程よりも物書く筆は殊勝之上、花の宴の巻は殊に優あるものなり。源氏見ざる歌詠みは遺恨事也」（藤原俊成『六百番歌合』冬上　十三番判詞）

「常観念古歌之景気可染心　殊可見習者古今・伊勢物語・後撰・拾遺・三十六人集之内殊上手歌可懸心」（藤原定家『詠歌之大概』・真名本）

と指摘するように、和歌を学ぶ人たちには必読の書とする中世以来の伝統が江戸期の和歌御会にも伝えられています。井原西鶴の『諸艶大鑑』（好色二代男）でも次のような場面が見られます。

むつかしきは、太夫の身也。有時、物覚へのよはき人、わりなきは情の通、と書しは。柏木の巻にはなきと、あらそひ。去太夫殿へ。源氏物語を借に遣しけるに。其まゝ。湖月おくられて。即座に、其埒もあけしに。此本を見て。さても〳〵此里の。太夫も、するになるかな。むかしは、名の有。御筆の歌書を揃へて持ぬはなし。板本つかはされて、物毎あさまになりぬ。（貞享元年〈一六八四〉初夏刊『諸艶大鑑・七・二』）

これは版本『湖月抄』では太夫の品格が落ちると「名の有。御筆の歌書」が求められているのですが、写本の価値の高さを端的に示しています。なお、江戸期の書籍目録では『伊勢物語』は『源氏物語』などと共に歌書の部に分類されています。

話は飛びますが、佐佐木信綱博士の蔵書「竹柏園文庫」の万葉集関係以外の大半の歌書が、ずいぶん以前に天理図書館に入っていることはご承知かと思います。その整理は今も行われており、天理図書館蔵書検索で「竹柏園」と打ちますと近年に整理された書名が画面に並びます。この間試みに検索しましたところ、近年の整理済みの書名が五百十五点出ましたが、その大半は江戸時代以後の写本で、筆者はさまざまの人でした。歌の勉強は堂上公家も地家も同じであり、言い換えれば、学問の上で必須の文献は手元に置く、その手段として書写が一番近い方法であったと、江戸期についても言えるかと思います。

また、今年（二〇一二）の三月発行の実践女子大学図書館所蔵『黒川文庫目録【新版】』を、同大学の文芸資料研究所より頂戴しましたが、そこに載る三百十点の書物は版本が百三十点、写本が百八十点と、写本の方が多いのです。黒川春村（一七九九～一八六六）、黒川真頼（一八二九～一九〇六）の二代にわたる八万冊といわれる蔵書は、同目録所載の永田清一氏の調査によると、関東大震災で三分の二が焼失し、大正十三年と第二次大戦後と二度の蔵書整理が行われたといいます。実践女子大には戦後に物語・小説関係が入れられたとのことです。ですから、今挙げた三百二十点という点数は黒川文庫としてはごく一部の図書でしかないのですが、その写本の占める割合は右のような数値でした。『伊勢物語』関係の写本も二十点ほどあり、目録の写真でしか見ておりませんが大半は江戸期以降の写本と見えました。他の学者や文人たちの所蔵書にもおそらく多くの写本が積まれていたことと、現在各地に残された文庫や蔵書目録から推測されます。竹柏園文庫もそうですが、京都大学の潁原文庫にも書写された俳書等が多く見られ、そうした傾向は長く続きます。

近世は版本の時代と、一般的にその特色を述べることは正しいことと言えますが、それに相応するほどの写本も作られていたと思っています。「写本から版本へ」との題で話してきましたが、言うところは「写本から版本へ、さらに写本へ」ということになります。近世文学においても実録や歌舞伎台帳のように写本で流通したジャンルもあります。その他のジャンルでも多くの写本が見られます。近世文学においても写本への視野を持つべきであることを自戒として、私の拙い話を終わりたいと思います。ありがとうございました。

【参考文献】

井上宗雄「中院通勝の生涯」（『国語国文』、一九七一・12）
日下幸男「中院通勝年譜稿」（『龍谷大学論集』、二〇〇四年463・464号、二〇〇六年467号）
大和文華館『特別展没後三七〇年記念　角倉素庵』図録（二〇〇二・10）
鈴木広光「嵯峨本『伊勢物語』慶長十三年刊第二種本の活字と植字組版について」（『汲古』第56号、二〇一一・6）
渡邉守邦他『寛永寺蔵天海版木活字を中心とした出版文化財の調査・分類・保存に関する総合的研究』報告書（二〇〇二・3）
瑞巌山圓光寺『圓光寺の文化財―伏見版木製活字など―』（一九九一・5）
羽衣国際大学日本文化研究所編『伊勢物語絵巻絵本大成』（角川学芸出版、二〇〇七・9）

【付記】本稿は平成二十三年十一月十二日に天理大学で開催された日本中世文学会での講演を一部省略してまとめたものである。

なお、岡雅彦以外の『江戸時代初期出版年表』の共編者は、市古夏生・大橋正叔・岡本勝・落合博志・雲英末雄・鈴木俊幸・堀川貴司・柳沢昌紀・和田恭幸の九名である。

（参照2）『聚分韻略』4種

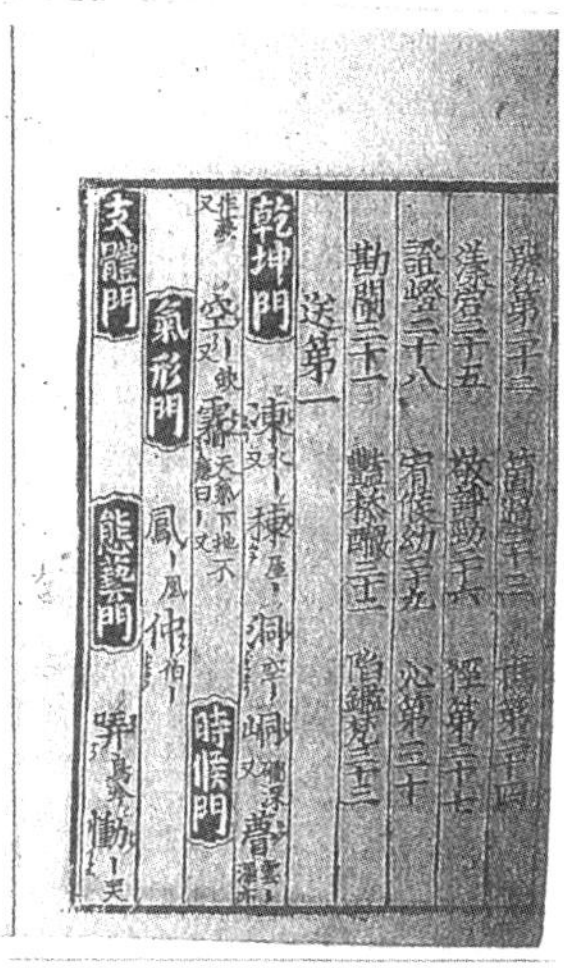

五山版９行本。室町初期刊の原型本。

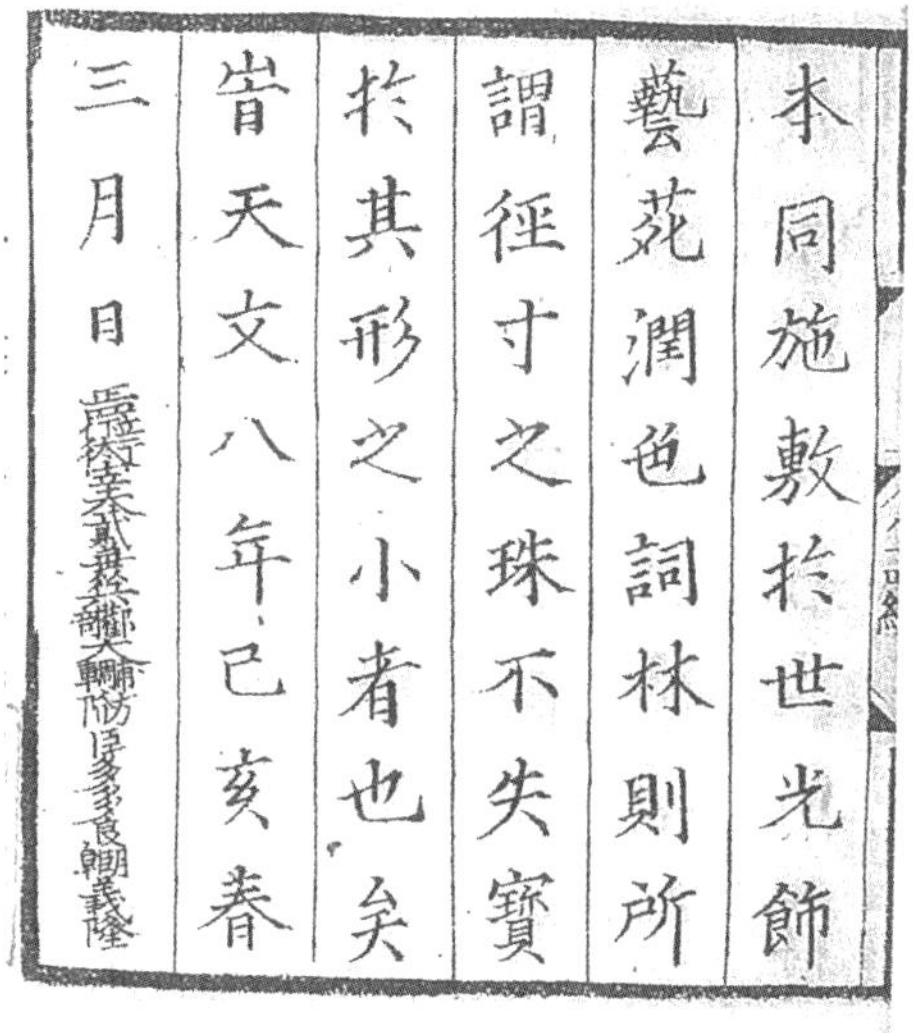

周防の31代当主大内義隆が天文８年（1539）小型の枡形本として新刻したもの。

（参照1）

文学関係書物	
慶２	錦繡段（勅）
〃〃	伊勢物語闕疑抄
〃〃	匠材抄
慶３	日本書紀神代巻（勅）
〃〃	無言抄
慶６	徒然草寿命院抄
慶７	太平記（冨春堂）
慶10	沙石集（要法寺）
〃〃	吾妻鏡（伏見）
慶11	源平盛衰記
慶12	太平記賢愚抄
慶13	伊勢物語（嵯峨）
慶14	伊勢物語聞書
〃〃	宝物集
慶15	源氏小鏡
〃〃	方丈記
慶18	つれづれ草（烏丸）
慶19	明徳紀
慶20	大坂物語
元２	類字名所和歌集
元４	保元平治物語
〃〃	小倉山荘色紙和歌
〃〃	承久記
〃〃	九千句（城西聯句）
元８	信長記
元９	源氏物語
〃〃	狭衣
〃〃	平家物語
寛３	法華玄記
寛４	語園
寛６	本朝文粋
寛７	御茶物語

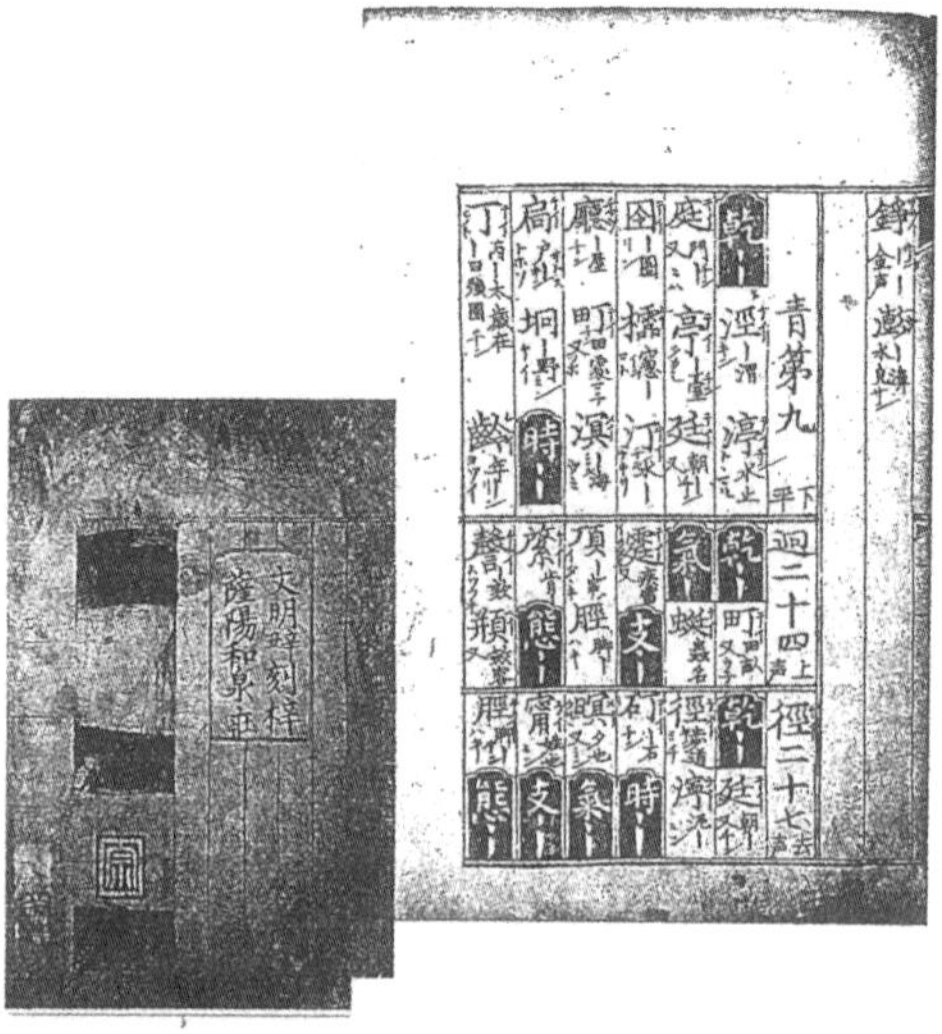

文明13年（一四一八）島津領薩摩国で刊行の薩摩版

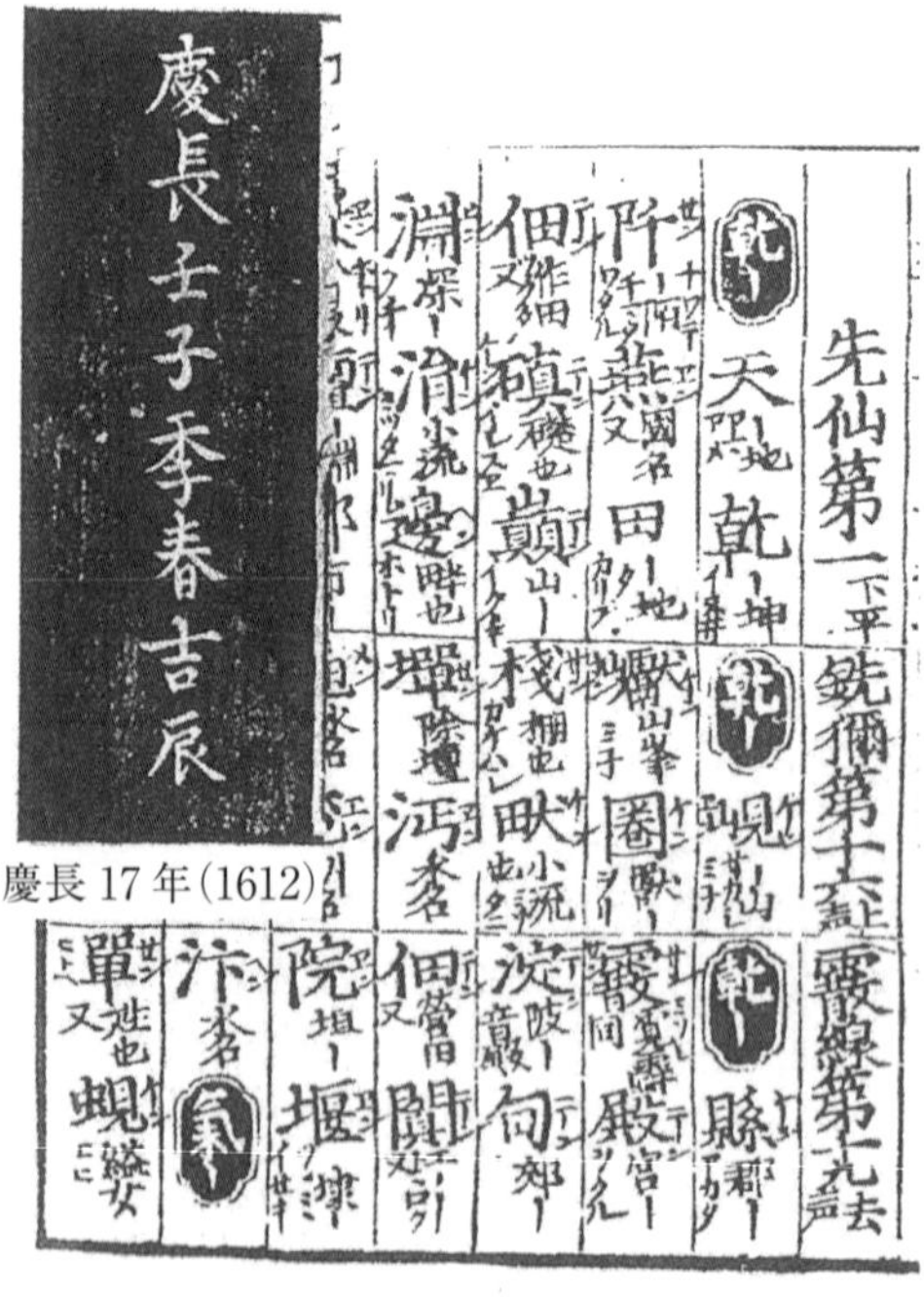

慶長17年(1612)

慶長期活字版全盛期に刊行された製版本

太平記読と近世初期文芸について

―『太平記』の享受から―

はじめに

この小稿では、『太平記』の享受を太平記読の姿を通じて捉え、又、近世初期文芸に現れた『太平記』の影響を指摘し、その間にある問題を考え、近世初期文芸の様相をみる為の一視点を導びき出そうと試みるものである。『太平記』が多くの文芸に影響を与えてきたことは後藤丹治博士の詳細な御研究(1)をはじめ種々の論考があり衆知のことであるが、時代と共に様相を変えていった文芸にとってはその受用のしかたに変化がみられる。戦国乱世を経て世の中は偃武に変りいく中で、一先行文芸の享受を通して時代の嗜好が投影された文芸の姿をみようと思う。

一、太平記読について

近世初期の『太平記』の盛んな享受を証するものとして太平記読がある。太平記読については亀田純一郎氏の御考察(2)があり、氏によれば「太平記読」なる名称は武士階級相手の「理尽鈔」（『太平記評判秘伝理尽抄』、内題「太平記秘伝理尽鈔」）講釈と庶民相手の仕方話を以て語られる太平記講釈の二つを意味して用いられており、両者の境界は必ずしも明瞭ではないが太平記読なる名称は後者に名付けたものであろうとされている。そして、「前者は慶長元和の頃から元禄宝永頃若くはそれ以後に及んで居り、後者は貞享元禄を多く溯らぬ頃から宝永正徳若くはそれ以後にまで行はれてゐたと考へられる」と述べておられる。右の亀田氏の御見解によって太平記読の概要は伝えられているが、ここでは『太平記』が歴史的にどのように読まれていたかを述べ太平記読について考察してみよう。

（一）　近世以前

『太平記』が四十巻本の形態をなしたのは応安四、五年（一三七一、七二）頃と推定されているが、『洞院公定日次記』（とういんきんさだひなみき）応安七年（一三七四）五月三日の条に

伝聞去廿八九日之間小嶋法師円寂云々、是近日翫天下太平記作者也　凡雖為卑賤之器有名匠聞可謂無念

（傍点筆者）

とあり、成立後よく読まれていたことは以後の公家日記や文書にその名がみえ、又、多くの写本、多種の版本等の存在から窺うことができる。しかし、その読まれ方は読み手の立場によって異なり微妙な反応を呈している。応永九年（一四〇二）に今川了俊は『難太平記』を表し

此記の作者は宮方深重の者にて。無案内にて如レ此書たるにや。寔に尾籠のいたりなり。尤切出さるべきをや。すべて此太平記事あやまりも空ごともおほきにや。昔等持寺にて法勝寺の恵珍上人此記を先三十余巻持参し給ひて錦小路殿（筆者注　足利直義）の御目にかけられしを。玄恵法印によませられしに。おほく悪ことも誤も有しかば。仰に云。是は且見及ぶ中にも以の外ちがひめおほし。追て書入。又切出すべき事等有。其程不レ可レ有ニ外聞一之由仰有し。後に中絶也。近代重て書続けり。次でに入筆共を多所望してかゝせければ。人高名数をしらず書り。さるから随分高名の人々も且勢ぞろへ計に書入たるもあり。一向略したるも有にや。　（『群書類従』第十三輯合戦部所収）

と『太平記』の成立事情を述べ、その信憑性を批難している。了俊にとって『太平記』の記事は自家の名誉を傷つけるだけでなく、足利幕府を誹謗し史実を歪曲するものと思えたのであろう。

まさしく（又イ）錦小路殿の御所（前イ）にて玄恵法印読て。其代の事どももむねとかの法勝寺上人の見聞給ひしにだに。如レ此悪言有しかば。唯をさへ（しイ）て難じ申にあらず　（同　右）

と重ねて述べ、了俊のみの意見でないことを強調している。これは史書としての『太平記』の読み方であり、そこには史実の忠実な記録性と南北朝の抗争に対する史観が絡むという問題を投げかけているが、公家間での『太平記』の読み方にはこれ程の深刻さはない。『看聞御記（かんもんぎょき）』永享八年（一四三六）五月六日の条では

太平記第一予読。女中聴聞。重仲候

と後崇光院が近侍の女房に『太平記』を読み聞かせておられ、翌七日には双六に興じた後『太平記』が読まれている。このように『太平記』が読まれることは同記の応永二十三年（一四一六）六月廿八日の記事の

大光明寺客僧有物語上手云々。自長老被挙申之間被召之。酒宴御肴語之。凡弁舌吐玉。言詞散花。聴衆感歎断レ腸。

や、同七月三日の「先日物語僧又被召語之。山名奥州謀反事一部語之。有其興」といった記事からみると、他の戦記物語（この場合『明徳記』が語られている）が語られるのを聞き楽しむのとは又異なるようである。『実隆公記』（さねたかこうき）文明十七年（一四八五）十月十五日から十一月廿八日にかけての記事では、後土御門天皇の仰せで実隆が『太平記』巻十二・巻十三の書写校合をなしている。さらに同記延徳二年（一四九〇）五月十七日、六月六日、八月十四日、十一月三日の記事では『太平記』巻九まで天皇に読み申し上げている。しかも、実隆が書写校合をなした『太平記』巻十二・十三は建武中興の時期を叙述しており、大内裏造営や藤房の諫言、恩賞への不満から武家の離反、護良親王の剛腹とその薨御、天皇親政の崩壊から足利氏擡頭の経過を扱い朝廷公家に関係深い巻である。後土御門天皇が書写校合を命じた意図が推し測れよう。『太平記』はこの観点からは朝廷公家において尊重された書といえよう。一方、『蔭凉軒日録』（いんりようけんにちろく）にみえる江見河原入道[3]（文正元年（一四六六）閏二月六日、七日の記事）のように湯治場で客の慰みに『太平記』を読む専業者の存在が認め

られ、他の戦記物語が語られるのと差違のないものもあった。又、『後法興院記』文正元年（一四六六）五月廿六日の記事には

向成仏寺聴聞談儀　法華経　次読太平記禅僧也

と法文談義に続いて『太平記』が禅僧によって読まれている。こういった記事から『太平記』の享受形態には『西源院本太平記』（刀江書院、一九四三・6）の解説で鷲尾順敬博士が「西源院本太平記巻十二綱目『兵部卿親王事』の下に、『読物』ありと註せるは、本書が亦朗唱せらし一証と見るを得べし」と述べられ、又、桑田忠親氏が「『太平記』の古写本には、『二重』『三重』などの符号のついているものがあり、はやくからこれが節づけられた証拠であろう(4)」と述べておられる物読み法師（江見河原入道）物語僧（『後法興院記』）の朗唱による慰み的な享受と、『実隆公記』にみられる記事や『経覚私要鈔』『親長卿記』『言継卿記』等にみられる書写などの積極的な享受があった。そして、両者に共通していえることは『後法興院記』の記事から察せられるように、『太平記』が当時における幅広い歴史書教養書的な意味合をもって享受されているということである。

(二)　近世以後

このような『太平記』の享受のあり方は近世においても本質的には異ならなかった。戦国武将が『太平記』を好んで読んでいたことは島津家の武将上井覚兼の『伊勢守日記』にみられ、覚兼自身が座衆に『太平

記』を読み聴かすなどその愛読ぶりが窺える。[5] 又、『参考太平記』の校合に用いられた今川家本・島津家本・毛利家本・北条家本の存在や、亀田氏が御紹介されている備前池田家・加賀前田家での愛読ぶりなど、[2] 戦国武将やその後裔と『太平記』との強い結び付きを示している。そして、江戸時代に入るとこのような上層武士だけでなく下級武士や町人達の間にも『太平記』は浸透し享受されていく。

松永貞徳の『戴恩記』に

> 道春初而（はじめて）論語の新註をよみ、宗務太平記をよみ、丸にも歌書をよめと、下京の友達（ダチ）どもすすめしにより、なにの思案もなく、百人一首・つれ〴〵草を、人の発起（ほつき）もなきに、群集のなかにて、大事の名目などをよみちらし侍りけるを、きこしめしつけさせ、陰（かげ）にて御にくみ有けるとかや
>
> （岩波書店刊『日本古典文学大系　第95巻』）

とあり、松永貞徳の『つれづれ草』、林道春の『論語新註』の講釈と共に宗務が『太平記』を読んでいる。なおこの場合読むは単に朗唱するだけでなく音義や内容の講釈を伴っていただろうことは、貞徳の記述から推察できる。慶安五年（一六五二）貞徳自跋のある『なぐさみ草』にもこれと同記事があり、道春の『論語新註』の講義からこの事件は慶長八、九年（一六〇三、〇四）頃であろうと小高敏郎氏は考証されている。[6] 宗務については遠藤宗務法橋と『なぐさみ草』にあり、『羅山先生詩集』巻十五に「以レ医為レ業初在レ京後住ニ江戸一」とあるが詳細は不明で今後の考証を必要とするが、[7] これなど当時一流の文壇人によるそれなりの教養人や道に志す人達への公開講義のようなものと考えられ、群集といっても庶民大衆ではあるまい。だが、多

人数を前にしてなされた太平記講釈を語る江戸期における最も早い確実な記録である。新井白石の『折たく柴の記』にも

> 戸部の家人に富田とて、生国は加賀国の人と聞えしが、太平記の評判といふ事を伝へて、其事を講ずるあり。はじめは小右衛門某といふ。後には覚信といひし人也。夜ごとに我父など寄合ひつつ、其事を講ぜしめらる。
>
> （岩波書店刊『日本古典文学大系　第95巻』）

とあり、万治三、四年（一六六〇、六一）頃上総国久留里藩士屋家の家臣達が自邸で加賀国（小松黄門前田利常〈一五九三〜一六五八〉を中心に理尽鈔講釈盛行の地）に縁ある者に「理尽鈔」を講じて貰っている。富田小右衛門覚信は日置昌一氏の『日本系譜綜覧』（改造社、一九三六・10）には太平記流軍学の二代目となっており、「理尽鈔」講釈が武士達にとって軍書講釈であったことが理解できよう。そして、このように『太平記』が広く読まれるようになっていく背後には、江戸時代になって一層発展を遂げた印刷術や出版機構が大きな影響を及ぼしていることを見過すことはできない。冨春堂五十川了庵によって慶長八年（一六〇三）刊記片仮名交り十二行古活字本が刊行[8]されて以来、整版術が開発されるとすぐさま元和八年（一六二二）に杉田良庵によって刊行されるといったように、実に多種の版本が出版されており『太平記』が如何に求められていた書であるかがわかる。それに伴い『太平記』の末書の出版も並行し盛んになっていく。寛文六年（一六六六）刊行の『和漢書籍目録』軍書の部では十二種であったものが、寛文十年刊『増補書籍目録』では十六種、元禄五年（一六九二）刊『広益書籍目録』では三十一種と増加の一途をたどる。これらは雑書ながら仮名草子

『身の鏡』『理非鑑』の作者日州漂泊野人江島為信が『闕疑兵庫記』に初めて本名を名告る署名していること[9]から、『太平記』に関係したこれら末書を正すことが、正統な学として認められていたことを示唆すると共に、『太平記』を中心とした軍学の盛んであった様子が窺える。このような「理尽鈔」講釈も戦国乱世を体験した武将や武士達の時代から遠去かるにつれて次第に衰微していく様子は、『太平記神田本』添付の「覚」に

光政公（筆者注、備前岡山藩主　池田光政）不侫半分ホト被レ成二御聴一候、養元（同　理尽鈔講釈相伝者　自得子養元）ニ二返半御聴候故、肝要之所能御覚候間、随分念ヲ入講談仕候ヘト被レ仰候、池田信州公（光政公二男　池田政言）、三分一ホト、同丹州公（光政公三男　池田輝録）少々御聴候、

とありその熱意の後退を思わせる。他方、史書として『太平記』は水戸光圀編纂の『参考太平記』（元禄四年〈一六九一〉刊）の成立に象徴されるように高く評価され尊重されるが、それは「理尽鈔」講釈の介入し得えない所でなされていた。

これらに対し、庶民対象の太平記読は『人倫訓蒙図彙』（元禄三年刊）に

近世（きんせい）よりはじまれり。太平記よみての物もらひ、あはれむかしは畳（たたみ）の上（うへ）にもくらしたればこそ、つつりよみにもすれなまなかかくてあれよかし。祇園の涼紀（すずみたたす）の森（もり）の下（した）などにてはむしろしきて座（ざ）をしめ、講（かう）

尺(しやく)こそおこりならめ。それを又こくびかたふけて聞(きき)ゐる者(もの)もあり。とかく生類(しやうるい)ほと品々(しなしな)あるはなかるべし。（句読点筆者）

とあるような、すりきり浪人による勧進読であったのであろう。『大経師昔暦』の梅龍は

国本では人並に武士の真似をして、鉢坊主の手の内程米を取った（中之巻）

者であり、『浮世親仁形気(うきよおやじかたぎ)』の父親は

若き時分西国方に武士奉公つとめしが、（中略）侍奉公ならず、（中略）けふをくらしかねて、無念ながら北野の御縁日に出て太平記をよみ、又は楊枝耳かきのつきつけ売して喰はぬ日も多かりし（巻一ノ三）

と書かれているように、零落武士の糊口を凌ぐ手段として、街頭で『太平記』を読み語ったのが最初の姿であったのであろう。講釈師の名は『難波すゝめ』（延宝七年〈一六七九〉刊）に見えるが、彼らが『太平記』を語ったかどうかは不明である。西鶴作品には天神の甫水、（『難波の皃は伊勢の白粉』『武家義理物語』巻二ノ二）、道久（『好色一代女』巻五ノ四）といった太平記読の名はみえるが、彼らも四条河原に立った太平記の辻談義、読売（『松の落葉』巻二・十二、『傾城仕送大臣』巻六ノ三、『好色産毛』巻之三）の者達も、零落武士のいつしか定着した姿であったと思われる。そして、専門講釈師のような仕方語をもって語られる楠湊川合戦（『大経師昔

暦』)、塩冶判官(『元禄曾我物語』)といった話などが庶民の興味と関心を集めたのであろう。『近代世事談』(享保十八年〈一七三三〉刊)には「太平記読」について

江戸にては、見付の清左衛門と云者始也。年来浅草御門傍に出て、太平記を講ず。此ものは理尽抄と云太平記の評判の書を以て講尺せり。又その頃赤松清龍軒といふ者、堺町に芝居をかまへ、原昌元と名乗て軍談を講ず。京都にては原永惕といふ者世に鳴(『日本随筆大成』第二期第六巻所収)

とあり、この記事は元禄十三年の有様といわれている(『節信雑誌』〈『古事類苑』楽舞部二十三〉)。この人達はむしろ専門講釈師の姿を髣髴させるもので『太平記』の他、『つれづれ草』や他の軍談などをも語ったものと思われる。ただ、町講釈師を太平記読という呼称で代表させている限り、その当初は『瀬田問答』に「今ノ講釈師ヲ、ムカシハ太平記読ト申テ太平記古戦物語ヲノミ講釈イタシ候」とあるように、『太平記』のみを講釈した者の存在を考えてみたく思う。そして、仮説ではあるが、その出発を『人倫訓蒙図彙』に記載されている者達に求め、一時的な糊口の業以上のものでないと考えたい。そして、一方では専門講釈師の擡頭が門附芸のそのような者達をも吸収し、他の軍書講談と劃しえない太平記読をつくりあげていったものと思われる。太平記読が『太平記』を庶民の間に宣伝していったことは事実であるが、元禄末頃は軍談講釈に吸収され、滝沢馬琴が「昔ありて今はなきもの」(『燕石雑志』)に数えあげたように、やがて、その勧進読の姿も人々から遠いものになる。

二　『太平記』と近世初期文芸

『太平記』が成立以来多くの人達に読み親しまれてきたことは前述の通りである。特に江戸時代に入ってからは一躍その享受層を拡大していったが、『太平記』と他の文芸との関係をみるにいくつかの問題を見出すことができる。以下その問題について私見を述べてみよう。

（一）　謡曲と『太平記』

磐城平の城主内藤風虎（一六一九〜一六八五）の蔵書印をもつ江戸時代初期に編纂された[10]『新謡曲百番』には、『太平記』中の最も中心的な事件や人物が取り上げられ曲目化されており、古曲とはかなり異なった謡曲の曲目傾向をみることができる。古曲で題材を『太平記』に求めている曲は、『平家物語』『源平盛衰記』『曾我物語』『義経記』等の源平曾我物に比べて極めて少ない。『太平記』と直接の関係をみられるのは「壇風」（『太平記』巻第二長崎新左衛門尉意見事付阿新丸殿事）「白髭」（同巻第十八比叡山開闢事）の二曲であり、他に北条時頼の廻国伝説（同巻第三十五北野通夜物語付青砥左衛門事）から素材を得たと考えられる「鉢木」「藤栄」がある。なお佐成謙太郎氏は「嵐山」「舎利」「歌占」と『太平記』との関係を指摘されている。[11]これらの曲の中で『太平記』を強く意識させるのは「壇風」である。隠謀露見し佐渡に流された父日野中納言資朝を訪ねいく阿新丸の説話が、佐渡に配流された世阿弥の感懐を深く誘ったのであろうか、この曲は世阿弥作と伝えられている。[12]「壇風」が『太平記』をかなり忠実にとり曲目化されているに比して、他の曲は北条氏の滅亡から動乱の南北朝時代への展開の中で、戦火と共に繰り広げられた権勢欲に基づく人間の喜怒哀楽、動揺する歴史に批判の目を向けた『太平記』の描く世界とは離れた所で『太平記』の一部を素材に利用しているに過ぎない。だが、『新謡曲百番』になると、田中允氏が「古謡曲の軍記物に取材したものに於いては、義経記物・曾我物が平家物に次いで多いのであるが、新謡曲百番になると、これらはその数を減じ、代って太平記物が急増している」と述べられ、『太平記』の影響曲として「許由」「大塔宮」「大内裏」「湊川」「幽霊楠」「大森彦七」「小夜衣」「思出川」「義興」「現在千万」「恋妻」「文覚滝籠」「現在道成寺」の十三番をあげておられるように[13]『太平記』との関係が濃くなってくる。これらの曲のうち「大塔宮」（『太平記』巻第五大塔宮熊野落）「大内裏」（同巻第十二大内裏造営事付聖廟御事）「湊川」（同巻第十六正成下向兵庫事）「幽霊楠」（同巻第十六正成兄弟討死事）「小夜衣」（同巻第二十一塩冶判官讒死事）「大森彦七」（同巻第二十三大森彦七事）「思出川」（同巻第三十三飢人投身事）「義興」（同巻第三十三新田左兵衛佐義興自害事）などは『太平記』中で好まれ読まれた個所であり、「大塔宮」「大内裏」「大森彦七」「思出川」は『太平記』（慶長八年刊〈岩波書店刊古典文学大系底本〉）の詞章と対校してみるに多くその詞章をそのまま流用している。このような太平記物の急増は田中允氏が翻刻を続けておられる『未刊謡曲集』（古典文庫刊）[補記]にも顕著に現れており「楠（一）」「正成（二）」「大森正成（八）」「楠塚（九）」「楠正成（九）」「杉本楠（十一）」（曲名下の和数字は『未刊謡曲集』の冊名を示す）といった楠木物の他に「佐和（五）」（『太平記』巻第二十八三角入道謀叛事）「篠村願書（五）」（同巻第九足利殿着御篠村則国人馳参事・高氏被籠願書於篠村八幡宮事）「花宴（六）」（同巻第二十三大森彦七事）「童堂（三）」（同巻第十七山攻事付日吉神託事）「忠顕（六）」（同巻第七先帝船上臨幸事）「名古屋（六）」（同巻第九山崎攻事付久我畷合戦事）「笠置山（九）」（同巻第三笠置軍事付陶山小見山夜討事）「賀名生（九）」（同巻第十八先帝潜幸芳野事、同巻二十一先帝崩御事、同巻第二十六正行参吉野事）「梶井宮（九）」（同巻第三十持明院吉野遷幸事付梶井宮事）「熊（九）」（同巻第二十八三角入道謀叛事）

「勾当内侍（十一）」（同巻第二十義貞首懸獄門事付勾当内侍事）、さらには千種忠顕をワキにした「芳野御幸（七）」などの曲名があげられる。そして、これらの曲は『新謡曲百番』所収曲と共に、解題で田中允氏が述べておられるように室町末期から江戸初期に創作されたものが多いと思われる。永正十三年（一五一六）頃成立と推定される[14]『自家伝抄』に「秦武文」「楠木」の名がみえることからも謡曲における太平記物は室町末期頃から流行しだしたことは否めない。古曲で取り上げられることが稀であった太平記物が一時期から急に流行しだした意味はどのように考えることができるであろうか。古曲に太平記物が少ない理由として佐成謙太郎氏は「徳川時代の浄瑠璃、歌舞伎と同様、室町時代の謡曲も生々しい近代史を材料とすることを憚ったのであろう」（『謡曲大観』〈壇風〉解説）と推測されているが、「壇風」は『太平記』の筋に忠実に作曲されており佐成氏の見解は一応首肯し得るものの強力な幕藩体制下の徳川時代の浄瑠璃、歌舞伎からの類推では説明できない面も考えられる。古曲では、『平家物語』に題材を求めた平家物が最も流行していたという事実がある。平曲の盛期であり、そのような好材料を持ちながら『太平記』に題材を求める必要もなかったと思われる。何故なら、『太平記』は政治権力の行先を看つめ流動の時代を批判的に叙述した固苦しい、評価の不安定な準歴史書である。又、足利幕府の保護の下に発展し大成していった能楽である故、南朝方に好意的に書かれた『太平記』は「生々しい近代史」として足利幕府の保護下では「材料とすることを憚ったのであろう」。そして、『太平記』が謡曲の中に顕著に現れてくる理由には、応仁の乱（一四六七）以後兵法家としていよいよ高まっていく楠木正成の声望と共に、政治上の実権が管領細川・畠山などの強力な守護大名の手に移り足利氏の勢力が衰えた点などが考えられる。『自家伝抄』に「秦武文」「楠木」の作者とされる金春禅鳳が、管領細川政元の庇護を得ていたことは、『太平記』を許容し得る立場の者と謡曲の結び付きを示唆するものといえよう。又、大村由己が新作謡「吉野詣」「高野詣」「明智討」「柴田討」「北条討」を作文し、秀吉が金春八郎に命じて仕舞をつけさせ、文禄三年（一五九四）三月十五日大坂城本丸で舞わせるなど[15]、自らの戦功を誇る戦乱に生きてきた者が楠木正成を身近かな英雄に数えても[16]不思議でなく、楠木物の流行などこの点からも理解できよう。

（二）中世小説、仮名草子と『太平記』

小説史の区分として「南北朝から江戸初期に至る間に制作せられた作品」を中世小説と市古貞次氏は規定されている。この期の小説が『太平記』から多くの題材や詞章を借用していることは諸氏の指摘が既にある[17]が、その場合、『中書王物語』『北野通夜物語』『さよごろも付ゑんや物語』のように『太平記』からの転写或は剽窃とみえるような作品と、『秋夜長物語』『鳥部山物語』『俵藤太物語』『李娃物語（りあものがたり）』『鶴のさうし』『ほうらい物語』『はもち中将』『かくれざと』といった『太平記』から詞章を流用したり、筋の展開に際し、『太平記』中の説話を潤色して用いる（『秋夜長物語』―『太平記』巻第十五三井寺合戦並当寺撞鐘事）ことはあっても、『太平記』中の人物を登場させ南北朝の抗争を感じさせない作品との二種をみることができる。『俵藤太物語』で秀郷が時雨という女房を媒（なかだち）にして小宰相に艶書を送る段は『太平記』巻二十一塩冶判官讒死事からの流用であるとの後藤博士の指摘[18]があるが、俵藤太の将門征伐と『太平記』に描かれた時代との間に脈絡はない。『李娃物語』は『李娃伝』の翻案に際し「太平記巻十八一宮御息所の条から種々の材料と暗示とを得、また太平記巻一『儲王の御事』『無礼講の事』『立后の事』『後醍醐天皇御治世の事』などにもそれぞれ交渉を持つ。極言すれば李娃物語は李娃伝と太平記とを撮合して成立したものと謂ってもよい[19]」と後藤博士は述べておられるが、その内容は適宜『太平記』の美辞麗句と趣向を利用した『李娃伝』の翻案にとどまっている。『秋夜長物語』『鳥部山物語』は児物語、『はもち中将』『鶴のさうし』『ほうらい物語』『かくれざと』は流離譚・報恩譚・漂流譚・御伽草子的合戦譚が中核をなす物語であり、部分的着想のうえで『太平記』を連想させる点もあるが、筋の展開や登場人物から『太平記』を直接感じさせる要素はほとんどない。後者の作品類を通じてこの読者達は、『太平記』と類似の美辞麗句を耳に感じることはあっても、『太平記』を思い浮かべる契機はないといってよかろう。史実にとらわれない私的な『太平記』の読まれ方が、一方では中世小説の文辞着想に見捨てがたい影響を与えていた一証とみられる。

また、仮名草子にみられる『太平記』の影響作品として後藤博士は『薄雪物語』『小倉物語』『花の名残』『山路の露』『藍染川』の五作をあげそれらの関係を実証されている。[1]『太平記』の道行文をそのまま流用し京上りの地名が逆になる個所をもつ『露殿物語』もこれらの作品と同様で、同じ仮名草子の中でも構想や表現は、（無論近世の世相描写といった面もあるが）中世的性格の濃厚な作品[20]で、古典からの影響は『太平記』に限らず種々の古典から得ている。これらの作品と『太平記』との関係は前述の中世小説との間でみられた影響関係と類似の様相を示しているが、特異な点として、『薄雪物語』で衛門高野登りの文辞を『太平記』巻第二十二脇屋義助予州下向事の本文を丸取していると共に、薄雪の返書の一通に『太平記』巻第二十一塩冶判官讒死事をそのまま一説話として挿入するといった、中世小説にみられた二種の傾向が融合した形で現れていることである。『薄雪物語』は『伊勢物語』をはじめ種々の古典や和歌を拠り所として艶書をなし、園部衛門と薄雪の贈答による書翰体小説を構成している作である。仮名草子の教訓啓蒙性、実用性からも『薄雪物語』に多くの古典が引用されることは不思議でなく、『太平記』の一条が取り上げられていることに特別な意味は見出せない。この『薄雪物語』と同材の「薄雪」が『新謡曲百番』に収められている。「薄雪」は、深草の里の園部右衛門が一条御所に仕える薄雪という女性を清水で見染め契りを結ぶが、忍び妻が露見し右衛門は闇討に会い命を落す。それを聞いた薄雪は自害するという筋で、薄雪をシテにした夢幻能三番目物である。『いろは作者註文』にみえる「薄雪」はこの曲をさすとされており[21]、『薄雪物語』で薄雪の病死後衛門は剃髪して後世を弔うという小説化された筋に比べると、「薄雪」は『恨の介』の素材とされる松平若狭守近次と禁裏女房の密通事件[22]や慶長十四年の宮女密通事件[23]との類似性から『薄雪物語』より事実に近い内容を伝えているのではないかと思われる。「薄雪」と『薄雪物語』は、同一題材から文芸化された別種の二作品とみるべきで、両者の影響関係は内容のみからは求められない。ただ、謡曲の方は闇討や自害などにみられるように創作に当って近世的色彩を強く感じさせるが、物語は中世小説的性格を求めたとみることはできよう。そして、その中に『太平記』の一条を挿入することは、作者の嗜好という問題も残ろうが、『東海道名所記』の新田義貞の天龍川での勇将ぶりの紹介（巻三）や『名女情比』の二話（第四今出川公顕の息女一宮と御契の事、勾当内侍新田義貞にあひ初給ふ事）などと共に、『太平記』中の説話が興味の対象となり得る程、時代の好尚を得ていたといえよう。そして、これらの引用がいい意味での教訓としてとられていることに注目される。

（三）浄瑠璃と『太平記』

『東海道名所記』（万治二年〈一六五九〉頃成立）巻六に浅井了意は

喜太夫といふ者、上総の掾になりて太平記をかたる。その曲節、平家とも舞とも謡とも知れぬ嶋者なり

（『日本古典全書　仮名草子集下』朝日新聞社、一九六二・7）

と書き残している。四条河原の景であるが、虎屋喜太夫が受領して上総少掾（『浄瑠璃太夫口宣案』では上総目）を名乗ったのは明暦四年（一六五八）七月十三日で喜太夫の京入りは明暦三年の江戸大火以前とされている。(24) 喜太夫の残存正本に太平記物はないが、この記事は明暦四年（万治元年）頃既に浄瑠璃で『太平記』関係の曲がとりあげられていたことを示している。「松平大和守日記」（若月保治著『近世初期国劇の研究』所収）万治四年（一六六一）二月十三日の条には説経や浄瑠璃の正本名が書きのせてある。それら正本名から『太平記』と関連しそうな名を取り出すと「太平記」「大森彦七」「相模入道」「高氏」「ごだいご」「太平記の中いろいろ」といった名があげられ、内容は不明ながら『太平記』から取材されていたものが少くなかったと考えられる。『古浄瑠璃正本集　第二』（横山重編、角川書店刊、一九六四・3）には万治頃刊行かとされる『後醍醐天皇』（仮題）が収められている。児島高徳の活躍を中心に『太平記』巻第九六波羅攻事までの後醍醐天皇の動向を『太平記』に添ってまとめたもので、劇的構成や脚色上の工夫をみとめることはできない。また、同正本集第四所収の寛文九年刊『山名神南合戦』（奥書に天下一さつま小太夫、同あぶらや権太夫無類正本とある）も、『太平記』巻第三十二山名右衛門佐為敵事から神南合戦事までをまとめたもので、脚色上の工夫はみられない。なお江戸を中心に延宝頃から宝永四年頃まで活躍していた土佐少掾橘正勝の正本にも内容不明ながら『楠湊川』『大塔宮』といった『太平記』から取材したと思われる曲名がみえる（土佐少掾橘正勝正本「名古屋山三郎」巻頭附載六段目物目録による）。これらの曲が「大和守日記」記載の曲とどの程度重なるかは不明ながら、

浄瑠璃に太平記物が進出している様子がわかり、然も早い時期のものは『太平記』にかなり忠実に作品を構成していることがわかる。正徳四年（一七一四）刊行の薩摩掾外記藤原直政（「山名神南合戦」梓行の天下一さつま小太夫と同人で前記の土佐掾とは相弟子といわれる）正本に『出世太平記』（『新群書類従　第五』所収）がある。新田義興の再興を仕組んだ曲であるが、その構成脚色は前記の二曲とは異なり、道行・鎧揃へなどを持ち浄瑠璃として洗練されている。やや時代が下って創作された曲のように思われる。

金平浄瑠璃『宇治の姫切』（明暦四年正月刊岡清兵衛作）の二段目に、武蔵相模の国主本間入道が反逆したのを頼光が四天王と共に討伐に出かける、その間に中国五国の領主らいしんが京都へ攻め上ってくる内乱が書かれているのを和辻哲郎博士は取り上げ、「作者は、満仲頼光の時代の史実に関係なく、太平記の世界を使っている」[25]「ここに展開される争闘の目標は明かに政治的であって、その関心の持ち方はいかにも太平記によく似てゐるのである」[26]と述べられている。万治寛文頃盛行した金平浄瑠璃の特徴の一つはその内容の荒唐無稽さの中に和辻博士が指摘されたように「公的な場面における争闘（政治的社会的な対立争闘）と闘争する男性」[27]が関心の対象として書かれている点をあげることができよう。このような特徴を持つ金平浄瑠璃が好まれた背景には、かって戦場を馳駆した勇者の残映のなおかつ脳裏から消え去らない者達が存在し、働きかけていたものと思われる。『太平記神田本』（国書刊行会、一九〇七・11）にはこの写本の由来書と「理尽鈔」講釈に関する秘伝書らしい「家珍草創太平記」「覚」の二巻が副えられている。一壺斎養元の述になる「覚」が「理尽鈔」講釈の史料とされるが、この書の成立について亀田氏は「後者は何時の筆に係るか明記されていないが、文中に『今以相模守光仲公御所持ニテ候』とあるから、池田光仲（因伯二州の太守）の卒去せる元禄六年より以前なることが知られる」（前出論文）と考証されている。内容は備前岡山での「理尽鈔」講釈の敷衍を述べているものであるが、そこに列挙されている池田氏の一人、備前宰相公池田忠雄が小松黄門前田利常から借用して筆写した「理尽鈔」の所持者、相模守光仲（池田忠雄の子）は太平記物を自らの語り物に持っていた土佐少掾橘正勝を贔屓にし、「御在府御在国日記」「御祐筆日記」[28]といった芸能関係に貴重な資料を残した因幡鳥取藩主池田光仲である。近世初期、謡曲のみならず浄瑠璃や歌舞伎までを諸大名が愛好していたことは、松平直矩の「大和守日記」や池田光仲父子の行状を記した前述の日記等に窺われるが、これら芸能に関する記録をみるとそれは単に自分の好みのみによって催されたのではなく、大名間の接待饗応の具として大いに利用していたようである。従前の『太平記』の享受のなされ方からみて、こうした大名達は『太平記』と無縁の人ではなかったろうし、「理尽鈔」講釈と縁深い人もいた。さらに、この人達の浄瑠璃、歌舞伎への愛着をみる時、そこで『太平記』が流用され語られ演じられたとしても不思議なことはない。むしろ、自然な感さえする。観衆に求めるものがあったのを太平記のいろいろをもって代弁させるのも一工夫といえよう。歌舞伎では寛文二年（一六六二）八月十六日江戸堺町鶴屋勘三郎座で「大森大狂言」が演じられており（「大和守日記」）、以後しばしば太平記物の名がみられる。少し下るが歌舞伎脚本『好色伝授』（元禄六年八月刊）に

> 仮初にも太平記等を読めば、武士憤りを覚え、善いとは常々申さぬ事か、既に新田義貞は名将なれども、勾当の内侍に心をかけ一生させる事もなく、敢ない死を召されたと有るではないか
>
> （日本名著全集『歌舞伎脚本集』所収）

といったせりふがでてくる。歌舞伎でもそれまで太平記物が上演されていて馴染み深いものであったことが示唆されると共に、これなども「事の道理は太平記」（『大経師昔暦』）式の『太平記』の受け入れ方であり、『鸚鵡ケ杣』（正徳元年刊）序にみえる竹本義太夫の「文言章段（もんごんしやうだん）のしなによりていかなる名人もかたり得がたき事有べし堅（かた）からんとすれば太平記のごとく艶（みやび）ならんとすれば源氏（げんじ）物語のごとく端手（はて）ならんとすれば当世好（こう）色双紙（しよくさうし）のかる口に似て各（をのく）浄るりにあらす」という言葉の中にみられる『太平記』に対する理解と同じものである。元来武士や公家の読書対象であった『太平記』も浄瑠璃、歌舞伎の大衆性の中で次第に庶民の間に馴染み深いものとなり、慰みの世界に取り入れられるようになったことを物がたっているが、同時に物の本『太平記』の独自性は消え去りはしなかったことを示している。

おわりに

散漫ではあるが太平記読と近世初期文芸と『太平記』との関係について述べてきた。そして、太平記読の歴史を辿り『太平記』の影響ということを考えてみるに、その背後には必ずその時々における物の本『太平記』の享受があった。しかも、その読まれ方は、例え物読み法師によって慰みに読まれた場合でも、「聞㆓太平記㆒也。赤松入道円心有軍功之事。尤為㆓当家名望㆒。聞㆑之為㆑幸也」（『蔭涼軒日録』文正元年閏二月六日）と、その内容と現実（或は、歴史的事実）とが結び付けられ反応されていた。新井白石は『読史余論』に『太平記』の記述を随所利用しており、室鳩巣は『駿台雑話』で楠木正成の「最後の一念を語る事はなはだ陋し」（巻之四）と評し、神沢貞幹から「太平記に倚ての評歟、但正録に此の語有リヤ」（『翁草』巻二十八）と批難されているように、史書教訓書としての読まれ方は『太平記』成立後連綿と続いている。一方、軍書としての利用も盛んであったことは、「理尽鈔」講釈の盛行が物語っている。そして、『太平記』は「連々御所望」（『実隆公記』延徳二年六月六日）によって読まれ続けられてきた。太平記読はこのような幅広い『太平記』の享受の中で生み出されたものであり、近世以後の庶民相手の太平記読の存在も、このような背後の事象を考えずには理解できないものである。それは『平家物語』が語り物として芸能の系譜の中で語られたのとは異なり、『太平記』の持つ一級の価値が、時機に応じた幅広い享受の中で導いてきた一現象であったといえよう。謡曲・仮名草子・浄瑠璃と『太平記』との関係も、その時機おける『太平記』の享受を考えずには理解できないものである。前述してきた享受のあり方を背景にしながら、『太平記』は文芸への影響を持ち続けてきたというべきであろう。そして、このことは、文芸の側からみれば、文芸自体がその時代の中で好まれる題材を意図的に選別し創作していたといえよう。それは、文芸の時代への追随の姿であり、強力な支持者への傾倒した姿であった。然も、最も庶民的な浄瑠璃・歌舞伎にまで、物の本『太平記』という上層人の時代の嗜好書が入り込みとりあげられているのをみると、文芸の世界の社会的な拡大が強く感じられる。それだけに、作者自身の好み以上に、享受者の好みや時流の動きを考えた新たな文芸の展開が予想され、文芸と社会との関係が、文芸の自律という問題をからめて、一つの大きな問題として提出されてくる。この問題については、今、何も述べることはできないが、結局のところ、『太平記』の享受を通じて近世初期文芸に現れた種々の様相は、時代と文芸の密接な結び付きを示唆するものといえよう。[29]

【注】

（1）　後藤丹治著『戦記物語の研究』（筑波書店、一九三六・1）『太平記の研究』（河出書房、一九三八・8）『中世国

文学研究』（磯部甲陽堂、一九四三・5）

（2）亀田純一郎「太平記読について」（『国語と国文学』、一九三一・10 中世文学号）

（3）桑田忠親氏は「物読み法師と源氏物語」（『大名と御伽衆』、一九六九・6。増補新版所収）で「純粋の僧侶でない、僧体の、物読み専門芸人のことを、物読み法師と呼び、これに対して、本職の僧侶であって、余技に物読をしているものを、物語僧と称したのではなかろうか」という見解を示され江見河原入道を物読み法師とされている。

（4）同右『大名と御伽衆』増補新版　二六六頁

（5）『上井覚兼日記』（『大日本古記録』岩波書店、一九五四・3）天正十一年正月廿三日

此夜月待候、読経なと終候てより、聴衆なと候儘、太平記二三巻読候

（6）『日本古典文学大系　第95巻　戴恩記』（岩波書店）補注二四八

（7）『戴恩記』には一華堂乗阿・宗務法橋・五十川了庵同座の記事がみえ、『太平記』を初めて版行した了庵と宗務との交友が注目される。

（8）川瀬一馬著『増補古活字版の研究』（一九六七・12）では成簣文庫蔵の『太平記』を紹介され「之が版式上より慶長八年季春以前の刊行とすれば、了庵の碑銘に言ふ、慶長七年（壬寅）に初めて上梓された刻本に相当するものなる事は疑ひないと思ふ」「了庵は慶長七年に初めて太平記を刻し、再び明年之を新刊して世俗に便し」（同著上巻二二三〜二二四頁）たと述べられている。また、日本古典文学大系『太平記一』解説には、慶長八年同刊記の片仮名交り十二行古活字本でも東洋文庫本と鎌田共済会本では「同刊記だから全く同じと考えられ見過ごされ易いが、実は数十個所に於て字の相違があり（例、東洋文庫本「カケ」を鎌田共済会本「駈」とする）、同じ刊記を有しながらも完全に同一とはいえない」と報告されており、『太平記』の需要の多かった程を思わせる。

（9）松田修「日州漂泊野人の生涯」（『日本近世文学の成立』、一九七二・8。所収）

（10）旧チャムブレン蔵書を佐佐木信綱博士が『新謡曲百番』（博文館、一九一二・2）として紹介。

（11）佐成謙太郎「謡曲の資材」（『能楽全書』第三巻所収）同氏は「鱗形」「雷電」「第六天」もあげられておられるがここでは省略した。

（12）「能本作者注文」「二百十番謡目録」「自家伝抄」「いろは作者注文」等諸書世阿弥作とする。なお、『親元日記』寛正六年二月廿八日に仙洞御所での演能記録がある。

（13）田中允「新謡曲百番の諸問題」（『中世文学の世界』岩波書店刊所収）同氏の調査によればこの十三番の内新謡曲百番にのみ見える曲は「大森彦七」「湊川」「幽霊楠」の三曲だけで、他の曲は新謡曲百番と同類の写本（佐野本・大聖寺本・吉川本・彰考館本・田中本として同論文で紹介）と共通曲をもつと述べられている。なお百番の成立時期編纂時期については「多くは、室町末期から江戸初期、即ち十六世紀後半から十七世紀前半にかけての間に作られたとの考え方が有力となる」「編纂の確実な年次は、佐々木博士説と変らないが、その上限を一六六六年まで下げ得る可能性の極めて強いことを附記したい」と述べられている。

（14）小林静雄「自家伝抄の資料的価値」（『謡曲作者の研究』、丸岡出版社、一九四二・11、所収）

（15）『甫庵太閤記』巻十六

（16）前田利常と御伽衆の話を載せた『微妙公夜話』（『改定史籍集覧』第二十六冊所収）に「太閤様の儀咄申候時分は、太閤抔は無類成御生得と御意被ㇾ成候。信長公の儀咄申候は武勇成お人と被ㇾ仰候。越後謙信公の儀咄申節は、余程なる生付と被ㇾ仰候。楠又は信玄などの咄之有時は、ちひさくて、やくに立ぬと、御頭を度々ふり被ㇾ成候」と戦国武将と並べて楠木正成を批評している。

（17）島津久基編著『近古小説新纂』（中興館、一九二八・4）吉沢義則著『室町時代文学史』（東京堂、一九三六）野村八良著『室町時代小説論』（巌松堂書店、一九三八・5）市古貞次著『中世小説の研究』（東京大学出版会、一九五五・12）注（1）の後藤丹治博士の諸著書等

（18）後藤丹治著『中世国文学研究』（前出）一一八頁

（19）後藤丹治著『戦記物語の研究』（前出）一三一頁

（20）市古貞次「近世初期小説の一性格」（『国語と国文学』一九四四・4）

（21）田中允「歌謡作者考再論」（『国語と国文学』一九四二・7）

（22）野間光辰「恨の介」解説（日本古鑑賞講座十六巻『御伽草子・仮名草子』角川書店、一九六九・4）

（23）慶長十四年七月四日五人の禁裡女房と七人の公家が姦淫の事露見し勅命により懲された事件。松田修氏はこの事件を『恨の介』成立の契機とされた（『国語国文』一九五五・12）が野間氏は前出の考証によって否定された。
（24）安田富貴子「明暦萬治ごろの京都」（『古浄瑠璃正本集』第六、後『古浄瑠璃—太夫の受領とその時代』八木書店、一九九八・2所収）
（25）和辻哲郎著『日本芸術史研究』（岩波書店、一九七一・4）一六五頁
（26）同右　一六六頁
（27）同右　一五九頁
（28）守随憲治「鳥取池田藩芸能記録の発掘」（『東京大学教養学部人文科学紀要』第九輯、十三輯、十六輯）に紹介されている。
（29）数多く刊行された物の本『太平記』にも、元禄十一年には洛陽書林から絵入平仮名交りの横本体裁のものが出され、庶民の間でも読み楽しまれる契機を導いている。

（補記）

『未刊謡曲集』（古典文庫）については本稿発表時には『未刊謡曲集　十九』（昭和47年2月）までしか刊行されておらず、その後の「二十〜三十一」、『続未刊謡曲集　一〜二十二』は考察の対象に入ってはいない。

近世文芸における『太平記』の享受

―太平記的な世界の形成―

はじめに

近世の文学作品の中で『太平記』を思い出させるものを一つ挙げよと問われれば、多くの人は『仮名手本忠臣蔵』を思い浮かべることであろう。周知のように『仮名手本忠臣蔵』は赤穂浪士の吉良上野介邸討入りの一件を扱った、寛延元年（一七四八）八月初演の人形浄瑠璃芝居であるが、時代を『太平記』巻第二十一「塩冶判官讒死事」に借りて事件を脚色しているからである。

『仮名手本忠臣蔵』が何故「塩冶判官讒死事」を時代背景に選んだかは、既に『仮名手本忠臣蔵』の成立史の考察によって言及されている。[1] 赤穂事件を取り上げた芝居の流れで言えば、この事件を塩冶判官の一件によって仕組んだものと、小栗判官の一件によって仕組んだものがあり、前者は竹本座の流れに、後者は豊竹座の流れに乗る。そして、竹本座の流れは宝永七年（一七一〇）上演と推定される[1]近松門左衛門作『兼好法師物見車』『碁盤太平記』の連作へと遡って行く。これらの作は無論『太平記』の話自体を伝えるのではなく、その話が別の一件を覆うのに都合が良いために『太平記』を利用したのである。それは『太平記』中の一事件が別の意図のもとに換骨奪胎され、近世に再生されたと言えるが、これも『太平記』の享受を示す一つの形である。

『太平記』の享受という視点から近世初期文芸の様相を見た場合、原則的にそれらは『太平記』の内容を要約、あるいは、抜き取ったりして紹介することに重点が置かれていた(2)。しかし、多種の『太平記』の版本が出版され、『太平記』の本文が広く知られるようになった元禄期以降は、『太平記』の作者がそこに込めた、政治批判や治乱興亡の中に生きた人々のその生き方への批評等を受け止めて、現代を生きる人間の教訓や鑑として、『太平記』を読み解こうとする傾向が強く現れてくる。そうした視点の導入には太平記読みと称された人々からの影響も大きかったと思われる。何故なら、太平記読み達が用いた講釈の種本『太平記秘伝理尽鈔』（以下、「理尽鈔」と略称）等の評釈書に記された「伝」や「評」は、正に『太平記』の作者の意図を汲み取り、時代と人とを批評するものであったからである。この『太平記』の特色を取り立てて利用し、『太平記』の話を変容させることによって、『太平記』をとりわけ当代に広めたのが歌舞伎や浄瑠璃芝居であった。そして、形成されたのが『太平記』に寄りかかりながら、江戸時代の現実や思考を混ぜ込んだ「太平記的な世界」とも言うべき虚構の世界である。『太平記』享受の変形とも言うべき「太平記的な世界」は、『太平記』がどのような形で享受されることによって形成されていったのかを、近松の浄瑠璃を中心に見ていき、近世文芸における『太平記』享受史の一端を窺うこととする。

一、太平記読み

近世における『太平記』の享受を考える場合、出版の盛行による読者層の増大ということが当然指摘し得るが、識字層の問題から見て、耳学問による享受もまた考えなければならない。そこに耳学問の場としての芝居の存在が浮び上ってくるが、加えて、人立ちのする場所で、『太平記』を読み、語った太平記読みの存在も無視することはできない。太平記読みについては既に言及されているが、江戸期には、武士層相手の「理尽鈔」等による軍書講釈と庶民層相手に『太平記』中の場面を仕方話で語る太平記講釈との二種があった(3)。

武士の間での軍書講釈の様子は、新井白石が『折たく柴の記』に記した、幼児期に自らも傍聴した自邸における父達の太平記評判（理尽鈔）講釈の話に窺うことができる。しかしそれも、『太平記神田本』添付の「理尽鈔」講釈相伝者一壺斎養元が記した「覚」に見られるように、

光政公（筆者注、備前岡山藩主池田光政）、不佞半分ホト被レ成二御聴一候。養元（同注、一壺斎父）ニ二返半御聴候故、肝要之所能御覚候間、随分念ヲ入講談仕候へト被レ仰候。池田信州公（同注、光政二男池田政言）三分一ホト、同丹州公（同注、光政三男池田輝録）少々御聴候、

と、元和偃武以後に生れた太平の世の武将には軍書講釈も興味の薄いものとなっている。

慶安事件を起した由井正雪が楠木流軍学者を名乗ったことは著名なことであるが、『太平記』を軍書として扱い、太平記流や楠木流を名乗る軍学者は安定した幕府体制下では名を著わす機会も少なくなっていく。そうしたものの崩れた形が『人倫訓蒙図彙』（元禄三年刊）が載せる、庶民を対象とした太平記読みの姿である。『人倫訓蒙図彙』は

太平記よみての物もらひ、あはれむかしは畳の上にもくらしたればこそ、つゞりよみにもすれ、なまなかかくてあれよかし。（句読点・清濁は筆者）

と、いかにも零落した浪人などのその日暮しの糧の為の業を伝えるが、中には近松と組んで堺（大阪府堺市）の夷島で太平記講釈をしていた原栄宅（栄沢）のように、専門講釈師として成り立っている者もいた。(4) しかし、多くの者は糊口を凌ぐための勧進読みでしかなく、そうした者達は元禄末年（一七〇三）頃には、

数年かやうの御開帳の場へ罷出。太平記を講談仕りますれ共。近年はわかい衆は申におよばず。おさない子共さま方迄。ひらがなの太平記又は枕本など申。よみやすい本共に御たよりなされ。或は十五遍廿へん程づゝくりかへして御覧なされ。講釈仕る私よりはようおぼへてござりますゆへ、綱目（筆者注『太平記綱目』）や大全（同注『太平記大全』）などで講釈仕りましたぶんでは。中〳〵御がてんなされませぬゆへ。御人立もござりませぬ。(5)

と、宝永二年（一七〇五）四月刊『役者三世相・京之巻』に記されるように、影の薄い存在となり、太平記読みの名はやがて「昔ありて今はなきもの」（滝沢馬琴著『燕石雑志』）の中に数えられるようになる。そして、専門の講釈師は『太平記』に限ることのない軍書講釈として命脈を保つ。なお、右の記事は『太平記』自体が、平仮名交り本や横本形態の簡便な本などの種々の出版(6)によって、よく読まれていたことを伝えるが、そ

の背景について、宝永五年刊『役者色将棊大全綱目・京之巻』は、

> （太平記の本が）かふぢきにうれるも理り。今の人なべてこびたる世なれば。太平記のそよみして。あかさかちわやかつせんの所をはなせば、物しりのやうに云人、せけんにおほし。それをよろこぶ人、せじやうにたくさんあるゆへ尤なり。

と述べている。『太平記』が教養を誇る書としてだけでなく、一種流行の書であったことを物語っている。大平記読みの具体的な活動については長友千代治氏や加美宏氏による紹介があるが[4]、庶民相手の太平記読みについては加美氏の指摘にもある通り、また、右の引用からも、楠正成を中心とした話がなされていた。楠正成は近世以前から『太平記』中の人物では最高の軍略家として評判高い人物であるが、江戸期に入って正成の評価をさらに高めたのは徳川光圀による「嗚呼忠臣楠子之墓」の建立であった。

二、嗚呼忠臣楠子之墓

軍略家正成の面目は、「理尽鈔」等の軍書講釈師達が楠流軍学者と名乗ったことや、また、軍学者山鹿素行の序をもつ『楠一巻書』や『桜井之書』『楠兵庫記』『恩地左近聞書』等の正成に仮託された偽書に見ることができる。一方、南朝の忠臣として正成を顕彰する契機をなしたのは、徳川光圀の『大日本史』編修の過程で校訂された『参考太平記』である。即ち、そこでは『太平記』は史書と位置づけられ、その歴史記述と事実とが照合され、その解釈に当ってどのような歴史認識を持つかが問われ出したのである。『参考太平記』

は元禄四年二月に刊行もされるが、摂津国兎原郡湊川の東に「嗚呼忠臣楠子之墓」が建立されたのも同年であった。この影響を受けて『太平記』を過去の治乱興亡を綴った歴史書と識者達は見るようになり、その視点から正成を評価すれば、軍略家ではなく南朝の忠臣としての正成像が強く浮かび上ってくる。錦里先生木下順庵も「楠公」と題する五言律詩（『錦里文集』巻六）で、

独木支㆓天下㆒　有㆑誰攀㆓厥喬㆒
一心存㆓北闕㆒　三世護㆓南朝㆒
遺愛借㆓河内㆒　余冤激㆓浙潮㆒
忠魂儼如㆑在　楚些不㆑須㆑招

と、南朝への忠節を称揚する。この詩は江村北海が「一心存北闕　三世護南朝」を「二聯巧警と謂ふ可きなり」と『日本詩史』（巻之四）で評したことで名高い。また、『錦里文集　巻十八』には「楠正成訓子図」と題する詩もあり、桜井宿での正成・正行親子の別れの絵に「是父是子　克孝克忠」と賛している。正成・正行親子については、安積澹泊も「楠正成伝の賛」（『大日本史列伝賛藪』巻之三下）で、

其（筆者注、正成）の忠義の心、天地を窮め、万古に亘りて滅す可からず。（中略）正行は遺託を受けて、能く義旗を建つ。始終、節を一にして、死を以て国に報ぜしは、忠孝両全と謂ふ可し。

（訓読は『日本思想大系　近世史論集　第48巻』（岩波書店、一九七四・1）所収本文による。以下同）。

と、順庵と同様の理解を示している。木下順庵門下には俊秀が輩出するが、新井白石もその一人である。白石と『太平記』との結び付きは既に述べたように幼時から深い。白石の史論『読史余論』は政権交代の過程に、「本朝天下の大勢、九変して武家の代となり、武家の代また五変して当代におよぶ」とする、独自の区分をたて、多くの評論を付す点に特色を持つが、その叙述に当って『太平記』、それも『参考太平記』が用いられたことは、「読史余論草稿残簡（闕）」（天理図書館蔵）から指摘されている。[7] この書における正成の評価は「功臣におゐて正成を以て第一とすべし」「此人、かく王家の御ために勲労ながらましかば、新田・足利・赤松等の人々も、そのこゝろざしをたつる事かなふべからず」（後醍醐帝中興御政務の事）と高い。「忠臣」という語は見えないが、白石が南朝を正統な皇統と考えていたことは、同書で「（北朝を）まさしき皇統とも申しがたければ、或は偽王・偽朝などもその代にはいひしとぞみへたり」（南北分立の事）と述べていることより窺い知ることができるので、正成への評価は順庵や澹泊と異なるところはない。ところで、南朝を正統な王朝とする捉え方は、徳川光圀の命によって編纂された『大日本史』の三大特筆、[8]

一　『日本書紀』において天皇紀に入れられている神功皇后を皇后としたこと。
一　『日本書紀』には大友皇子の即位は記されていないが、即位していたとして、皇子を天皇歴代に入れたこと。
一　南朝を正統な皇朝としたこと。

の一つであり、この『大日本史』編纂に初代彰考館総裁となって尽力した安積澹泊は白石と昵懇の間柄である。澹泊宛白石書簡（『新井白石全集　第五巻』吉川半七、一九〇六所収）には『太平記』の記事についてのやりとり（卯七月十二日付等）も見られる。こうした関係を思えば、楠正成親子を忠臣と顕彰する背後には南朝正統論の思潮があり、水戸学のその思想を直接に一般の人々に伝えたのが「嗚呼忠臣楠子之墓」であった。地誌『摂陽群談』（元禄十四年刊）は湊川のその碑図や碑の裏面に刻まれた朱舜水の撰文を掲載するが、その碑文にも「正成者忠勇節烈国士無双」「父子兄弟世篤忠貞節孝萃於一門」とある。安積澹泊は水戸彰考館総裁の立場からして、足利尊氏を「廃主の命を奉じて、叛臣の名を免れ、光明院を擁立して、以て正閏の分を乱す。（中略）罪悪貫盈し、人神共に憤る所。（中略）尊氏の不臣の罪は、勝げて計ふ可ならず」（『大日本史列伝賛藪』巻之四）と糾弾する。しかし、白石は尊氏よりも弟直義に奸謀と積悪を見ており、尊氏については「すべてみづから正しからざりし故に、人を正す事かなはざりしによれる也」（『読史余論』）の評語で止めている。無論、白石には白石なりの歴史観[9]があっての言であるが、このように正成を中心に見た識者達の思潮は、史書『太平記』から南朝を正統とする歴史観を打ち立て、正成の顕彰に走ったものとすることができる。この流れは『太平記』に新たな読み方を示唆することとなり、『太平記』を教養書として流行させると共に、楠正成への人気をも煽ったものと思われる。それが一般にどこまで理解されていたかは明らかにし難いが、近松の浄瑠璃が描く「太平記的な世界」を探ることによって、庶民の中に根付いた『太平記』に基づく歴史理解の様子はある程度窺い知ることができるであろう。

三、事の道理は太平記

近松作『大経師昔暦』（正徳五年春）中之巻にも貧之浪人の太平記講釈師赤松梅龍が登場する。その講席を聴聞して帰る出家交じりの老若男女に、

なんと聞事な講尺、五銭づゝにはやすい物。あの梅龍ももう七十でも有ふが。一りくつ有顔付、ァ、よい弁舌。楠湊川合戦おもしろいどう中。仕方で講尺やられた所、本の和田の新発意を見る様な。いかひ兵でござつたの。

と語らせている。やはり楠正成に関わる場面が聞かせ場であったのであろう。ところで、この作の中之巻に、梅龍が身元保証人となっている姪の玉が、おさん・茂兵衛の不義の仲立ちをしたため、大経師以春の手代助右衛門が玉の身柄を梅龍に預けに来る場面がある。その時の助右衛門の無礼な振舞に対して、梅龍が一理屈をこねるが、そこで近松は次のように言わせている。

国本では人なみに武士のまねして。鉢坊主の手の内程米も取た此梅龍。預ヶ者には請取渡しの作法が有。此家わづか三間にたらぬ小借屋。めぐりにほそ溝ほるやほらず、薄壁ひとつぬつたれ共。身が為の千早の城郭。六はらの六万騎にも。落されまいと思ふ所に、どこ見ぐるしいかご舁がどろずね。サア改て渡せと、弁舌は講尺、事の道理は太平記。かたちは安東入道が理屈をこねるもかくやらん。

その姿を例えた安東入道は、『太平記』巻第十「安東入道自害事付漢王陵事」に記される北条方の忠義を

貫いた勇士であるが、近松は『相撲入道千疋犬』（正徳四年以前）でも、武門の義を守る剛直の武士として登場させている。安東入道のことはしばらくおき、「事の道理は太平記」とした近松の意味するところを考えてみたい。もっともこの場面でのこの語句を、痩浪人の意地張った理屈に対する揶揄的な表現と取ることも可能であろうが、しかし、太平記講釈師が用いた「理尽鈔」や『太平記評判私要理尽無極鈔』（以下「無極鈔」と略称）、さらにこれら先行の評釈書を大成した『太平記大全』『太平記綱目』に載る「伝」や「評」には、後世から歴史を見たが故に語ることのできる、乱世の中にも貫かれた世の道理や人の行動の規範について、即ち、「事の道理」が述べられている。近松のこの語句には『太平記』が含み持つ、そうした事柄を意識しての発言ではなかろうか。近松自身も『国性爺合戦』（正徳五年十一月）第二で、和藤内が鷸蚌の争いから軍法の奥義を悟る場面で、和藤内に次のように言わせている。

> 本朝の太平記を見るに後醍醐の帝。天下に王として蛤の大口開し政取しめなく、相撲入道といふ鴫、鎌倉に羽たゝきし。奢の觜するどく。吉野千早に塩を吹せ申せしに。楠正成新田義貞二つの貝に觜を閉責られ。むしり取たる其虚に乗てうつせ貝。蛤共につかみしはいち物の高氏将軍、武略に長ぜし所也。

『太平記』から得た近松の歴史解釈でもあろうが、無為の代に治り行く世の流れの道理を『太平記』に近松も見ていたことを伝えている。ただし、『大経師昔暦』に即して見た場合、助右衛門を追い返した後、梅龍は玉に「塩冶判官讒死事」を例に出し、玉の行為は塩冶の妻と高師直との仲介に働いた侍従に相当すると言い、おさんと茂兵衛との不義を証拠立てするような行動はするなと諭し、潔く死ぬことを説く。玉に覚悟を決めよとの申し渡しである。この計らいが、おさん・茂兵衛は死罪に処せられることを予測して、玉に罪を負わせ、免罪を得ようとする意図であったことは後に知れる。この愁嘆の場面には、自らの責任を知る玉の、おさんを自らの死をもってでも助けたいと思う願いと、また、そうすることが主従の間の道義であるとする梅龍の思いが、「事の道理」のごとく扱われている。近松は先に『兼好法師物見車』で「塩冶判官讒死事」を題材に用いており、そこでは侍従は師直の命に背いた咎で手討ちにあっている。玉はむしろ茂兵衛と結ばれるはずであった身であり、被害者ともいうべき者であるが、玉をこのような役廻りにしたのは、この作の題材となった現実の事件では、おさん・茂兵衛は磔、玉は獄門の刑に処せられたことによる近松の脚色であろう。下之巻で梅龍は自らが討った姪玉の首を役人に差し出し、おさん・茂兵衛の命乞いをするが、それが独り勝手な誤った判断であると指摘され、助右衛門に切り掛って自らの死場所を求める手際の悪い態を見せる。これなどは、太平記講釈師の理屈ばった雄弁とその行動とが世間的な常識から外れていることを、近松が皮肉って描いているようにも取れるが、梅龍にあったのは、前述のように、侍従が塩冶夫妻の落命の因を導いたように、主人の不義の因が玉にもある限り、玉の命に代えても主人の命を助けるのが、いずれ死ぬ玉の心を活かすことにおいても、主従の義理を果すことにおいても、最良の方法であるとする思いであった。梅龍のこの道理は活かされなかったが、『太平記』では「塩冶判官讒死事」の最後を次のように結ぶ。

ソレヨリ師直悪行積(ツモツ)テ無(ナク)レ程亡失(ホロビウセ)ニケリ。利(リスル)レ人(ヲ)者(ハ)天必(ズ)福(サイハヒシ)レ之(ヲ)、賊(ソコナフ)レ人(ヲ)者(ハ)天必(ズ)禍(ワザハヒス)レ之(ヲ)ト云(イヘ)ル事、真(マコト)ナル哉(カナ)ト覚(オボ)ヘタリ。

『大経師昔暦』では高師直に相当する人物は大経師以春であるが、近松は東岸和尚によるおさん・茂兵衛の助命を劇的な結末とすることで救いを与えて、以春への応報は描いていない。しかし、現実ではこの作の上演時には大経師意春（実名）家は取り潰しにあっている。その因が妻の密通事件とは関係しないことであっても、(10)『太平記』が記した師直と同じような運命を意春は辿ったこととなる。現実の意春と「昔暦」の以春とは同一にはならないが、玉を死に追いやった以春は相応の報いを受けたような錯覚に陥る。近松がそこまで意図していたかどうかは不明であるが、『太平記』が記した道理は現実の意春には示めされたと言うことができる。そう考えれば、「事の道理は太平記」という語句は、『大経師昔暦』の内容にも適用できることとなる。また、この語句は梅龍の言葉ではあるが、近松自身の『太平記』の読解のあり方を示唆するものである。この「事の道理」ということを近松がどのように考えていたかを、「安東入道が理屈」を描いた『相摸入道千疋犬』からさらに探ってみる。

四、近松の政道批判と『太平記』

『相摸入道千疋犬』は、『太平記』巻第五「相摸入道弄二田楽一事并闘犬事」を題材に、闘犬にふける相摸入道高時を五代将軍徳川綱吉に引き当てて、綱吉の発した生類憐みの令への批判を当て込んだ作である。憐みの令は上演以前の宝永六年に廃止されていたが、『太平記』巻第十一「五大院右衛門宗繁賺二相摸太郎一事」の宗繁を宗重とし、生類憐みの令を勧めた護持院隆光（宝永四年隠退）と貨幣改鋳を推進した勘定奉行荻原重秀（正徳二年九月失脚）とを合わせたような役廻りの敵役で登場させるなど、際物的な面も強い。また、新井白石を想起させる白石（しらいし）と名付けられた猛犬を善者の味方として活躍させ、宗重を食い殺させるのは、荻原重秀の悪貨政策を批判し、意見書「改貨議」を提言した新井白石の政治改革の方向を支持することに外ならず、政治色の濃い作となっている(11)。

浄瑠璃としての見せ場は、新田義貞の弟脇屋義助がお犬様を殺した罰で入牢させられ、犬並みに扱われ、闘犬による犬責めの処刑に課せられるが、懐(なつ)く猛犬白石(しらいし)に助けられ共に逃げのびる場面にあり、聞かせ場は義助の恋人絵合の父安東左衛門聖秀の自害の場面にある。安東入道は先に述べたように『太平記』巻第十「安東入道自害事付漢王陵事」に登場する。北条方の武将聖秀は新田軍に敗れ、自害せんと鎌倉に戻るが、姪である義貞の北の方より、義貞に味方するようにとの手紙が届けられる。それを見た聖秀は漢の王陵の故事を引き、女の心から出たことにしろ、義貞の心から出たことにしろ、義貞は信頼するに足らぬと、恨み怒り、使者の眼前で切腹する義士である。『相摸入道千疋犬』の聖秀は『太平記』が描くその人物像を受けて作られるが、義貞との関係は、聖秀の娘を登場させ、義助と結婚させることによって導く。この婚姻に絡んで、聖秀の政道批判と娘への慈愛か描かれる。相摸入道高時の闘犬にふける様子を苦々しく思う聖秀は、娘を宗重の嫡子の嫁にとの高時の命に逆らい、娘を勘当し、娘の慕う義助と夫婦になることを暗に許し、自ら蟄居謹慎する。その娘が義助と共に新田軍への勧誘の使者としてやって来る。聖秀は二人の申し出に対して、北条家の滅亡は目前のことと悟った上で自害し、

此時を見て聖秀が数代の恩賞(おんしやう)。忠義を水の淡(あは)となし。源氏の味方にくだらんとは。生ながら釜で煮(に)られ車ざき。身は醢(しひしほ)に成とても、あつとはえこそ申まじ。又義貞の心ざしも無にならず。所詮返答(しよせんへんたう)いらざる物と思ひ切ては候へ共。なふ男も女も弓矢の家に生れて。ケ様の使仕損(しそん)じては其身一生のふかくぞと。

使者の貌ばせ見るに付、いたはし共悲し共。いく程もなき命何かせん、数ならぬ。一命を引出物一分たて、やりたさに。お使者の為の自害ぞや。

と、忠義と子への慈愛に「二君につかへぬ」武士の本懐を貫くのであった。『太平記』の聖秀は、近松によって江戸時代の人々に、再び武士の見本のような生き方を見せたのである。こうした型の人物像は近松の浄瑠璃にはしばしば登場するが、しかし、子への慈愛を内に包み込んで、武士の本道を貫く聖秀の古武士的な生き方が強調されればされるほど、本作に込められた政道批判は一層強く伝わることとなる。これは『太平記』序の、

蒙窃採二古今之変化一、察二安危之来由一、覆而無レ外天之徳也。明君体レ之保二国家一。載而無レ棄地之道也。良臣則レ之守二社稷一。若夫其徳欠則雖レ有レ位不レ持。

とある政道の規範を求めた精神に通じる。敢えて言えばその浄瑠璃化と言い得よう。高時が闘犬の御遊に耽るさまを批判して、聖秀に「君は四海を手ににぎり六十余州の武士の司。御遊とならば笠懸犬追物せめ馬などこそ有べきに。舞馬闘鶏に国を失ひし乱国の端。不吉とや申さん、無道とや申べき。われらが目には墓原に死骸をあらそふごとくにて御遊とは見へ申さず。国土のついへ、諸人のくるしみ。狗彘人の食をくらへ共制することあたはずと云。聖人の詞あたれる哉」と言わせているのは、『太平記』での高時への批判「智アル人ハ是ヲ聞テ、アナ忌々シヤ、偏ニ郊原ニ尸ヲ争フニ似タリト悲メリ」と承けての表現であるが、これは

そのまま生類憐みの令への批判でもある。当代の政道が施政者の悪政によって人々を苦しめている状況を『太平記』の聖秀を借りて言わせたのは、『太平記』が太平の世をもたらすためには政治を預る立場の者がどのように行動しなければならないかを記しているからである。誤った政道が世の中にどれほどの混乱をもたらし、多くの不幸な人々を作るかを『太平記』が描いているからである。綱吉の生類憐みの令によって、人々が被った害悪を自身の目で見た近松は、太平記の時代を借りた虚構の中で、失われた政道に対して求められるべき道理を聖秀の口を借りて言わせたのである。話の趣きは異なるが、政道を司る者の規範を『太平記』の話に求めた例は、井原西鶴の『武家義理物語』（貞享五年〈一六八八〉二月刊）にもある。

五、西鶴と『太平記』

『武家義理物語』巻一の一「我物（わが）ゆへに裸川（はたか）」は次のような物語である。

青砥左衛門尉藤綱は、滑川に落した十銭足らずの金を、捨て置けば国の費えであると、三貫文をかけて人足を雇い探し出させる。その夜、思わぬ銭儲けをした人足達は金を出しあい酒盛りをなす。その席で、青砥が落した銭は簡単に見付けることはできぬと思い、代りに所持する銭を出して、青砥ほどの賢者を騙してやったと自慢する者がいた。皆感嘆する中で、一人の男だけは、「人の鑑ともいうべき青砥の心を踏み躙ったとんでもない奴だ。自分は老母を養うのにこの得た金はありがたい金であるが、今の話を聞けば天の咎めも恐ろしく、受け取るわけにはいかない」と、その男をなじって帰っていった。このことは自然と青砥の耳にも入り、青砥はその不届きな男を捕らえて、罰として毎日川浚えをさせ、秋から冬にかけて九十七日目に落した銭を全て回収させた。また、帰った男を密かに尋ね出し、千馬(ちば)之介の後裔の者であると知り、さすが侍の志を失わない立派な者であると、北条時頼に推挙して仕官の道を開いてやる。

青砥左衛門が滑川に落したわずかの銭のために大金を投じてその銭を回収させた話は『太平記』巻第三十五「北野通夜物語事付青砥左衛門事」に載る著名な話である。西鶴は『日本永代蔵』（貞享五年正月刊）巻五の四にも取り上げている。西鶴も『太平記』の読者であったろうことはこれらの作品や俳諧からも知り得る。『西鶴大矢数』延宝九年（一六八一）刊

第二　因果経万事みな〳〵夢ぞかし
　　枕わらして楠が胸

第十　相手自堕落無礼講なり
　　恋はみな乱れ軍のはじまり

右の俳諧の付合に詠まれている、「第二」の例は『太平記』巻第三「主上御夢事付楠事」、「第十」は巻第一「無礼講事付玄恵文談事」を踏まえて句作りされたものである。また、『俳諧大句数』（延宝五年）では楠正成を詠んでいる（第五）。さらに、太平記読みにも興味を示しており、天神の甫水（『難波の皃は伊勢の白粉』『武

家義理物語』巻二の二）、道久（『好色一代女』巻五の四）の名を挙げている。西鶴にも『太平記』は身近な書であった。その西鶴が『武家義理物語』の冒頭に青砥左衛門の話を持ち出しているのは、どのような狙いがあったからであろうか。

『武家義理物語』巻一の一の話で西鶴が付け加えたのは、青砥の裏をかく世智賢い人足を登場させたことであるが、その世智賢さを非難し、武士の頑な道理を主張し、施政者青砥の面目をも立てさせて、題名にふさわしい内容に話はまとめられる。『武家義理物語』については、そこにどのような武家の義理が描かれているかではなく、描かれている義理に関わった武家の意識や心情を西鶴がどのように捉えていたかを読むべきであるとする、谷脇理史氏の適切な指摘がある。(12) 確かに、「我物ゆへに裸川」には武家の義理として強調しなければならないようなものは描かれてはいない。敢えて言えば、前述した施政者である武士の持つべき心構えを描き、「侍のこゝろざし」と町人的な合理主義とを対比させることによって、武士たる者の「人の鑑」たるべき姿を西鶴は求めたと言えよう。千馬之介の後裔某は青砥の行動の正統性を、再び近世の武士の立場から確認する役を持つ。『日本永代蔵』で「青砥左衛門が松炬にて鎌倉川をさがせしも世の重宝の朽捨る事を惜ての思案ふかし」と述べたのも同じ立場での批評である。『太平記』は青砥の行動を「天下ノ利」を考えてのことと評するが、西鶴も『武家義理物語』で落した銭が見付け出された時に、青砥をして「これ其まゝ捨置ば。国土の重宝朽なん事ほいなし」と言わせている。趣意は『太平記』も『武家義理物語』も同じである。なお、青砥が千馬之介の後裔を時頼に推挙したのは、「理尽鈔」の「評云」に、

此人（筆者注　青砥）ヲ角見知召出メ、天下ノ事ノ奉行セサセシ時頼ノ才智コソ猶末代ニハ難レ有人ゾカ

シ（中略）主タル者ヨク郎徒並ニ諸人ノ賢愚ヲエラビ知ベキ事ニヤ

とある、青砥自身が推挙されたことも脳裏にあってのことであろうが、この話なども『太平記』の記した施政者に求められる、政道の道理を布衍したものと見ることができ、西鶴が『武家義理物語』の冒頭にこの話を据えた意図も、天下の利を計ることが武家の最も大切な義理（＝道理）であるとする思いがあったからではなかったかと考えられる。

青砥左衛門は『太平記』中の人物ではあるが、武将として活躍する人物ではない。しかし、政道を預る者として「理ノ当ル処」を求めた清廉・実直な行動は、庶民の立場から求める理想的な施政者の姿であった。それ故に、江戸時代にはよく話題にされる人物である。紀海音作『忠臣青砥刀』（正徳末年から享保初年頃）では、その子青砥五郎藤次を登場させ、『太平記』に記す、夢想によって青砥に所領を与えようとした相摸守時頼に、その非を述べ、所領を返進した話を、時頼を今川了俊に代えて利用している。『太平記』の作者が政治のありように深い関心を示し、特に、政治を預る者の心得を説いている場面は本文の所々にある。そうした『太平記』の教訓的な面が武士達にも強く受け入れられていったことと思われるが、そうした道理に従った政治を切望していたのは庶民達である。その実践を示した青砥左衛門に多くの者が関心を持つのは当然のことであろう。この点からも青砥は江戸期に持ち上げられるべき人物であった。

六、太平記的な世界

『太平記』を鎌倉末期から室町初期までの歴史を綴った書とする『参考太平記』の刊行や、『大日本史』編修を通して、南朝正統論が呼び起こされたことは先に略述した。しかし、前述した近松や西鶴の作品例では、『太平記』から人倫の道や施政の道を読み取って利用しようとするものであり、南北朝に対する近松や西鶴の歴史観を云々しなければならない程の主張はなかった。おそらく、一般の『太平記』を教養書として享受する立場の者は、『太平記』を史書と見ていても、その記述を認めるだけであり、安積澹泊や新井白石のように、歴史のあり様に対して評価し、独自の史観を持つには到らなかったことと思われる。まして、浮世草子や芝居にあっては、登場人物を善悪や正邪に分けることはあっても、歴史の流れそのものを批判するようなことはない。何故なら、歴史家とは立場が異なるからである。浄瑠璃に限っても、人の心を慰める娯楽であり、人々に「三教の道」や「人情」を舞台を通して教えることはあるが、歴史の解釈に対して一方的な立場を押し付け強制することはない。『相撲入道千疋犬』に見た政道批判も、生類憐みの令が廃止され、人々がその愚かさに対する共通の見解を持った時点であったがゆえに、舞台に乗せることができたのである。

『太平記』の中に政道批判や人の生き方の手本を見ることは早くからなされており、浄瑠璃もそれを学んできたわけであるが、浄瑠璃におけるその活用は早く、その語り物が草子として刊行されていたことは、万治四年（一六六〇）二月十三日の「松平大和守日記」に見られ、『太平記』の中の種々の話を題材とした作品名が挙っている。また、元禄九年正月から宝永四年正月の間に逐次刊行された読み本浄瑠璃『太平記』『追加太平記』各七巻のような、『太平記』四十巻の内容を「語り本的粧ひを強く意識しながら書かれた」（同書所収『古浄瑠璃正本集　第七』解題）江戸版の要約本もある。こうした時期の作は、万治頃刊行かとされる『後醍醐天皇』（仮題、『古浄瑠璃正本集　第二』所収）のように『太平記』巻第九「六波羅攻事」までの後醍醐天皇の動静を語りながら、『太平記』には記されない児島高徳の活躍を創作して加えたものも見られるが、多くは『太平記』の内容を変えることなく、本文を適宜省略流用し、浄瑠璃の形式にまとめたものである。この読み本浄瑠璃『太平記』『追加太平記』は、劇的な構成への配慮はなされているが、『太平記』の内容から外れた脚色はしていない。楠正成についても、智仁勇を兼備した名将と賛美するが、南朝の忠臣として殊更過褒するといった独自の解釈は加えられていない。しかし、南朝正統論が言われ、楠正成の忠臣像が顕彰される風潮が強くなってくれば、その影響もまた作品の上にすぐさま現れてくると言えるであろうか。

近松にも楠正成を、主人公ではないが、登場させた宝永七年上演[13]『吉野都女楠』と題する浄瑠璃がある。主に利用されているのは『太平記』巻第十六「正成下向二兵庫一事」「正成兄弟討死事」「小山田太郎高家刈二青麦一事」「正成首送二故郷一事」であるが、かなりの脚色がなされている。第一は、進言を坊門宰相に斥けられ、兵庫に出陣する正成は正行と桜井の宿で親子の別れをし、湊川合戦で弟正季と共に討死する。第二・第三は、新田義貞の身代りとなった小山田太郎高家を北条方の武士に変え、妻やその父を登場させて、親子・夫婦の恩愛と愁嘆の場を見せる。また、獄門に晒された義貞（高家）の首をめぐって勾当内侍と高家の妻とが首を争う見せ場を設ける。第四の前半は、足利高氏に内通する坊門宰相の館に幽閉された後醍醐天皇を、酒売りに化けた名和長年と勧進比丘尼に化けた高家妻が救出する。後半は、母に教訓され、正行が長年と共に天皇を守り、追手の大軍を策略によって大敗させる。第五は、吉野内裏へ三種の神器を運ぶ途中、三輪の里で神器を奪取せんと計る坊門宰相や大森彦七が宝剣の威力などで討たれ、一同した義貞や高氏等は南北両朝の和睦をなす。というのが荒筋である。この五段を繋ぐ敵役として、勾当内侍を手に入れようと、坊門宰相と謀る大森彦七を暗躍させ、義貞（実は高家）の首をも討せる。善人側では和田新発意を活躍させるなどの趣向を加える。なお、右に指摘した本作の題材となった『太平記』の章を含め、楠正成の『太平記』における活躍の章の全てを『太平記』の本文のまま抜き出しまとめた、仮名草子とも言うべき『楠物語』五巻五冊（寛文元年刊）がある。楠正成に関係した『太平記』の内容を知るに便利な書であるが、こうした書による正成伝の伝播も、『吉野都女楠』などの上演を促すことになったのであろう。

本章で問題にしたいのは第五の場面である。第五の梗概を述べれば、

吉野内裏の後醍醐天皇のもとに三種の神器を運ばんと、京都から勾当内侍、高家の妻や二人の公家が吉野へ向う途中三輪の里に到る。三輪の鳥居の所に覆面をした十人程の者が待っており、神器を運ぶ手助けをしたいと頼み、覆面は神器に息がかかるのは畏れ多いので御免と言う。そこへもう一人、覆面をした大男が現れ、仲間に加わりたいと頼む。先の者達は断るが、大男は和田新発意源秀であり、坊門宰相とその家来達が化けた覆面の者達を追い散らし、逃げる宰相の後を追う。その後に大森彦七も勾当内侍を奪わんと現れ、内侍を縛り、神鏡を入れた櫃を開けようとするが、時に雷光天地鳴動して、手をかけた雑兵達は悶死する。なお、内侍を連れて逃げようとする彦七に、宝剣が鞘を放れて飛び、追い廻す。北畠親房・新田義貞・楠正行三人は神器を迎えに来る途次、三輪山の震動に驚き慌てて駆けつける。足利高氏も霊夢の導きで駆けつけ、対立する両者が顔を合わせる。そこへ宰相の首を討って戻った源秀が間に割って入り、南北両朝の成立と両者和睦のための使者であることを告げる。折から雨宝童子も示現し、量仁親王を新帝とし、高氏は京都を守り、後醍醐天皇を院の御所として義貞に守護するようとの神勅を与える。彦七の首を貫いた宝剣も飛び帰って鞘に納まり、めでたく天下一統源氏一統の太平国と御代は治まる。

右の場面の中で、源秀が義貞に向って言った、

> 高氏卿朝敵のとがをひるがへし申為。量仁親王を御位に立、京のだいりとあがめ。後醍醐の天皇を吉野のだいりとうやまひ。新田足利わぼくして帝をしゅごせしむべきとの願ひ。げんゑ法印の取次、我らは其お使

との口上を、源秀はその前に覆面の連中にも言っており、また、示現した雨宝童子が与えた神勅でも同様のことが告げられている。近松の願望か、虚構のこと故か、近松は一つの場面で三度も同じことを述べさせているのである。量仁親王は北朝初代の光厳天皇のことであり、『太平記』巻第十六「日本朝敵事」に、足利尊氏が持明院統の光厳院の院宣を得たことによって、「威勢ノ上ニ一ノ理出来テ、大功乍（タチマチ）ニ成ンズラント、人皆色代申レケリ」と記すように、尊氏が朝敵の名を逃れるために得た院宣の主でもある。また、雨宝童子は天照大神の下生の御姿とされるので、この神勅は皇祖の神勅という、最も厳粛なものとなる。史実にはあり得ないこの時点の南北両朝和睦を導くために、雨宝童子を持ち出したのであろうか。これは『太平記』を史書と見た水戸学や白石の立場からすれば、歴史を矮曲するにも程があるということになろうが、逆にこのことは、芝居は歴史の事実を題材にしても、歴史そのものを伝え、再現するものでないことを証左している。坊門宰相を敵役にするのは、『太平記』巻第十六「正成下向兵庫事」に記すように、正成の進言を退け、正成を死地へ追やった張本人であるからではあるが、坊門宰相には既に「理尽鈔」の「伝ニ云」で、正成の言

として、

尊氏ト打死センヨリハ清忠卿（筆者注、坊門宰相）ノ面顔二ツニ切破テ後、自害シタラント子度思ヘドモ、返テ不忠ノ名ヲ得ベシト思テ心中ニ籠テサテ止ミヌ。最口惜キ事カナ。

と伝えられており、真実のほどはともかく、こうした記事がその元になっていたかと思われる。これらのことを考え合わせれば、『吉野都女楠』で近松が描いたのは、『太平記』を、或いは、『楠物語』のような書を題材に取り、楠正成を特に顕彰することもなく、そこに記される楠正成に関わる人物や諸々の話などを、浄瑠璃の展開に添って組合わせた虚構の太平記的な世界であったと言えよう。『吉野都女楠』という外題からしてそうである。『太平記』そのものの享受とは異なる、その影響とも言うべき「太平記的な世界」が芝居では作られており、言うなれば、歴史的事実や歴史解釈を優先させないあいまいな形での『太平記』の理解と享受が芝居を通じての『太平記』への接触であったと言える。このことは『吉野都女楠』に限らず、既に取り上げた全ての作についても言うことができる。しかし、そこには、繰り返し述べてきたように、『太平記』の作者が太平の世を望むために求めた、世の道理や人としての生き方がしっかりと受け止められており、『太平記』の庶民的な享受のさまが窺われるのである。

おわりに

『仮名手本忠臣蔵』が赤穂浪士達の事件を浄瑠璃化するために、『太平記』の『塩冶判官讒死事』を利用したのは、浄瑠璃史の流れがあるとはいえ、塩冶判官の話の中に忠臣蔵の話の中に流れるものと共通するものがあったからである。その共通するものとは、政道への批判、施政者への批判である。それぞれが作品の何に、誰に当るかは紙数も尽き敢えて言及しないが、二作共に世の道理をそこに求めてそれぞれの事件が描かれている。この最も大切なもの、近松の言葉で言えば「事の道理」を『太平記』から受け止めてきたことは、『太平記』の内容が正しく読まれていたことを証している。浄瑠璃史の近松以後の流れはこの読み方を踏襲しており、『仮名手本忠臣蔵』も、また然りである。無論、その受け止め方は、『太平記』の内容をそのまま紹介することによって語るといった素直なものではなく、浄瑠璃の様式や芝居の枠に合せて変えられてはいる。しかし、その変容が、虚構を含みながらも、『太平記』中の人物だけでなく、『太平記』の作者が求めた、太平の世を作るための政道と人道を取り込んでの変容であるならば、『太平記』は正しく浄瑠璃の中に受け入れられていると言えよう。そして、この浄瑠璃のもつ時代背景を、歴史的な事実に反することがままある故に、「太平記的な世界」と呼んでみたが、芝居用語としては、「太平記の世界」と言うのが普通の呼び方である。敢えて「的な」としたのは近松の時代ではまだこの二字を外すほど、芝居用語の「世界」に応じる程の認識はできあがっていなかったと考えるからである。(14)

近世文芸における『太平記』の享受という表題からは、取り上げた作品が近松の浄瑠璃に片寄ってしまったが、『太平記』を自らの読書で享受する層よりは、芝居を通じて知る層の方がはるかに多かったのではなかったかと想像する。そうした享受は、自らの読書による享受とはどのように異なるのか、また、軍書・史書として扱われた『太平記』の享受のあり方とはどう関わりあうのか、そういった問題についても不十分ながらふれてみた。

【注】

（1）祐田善雄「『仮名手本忠臣蔵』成立史」（『浄瑠璃史論考』中央公論社、一九七五・8所収）
土田衛『浄瑠璃集』解説（新潮日本古典集成　一九八五・7）

（2）後藤丹治「太平記の影響作品」（『戦記物語の研究』大学堂出版、一九三六・1所収）

（3）拙稿「太平記読みと近世初期文芸について」（『待兼山論叢　第5号』一九七二・3、本書所収）
亀田純一郎「太平記読について」（『国語と国文学』一九三一・10）
加美宏「近世太平記読みの形成」（『太平記の受容と変容』翰林書房、一九九七・2所収）

（4）中村幸彦「太平記の講釈師たち」（『中村幸彦著述集　第十巻』中央公論社、一九八三・8所収）
長友千代治「『紀州藩石橋家家乗』読書記事」（『近世の読書』青裳堂書店、一九八七・9）
注（3）加美宏論考

（5）評判記の引用は『歌舞伎評判記集成　第四巻』所収本文によるが、句読点・清濁は私に加えた（以下同）

（6）日東寺慶治「太平記整版の研究」（長谷川端編『太平記とその周辺』新典社、一九九四・4所収）

（7）益田宗「読史余論　解題」（『日本思想大系　新井白石』岩波書店、一九七五・7所収）

（8）中村孝也『大日本史と水戸教学』（内閣印刷局、一九四一・11）

（9）頼山陽は『日本外史』の「足利氏論賛」（巻之九）で、白石が足利義満に対してなした評、「世態すでに変じぬれば、その変によりて、一代の礼を制すべし。これすなわち変に通ずるの義なるべし」（『読史余論』下）以下を要約引用し、「噫、是れ足利氏を助けて虐をなす者なり」（引用・改訳岩波文庫）と批判する。このことに対し、尾藤正英氏は、白石が事実上において足利氏を皇室に代わる新しい君主と認めたことに対し、山陽は君臣上下の秩序を絶対化し、白石の主張を道徳に反するものと非難するとされて、「伝統的権威が人心に作用する非合理的な力というべきものを、山陽が政治的支配のための不可欠の要素として重視したことを意味し、白石が歴史の動きを全く道徳の理法のみによって左右される合理的なものとみていたのと比べると、対蹠的である」と解説（岩波文庫解説）される。

（10）諏訪春雄「大経師昔暦の実説」（『近世文芸　22』一九七三・7）

（11）内山美樹子「『相模入道千疋犬』と『娥歌かるた』」（『浄瑠璃史の十八世紀』勉誠社、一九八九・10所収）

（12）谷脇理史「『武家義理物語』への視点」（『西鶴研究序説』一九八一・6所収）

（13）山根為雄氏は宝永四年上演説をとる（「『吉野都女楠』をめぐって」『国語国文』一九八八・5）

（14）拙稿「近松門左衛門と『世界』」（園田学園近松研究所編『近松研究の今日』一九九二・3、後『近松浄瑠璃の成立』八木書店、二〇一九・6所収）

本稿での『太平記』本文の引用は日本古典文学大系『太平記』を用いた。また、近松の浄瑠璃の本文引用は岩波書店刊『近松全集』によったが、文字譜を省略し、私に句読点・清濁をも加えている。

資料紹介

『諸事取締帳』（翻刻）

解題

『諸事取締帳』（天理図書館蔵）は、大坂の草紙屋天満屋源次郎を中心に、寛政六（一七九四）年九月及び同九年三月に結ばれた、浄瑠璃五行六行抜本の板行に関する草紙屋組合の記録帳である。その主たるものは、僅か八軒のみ加盟の、また、取り扱う書は浄瑠璃本のみの大坂草紙屋組合の[1]「定」であるが、こうした組合結成の誘因は、天満屋源次郎が自分の持株を擁護する為になした執拗なまでの争いにあった。寛政五年二月[2]に始まり翌六年九月に解決をみた、京都奉行所への提訴に及ぶ、彼と京都草紙屋との出入一件は、大坂の草紙屋仲間をも巻込み、彼の資本力にもよったであろうが、そのねばりの前に本屋仲間行事共々、他の草紙屋達が屈服させられたともいえるものであった。また、和歌山の帯屋伊兵衛との間で争われた重板問題は、寛政七年三月から二年間の歳月をかけて処理されたものである。これらの事件は、大坂本屋仲間の月行事に願書が出されることから端を発するが、本屋仲間行事においても、他地との問題だけに、その内済に苦慮しなければならないものであった。為に、これらの事件の経過は大阪府立中之島図書館に蔵される大坂本屋仲間の記録である「出勤帳（十一番～十四番）」（同館編『大坂本屋仲間記録』第一巻第二巻）、「差定帳（三番の三）」（『同』第八巻）、「裁配帳（二番の十八）」（『同』第九巻）に詳しく記載され、また「義太夫本公訴一件 なにわの巻」(国立国会図書館蔵)にも記録される、特記すべきものであった。[3] 今、この事件について述べることは本書解題の任ではなく、また、事の経過は本書の記すところからも、簡略ながら、知ることができる。しかし、当事者間でお互いの営業が成り立つべく、具体的にどのような解決をみたかは、本書の記述に拠るしかない。即ち、本書が記録するところは、次の六点である。

イ　「覚」寛政六年九月

京都五軒草紙屋の持つ浄瑠璃六行中文字本の板株に対して、従来永代板賃を支払い、その半株を得ていた大坂の五軒の草紙屋が、新たに天満屋源次郎よりその板木を借用することになった経過を覚として書き留め、署名捺印したもの。寛政十二年六月に一部改められている。

ロ　「定」寛政六年九月

天満屋源次郎と京大坂の草紙屋仲間との出入一件の後、取り決められた大坂草紙屋仲間八軒の、浄瑠璃本売買に関する組合規定。各自の署名捺印がある。なお、寛政九年五月に一部改められている。

ハ　「覚」及び「証文」の写し　寛政六年九月

「勢州阿漕浦平次住家之段」を六行抜本の雛形とする、京都奉行所の裁可の後、天満屋源次郎と大坂の七軒の草紙屋との間で取り交わされた六行抜本の板木貸借に関する「覚」及び「証文」の写しで、大坂本屋仲間行事へ差出された帳面の控でもある。

ニ　「一札」二通の写し　寛政六年九月

a　京都の五軒草紙屋が大坂の五軒の草紙屋に対して、六行中文字半株の権利を差戻した経緯と、以後自株が京地に限っての板株である旨を述べた「一札」の写し。

b　大坂の五軒の草紙屋と天満屋源次郎との間で、右半株を譲渡する際に交わされた、その証文に違乱なき旨を記した「一札」の写し。

ホ　「一札」の写し　寛政六年九月

京都との出入一件の後、京都の五軒草紙屋より天満屋源次郎へ差出された、浄瑠璃本売買の取決めに対する「一札」の写し。

ヘ　「一札」及び「覚」の写し　寛政九年三月

五行床本重板の件が内済した後、和歌山の帯屋伊兵兵衛・同伊平次より天満屋源次郎へ出された「一札」及び「覚」の写し。

なお、天満屋源次郎は延享五年（一七四八）には既に浄瑠璃本出版の分権を得ており、安永三年（一七七四）頃には竹本座の浄瑠璃本の板株も得た[4]といわれるが、天明七年（一七八七）に大津屋治郎右衛門と重板の問題で事を興した時に差出した「一札」には「天満屋源次郎幼少ニ付代吉左衛門印」（『裁配帳（一番の百卌九）』）とあるので、寛政以後の自分持株擁護に勇躍する天満屋源次郎は二代目であったと思われる。

天満屋源次郎を中心に結ばれたこれらの契約は、天満屋が紙屋与右衛門にその板株を譲渡する[4]文政十一年（一八二八）十一月までは有効であったと思われるが、実際にこの契約がどのように運用されていたかについては、この内容の吟味と共に浄瑠璃本の重板・類板の問題として改めて考えてみたく思う。

【注】

（1）蒔田稲城著『京阪書籍商史』（高尾書店、一九二九・5）では、大坂本屋仲間の内に草紙屋組合が明治以前にあったかどうかを疑問とする（第十四章第一節）が、ここに、同書が紹介する文久元年七月の「乍憚口上」書にいう、「本屋仲間之内草紙屋組合」に該当する組合の実体が知られる。そして、これが新しく設けられたものであったことは成立の経過から瞭然である。

（2）この一件についての京都東御役所菅沼下野守の裁許は寛政五年九月十九日に下る（「差定帳三番」）が、仲間内での了解を得た処理を済す迄には、なお、一年余りの時間を費やしている。

（3）京都書林行事がこの事件にどのように対応したか不明であるが、「上組済帳標目」（宗政五十緒 朝倉治彦編『京都書林仲間記録 第五巻』ゆまに書房、一九七七・12）には、寛政五年の項で「大坂双紙本屋天満屋源次郎京都五軒双紙屋出入」として、四度その標目がたてられている。

（4）祐田善雄「近松浄瑠璃七行本の研究」（『山辺道』第八号、一九六一・12。『浄瑠璃史論考』中央公論社、一九七五・8に所収）

書誌　大本写一冊

〔体裁〕袋綴（こより綴）。料紙は厚手の楮紙。

〔表紙〕原表紙。卍字つなぎ文様を空摺で押出した紺色紙。寸法（縦二八・〇糎×横二〇・八糎）

〔外題〕「諸事取締帳」と中央に直書。右に「甲寛政六年」左に「寅九月吉日」とある。

〔内題〕なし。

〔丁数〕遊紙一丁、墨付三十一丁、遊紙一丁、計三十三丁。

〔行数〕毎半葉六行。

なお、裏表紙に外題と同筆にて「草紙組合中」とある。もと、百丁綴りであった旨記されるが、現存は三十三丁である。余白の箇所を抜き取ったかと思われる。表紙に「草紙組合諸事取締帳」、「菊一四五」、「一一七」の貼書（いずれも朱書）があり、一丁目の遊紙に[鹿田文庫]の印記（朱）がある。

備考

本書は、その体裁からみて、大阪府立中之島図書館蔵の大坂本屋仲間記録の帳と類似する。また、本書のイ「覚」ロ「定」に捺印が、さらに、丁末（32ウ）の「此帳面惣紙数百枚」の右側に関係者七軒の捺印があることからみて、本書は草紙組合の元帳であったと思われる。なお、筆記には数人の手が交じっている。

凡例

翻刻には、原本の形を伝えることを旨としたが、次の処理をなしている。

一、漢字は新字体を使用し、変体かなも現行の平かなに改めたが、片かなについては原本のままとした。

一、次の慣用字は原本の用法のままとした。

　而（て）・江（え・へ）・茂（も）・与（と）・者（は）

一、貼紙で訂正されている箇所は、訂正文を[　]に囲んで翻刻し、（貼紙）と注記した。なお、訂正前の原文は次行または直後に〔　〕に入れて示した。

一、印章は捺印のあるものは㊞・[割印]とし、その他は原本のまま「印」とした。

一、丁付は墨付からの実丁数を算用数字で、また、丁の表裏を「オ」「ウ」で示した。
一、原本には句読点はないが、読み易くするため翻刻者が施した。なお、イ～ヘ及びａｂの符号も解題の便宜上翻刻者が付したものである。

翻刻

イ 覚

一此度天満屋源次郎殿所持之浄瑠璃六行抜本板木相改メ、御相対を以銘々借請申候ニ付諸事取締致候事
一私共先達而六行中文字株、京都草紙屋五軒屋より相対を以永代板賃銀壱貫五百目（オ1）相渡シ、慥成証文を以引請有之候所、右之段当地天満屋源次郎殿方之差支ニ相成候趣故、此度右源次郎殿より出銀被成、則右之証文京都江差戻し、京都五軒屋より一札取之、天満屋源次郎殿江相渡シ申候。然ル上者六行中文字板木之儀者、右源次郎殿所持被居候（ウ1）板木を借リ請、此後商売筋取メ仕度候ニ付、当地河内屋喜兵衛殿御取計ヒを以双方申談、則諸事定書左ニ相印置申候以上

勝尾屋　六　兵　衛　㊞

寛政六甲寅年九月　大津屋　治郎右衛門　㊞

（貼紙）㊞本　屋　林　　蔵　㊞
寛政十二申年六月改
〔塩　屋　林　兵　衛　㊞〕（オ2）
綿　屋　喜　兵　衛　㊞
（貼紙）本　屋　清　　七　㊞
〔本屋宇之助
幼少ニ付代判
亀屋　伊右衛門　㊞〕（ウ2）

ロ 定

一此度銘々之申合、組合相定諸事取究致治定候。是迄諸方取引猥リ相成候故、一統差詰難渋之儀共多有之候ニ付、以来板元立直段之通リより決而売買致間敷候。
前々より類板重板本等度々有之候而板元難渋致候事故、（オ3）此後右体之紛敷本類相互ニ売買堅致間敷候。然ル上者銘々所持いたし候大字之内、抜本并新浄瑠璃致出板候砌、板元名前無之紛敷抜本等堅取扱致間敷候。右之段互ニ申合猥リ成儀無之様、急度対談之上銘々印形致候段相違無之候（ウ3）
一御公儀様より被為　仰出候御法度之趣急度相守可申事
一仲間定法之通相背申間敷候事

一銘々節季取引出入相済不申候方有之者、随分催促致シ、
其上不埒之儀御座候ハヽ、組合行司江可被申出候。其
趣意相糺可及沙汰事（オ4）

一取引先キ当地者勿論他所ニ而も、銘々売掛等相滞候
ハヾ、其主之名前を書記シ組合中江張紙いたし置、滞
出入相済不申中ハ決而取引致間敷候事

一他所より差出候抜本是迄取扱も致候得共、当地ニ抜本
一統有之候儀故、以来右体之（ウ4）抜本等堅売買致間
敷候事

一手代小者共より持参致シ候紛敷代品物、決而取扱致間
敷候事

一組合取〆申談候ニ付五行時之立直段之内千枚ニ付（貼紙）［印 壱匁 寛政九巳年五月改］〔壱匁弐分〕引下ケ、大字七行ハ立直
段ニ三割半引、六行千枚ニ付（貼紙）［印 五分引 寛政九巳年五月改］〔八
分引〕（オ5）尤金相場壱両ニ付三匁仕懸ニ而互ニ取引可仕
候。万一右定メ之外内証ニ而外方江少々ニ而も引下ケ候
事有之候得者、其仁江右之内引申合堅致間敷候事

一大字七行売直段
極立直段之内　三割引
店　颪　弐割半引（ウ5）

一五行床本売直段
（貼紙）［割印 千枚ニ付拾六匁替 店おろし拾六匁五分より 寛政九巳年五月改］
〔千枚ニ付拾七匁五分替 店おろし拾八匁より〕

一六行抜本売直段
（貼紙）［割印 千枚ニ付拾弐匁替 店おろし拾弐匁五分より 寛政九巳年五月改］
〔千枚ニ付拾三匁八分替 店おろし拾四匁五分より〕

一組合掛銭毎月百文宛（オ6）

右之条々銘々申談互ニ猥成儀無之様急度相守可申候。
依連印如件

寛政六年
甲寅九月

天満屋　源次郎　㊞
勝尾屋　六兵衛　㊞（ウ6）
大津屋　治郎右衛門　㊞

（貼紙）［印 本屋林　蔵 印 ／ 寛政十二申年六月改］

〔塩屋林兵衛印〕

綿屋喜兵衛印

（貼紙）［本屋清七印］

〔本屋宇之助
幼少ニ付代判 亀屋伊右衛門印〕

（貼紙）［仲間被相退候］

〔天満屋作次郎〕

天満屋安兵衛印（オ7）

（半丁遊紙）（ウ7）

仲間御行司中江差出置候帳面控

八　覚

一近来京都より竹本豊竹浄瑠璃六行抜本太文字ニ彫替売出シ被申候処、当地天満屋源次郎方之五行床本并六行抜本差構候ニ付、其段幾重ニも対談被致候得共行届（オ8）不申、依之御行司奥印を以京都御奉行所江出訴被致候処、段々御糺被遊御裁許之上新規太文字之分ハ絶板相成、向後中文字ニ致候様被為仰付、就右京大坂御行司御立会之上、勢州阿漕浦平次住家段を以来六行之為雛形与、文字之恰好抜本之（ウ8）仕立等迄右之通ニ致候様御定被下相済候。然ル処銘々共先達而より天満屋源次郎殿所持之六行板木借請売買仕居申候ニ付、右御定之雛形之通ニ以後彫替申度段及対談申候得共、相調ヒ兼候様子も御座候処、河内屋喜兵衛殿御取扱を以右之対談相済、尚又向後六行（オ9）之義ニ付聊故障無之相互ニ家業執締宜敷様一統申合、天満屋源次郎殿方江証文差入板木借請申候ニ付、則右一札之写左之通ニ御座候

証文之事

一此度其許所持之浄瑠璃六行抜本板木（ウ9）別紙目録之通我等借請本摺出シ申候ニ付、諸事相定申候義左之通

一浄瑠璃六行抜本紙数拾枚ニ付
板賃壱ケ月正味銀三分宛
但閏月も同様ニ相渡シ可申候

一同板木自分之勝手ニ付其許方江相対も不致、内分ニ而外方江又貸抔致候義、決而致（オ10）申間敷候事

一同板木紛失又ハ闕ヶ損等出来候ハ、、其許江相対之上ニ而手前方より急度相弁可申候事

一同本之上ハ紙名前之儀ハ其許之板と致シ、次ニ手前方

ハ売弘所と書添可申処、諸方江広ク売出し候事ニ付、此儀御相対之上売弘所と（ウ10）書記シ候を除キ、其元名前之下江者板と致し、借主名前之下江ハ印を彫入可申事

一同板木此方ニ而彫替申候節は、此度相定リ候勢州阿漕浦平次住家之段を雛形と致し相認させ可申候。尤写本料并板代ハ其許より御出シ可被下候御相対御座候。但相認させ候（オ11）板下を其許江御見セ可申候。若又板木彫上候とも右雛形ニ文字恰好万事少シニ而茂相違致候ハヽ、如何体之失墜相懸リ申候共急度彫替可申候。尚亦右彫替候節ハ其許ニ而校合摺被成候上、手前方江板木請取摺出シ可申候。尤其節古板之板木持参致引替ニ（ウ11）請取可申候事

一六行抜本切形之儀ハ、立金尺七寸三歩横同五寸弐歩と相定、是より少しニ而も大形ニ致申間敷候事

一同本仕立之儀ハ仕来り之通糊引本ニ仕立、五行床本之通り閉分ケ本ニハ決而致し（オ12）申間敷候事

一同本上ハ紙之儀ハ先年より仕来り之通り、弐重之油煙卦を書入可申候事

一同本勿論無表紙物ニ御座候へ者、一冊ニ而も表紙を懸ケ売出シ申間敷候事

一浄瑠璃本之儀ニ付、類板重板不及申（ウ12）、紛敷本内分ニ而取扱仕候義堅致申間敷事

右之通相究壱ケ月限ニ板木借用申処実正也。然ル上者右板賃銀毎月晦日限ニ無相違急度相済シ可申候。尚又右相定メ候義違変も無之并板賃も無滞相渡し申候ハヽ、永々此証文を以不相替板木御貸シ可被下候段（オ13）御承知之趣忝存候。乍併自然板賃銀壱ケ月ニ而も相滞候歟、又ハ右相定メ候ケ条ニ相背候義御座候ハヽ、何時成共右借用之板木御取戻し可被成候。其時一言之申分無御座候。将亦此外其許所持之浄瑠璃本ニ差構之筋合聊も致申間敷候（ウ13）

為後日一札依而如件

寛政六年甲寅九月　　板木借主

誰

天満屋源次郎殿

一証文表之通板下并板木天満屋源次郎より差出シ、彫刻之儀ハ七人銘々彫立売買（オ14）致し候事

一六行之板木銘々并借リ請居申候内ハ勿論、其色品之六行天満屋源次郎殿方より摺出し被成間敷御相対御座候

事
一自今右六行彫刻之節ハ御行司江板下を以其度々御断可
申候事（ウ14）
右之通銘々立会相究候ニ付此段御断申上候。則写し帳
面差出シ置申候以上

寛政六甲寅年　　板木貸主
九月　　天満屋　源次郎　印
同　借主
勝尾屋　六兵衛　印（オ15）
大津屋　治郎右衛門　印
（貼紙）本屋林蔵　印（寛政十二申年六月改）
〔塩屋林兵衛　印〕
綿屋喜兵衛　印
（貼紙）本屋清七　印
〔本屋宇之助　幼少ニ付代判　亀屋伊右衛門　印〕
（貼紙）仲間被相退候
〔天満屋作次郎　印〕
天満屋安兵衛　印（ウ15）

仲間
御行司中様
一右之外諸証文取遣り之写左ニ記し置候以上

二

一此度京都六行抜本諸事取締申談候。右ニ付京都より天
満屋源次郎江取之候一札写左之通（オ16）

a一札

一於当地銘々共所持致候浄瑠璃六行抜本、先達而より古
文字新規彫替売出し申候処、此義其御地天満屋源次郎
殿所持之五行床本ニ差構候段、昨丑年右源次郎殿より
対談御座候所行届キ不申、無拠当地（ウ16）
御奉行様江出訴被致候処、段々御糺有之御裁許之上、
向後六行ハ中文字ニ彫刻致候様被為　仰付難有奉存候。
然ル上者中文字六行抜本之儀当地ハ銘々共五軒之株ニ
御座候。依之其御地各方右中文字六行御所望ニ付、当
地銘々共より対談を以半株永代板賃銀（オ17）壱貫五百目
慥請取貸付申候。相互ニ証文為取替相済有之候処、此
度各方御勝手ニ付其地天満屋源次郎殿所持之六行板木
御借請被成候趣ニ付、右貸付之中文字半株之儀ハ御差
戻し被成候趣承知仕候。右ニ付銘々共江請取置候永代

板賃銀差戻し可申筈之所（ウ17）、此節調達難出来猶其上無余義訳合も有之候ニ付、御地当地御取〆之ため右永代板賃銀之一札、聊之銀子御渡シ申上候て御差戻し被下忝奉存候。然ル上者此後右株京都所持之分ハ京地限リ他所江壱品ニ而も板賃を以貸付之儀ハ勿論、板木并株売渡シ（オ18）申儀決而仕間敷候。右之趣相違無之、為後証一札依如件

京都　菱屋治兵衛　印

寛政六年

寅九月

同　菊屋七郎兵衛　印

同　海老屋伊三郎　印

同　菱屋孫兵衛　印

同　鶴屋喜右衛門　印（ウ18）

勝尾屋六兵衛　殿

綿屋喜兵衛　殿

大津屋次郎右衛門　殿

塩屋林兵衛　殿

本屋清七　殿

右之通一紙取之、則右添証文当地五軒より左之通（オ19）

b 一札

一此度別紙証文之通京都五軒之衆中より中文字六行半株、先達而相対を以永代板賃銀壱貫五百目相渡、銘々共方江借り請証文取之彫刻致し売出シ候処、其許殿差構ニ相成候義も有之候ニ付、其許殿所持之六行（ウ19）板木之義、段々御懸合申上候所、行届不申候義有之、此度河内屋喜兵衛殿御挨拶を以諸事及対談、依之其許殿より銀壱貫三百五拾目御出銀被下候ニ付、則京都より取置候証文差戻し改別紙証文取之申候ニ付、其許江右証文相譲り申候処実正也。然ル上者右（オ20）相譲り候証文之趣、若違乱之義出来申候ハヽ、銘々共何方迄も罷出其許御存分急度埒明可申候。為後日一札依如件

寛政六年

寅九月

勝尾屋六兵衛　印

綿屋喜兵衛　印

大津屋治郎右衛門　印（ウ20）

塩屋林兵衛　印

本屋清七　印

天満屋　源　次　郎　殿

ホ　京都五軒衆中より源次郎方江直ニ取之候一札写

左之通（オ21）

一札

一竹本義太夫座浄瑠璃大字七行正本板元山本九兵衛殿、豊竹越前座大字七行正本板元西沢九左衛門殿、右両家より往年之砌新浄瑠璃出板之節、当地之義ハ銘々共引請売弘メ罷有候。尤於当地右新浄瑠璃（ウ21）七行正本出板後仮名書十行ニ写取彫刻致候義、則当地中字株御座候。右ニ付京地之処浄瑠璃一件之義ニ付、重板類板物ハ不及申紛敷本出来候節ハ、銘々共より引請其段相糺可申義、往年より御地当地申合ニ御座候故、互ニ商売相続として取引（オ22）致合罷有候所、右両家相続人無之、両家之株不残其許江御求板被成候段承知致し罷有候。尤右株御求板之後、六行抜本之義御地当地互ニ申談、板木貸付板賃ニ相定申候。別而五行床本之義者七行正本板元ニ限り候株承知致シ罷有候（ウ22）ニ付、先年互ニ申談為取替一札仕、諸事取締致し申候。然ル処右申合之通是迄六行細字有来り之通彫刻致し売出シ申候所、近年新規ニ右六行古文字ニ彫刻仕売出シ候処、本仕立方諸事五行床本ニ似寄差構之由ニ而、段々御懸合御座候へ共（オ23）対談行届不申、無拠当地御奉行様江御願出被成候処、段々御糺之上右六行古文字之板木ハ京大坂御行司江不残差出シ預ケニ相成、以後六行抜本彫刻之義者中文字ニ可仕候様被為　仰付、右ニ付京大坂御行司立会之上、勢州阿漕浦平治（ウ23）住家之段を以来中文字雛形と御定被下候段承知仕候。尤右一件之義相済申候上者、御互ニ商売方之事故、以前之通相改申談相続取引仕度候故、此度及御相談候事御座候。猶又先年互ニ一札も為取替置候程之義御座候ニ付、猶弥以来諸事互ニ（オ24）難渋差構無御座候様取締致し候段相違無御座候。猶更銘々共義ハ其許御了簡ヲ以、大字五行六行極メ立直段之内永々五歩引御下ケ被下忝存候。此義ハ当地銘々共限リ候義御座候へハ、決而外方江直段売崩シ売買致申間敷候。然ル上者（ウ24）往年之通此後浄瑠璃本一件并重板類板不及申、其許名前無之本何方より出来申候共、壱冊も決而売買致し申間敷候。万一右様之本当地ニ出来之砌ハ銘々共引請、相糺其許御差構無之様致シ進可申候。尚亦何事ニ不寄存寄リ之

義有之候へ者（オ25）其許江御相談之上取極メ可仕候。右
之趣此度申談候義違背不仕候。為後日一札依如件
京都
菱屋治兵衛　印
同
寛政六甲寅年九月　菊屋七郎兵衛　印
同
海老屋伊三郎　印（ウ25）
同
菱屋孫兵衛　印
同
鶴屋喜右衛門　印
天満屋源次郎殿

右之通京都一件御座候。仲間御行司中帳面記し置候
以上（オ26）
へ
一両三年以前より紀州若山より天満屋源次郎方所持浄瑠
璃五行床本之重板出来、指構之段対談御座候得共、其
段熟談行届キ不申既ニ此度
江府表江　御公訴ニも可相成様子御座候処、此度勝尾
屋六兵衛殿河内屋太助殿御挨拶候而右一件対談相調ヒ、
右若山帯屋伊兵衛殿より（ウ26）源次郎方江取之候証文弐
封写左之通

一札

一従先年其許方ニ竹本豊竹両座之浄瑠璃続丸本之株并五
行六行之段抜本板木株御所持ニ而、右之本御摺出シ渡
世御仕来り被成候。（オ27）然ル所近来私方より右両座之
浄瑠璃之内、段抜五行本之板行致彫刻諸方江売出シ申
候。此儀者先達而其御地塩屋善兵衛殿より道行景事六
行之板木并江戸鱗形屋孫兵衛殿より右浄瑠璃六行段摺
焼株与申証文買取、左者板木株と存紀州表　御奉行様
江（ウ27）御願申上、五行板行致彫刻売弘メ候儀ニ御座候
所、此度私方ニ拵候板行ハ重板ニ付指構之趣意段々御
懸合被成候得共、彼是と申合イ、依之既ニ此度江戸表
江　御公訴可被成旨被仰聞候御事御座候所、其御地勝
尾六兵衛殿河内屋太助殿御両人御挨拶ニ而、其許（オ28）
渡世之妨ニ而御難儀之段、尚又本屋仲間板木株之儀ハ
三都ニ限リ候段、委御利害被仰聞、御尤ニ承知仕候。
私義右三都本屋仲間之作法も不存候ニ付、如此勝手ニ
板本致彫刻候得共、此度御両人より御申聞段一々御尤

ニ存候ニ付、則右致彫刻候五行板木不残并江戸鱗形屋
（ウ28）孫兵衛殿大坂塩屋善兵衛殿より買取候板木証文共、
皆済其許江相渡シ申候。就夫右板木入用等も相懸り有
之、尚又失墜抔御座候ニ付、是又御両人御挨拶被下、
別紙之通金子御渡し被下申分ン無之義ニ御座候。然ル
上者此以来其許所持之浄瑠璃板木株ニ右体（オ29）之義は
勿論、少しニ而も指構之筋合堅致申間敷候。為後日一
札依如件

寛政九年　　若山中細工町
　　　　　　帯屋伊兵衛印
巳三月　　　同　伊平次印

天満屋源次郎殿

右之通一紙ニ而御座候。別紙之分左之通（ウ29）

覚

一江戸鱗形屋孫兵衛殿より買取候浄瑠璃段抜六行一件証
文并蔦屋重三郎殿より奥書添壱通
一大坂塩屋善兵衛殿より買取候浄瑠璃道行景事六行板木
不残并証文壱通（オ30）
一此度私方致彫刻候浄瑠璃五行段抜板木別紙目録之通り
九十六番
一同　板下写本弐十五番
一同　彫刻白板三十四枚
〆

右之通不残其許江相渡シ申候。尚別紙（ウ30）本証文ニ而
相済申候金子百弐拾五両慥請取申処実正ニ御座候以上

寛政九年　　紀州若山中細工町
　　　　　　帯屋　伊兵衛印
巳三月　　　同　　伊平治印

天満屋源次郎殿

右両通証文写シ本屋仲間帳面江も相記し御座候已上
（オ31）

（一丁遊紙　ウ31・オ32）

（注）
（印）　（印）　（印）（印）（印）（印）（印）

此帳面惣紙数　百枚　（ウ32）

（注）
捨印は□「定」に捺印した、天満屋源次郎・勝尾屋六兵衛・本屋林蔵（塩屋林兵衛）・亀屋伊右衛門・大津屋治郎右衛門・天満屋安兵衛・綿屋喜兵衛の七名が、上から順に捺印している。

（天理図書館翻刻番号第一三三二一号）

『姫神金龍嶽』（翻刻）

解題

本書は天理図書館蔵の絵入狂言本である。同館蔵の絵入狂言本は、『絵入狂言本集上・下』（近世文芸叢刊5・6〈一九六五〉、Ⅲ・Ⅳ〈一九七五〉）に、その多くが影印・翻刻されているが、本書はその後館蔵となったものである。

本作の内容は通例のお家騒動物であるが、第二の世話場には『心中刃は氷の朔日』が、主人公（沢村長十郎）のやつし事として、当込まれている。しかも、その箇所のみならず、全巻に浄瑠璃の節付（文字譜）がなされている。浄瑠璃の歌舞伎化・時代と世話といった問題にも、本作は貴重な資料でもある。また、その上演は、後述するように、宝永六年の盆狂言であるので、同年の京都歌舞伎界の資料不足を補う一助となろう。

書誌　半紙本一冊

〔体裁〕袋綴
〔表紙〕原表紙。薄墨色。寸法（縦二二・〇糎×横一五・九糎）
〔匡郭〕四周単辺（本文）寸法（縦二〇・四糎×横一四・七糎）
〔丁数〕七丁半
〔行数〕十五行
〔字数〕一行に約六十字～約七十字

〔挿絵〕見開き三面（1丁裏・2丁表、4丁裏・5丁表、6丁裏・7丁表）計六頁
〔題簽〕原題簽。左肩貼付。四周双辺　寸法（縦一五・八糎×横四・八糎）。（左図参照）
〔見返〕題名・小名題・二段に分けて役人替名付『遊女懐中洗濯』の出版予告（三七六頁参照）
〔内題〕第二　姫神金龍嶽（ひめがみきんりやうがだけ）付りけいせい代々鍛冶（かぢ）あふ夜のもみぢ雪駄　大あたり
〔柱刻〕「代々かぢ　　丁数（一〜六ノ十〜十二）」
〔刊記〕なし
〔板元〕八文字屋八左衛門

ひめ神きんりやうがたけ
金　龍　嶽
けいせい代々かぢあふ夜のもみぢせきだ
ふ屋町通
八文字屋
八左衛門

〔印記〕萩原乙彦罫印

興行　宝永六年、京の夷屋松太夫座で上演。盆興行であろう。その根拠は次の点にある。

宝永六年の京の座組を知る役者評判記は現在不明であるが、役人替名付よりして、江戸役者坂東又九郎の上京に注目される。宝永七年三月刊の『役者謀火燵（やくしやくらごたつ）』（江戸之巻）坂東又九郎の条に、

又九郎殿は名代は立置．去夏京へ上り早雲座を勤．十月にお江戸へ帰り．顔みせおのへの丞と成て老人姿．人形つかいと成．つくばの山のよこ雲の小歌得物．しらが取て四方髪と成．悪人吉平次殿とのつめ合．是京早雲座でせられし通也．

とあり、坂東又九郎が去夏（宝永六年夏）に上京していることが知られる。しかも、ここに評されるおのへの丞の役柄が本作で演じた役と合致しているので、本作の上演は又九郎が上京していた宝永六年と考えられる。また、そう考えても他の役者の動向に不都合はない。右にいう森田座（座本　坂東又九郎）の顔見世は「為朝振分髪」をさしているが、京土産を早速に演じたのであろう。同

座出勤の桜山四郎三郎の評（『役者謀火燧』）にも

　此度ももんじゆ四郎兵へと成．かぢやのやつし．女房玉の江殿相手にし．御主のため子の首(くび)切て忠心のしうたん．なんとよいではないか．

とあり、筋の仕組みは異ってはいるが、鍛冶屋もんじゅ四郎兵衛となってのやつし事は、本作からの趣向取りと思われる。盆狂言とするのは、沢村長十郎扮する姫神十郎介が下之巻で、万ふく寺長老に化けて、盆の棚経をあげる場や、揚屋の座敷踊の場からして考え得ることである。

　以上によって、上演年時は宝永六年の盆狂言とすることができるが、なお、本書から派生するいくつかの問題点があるので左に記す。

『役者謀火燧』は坂東又九郎の京での出勤の座を早雲座とする。しかし、本書の役人替名付では「座本夷屋松太夫」と記している。「謀火燧」の評者が夷屋座を早雲座と誤ったとすれば問題はないが、共に正しいとすれば、名代を所有する筈の夷屋松太夫が座本となって一座を組んだが、名代だけ早雲長太夫のを借りたということになる。京都では、宝永七年から正徳四年にかけて、都万太夫が座本となって早雲長太夫の名代を借り興行する（『歌舞伎評判記集成　別巻』所収　座本一覧）例があるので、そうしたことはあり得ることである。しかし、翌宝永七年には夷屋松太夫の名代が上っているだけに、この興行における名代と座本の関係については、なお他に証とするものを求めたいところである。後考を待つ。

　狂言の内容は、たえま家の御家騒動に、『心中刃は氷の朔日』を当込んだ世話場を、第二に入れ込んだものであるが、全巻に浄瑠璃の節付がなされているので、その当込みを除いた部分も浄瑠璃からの流用とするのが自然な見方となる。しかし、管見の範囲では該当すべき曲を見出し得ない。また、必ずしも浄瑠璃種ではないとする考え方も内容を検討すればするほど生じてくるので、その点について述べておく。

　浄瑠璃の文字譜が入った絵入狂言本は数種あるが、それらはいずれも題簽或は内題下に太夫名、または、正本から得たことを明記しているが、本書にはそれが全くない。この当時の絵入狂言本の中で本書と特に関係深いのは、同じ宝永六年に同じ八文字屋から刊行された「厳島姫滝」（天理図書館蔵）である。『厳島姫滝』には内題下に「都大夫直正本」と太夫名が明記されている。本書の方が『厳島姫滝』より後に刊行されたことは、見返しに載す『遊女懐中洗濯』の広告文が、『厳島姫滝』に載せられた同書の広告に比して、省略多く、「右五巻物一々の事書は、前方より書付至申候通ちがひなく候」と記されることから推察される。このほぼ同時期に刊行された二書を比較すれば、外型的な体裁が揃えられた書(1)であることが知れる。絵入狂言本でも同時代に刊行された書はほぼ同じ体裁をとるのが普通であるが、この体裁を揃えるという八文字屋の意向が、これらの本の場合、外型だけでなく、本文に文字譜を入れるという表記のあり方にまで及んだとすればどうであろうか。つまり、近年の歌舞伎が浄瑠璃の流用に熱心であり、狂言本自体にも浄瑠璃本を倣い節付をなし出版する傾向の中で、此度も人気作者近松門左衛門の『心中刃は氷の朔日』を当込んだ狂言であり、しかも、その箇所には節付をなしている所から、本来、歌舞伎そのものである部分をも含めて、全巻に節付をなし、時宜的な狂言本としての奇妙な体裁を調えたと考えるのである。このように推測させる理由は、第二の「刃は氷の朔日」の当込みを除いた、『姫神金龍嶽』の内容が歌舞伎の趣向（―事）中心の仕組となっているからである。筋立もさることながら、その文体も浄瑠璃本からとられた詞章とするよりはまさに歌舞伎狂言本のそれであるからである。

浄瑠璃種の歌舞伎狂言本は浄瑠璃本の詞章のそのままの流用（『そね崎三年忌評判二枚ゑざうし天満屋心中』等）、または、浄瑠璃本文を適宜省略する（『おやまふさこんや徳兵衛難波重井筒』等）などして、浄瑠璃の文体をそのまま残す箇所が多いのが、この当時のあり方である。しかし、本書の文体は会話文はもとより、地の文にあっても、動作を説明するト書的な口語体の文章で綴られており、狂言本そのままの文体である。フシ落の箇所に一、二浄瑠璃特有の言廻しらしいものもあるが、大半は「おしふせる」「にげかへる」といった調子で文末が終る。そして、序とか結句に浄瑠璃の詞章らしい文章がないのも、従前の浄瑠璃から歌舞伎化された狂言本の本文と大きく異なる。水からくりの利用・怨霊事・不動の加護などその趣向も多く先行歌舞伎にみられるところで、従前の歌舞伎のお家騒動物に、無理に「刃は氷の朔日」を当込んだ趣きが強い。例えば、姫蔵十郎介（沢村長十郎）が井戸掘となってたへま家の屋敷に現れるのは、『仏母摩耶山開帳』の井戸掘孫介以来のやつし事で、その折孫介を演じた山下半左衛門（京右衛門）の同座が注目される。他に、許嫁の姫が傾城を請け出し、傾城買の様をさせて、自分の許に訪れない殿の遊蕩の姿を知ろうとするのも、また、その姫が非業な死をなし、嫉妬のあまり怨霊となり現れるのも、歌舞伎で好んで用られるところである。また、第二でいきなり、道芝が小かんに、姫神十郎介が平兵衛になるのも唐突であるが、それは当込みとして許されても、下之巻自体が、その第二によって導かれてくる筋運びであるので、それにことさら節付されているのは理解し難いことである。しかも、そこで、万ふく寺の長老に化けた平兵衛（十郎介）に傾城達と総踊りさせるのは、時宜的な盆踊りの場をショー的に演ずるという意味もあったろうが、長十郎の所作事をみせる場面でもあったと思われる。これらは、まさに、歌舞伎特有の仕組である。無論、『姫神金龍嶽』にみられる趣向の多くが、浄瑠璃の作品の中にも表われないわけでもないが、何よりも、この作を浄瑠璃種であるとすることに否定的な立場をとらせるのは坂東又九郎の活躍ぶりである。おのへの丞（又九郎）が取り入った道芝（山下亀之丞）に江戸なまりのせりふを仕立させ、又九郎の仕草を真似させるのも、その現れの一つであろうし、又九郎自身が不動明王に変身し荒事をなすなど、この作が「江戸下り」の坂東又九郎を得てこそ、脚色され趣向が設け得る作であったことを物語っていよう。とすれば、文字譜がある故をもって、『姫神金龍嶽』の縦筋も浄瑠璃のそのままの流用であると考える必要はないのではなかろうか。もし、種となった浄瑠璃があったとしても、又九郎の本作における活躍ぶりからすれば、その曲から本作（「刃は氷の朔日」の当込みの箇所を除いて）は遠く隔ったものと考えなければなるまい。ならば、本作に付されている文字譜は、種とする浄瑠璃からそのまま得たとは考え難く、本屋辺りで、直前に刊行した『厳島姫滝』等に倣って付けさした程度のものと思われるのである。第二の節付以外はひどく、この程度の記譜なら
ば専門家の手を煩わせることもなかったであろう。また、墨譜の付され方にしても、第二では一ヶ所のみ、下之巻ではなしと、第二の十五ヶ所に比べての異常さは、右の私の推定を一層強くさせるのである。太夫正本と記せな

いこともこの辺りに事情があるのではなかろうか。

最後に、『心中刃は氷の朔日』の竹本座での初演時についてふれておく。従来、この曲の初演は、宗政五十緒氏の考証[2]によって、宝永六年六月から十月までの間とされている。前述のように、『心中刃は氷の朔日』が義太夫の節付のまま第二に組込れている、この狂言の上演が宝永六年の盆狂言となるので、竹本座での「刃は氷の朔日」の上演は当然それ以前となる。近松の「刃は氷の朔日」は、実説不明であるが、作中にいう六月朔日の心中事件後、余り時間をおかずに、当込み上演されたと思われる。むしろ、そう考える方が、こうした事件を扱った世話浄瑠璃の上演にふさわしい。とすれば、竹本座での上演は同年の六、七月頃の上演となる。

【注】

（1）『厳島姫滝』は題簽を欠く。ただ、表紙左肩に剥離した跡が残っており、その寸法は、『姫神金龍嶽』の題簽とほぼ一致する。

（2）『心中刃は氷の朔日』初演の年代について（日本文学協会、『日本文学』一九五七・2）

文中、歌舞伎評判記の引用は、『歌舞伎評判記集成　第四巻』所収の本文をもとにした。

凡例

翻刻に当って、次の処置を施した。

(1)底本の漢字は通行体を用いたが、外題・内題の表記は底本の表記に近い活字体を用いた。なお、平仮名・片仮名も現行の字体を用いた。ただし「ハ・ミ・ニ」は平仮名扱いとした。

(2)句読点は底本通り・に統一したが、読み易くするために任意に一字分の空白をおいた。

(3)虫喰いによる欠字は□の記号で埋めたが、推定できる場合には右側に（　）に入れて注記した。（今回は美本のためこの作業は施していない）

(4)底本の誤字脱字は補訂せず＊印で注記した。

(5)丁のうつりは底本に従わず、終りに丁数を漢数字（底本の丁付）と洋数字（実丁数）で、表裏の略号オ・ウと共に記した。

(6)人物の登場・退場・事件の展開などによって、適宜に改行して段落をつけた。

(7)場面の転換は一行あけて示した。

(8)各場毎に任意につけた場の名称をその冒頭にゴジックで掲げた。

(9)人物の会話は、文字譜に関係なく、「　」で示した。

(10)文字譜は底本の相当位置に入れたが、墨譜は省略した。

翻刻

姫神金龍嶽（ひめがみきんりやうがだけ）　三番続

上　せんすい三つおもかげ

中　あいづち三つめぐるひ

下　じやうじゆ三つびやうし

一　たへまのこうしつ　　玉川千之丞

一　あねみつひめ　　若女 山下かるも

一　弟かつ太郎　　若衆 小倉七三郎

一　こしもと 若林万大夫　　一　こしもと 山下浅之丞

一　同 小倉千世之助　　一　同 松嶋半七

一　からう大かく　　敵役 市川丹右衛門

一　おきな人形 おのへの丞　　江戸 坂東又九郎

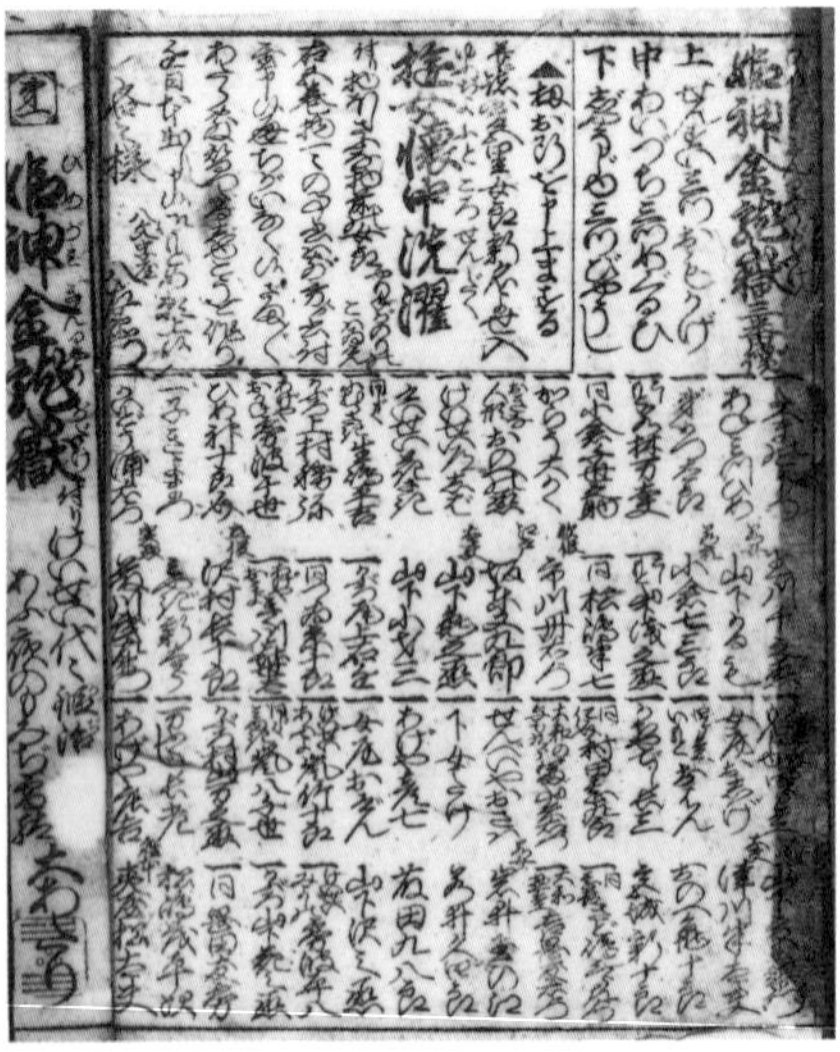

一　けいせい道しば　　太夫 山下亀之丞

一　けいせい花さき　　山下小才三

一　同じく小むらさき 生嶋平吉　　一　かぶろ 尾上右近

一　かぶろ 上村勝弥　　一　同 つゝゐ京十郎

一　あげやあかね 霧波千世　　一　あげやおみよ きく川喜世太

一　ひめ神十郎介　　立役 沢村長十郎

一　一子きよまつ　　みやぎ新太郎

一　かいどう浦右衛門　　実悪 藤川武左衛門

一　大坂かぢもんじゆ 四郎兵へ　　立役 山下京右衛門

一 女房おしげ　　大夫 津川半太夫
一 四郎兵へいもと おはん　　おのへ亀十郎
一 かちやでし長三　　宮城新十郎
一 同仁介 村田甚九郎　一 同甚吉 さど嶋三郎左衛門
一 大和の与も九郎 富山兵右衛門　一 大和物兵へ 吉岡友右衛門
一 せんべいやおさは　　若女 岩井玉の江
一 下女たけ　　若井久四郎
一 あげや彦七　　藤田九八郎
一 女房おげん　　山下沢之丞
一 けいせいあふよ 嵐竹十郎　一 けいせいみよしの 霧波平八
一 同じくみゆき 嵐八千世　一 かぶろ 山下花之丞
一 かぶろ 村山万之丞　一 同 岡田友霧
一 万ふくじ長老　　松嶋茂平次
一 あげや庄吉　　座本 夷屋松太夫

▲扨お断を申上まする
并ニ諸国色里女郎新名よせ入
遊女懐中洗濯（ゆふぢよふところせんだく）
付り物ほしさふな物前の女郎 やり手がのりのこはゐけん
右五巻物一々の事書は．前方より書付
至申候通ちがひなく候．さま〴〵あたら敷替つたるしゆこうを作り．
近日本出し申候　御もとめ頼上候
各々様　　八文字屋八左衛門

（表紙見返・図版参照）

第一　姫神金龍嶽（ひめがみきんりやうがだけ）　付りけいせい代々鍛冶（かぢ）あふ夜のもみぢ雪駄　大あたり

〔室の明神〕地ウたへまのこうしつは．あねみつ姫　弟かつ太郎．からう大かく一ウかちう御供にて．むろの明神へ御しやさん有．

〔道しば道中〕色のみなかみむろの津や．恋の道しば大夫ふう．けいせい人形手に持．かぶろあげやのくはしや引つれ．

フシゆたかに来れば　色みつ姫は．「詞みづからには姫神十郎介様と申おかたと．云名付有所にお行ゑがしれぬ．こなたとふかい中で　きよ松と云て此子迄でけた．地色身うけして是へよび入しは．十郎介様が尋て是へ御入あらふと思ふての事．殿様とこなたとのあいさつをして見せ給へ．」道しば聞「お望なれ共はづかしさに．詞人形にてしかたいたしおめにかけん」と．けいせい人形取出せば．姫はかい手人形持．けいせいかいのいきかたを．地人形にてし給

ふは　フシげにおもしろふぞみへにける．
扨きよ松なぐさめのため．人形まはしウ　上るりに合つか
いける．からう人形姫人形をおい出す．所へしらが人形
とび出．からう人形をさん〴〵にふみ付る．詞大かく是を
見．「しぐみにない人形が出．身が人形をふむは何事引
出せ」と云時に．しらがの侍人形持てとんで出．「某こ
そ　おはてなされた大殿に．かんどうゐたるぢぶの進．
みつ姫様はまゝ子．じつ子かつ太郎様へ国をやらんたく
みの人形あやつりと聞．某人形つかいと成て入こみし．
御兄弟　大殿様に成かはらせ給ひ．御かんどう御ゆる
し」とつゝしんて申せば．兄弟聞「成程かんどうはゆる
す．そなたの一子おのへの丞はいづくに有ぞ．」「地色成程け
んごにゐ申」と．しらがかづらを取てすて．「則拙者が
おのへの丞．おや治部はこぞの秋相はて．御せんどの御
役に立　かんどうゆるされよとのゆいげんゆへ．かりに
しらがのおや姿　かんどう御めん忝なし．」ハル大かくいか
つて「あれのがすな」と切てかゝるを．「すいさん成」
と切はらふ．かつ太郎は「母と一所と思はん所むねん
成」と．じがいせんとし給ふをおしとめ．「おまへの心
ていはしれて有．あね君をつれのき給へ．」「心へた」と
のき給へば．おのへ「今は心やすし」と云所へ．大ぜい
どつと切てかゝる　こゝをせんとはたらけ共．たせいな
ればつゐに取ておしふせる．
地色大かく太刀フシふり上げくび打ば　くはゐんもへ．くびまな
こをひらきにらみ．雨はしやぢくとしんどうすれば．大
かくはきもをけし　フシ侍引ぐしにげかへる．
道しばはかさゝし来る．時に此くび（一1オ）

挿絵第一図（一1ウ）

挿絵第二図（二2オ）

詞をかけ「是道しば殿．身は大かくにくびうたれた．こ
なたのからだへ玉しゐうつし．本望がとげたい　かして
下されよ」と．一念うつれば　道しばのつけにたおれふ
す　所へ大かく立もどり．道しばをみて「ないく〳〵しう
しんかけてゐる．身が女房にする」と引立る．おのへが
一念入たれば　侍共を一々になげたをし．「ャァけざい
ろくめらよ．はなの下に引まどのあいたまゝに．あられ
ぬけふりをふき出す．一々たすけぬくはん念せよ」と．
地色なまりちらし．前成川へ侍共を取てなぐれば．大かくき
もをけしにげされば　跡をしたい　三重おつかけ行．
〈絶間の屋敷内〉地かくて事しづまり．やしきの内成池の

挿絵第一図（一1ウ）

挿絵第二図（二2オ）

みちしばけいせい人形つかい
道しばの子きよ松
みつ姫かい手人形持
たへまのこうしつ
弟たへまかつ太郎
からう大かくりつふく
江戸
坂東又九郎大でけ
おのへの丞老人すがた

かるも
大でけ
みつ姫おんれう出る
道しばくるしめらる、
藤川大でけ
みつひめころされ
かめの丞
長十郎
大でけ
八兵へ姫をころし箱を取
十郎介きもをつぶす

おのへくび物を云
道しばおそる、
かめの丞大でけ
花さきみてきもけす
みつひめさかづきし給ふ
長十郎大あたり
十郎介日用五介と成
日用八兵へはら立
藤川大でけ

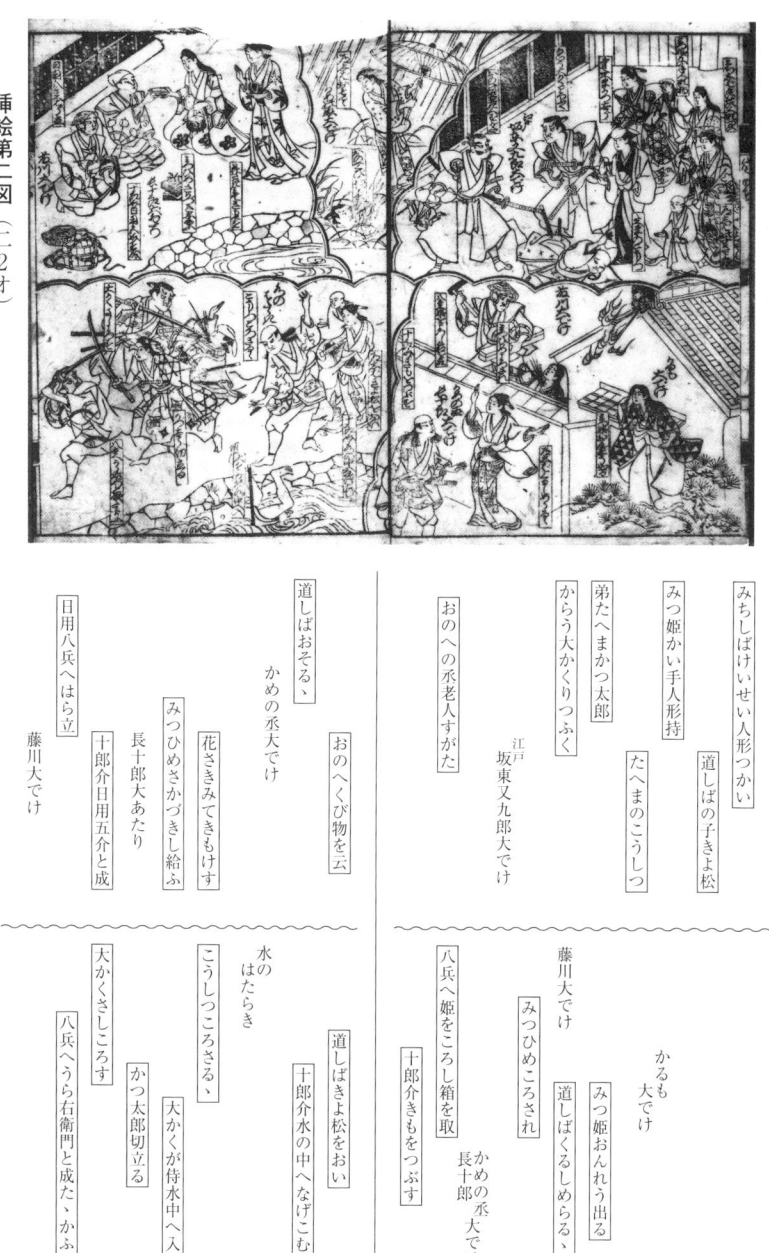

道しばきよ松をおい
十郎介水の中へなげこむ
水の
はたらき
こうしつころさる、
大かくが侍水中へ入
かつ太郎切立る
大かくさしころす
八兵へうら右衛門と成た、かふ

水．くみかへるやとい日用八兵へ　五介来りしが．しやみせんのおとを聞「酒が有たらよからふ」と云所へ．みつ姫酒さかな持て出．詞「おくよりそなた衆へ下さる丶」と．一つのみ五介にさし　たはふれ給ふ．所へ道しばのいもと女郎花さきおくより出．五介と云は十郎介「是は」と云を．「いや私は五介と申日用でござります．」花さき申は「是成はみつ姫様じや．十郎介様と云むこ君御入なさる丶はづ．それにほれふぎをなさる丶か．」姫聞「ほれはせぬ　此日用をたのみやしきを出．十郎介様が尋たさに．恋有と云ておくへつれ行　頼まふためじや．」八兵へ是を聞「十郎介はおれじや　姫の心ていみんため此姿できた．」「扨は殿様か」といだき付．フシつれておくへぞ入給ふ．

詞十郎介あきれ．「身が名を云はまぎれ物．姫へそつとしらせておけ．」「心へました」と花さきはおくへ入．十郎介はつるのはして蔵のぢやうこぢあけ内へ入．宝箱を持出る．八兵へ来り引取．十郎介を蔵へ入ぢやうおろす．みつ姫出「宝箱を取てゆかふとはがてんいかぬ」と取付給へば．其ま丶つるのはしを姫のむないたへ打立．「身は十郎介にたのまれそちをころしにきた．うらみあらば十郎介に申せ．」　みつひめくるしげに．「ゑ丶殿様うらめしい．道しばとそいたさに　わしをころしにおこし給ひしよな，おのれあしくころさばくい付ぞ」とゆびくい切ば．「あ丶いたや」とさん〴〵に打立ころし．地色しがいをかしこへおしかくせば．にはかにしんどうすれは．きもつぶし．フシ箱を持てにげさりける．

地十郎介はくらのまどがねおしやぶり下へとびおりる．所へみちしばおくより立出る．所にふしぎや　くらの鬼がはら．くはゑんをふいてとぶぞとみへしが．松の上へみつひめおんれうあらはれ出．「ねたましや道しば．そちゆへおれはころされた．うらみはつきぬ　思ひしれ」と．道しばをさま〴〵くるしめ　うきくもに．フシこくうに上りうせにけり．

十郎介はおどろき．「扨は八兵へめがころした物ならん．やれ道しばなつかしや」と．いだきつけば　色つつとのき．詞「そちは見しらぬ．」「是はどうじやぞい．（二2ウ）子中をなした女房でないか．」「何侍を女房とは．」「我はめもすはるが気がちがふたな．そちが男の十郎介じや」と云ば．とびしざり　かうべをさげ「扨はむこ君様にてましますよな．せつしやはみつ姫けらいおの丞．大かくめにくびうたれ．道しば殿のからだへ．玉しゐをうつし本望をとぐる」と一々申せば．「扨はおのへの丞が一念入しゆへよな．本望とげての跡は道しばをけんごにかへしてたもれ．」［地］「何が扨　御ひそうのお女郎　けがなしに手渡し申さん」と．打つれかしこへ入．

八兵へは先に立．こうしつ　かつ太郎　大かくを引つれ来り．「姫君を日用の五介がころした．則くらへ入置し」と．戸あけみれど内にゐず．「まどがやぶれて有　あれからにげたさふな」と云所へ．［詞］十郎介つつと出「八兵へがころしました．姫君さいごにかれがゆびくい切．則口に有し」と取出せば．「それはおのれをとらへたれば．せつなさにおのれがくい切た」とせりあふ．所へ道しば出「是かつ太郎様．あね君は八兵へめがころしました．此五介と申はむこ君十郎介様じや．私は大かくにうたれしおのへが一念．此道しばに付て物を申．八兵へと云はかいどう浦右衛門と云らうにん物．大かくにたのまれ日用と成．宝物をぬすみし」と一々申せば．大かく聞「宝物を取しは．身が此国主と成たくみ」と．［地色］其まゝこうしつをさしころす．かつ太郎は「なむさん　母の敵．かちうの物大かくをうて．」「いやさ一家中は皆大かく殿へ一みじや．おのれをやらぬ」と取まはせば．十郎介は大太刀ぬきいで「物みせん」と［色］いふまゝに．大ぜいにわつて入　さん〴〵に切ちらし．前成川へ侍共をなげこみ〳〵残りし物共おつちらし．皆打つれ其ばを立のき給ふ

第二

〔マクラ〕［地中］恋はくせ物皆人の．地がねをへらすやけくぎは．やきなをしても悪性の．酒と色とのかすがいや．後はふき上ふいごふく．かぢやのてこの衆［色］てつかり．てん〳〵からり打つちや．

〔鍛冶屋内〕かぢやのないぎおしげはあいづち．［色］かほふり上．［詞］「だんな殿のいもとおはんのふどう参り．雨がふるにかさ持てゆけ．」でし共聞「平兵への供してなれはきづかいない．堂嶋新地しゞみ川．茶屋くらやで．かぢやの大じんひらさまとたれしらぬ物はない．かさの五本や十本はかつてわせます．」又中ごとか．だんな殿へ其やうな事いふな．聞れたらたまるまい」と．よしなに取なす［フシ］女房の気だてぞかはゆらし．

［詞］所へれき〳〵成侍供引ぐしかぢやへ来る．ていしゆ四郎兵へ出れば．「そなたの義はもんじゆ四郎兵へとて．か

ぢの名人と承りおよふで参つた」と箱取よせ．「此内には玉つしまの御しんたい金龍の（三3オ）かけ物．来太郎がうつたる姫神の太刀有．どようほしにかぎを箱の中へ入ぢやうおろした．さま〳〵してもあかぬ．箱をわつては．中のかけ物がそこねては思ひ．此ぢやうをあけにもらいにきた．」「成程あけてしんぜませふ」と．箱うけ取こと〳〵としばしあしらい「さああきました．」「是はくはぶんな」とふたを取．「ついでにおがませふ」とかけ物かけ太刀を見せ．「是は身が道具じや．是を云たてに此度有ついた．身はかいどう浦右衛門と申．」女房聞わきざしぬいて打かくるを．てうどうけとめ「是どうじや．」「おつとの敵やらぬ．」四郎兵へ聞「男は身じや何をいふ．」「さればこなたとそはぬ先は．さかいちもりの女郎半太夫と申た時　二世と云かはした男おのへの丞殿を．大かくとそちがころしたと有．四郎兵へ殿とふうふに成たも．そちにあふた時すけ太刀打てもらはふため．先の男のかたきのがさぬぞ．」四郎兵へ聞．「すけ太刀する」と云ば．（地色）でし共は長ゑのかなづちふり上侍共と打あふ．所にかけ物の龍のゑぬけ出．柳の木よりみやうくはとび．水をまき上　龍はこくうにとび行ば．雨はしやぢくとふりながす．うら右衛門きもをけし．来太郎が太刀を持（フシ）跡をもみずにげさりける．（地）四郎兵へは女房をとめ．「敵のかほ見しつたれば．かさねて本望とげさせん」となだめ．皆（フシ）〳〵おくへ入にける．

（地中）廿計の女からかささして来る所へ．十六七成娘かさの内へはしりこみ．（詞）「ふどう様へ参りましたが．にはか雨にあい．けらいはかさかりに行ましたがまだきませぬ．此かさへ入て下さんせ．」「おやすい事じやが　わしは此三丁南のかぢや町迄行ます．」「そんならさいわい．私はかぢや四郎兵へいもとおはんでござんす．」「是はしたり．わしはかなづちせんべいやおさわでござんす．おまへのでし平兵へ殿にあいに参ります」と云所へ．平兵へかさをかり持て来る．おさわみて「こな様にだんかうが有てきました」と．はなす内かど口に成

内へ入ば．女房出「おはんもどらしやつたか．こなたは平兵へのやどのお人か．ゆるりとはなさしやれ」と．おはんもろ共おくへ入ければ．おさわは「是平兵へさん．こな様と道しばさんとの中の子きよ松は．わしが方でそだてるが．なんぎな事がでけました．」「身が十郎介と云名をかくし．平兵へと云てかぢや奉公する内は．万事こ

なたをたのみ置に．なんぎとは聞へぬ．何事でもよいやうにしてくれたがよい．」「こな様にもかくしたが　道しばはわしがあねの子．げんざいのおばめい其ゆかりで尋きて．それでせわをかく事也．もとははりまで侍の子なれ共．ながく〳〵のらうにん　一度むろへ売．又取かへしおばを頼むしつけて（三3ウ）くれとてのぼされしが．折ふしぶ仕合　おとゝしの大ぢしん．わしはきしやくでとこにつき身代どふも立かね．すでにかまどをやぶる所．あの子がわしらにかくしてつとめ奉公に新町へ身をうり．其かげで人じんの百ふくあまりものんだゆへ　病ひのねをぬき　此やうに身代のおもみせず．くらすは小かんのかう〳〵ゆへ．此度又身のなんぎ有て．ほりゑの茶やへ三年を十二両に身をうつておやまのつとめ．こな様もとはしらぬ人　小かんがいとしがる人と．いふてたがひの念比あい　命をたすけ身をたすけ．めいではなふておやじやものぢよさいにせいといやつても　わしらにぢよさいない物を．うらみがけくで聞へぬ」と．あたりをしのびしく〳〵となきくどき．きてぞかたりける．

平兵へ手を合せ．「あまりきづかいせつなさにうらみらしい詞つき．まつひら〳〵御ゆるし．こなたをおばごといふ事も小かんがいふてしつてゐる．先此たびひよんな事できたといふが気づかいな．おちつかせて下され」となを気をせくこそだうりなれ．「ヲ、さればいの．内々国のおやごぜへ茶や奉公はかくして．大坂のれき〳〵のおく様へあづけたぶん．所にこんど小かんの兄ご．殿様よりよびかへされ御奉公に有つかれ．それゆへあの子を国でゑんにつけるとて．うばのむすこのち兄弟が．きのふの朝おつや様むかいにきましたと．おさ名いふてのぼつて．あぢ川に宿を取てゐる．それを聞てたうはくして．さま〳〵しあんして見ても．今で請出すあだてはなし．はぢをすてゝいふたらば　国のむかいがくらやしきでついかねをとゝのへ　国へつれてかへらふし．時にはこなたとゑんきれる　どふした物であらふと小かんにとふて見たれば．いとしやあの子もなき入て．国へ帰つておや達のかほも見たふはござれ共．平さまに一寸もはなれとはゑいひますまい．叶はぬしゆびに極つて国へ下るがぢやうなら．わしはこゝで死まする　おば様を頼ます．国へやらずに平様とながふそはせて下され　となげく〳〵もいとしだうり也．せんかたつきてこな様とだんかうにきました．三年を十二両一年半はつとめる．残つて半がね六両なれど．ひき日のなんのとてつきり七両は入ませふ．わたしが方で弐両二歩は身のかはいでもとゝのへましよ．まあ四両二歩あればあの子をしやんと請出して．こな様ととふからふうふにしたといひなし．国へやる共めをとづれ　むこ入させてすませ共．其四両が見へぬゆへ　是程しきてこな様へ身代打あけはなす事．はづかしい口をしい．無念にござる」と手のごひもしぼる．計になきゐたり．

平兵へはあといきをつぎ「はて扨しあんに行あたつた．さいわいあぢなあきなひ（四4オ）

挿絵第三図（四4ウ）

挿絵第四図（五5オ）

からくんで．三両あまりはけふあすに請取はづのやくそく．はてほうはつく　此金を請取しだいやりませふ．二歩や三歩のたらぬ口　それは其時どふもなる．何とぞしゆびして小かんを手に入る様に頼みます．おば様ひとへに頼みます」と又手を合せなきければ．「いや頼む事ではござらぬ　わしが身にかゝつた事．其かねさへとゝのへばなんのあんずる事もない．そんならはやう帰りましよ．内かたへもよい様に」と出れば「是々此からかさ．小かんにかやして下さりませ」「なふ〳〵是は幸」と．さいて出たるからかさや　とらが涙も引かへて．丑天神ののべの露きゆる間．ちかき　命也

見おくる道も．しみづきし．わらんぢにあみがさのいなか商人ふたりづれ．「ャア平兵へ殿いかいあつさでござるの．あつらへ物できませふ．けふ請取てかねもすましあす下りたふござる」と．こしのうちがい取出し．「せんど手付に一貫文わたし．金三両三歩さうばは金六十(ママ)め．銭十五(ママ)匁合弐百四十目．しかけの代に引がない　こなたの方には是が徳．ちよつと一筆請取して出来たぶん下され」と．いひもしまはぬ半分聞　三両三歩につかみ付．「是でざつとすみまする」とふところにおしいれ．「請取でも手形でもきしやうでも仰付られ」と硯紙取出し「是旦那様．上物のうらがね二千足とだなにあらふ．取出し下さりませ」とぞいきりける．ていしゆはうらがねたばねながら持て出．「平兵へが咄で聞きました．やまとのせきだや殿は各でござるか．是はあはぬさいく　わしが聞ば請取まいに．平兵へが在所から念比中じやと申てどこでやら請取た．重てかふは成ませぬ　それおつまお茶しんじや．」「あい」と返事も色づきしあかゐのちやわ

挿絵第三図（四4ウ）

挿絵第四図（五5オ）

挿絵第三図

水がらくり

中がらくり

かいだう浦右衛門やうす聞

柳の木火飛出水上る

金龍のゐぬけこくうへ上る

津川大でけ

山下大でけ

かぢや女房かたき打と云

かぢやのでし共つちふり上

かぢやもんじゆ四郎兵へ見る

うら右衛門が侍ぎしむ

十郎介平兵へと成かさ持来る

沢村大でけ

かぢやの娘おはんかさへはいる

下女竹の子がさきる

玉の江大でけ

せんべいやおさわあいやいがさ

挿絵第四図

女ばうやうすを聞

かぢやのだんなふしん立る

山下大あたり

むすめちやをさし出す

沢村大あたり

手代平兵へ云まぎらかす

村のものちやのまぬ

でし伝介みてゐる

でし長三しごとする

村の物火打たばこのむ

むすめせうしがる

だんなてつくはにぎらす

京右衛門
長十郎大あたり

女ばうきのどくがる

手代平兵へめいはくする

でし仁介長三見てゐる

村の物かね取かへしゐぬる

ん手にすへて．「出ばなあげましよ」とさし出せば「是は〳〵．忝い」とらんとせしが「いや〳〵お茶はたべますまい．御無用になされ」といふ「お前はいやならはおつれ様．」「いや私も御めんなれ．」「ひらにお一つあがりませ．」「何しにおじき申ましよ　両人ながらお茶はゐたべませぬ．」「そんならさゆでもあげましよか．」「いや〳〵所望にござらぬ」と．いへばおつまも打笑ひ．「ハァあいそもない事や．こりや仁介たばこぼん持てこい」とて入にけり．仁介おくよりたばこぼん　かぢやすみ火のおこり立．ある火はおいて　くわい中より火打にほくち打出し．たばこのむ身は石の火の．ひかりの間をも待かねて　身の程しらるゝはかなさよ．ていしゆ是に心付．「いづれも大和のお衆と有．ならこほり山ゆんでめて．よしのごほりのおく迄もせきだや衆は皆ぞんした．御両人の御在所は．いづく」ととへどきかぬかほ．あちらへすべらしまぎらかし　只名ところをかくすにぞ．平兵へもおやかたにねどいさせてはあしかりなんと．「サァ請取はしまふたり　わたしてはやうもどしましよ」と．（五５ウ）とらんとすれば　ていしゆおさへて．「イャ此あきなひはせまいわい．あの衆は金銀たんともつた村のあつらへ物は請とらぬ．我らがかしよくにきずがつく」と．かきさらへひんだかへておくへ入．「先またつしやれ　それではわしが立ませぬ．様子があらばある迄．それならわたしがないしやうのじぶんしごとにしませふ．時には家になんつかず．わたさねばならぬ」と取付所をつきこかし．はつたとにらんで「うつけもの．むかいとなりへきこへぬ中．かねをもどしてゐなせおれ」といかりけるこそ尤なれ．

平兵へしごくにつまれ共ふところのかねにはなれがたく．「よふござる　今の間にわしがうつてやる．地がねは跡でさんやう」とよこざになをつて足ふいご．地がねうちくべ　ふきたて〳〵とてこ〳〵とうつつちに．おつる涙もこぼれそいゆだまとたぎる計也．

おやかた土間にとんでおり　つちかなばさみとつてなげ．「あさばんきよめるかなとこに涙をかけるばちあたり」と．つちのゐをおつ取なをし　どうほねを四つ五つ．たゝき付〳〵「おのれがかたきは此かね」と．ふところに手をおし入「是かねをかやせばいひぶんない．此方には請とらぬ　どこぞ外であつらや」となげかへせば　二人の者共せんぎむやくと思ふかほ．「手付の一貫おぼへたか．平兵へかさねて取にくる」といひすて、こそ帰りけれ．

平兵へわつと大ごゑあげ．あたりもはぢず．なげきしが．「さりとては旦那殿　たゞいまのお詞は．でしにふびんないひやうで　又此しかたは平兵へに．くびく、れとのなされやう　かぢの道一通り．火をきよめるといふ事はしやうばいなればしつてゐる．一生しうにさからはず詞一つかやさぬ此平兵へが是程迄．さからふて申からは身ぬけのならぬわけ有と．大目に見て下されて．其御をんを忘れる平兵へめではなき物を．身一生ゐきるせかしぬるせの．大事のかねに行つまり　やう〳〵大和の宿村が．あつらへ物を天のあたへ．時の間を合せたく　はじめて旦那にしかられ　あたはぬ身にはあたはぬ金．命をすつるも世のならひ　それにくやみは残らぬ共．ひたいに毛ぬきもあてるもの　見せのさきでひるひなか．町の衆道行人友はうばいも見るぞかし．でつち小ものをするやうにきよくもないぶちた、き．せぼねはおれふがくだけふが．うたる、つちはいたうない．あはれをしらぬおやかた殿．見てゐてうたするおゑさま．情ないお心のかなづちが．身ふしにこたへしみわたり．いたひかなしいうらめしい」と．ないてはうらみ　うらみては我身の．とがをくやみなき．いろにまよひの心のくやみ　おしはか．られてふびん也．おやかたいよ〳〵はらをたて．「お山ぐるひにまなこがくらみ．人のりひも身のうへも

（六ノ十6オ）

挿絵第五図（六ノ十6ウ）

挿絵第六図（十一7オ）

一寸わきが見へぬよな．うちとの者も町衆も三人よればおのれがひやうばん．聞て無念なおやかたの心の内をすいりやうせよ．去年の春からきは〳〵に．あるひは百目八十目かけのさん用ふらちにて．いつのきはか帳面のさつはりすんだ事が有．それのみならずさかい筋のきぬやから．こんじゅすのおなごおび五十六匁．ひぢりめん八尺三十五匁といふ書出し．覚へがないとてかやせ共　あとからはもつてくる．はいまぶれのかぢやの仁蔵．身にさへきにくいひぢりめんに．あしを四本ふんごんで其ばちはなんとせふ．身の行すゑがかわいひ」とこゑをあげてなきければ．女房娘もろ共に．「わるふき、やるな平兵へ」とともに袖をぞしぼりける．ばちりしやう有おやかたにて　涙をとゞめ．「こりや平兵へ．いふてゐては

挿絵第五図（六ノ十6ウ）

挿絵第六図（十一7オ）

挿絵第五図

道しば物思ひすがた
かぶろ
かめの丞　大でけ
あげやのくはしやおげん
女郎衆つれ立来る
女郎あふよあげや入
りやうり人かつてにゐる

もんじゆ四郎兵へかい手と成来る
くはしやおげんあいさつ云
京右衛門　大でけ
道しば見しらすあふ
津川大でけ
亀之丞　大あたり
あげやていしゆ彦七
四郎兵へ女房ざうり取姿
藤川　大でけ
うら右衛門中げんと成来る

挿絵第六図

長十郎大でけ
平兵へ寺の長老ににせ来る
あげや彦七おんど取
けいせいみよしのおどる
あげや庄吉来る
けいせいあふよおどる
万ふくじたな経に来り
道しばかぶろきよの

あげや彦七かゝへゐる
平兵へ十郎介となのり
みちしば手おいし所
沢村大でけ
おのへの丞一念いきふどう
大かくころさるゝ所
うら右衛門うたるゝ所
江戸　坂東又九郎大あたり
かつ太郎かけ付給ふ
山下大でけ
かぢや四郎兵へはたらく

はてがない今迄の事は皆ゆるす．是からたましゐ入かへせたいをもつて出る迄は．茶やの見せへもあがるまいお山と詞もかはすまいと．きつとせいもんたてふならば此たびのかね　たとへ四両が五両でも．今出してとらするか　サァなんと」、いひければ．平兵へとびしさり両手をついてかしらをさげ．「申おゐさま旦那様へわびことしてお礼申てくださりませ．道しらずおんしらず大悪人の私に．かね迄出して此なんぎおすくひにあづかる事．親も及ばぬ主のじひ　今日は祝ひ月．廿八日御ゐん日ふどうのやひばにのどぶゑを．付通され身のかしよくのかなとこに．打みしやがる、法もあれ　又やふた、び悪性事．ふつつと思ひ切ました」と涙をながし云ければ．親かたもきげんをなをし「さすが男じやまんぞくした．此上ながらこちの心のおちつくため．せいもんのせうこに」と三尺計のさほてつの．夕日のごとくやけたるをかなばさみにて引出し．かなとこにどうどなをし．「是は此度きん中様おないし所のくぎ下地．此ないし所には日本の神々御ばん有．八万余座の神のつかさの御ほうでん．其くぎに成くろがね．今のせいもんいつわりないと見る前でてつくわをにぎれ．心に誠有ものはこほりよりもひや、か也．少もいつわり有ものはうでやけたゞれおつると云．仏神にうそはない　其方もほつきして．今のせいもん立るからはあつい事は有まい．サァにぎれ」といひければ．平兵へ色かはり只はら〳〵計にて　跡しざりにぞ成にける．

女房せうしがり．「ハテこ、な人うろたやる．思ひ切たがぢやうなればてつくはにこわい事はない．たゞしは当座まかなひにかね取だましのそらぜいもんか．さりとはわるいがつてん　なんぼいとしい恋しいも．身が立ねば叶はぬ事　たゞし思ひきられぬか．サァいやおふの返事しや．どふぞ〳〵」と手づめになれば　平兵へ．かほも心もうろ〳〵と　いやと（十一7ウ）いへば主人のりよぐはい．しあん涙にむねせまり　へんとう．なくてなきゐたる．おやかたはら立「ゐ、だまされた」とむなくら取てかどへなげ出し．「おんしらずのちく生」とさん〴〵にてうちやくし　おくへ入．皆だんなのが尤なれ共．道しばが小かんと成て二どのつとめ．とかくあふてのしあんとぜひなく出テ行

下

〔揚屋川口屋〕（地色）なさけうるさと一入にぼんはもん日とにぎはしき．平兵へは丸づきんに衣けさ．寺のおしやうににせ姿．あげや川口やへ来り．ていしゆ彦七にあい．「万ふくしはしよくしやうでさん〴〵．それゆへぐそうめうだいに．たな経にあるきます」と．生れうだなへむかい．かね打念仏申所へ．女郎衆おくよりおどり出．「彦七様おんど頼む．」彦七ぜひなく立ておんど取ば．おしやううかされ　かね打〳〵おどらるゝ．「是うとふもまふものりのこゑ」とわらふ所へ．（詞）誠の万ふくし来らるれば　彦七きもつぶし．「まぎれ物め」と取まく．「出家にむたいを云」と我しらずづきん取ば．「それあたまにかみが有　たゝけ」と云所へ．道しばは小かんと名をかへつとめの身．おくよりかけ出「是はわしが兄様じや．人めしのび出家姿でござんした．」「扨はさふか存ませなんだ　（フシ）ごめん〳〵」とおくへ入．所へ（詞）中げんやつこ来れば　平兵へをびやうぶの中へかくし置．中げん立よつて「そなたはむろで舛や太右衛門方にゐ．おさな名を．おまつと云た人でないか．」「成程さふ云ました．」「すれば身がいもとじや．某此度ちぎやうに有付　舛やへ行尋たれば大坂かなづちせんべいやへ行しと有．やうすを聞ば此所にゐるよし．おくへきてゐらるゝは身がだんなじや．十郎介と云やつをとらへんため中げん姿でゐる．身は侍に成た　国へつれかへる悦べ」と云所へ．おくよりよべば先おくへ入．平兵へは十郎介なれば．「そちが兄うら右衛門は身が敵ゑん切たぞ．」「イヤわしはゑんを切ませぬ．」「ムヽ、ぜひそひたくば兄がくびを切て見せよ．」「成程切ませふ」と．あいつを取　十郎介かへれば　道しば（フシ）はおくへこそは入にける．

（地）もんじゆ四郎兵へは大じん姿　女房を若衆ざうり取に出立せ　此所へ来れば．あげや庄吉立出．（詞）「お頼みの道しば様おくにござります」と．打つれおくへ入にける．所へ十郎介大小さいてはしり来る．かぶろ出「是介様道しば様はこよいのお客とねてござる」と云すて入ば「扨は身をだました」と切て入．道しばに切付れば　四郎兵へ打合出．「やあ平兵へか．」「こはだんな様か」とおしすざる．四郎申は「こなたの義を承れば．女房が先のおつとのお主お大名と聞．私一せきの金を持来り　道しば殿を身うけ仕りに参つたは．こなたの行ゑしらふため．」「扨々くはぶんな　則敵大かくうら右衛門是にゐる」と云所へ．両人立出「十郎介めのがさぬぞ．いもとも兄をうたんと云心からはたすけぬ」と切てかゝる．所へおのへの丞が一念ふどうのかたちをあらはしとび来り．侍共を切立〳〵　大かくうら右衛門をふみ付れば．十郎介四郎兵へ立かゝり切ふせ．かつ太郎もかけ付たいめん有．一家めでたふおさまりける

八文字屋八左衛門板（十二8オ）

（天理図書館翻刻番号第一三三三号）

【付記】

表紙見返しに上・中・下三番続とあるが本文見出しでは第一・第二・下としている。

『四ツ橋娘ころし』補遺

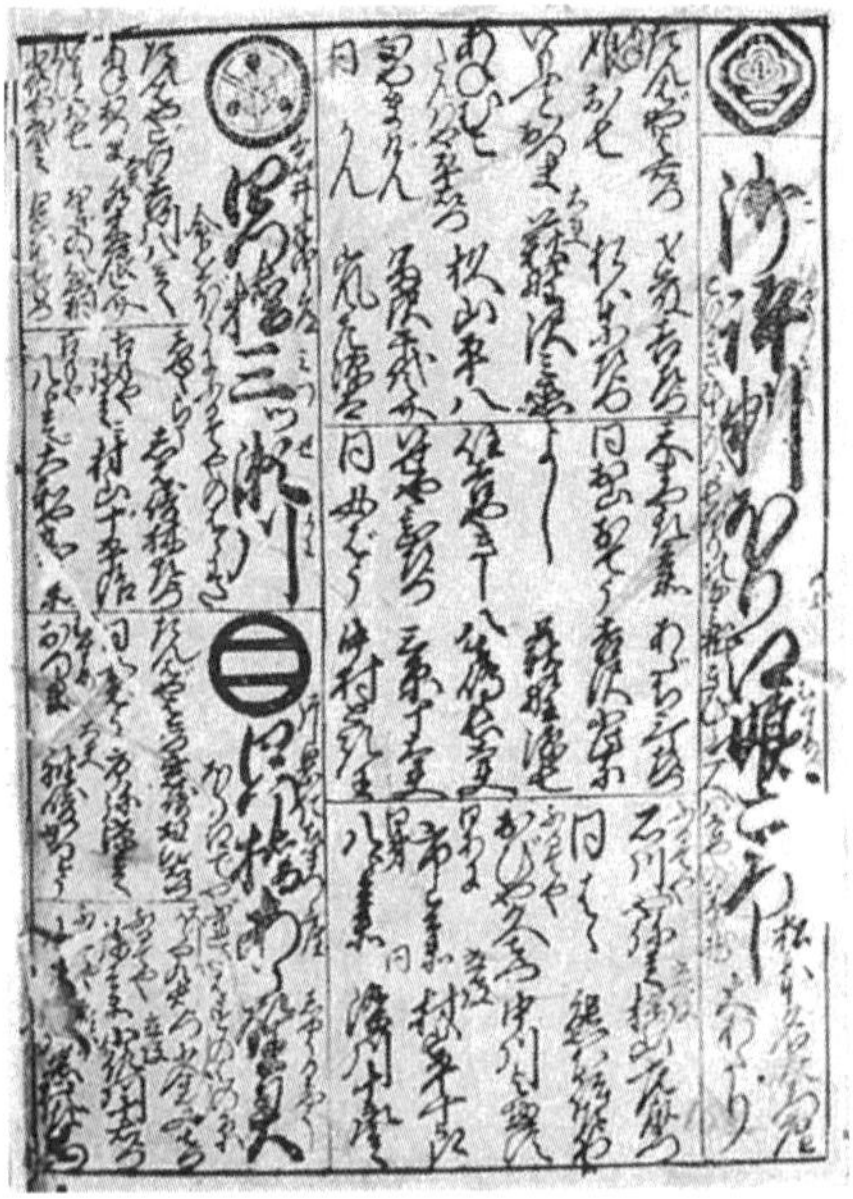

天理図書館蔵『四ツ橋娘ころし』（元禄十五年秋、大坂松本名左衛門座上演）は、『山辺道』第十三号（一九六七・3）で祐田善雄・鮫島綾子両氏が翻刻・解題され、また、『絵入狂言本集　下』（『近世文芸叢刊』三六五頁）にも影印・翻刻された周知の狂言本である。しかし、右二書の解題で述べられる如く、松本座の役人替名は見返しを欠く為、三名の役者しか替名付を知ることができなかった。また、この狂言は、際物の世話狂言として、大坂の三座で競演されたことが本文のあと書にもあり、元禄十六年（一七〇三）三月刊『役者御前歌舞妓』（大坂　袖崎哥流評）にも女主人公おつまを演じた岩井座の水木辰之介、片岡座の袖崎歌流、松本座の荻野沢之丞の芸が並べ評され、評判高いものであった。だが、評判記での記述も少なく、役人付は無論、他の二座の外題すら不明であった。ところが、これらの空白を埋めてくれる、本来

『四ツ橋娘ころし』の見返しにあるべき役人替名付が、同館蔵の絵入浄瑠璃正本『融通大念仏天筆弥陀』の見返しに混入されていたので、前書の補遺として、翻字する。なお、『融通大念仏天筆弥陀』は山本角太夫正本『融通大念仏』と同内容の話であるが、同版式の伝存を聞かない太夫不明の絵入十七行の零本である。

この混入された経過は不明であるが、両書に共通する旧蔵印として、荻原乙彦の罫印・レイン（嶺韻）印がある。裏打改装の折にでも誤って綴じられたものであろうか。いずれにしても、この替名付によって、三座共に外題等が判明し、本書刊行の意が狂言本のあと書とも呼応して、よくわかる。

（天理図書館翻刻番号第一三三四号）

紋

御(こ)評判(ひやうはん)ほり江娘(むすめ)ころし

こいるきひとりは長ぼりのなみ枕きびら一人はなやの草枕

松本名左衛門座
大あたり

たんばや与右衛門　才藤吉左衛門
娘(あね)お七　松本小左衛門
いもふとおつま　太夫 萩野沢之丞
たんはや(あねむこ)平右衛門　杉山平八
おやまげん　富沢千代之介
同かん　嵐左源太

天まや左兵衛　あだち三郎左衛門
同お山おてう　吉沢小紫
よし　萩野源七
住吉やきし　八十嶋長太夫
いせや甚左衛門　三原十太夫
同女ばう　中村ときわ

ふるてや 石川や弥兵へ　立役 桜山庄左衛門
同は、　熊本伊左衛門
ふるてや おびや久右衛門　中川与惣次
同あに 市兵衛　立役 村山平十郎
同弟 八郎兵衛　同 染川十郎兵へ

岩井半四郎座

紋

四つ橋三(みつ)ツ瀬(せ)川(かわ)

命をぼうにふるてやのはらわた

たんはやごけ　吉川八兵へ
あねおつま　太夫 水木辰之介
いもとお七　おぎの八ゑ桐
大じん 小嶋や茂兵へ　岡本七郎右衛門

しゆくらう　しは崎林左衛門
古手や 弥兵へ二　村山十平治
古手や 八郎兵へ二　大和や甚兵衛

片岡仁左衛門座

紋

四つ橋あら聖(しやう)霊(りやう)

ほり江でやぶれたはすのはの糸

たんばや与右衛門　宮崎おの右衛門
同女ばう　市弥源兵へ
むすめ おつま　大夫 袖崎かりう
大じん かゞや九右衛門　小倉又右衛門
ふるてや 弥兵衛　立役 小佐川十右衛門
ふるてや （破れ）　座本 片岡仁左衛門

『越中国立山禅定』（翻刻）

天理図書館所蔵の元禄期上方版の絵入狂言本は『絵入狂言本集上・下』（『近世文芸叢刊』三七〇頁）に影印・翻刻されているが、本書もその後に館蔵となったものである。本書『越中国立山禅定』は昭和五十七年三月の『弘文荘敬愛書図録』で初めて学界にもたらされた現存唯一の本である。この歌舞伎狂言は後述のように元禄一・二年（一六八八・八九）頃に上演されたと推定するが、その一座については明らかにできない。現存絵入狂言本としても、最も早い時期の、さらに、三番続き（一二三または上中下）を常套とするこの期の狂言本の中にあって、第一から第五までの番数を本文に表記する数少ない狂言本であり、珍重すべきものである。書誌を左に記す。

書誌

〔体裁〕半紙本　袋綴　一冊
〔表紙〕替表紙（丹表紙）縦二一・七糎×横一六・五糎
〔匡郭〕四周単辺（本文）寸法（縦一九・九糎×横一五・〇糎）
〔題簽〕欠
〔見返〕欠
〔内題〕第一　越中国立山禅定（ゑつちうのくにたてやまぜんちやう）
〔丁数〕本文十一丁半
〔行数〕十五行
〔字数〕一行に約四十五字～約五十字
〔挿絵〕見開き三面（三ウ・四オ、六ウ・七オ、十二

ウ・十三オ）、片側一面（十オ）　計七頁
〔柱刻〕「立山　丁数（三〜十三）」、最終丁半丁（十四オ）は柱記不明
〔版元〕八文字屋八左衛門板

興行　元禄一・二年頃、京都にて上演。座、作者とも未詳。

『弘文荘敬愛書図録』は『歌舞伎年表』所引の「松平大和守日記・寛文七年三月」の番付抄に載る江戸堺町坂東又九郎座の項にある「立山禅定（吉郎兵衛、又次郎）」をこれに当て、寛文七年（一六六七）刊とするが、本の体裁・版式からみて、また、寛文期の江戸歌舞伎を京都の版元八文字屋八左衛門が版行した例もなく、この刊年は認められない。むしろ、元禄五年二月の刊記を持ちながら、補刻追加され同八年までの評判を含む役者評判記『役者大鑑』（『歌舞伎評判記集成　第一巻』所収）に載る、若衆方森嶋平八の評に

。めんてい大かたによし　一とせ立やまぜんぢやう三ばんつゞきに。立山ごんげんに身をなし　縄のうへにてのしよさ。諸人目をおどろかしける。

とある「立やまぜんぢやう」が、この狂言に該当すると考える。なぜなら、ここで森嶋平八が評判される軽業の身の所作は、本書挿絵第七図（十三オ）に描かれた「ごんげん子をいだきこくうを行給ふからくり」の、立山権現が二本の縄の上を渡り行く図と合致するからである。この『役者大鑑』は四年分の評判を混入するが、その版面の様相から、森嶋平八の条は申年（元禄五年）の評に当る部分[1]であるので、言うところの「一とせ」は先年の意を表し、元禄四年以前の上演をさすものとすることができる。若衆方森嶋平八は京の若衆方の評判記『蓑張草』（元禄四年刊）にその名がみえ、元禄四年度は京都村山平右衛門座に出演していたことが『松波少将通車』の役人替名付より知られる。

この書の版式の中、本文十一丁半、半丁十五行の形式は元禄四年上演の『娘親の敵討』（京、早雲座）、『四国辺路』（京、都座）、『松波少将通車』の狂言本、共に八文字屋八左衛門版と同じであるが、挿絵の位置は、森嶋平八の出演する『松波少将通車』とは異なり、前二者と見開き三面は同じで、片側一面分は、前二者は見開きの形でウ・オ下側半分に収めるので、その半面のみが同じ

位置にかかる。ただ、挿絵の構図の取り方は、見開きの画面を一構図、または上下二面の構図にまとめる元禄元年五月上演の『大織冠』（たいしょくかん）（大坂、嵐座）の狂言本（本文十一丁半、十五行。西沢九左衛門版）に近い。さらに、森嶋平八の評は「三ばんつゞき」とあり、本書は五番の場割りとなっているが、その相異については、元禄二年上演と推定される[2]『和歌浦片男波』（わかのうらかたおなみ）（京、座不明）の狂言本（八文字屋八左衛門版）に、見返しに記された題名並び書では上中下の三巻続きとするが、本文は第一から第五までの五番に分ける例がある。なお、元禄前期の上方の絵入狂言本で五番に分けた例は、この二例の外には、見返しを欠くため、上演の座が未詳の『一へん上人記』が知られるのみである。同書は本文十一丁半、行数十六行（版元不明）と本書と丁数・行数共に異なるが、挿絵の構図の取り方は本書に近似し、上演も元禄一・二年頃かと推測する[3]。以上の点から、挿画の画風をも勘案して『越中国立山禅定』の上演及び刊年を元禄一・二年頃と推定する。

【注】

（1）宮本瑞夫「岩瀬本『役者大鑑』の成立」（『日本演劇学会紀要15』一九七五・3）

（2）土田衛氏は「『歌舞伎年表』補訂考証（元禄編）」では「今年（元禄四年）顔見世カ」とされ、元禄二年にも含みを残されていたが、その後の「近松歌舞伎狂言存疑本考」（『女子大文学国文篇』第四十号　一九八九・3）では元禄二年とされる。なお、『越中国立山禅定』は元禄三・四年頃かと「存疑本考」に掲げる。

（3）元禄元年は一遍上人四百年忌に当り、時宗寺院では法会が催され（『新補倭年代皇紀・六』）、また、一遍の法語『播州問答集』も刊行されており、その当込み上演が考えられる。

【付記】当解題を記すについて、和田修氏より資料の御教示をいただきました。御礼申し上げます。

凡例

翻刻に当って、次の処置を施した。

(1)漢字は通行体を、平仮名・片仮名も現行の字体を用いた。ただし、「ハ・ミ・ニ」は平仮名扱いとした。

(2)仮名遣い、清濁、誤字、衍字等は底本通りとした。
(3)丁及び行移りは続け書きに記し、丁移りには底本の丁付を漢数字で、実丁数を洋数字で、また、丁の表・裏をオ・ウの略号で括弧の中に記した。
(4)読み易くするために、場面の転換を示す場合は一行あけ、人物の登場・退場及び事件の展開の上で必要とされる場合に改行を行った。
(5)底本の虫喰い、破損等で判読し難い箇所は、□や［　］で示し、推定可能な文字については□や［　］に入れた。
(6)登場人物の科白は「　」で括って、他の文と区別した。
(7)句読点は底本のまま●とし、読み易さを図って、任意に一字の空白をおいた。

翻　刻

第一　越中国立山禅定（えつちうのくにたてやまぜんぢやう）

ありがたや　立山ぜんじやうする人は·　ひんくをのがれじゆみやう長おんなるとかや·

からうかずへ出る所

めい君おかね

若殿くないりつふく

にくいやつのてうちにする

半七とゞめる

かずへわざとせんぎする

長持の内にけいほいる

まゝ母てだての所

挿絵第一図（三1ウ）

こゝにさとみの何がしとて．かくれなき弓取ありしが．世をはやうさり給ふ．御子にくない殿うねめ殿とて有．おやの御ゆいごんに付．兄くない殿　此度立山ぜんじやう有により．こもり半七は御供のやく．坂口平六は白山へ代参を承り．両人共にしきみの水にてこりを取いる所へ．

大殿のめい君おかねさまは．こしもとみよし　さはの．半七平六とわりなき中を聞召．二人共つれ出給ひ．両人に合させ給へば．大きに悦び　たがいになごりをおしみける．扨両人申やう．「此御おんにはもしおかね様の事ならば．一命のやくにも立申べし．」姫君聞召「おゝうれしい．然らは其方立に申事が有．みづからはくない様とはいとこどうしなれ共．御ふうふに成はづにて．此おやしきへ来ている所に．あのからうのまぶちかずへが．みづからにしうしんをかけ．いろ〳〵とむたいをいふ．くない様やしきにござ候へてさへ．あのやうな事を申せば．御るすのあとにては．さま〳〵の事をいふであらふ．此よしをくない様へかたらふと思へど．もし御心にかけさせ給へば．山にてけがもあればきのどくな程に．御下向の道すがら．此よしを申てくれよ．」両人聞「からう

挿絵第二図（四2オ）

こしもとみよし

平六なこりおしむ

［こしも］とさはのなごりおしみ

こもり半七

こんどうくらの丞めみへ

はな山もくの丞

かちうの侍共

の身としてさたのかぎりな」と申所へ．かずへおくより立出．「是おかね様．若き物をめしよせ．是へ御出なさる丶所ではない．又両人もぶゑんりよな．はやくそこを立れよ」といへば．つきの間へぞ立にける．かずへは姫君むかい「某が事を両人にいひはなされなんだか．」おかね聞召「もとよりねもなき事．其上おれがかてんする心ではな[し]．かれらにい[は]ふ[は]づが（三1オ）

挿絵第一図（三1ウ）

挿絵第二図（四2オ）

ない．それ程きづかいならば．日比たは事をいはぬがよい」といひすておくへ入給へば．

かずへはへんたうもなくはらを立．にらみつけている所へ．弟うねめ殿出させ給へば．皆〱御前に畏る．時にうねめ「いかに半七．其方は兄様の御供して立山へ上るとある．たいぎにてこそ有．又平八は御みやうだいに白山へ参るとある．ほどとをき道なれば．わづらはぬやうにしておつ付下向いたすべし．」両人畏つて「おつ付下向仕．御けんごのていをめでたくおかみ申べし．」時にかずへ平六にむかい．「扨よういも出来したらば．其方は早々白山へ参るべし．」平六聞「然らば御いとま申候」と．御前をば立にける．

扨小姓もくの丞はかずへにむかい．「ない〱申上候くらの丞殿．きさんのそしやうかない．此度立山へ御ほつそくまへに．御めみへなさる丶はづにて．さうてんより門外に相待いられ候也．」かずへ聞「其だんはもはや御立ある刻に．さしあいてやかましき間．くらの丞に某が申　只今は御取こみの事なれば．御下向の後めみへいたさるべしと申．早々かへされよ」といへば．うねめ聞召．「かずへはいな事をばとめる．くらのぜう事は．兄様をそだてあげしめのと也．久しく御たいめんなければ．さだめておなつかしう思召ふ．某とても其通也．御立なさる丶まへに．御めみへなさる丶に．いか程のひまがいらふぞ　いな事をとめる．」かずへ聞「いやとめるではなく候．御取こみにいらざる物とぞんしての事也．然らばともかくも」と申せば．うねめは「其通を申せよ」と．おくへ入せ給へば．皆〱ざしきを立にける．

かくてくないは半七を御供にて．母上へ御いとまごいをなされ出給へば．けい母つゞいて出給ひ．「是〱くない　さいぜんさかづきはしたれ共わすれた．よろこぶといふて．たび立にはいはふ物也」と．こぶをやり給へばくないやがておしいたゞき．「おつ付下向仕へし」と．立出（四２ウ）給へは．けいぼ跡を見おくりて．「ゑゝ思ひつめたる．みづからが心をしらずして」となげき給へば．くないごらんじ立帰り．「是は何ゆへなげかせ給ふぞ．いかやうの事也共御はなしくだされよ．」「いや其方にはなす事ではない．」半七承り「くない様に仰にくゝば．私に御はなし候へ．」けいぼ聞「なんぢにいふ事なればくないにかたる．」くない聞召「うねめには御かたりなさるべきな．それは聞へませぬ．誠に大殿様御はてなされてよりは．おやと申はおまへ御一人なれば．ずいぶん御たいせつにぞんじ候に．なにしにわけへだてなさるゝぞ．」けいほ聞「是くない．大殿の御子にはにあわぬ事をいわるゝ．何のへだてをせふ．」「然らは御はなしなされよ．」「むゝはなさねはへだてをすると思はるゝ．いかにも申さふ．然らば此度の立山をせいごんに入給へ．」くない聞召「何が扨　此度の立山ぜんじやうがむそくに也　侍を立ぬほうも有．御ためのあしき事を何しにたごん申しべし．」「おゝうれしい　半七も立よ．」「何か扨　立山の御ばつとかうふり．殿様を二たび御供して帰らぬほうも有　たごんは仕るまじ」といへば．「おゝうれしい　やれいふもはづかしき事ながら．誠に大殿にはなれてより．浮世の事のみ心にかけているのみづからに．まだ色もあるかと思ふてか．みづからにしうしんをかけるやつが有．此度立山ぜんじやういたさるゝゆへ．やしきのにぎやか成にまぎれ．みづからがへやへ入．ぜひ心にしたがへといふ．世にうるさく思ふて．手を取て引出せ共出ず．せんかたなさにたらして長持へ入おきたり．此事をからうのかずへに申たりと．さつそく打てもくれふけれ共．かれにいふもはづかしく．おれが心一つ[で]おさめている．立山といふはふかき山ときいた[が]．たにぞこにて人しれずころして給はれといふ事也．」くない聞召「扨〳〵にくいやつかな　いかにもそれがしが手にかけ切てすて申さんが　此道の事なれば．あまりにくう（五３オ）ないでは候まじきか．」けいぼ聞「いや〳〵　其やうな心はつゆ程もない．」くない聞召「然らはやしきは．某が道具也と申出し．道にて切てすて申さん．」「おゝいかにも頼むぞ」と．おくへこそは入にける．

おそろしきたくやみやと．後に[ぞ]思ひしられたり

第二

かくてくない殿は．御立なさる、日げんに成しかば．こもり半七をはじめ．御供の侍皆〳〵御前に畏る．所へこんどうくらの丞御目見へに出．つ、しんでかしこまる．くないごらんじ．「めづらしやくらの丞．ふりよに大殿の御かんだうをかうふりしが．大殿御りんじうに．めしかへすやうにとの御ゆいごんにより．はう〴〵尋しがありかしれず．なんぎに思ふた所に．此度たいめんしてまんぞくに思ふ．久しくあはざりしゆへ．年もよらふと思ひしに．昔の通にてうれしう思ふ．」くらの丞承り「有がたき御言かな．誠に大殿様御ゆいごんに．めしかへすやうにと仰候だん．何程か忝じけなく存候．扨大殿様御存生の時の．御ぐわんほどきとあって．立山ぜんじやう思召立のだん．一入有がたく存候．大殿様御かうをんのためなれば．此度の御供に某も仰付られくださるべし．」くない聞召「心入のだん尤に思ふ．さりながら久しくらうにんの事なれば．まづやしきをもうけ取．きうそくをいたさるべし．さりながらかたりたき事も有間．国ざかい迄供をいたされよ」と．仰らる、所へつぼね立出．「御道具のようい出来申候」といへば．くない心へ「それ〳〵おく成にもつを持て出よ．」侍共畏つておくへ入．

長持を持出る．所にながもちの内より．「やれころすはたすけてくれよ」とよばゝれば．からうかずへ聞「これや〳〵．其長持を［　］せんぎ□る．」くない聞召「某がにもつに何のせんぎ　急ぎ持て出よ．」「いや〳〵せんぎせねば通さぬ」（五3ウ）半七つつと出．「おてまへはいな事をいふ．殿の御出しなさるゝ道具を．あらためんとは何事ぞ　はやく持て出よ」といへば　かずへいかつて「やあすいさん也半七．身を何物と思ふ　まぶちかずへといわれ．からうしよくをもゆるされたる某に．おてまへことばゝすいさん也．さいぜん此長持の内にこゑあつて．やれたすけてくれよといふた．是いかにしてもがつてんゆかぬ．せんぎをせぬ間は一寸もやらぬ．」くない聞召「やあ　かずへいな事をいふ．やうすあればこそ某が通せといふに　ぜひ通すまいか．」「いかな事　せんぎいたさぬ間は通しはいたさぬ．」くないはらを立「すいさんな言をかへす．手打にせん」との給へば．かずへ聞「何　手打とや　いかにもうたれん」と．長持のうへにどうと上り．「さあ　お打なされよ」と．まなこにかどをたて申せば．くない太刀をぬかんとし給ふを．半七やがておしとめる．時にくらの丞罷出．「かずへ申ぶん一たんはあしきやうなれ共、からうやくを承りてい候へば．かやうのせんぎを仕まじき物でなし．其上おくより出るにもつは．むかしより此所にてあらためるさほうにて候．さいぜん長持の内に人こゑが仕候．某が存るには．さだめてとがにんあつて．お手打になさるゝとみへしが．おまへには何と御心へ候ぞ．お手にかけさせ給ひては．山へ上る事ならず候．よし何物にもせよ．かずへに一め御みせなされ候へ．其後は某がてにかけ打申すべし．」くない聞「只にくいと計思ふて．けがれに成をわすれた．其ぎならば　かずへ一めみたらば．くらの丞にうたしてくれよ．」「いかにも心へ候」と．やがて長持をひらけば．内よりけいぼとび出．「なふかなしや　おれをころすは．たすけてくれよ」と．かずへに取付なきわめけば．かずへ聞「やうすを仰られよ．ぞんぶんにいたすべし．」其時まゝ母くないを取て引すへ．「扨も〳〵おそろ[し]や．よふ立山ぜんじやうであらふぞ．みづからをころさふたくみにて．此長持の内へはいれと申により．有がたき事も（六4オ）

挿絵第三図（六4ウ）

挿絵第四図（七5オ）

あるかと思へば．おれをころさふため．やい日本の[う]らに．おやをころす子があるか．おやころしよ〳〵」との、しれば．くないあきれ　涙をながしおはします　半七もあきれしが．「是なふみたい様．私は一ゑんがてんがまいらぬ　いぜん其方様の仰られたは．女といふ物はいくつになつてもくのある物じや．おれに心をかける物があると仰られた．」くない聞召「はて　もはやいふてくるゝな．」半七聞「いや　いわねばおまへの大事になる．是みだい様　ほれた物が有と仰られた．それをたばかつて長持へ入おきし程に．ひそかに切てくるゝやうにと仰られしにより．くない様　御かう〳〵ゆへ．おまへの御なの出る事を思召．いかにも心へしと仰られしに．あんにさういして　おまへが此内に入つていて．いやおやをころすとは．あゝ　是はたくませ給ふな．扨もおそろしや　誠にくない様はまゝ子ゆへ．かやうにあくみやうをとらし．かちうの物迄にうとみはてさせ．おとゝうねめ殿に此家をわたさんため．是はこなたのたくみ給ふ．

ゑ、口おしや　おそばに有ながら．やみ〳〵とたばかられしか」と．涙をながしざをうつて．つめかけ〳〵申せ共．まゝ母は「皆あれらが心を合．おれをころさふといたせし」といへば．かすへ聞「やい半七．只今ころされ給ふ長持の内へ．入てござありしみだい様の．何をたくみ給ふぞ．皆おのれらがたくみ也．是殿　もはやのがれはあるまい　はらを切給へ．」くない聞召「おゝもはやいひわけはせぬ．是母さま　さほどに思召ならば．某になぜしねとは仰られぬぞ．私はしにまして也共仰はそむくまじに．なんぞや　かやうにむしつな．あくめうを取らしころし給ふだん．あまりなる御事也．これや〳〵半七．かやうのうらめしき世にあらんより．某は相はてる程に．なんぢもしねよ．扨めんぼくないはくらの丞．たま〳〵今日きさんをいたされしに．其ばにて某があく人となつてしぬるやうになつた．さりながら．まだゑんがつきせねばこそ．命の内にあふた．（七5ウ）もはや是迄也」とたちをぬき．半七もろ共はらを切んとし給ふを．くらの丞とびかゝり　両人を取ておしとめる．かずへみて．「くらの丞　なぜ切さぬぞ．」「いやさかずへ　其方はせいばつのしやうをしらぬ．およそ　おやころしのと

挿絵第三図（六4ウ）

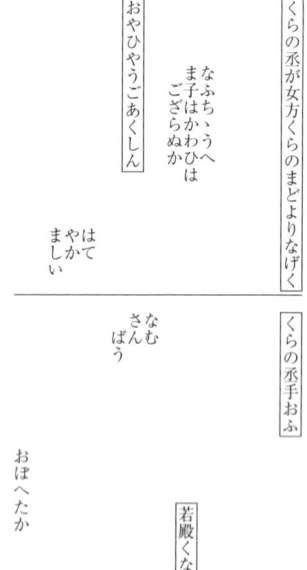

くらの丞が女方くらのまどよりなげく

なふちゝうへ
ま子はかわひは
ござらぬか

おやひやうごあくしん

はて
やか
まし
い

くらの丞手おふ

なむ
さん
ばう

おぼへたか

若殿くない

がにんはかうし〳〵を引渡し．竹のこぎりにてくびを引ほうなれば．はらをきらする事はならぬ．」かずへ聞「やい　からうを承つた某が．それをしるまいか．なれ共　殿なるによつてはらを切する．」くらの丞聞「いやいかに殿なればとて．日本のせいはうにはかへられぬ」といへば．両人は「やれなさけなや　ひらにはらを切してくれよ．」くらの丞聞「ゑゝ　うろたへた．はらを切ばにてない」といへば．両人心へ立給へば．かずへいかつて「其手はくわぬ　両人をたすけんと思ふ心てい．それからめよ．」侍共畏つて取まはせば．くらの丞いかつて．「おのれらはたれになはをかける．忝じけなくも若殿也御主也．おのれらもめあつてみゝあれば．是程のだうりをしらぬといふ事はあるまじ．何と下にいまじきか」と．大きにいかれば．けしきにおそれしりぞけば．かずへいかつて．「やあ　くらの丞　ひけうな．いふ事あらば某に申せ．」「何　なんぢにいふまじきと思ふか」と．つか〳〵とあゆみ行．かずへがひざにのりかゝり．「やい人でなしめ．あなたが女ぎであくじをたくみ給ふ共　おのれがいさめんやつが．とも〳〵すゝめるは一もつ有．其一もつといつは．ない〳〵おのれが此国に望を

挿絵第四図（七5オ）

くらの丞が子

おのれら
よつて
みよ

くらの丞ぎせい

のがさぬぞ

ひやうぞう侍共をしかる

ひやうごが侍共ぎし□

半七切ふせる

ひやうごさいご

兵蔵子をだきはたらく

かけるゆへ．さいわひとあくじをすゝめ．くない様をころさし．其後一みのものをまねき．うねめ殿につめばら切せ．かちうを一めんにしたがへんとのたくみ也．是みだい様．おまへもついにはかずへにころされ給はん．それはおのれがつみ　おのれをせむれば．じごうじとつく（ママ）は也．扨両人は此くらの丞が御供して帰り．此せんぎをして．くない様あやまりなきならば．主ころしなればかずへ．なんぢがくびを竹のこぎりにて引べし」と．思ふまゝにあつかうし．「さあ〳〵（八6オ）私がやしきへ御帰り候へ」と．両人をかへせは．

「それのがすな」とくらの丞をおつかける．「すいさん也おのれら．但殿の御出なさるゝゆへ．かどおくりに出るか．それならは立はたかつてすいさんな．下にいまじきか」と大きにいかれば．ぎせいにおそれ　皆〳〵下にいれは．

「おゝたいぎ〳〵」と．いひすてわがやへ帰りける．

かずへは「ゑゝにくや」と身をもがけば．けいぼみて

「さいぜん　なぜ切てはすてさりしぞ．」かずへ聞「きれはこなたと申あしよはが有ゆへ　けがゞあればと思ふてうたざりし．よし〳〵　かれがしうとひやうごかたへ申て．手をおろさすころすしあん有」と．おくをさして入けるをにくまぬものはなかりけり

第三

くらの丞の女方おきよは．松の介とて五才に成子をつれ．おやひやうごかたへ来りける

びやうご（ママ）みて「扨　くらの丞は何といたされしぞ．」

「さん候　まづ若殿様をやしきへともないかへられ候へ共．たれあつてかせいに来る物一人もなく候間．一まづ国を立のかんと申いられ候．」「むゝ　してくらの丞国を立のきなば．其方は何と思ふ．」「はて　ふうふの事にて候へはともに参り候べし．」ひやうご聞「して　ろぎんなどのよういはあるか．」「されば　なが〳〵らうにんにて．やう〳〵今日御めみへのばにて．又かやうのなんぎにて候へば．何共それがふじうなとあんじいられ候．」「然らば　某がたくはへし金銀有．くらへ入　何程にても取てゆくべし．」

「こはかたじけなし．さあらはもらふて参らん」と．くらの内へ入ば．侍に申付　くらの戸をはたとさし．ぢやうをおろせば．兄のひやうぞうおどろき．「是は何ゆへ

いもとをくらへは入給ふぞ」　兵ご聞「やい　うろたへた事をいふ．くらの丞とゑんをむすひしゆへとあつて．おみだい様よりちぎやうをめしあげられた．それゆへむすめは此方へ取かへす．まだくらの丞を打て出さねば．いひわけがたゝぬ．某は（八6ウ）思ひつめているぞ．」兵蔵聞「何が扨日比御心がたんりよに候ひて．いひ出しなされ候事は．御聞なされぬを存候へは．御いけんは申ませぬ．さりながら是はさうだんと申にて候が．たとへ侍がちぎやうにはなれたとあつて．なげかふ物にてはなく候．殊に　おまへには某と申子を御持候へば．たとへすそをかたへむすんで成共．御一生はらく〳〵とくらさせ申さん．すれば　御くやみのない事．それにあきもあかれもせぬ．子迄ある中を取わけ．其上むこをうたんなど丶は．人が聞てよきとは申まじ．どうぞ　思召なをしても御らんなされまじきか．いけんを申はいたさぬ．是もさうだんと申物にて候．」　兵ご聞「いやさ　き丶たくない．たとへまり四天の御ばつと（ママ）かうふる共　ひるがへす心ていにてはない．」　兵蔵聞「はて御もつたいない．御せいごんは何事ぞ．はあ　其やうに御せいごんのうへは．何を申さふやうもない」と．あきれはて丶いたりける．女方はくらのまどよりくびさし出し．「なふち丶うへ　それはおなさけない．子迄ある中をおしわけるといふ事がある物か．是兄様．こなたは日比侍だてをなさる丶．何しにち丶うへに御いけんはなされぬぞ．」兵蔵聞「されば　某もいか程がなんぎに思へ共　日比おきがみじかいによつて．いひ出し給ふ事はせふ事がない．」女方聞「それはこなたがひけうな．なふ　くらの丞様をころさふと仰らる丶は．是ち丶うへ　むこは子にてはござなきか．なふ　まごはかはひはなき物か」と．なげきさけべば　ひやうごは「それ〳〵　やかましい」と．まどをうたし「やい兵蔵．なんぢはしあんづらなるが．何をしあんする．」「されば　くらの丞をうつしあんをいたし候」と．さしうつむいていたりける．

所へ　くらの丞来り．兵ごにたいめんし．一々やうすを申．「まづ一たび国を立のき．じせつをもつてはたをあげんと存候．其じぶんはおまへよりも．かせいを頼上候．」兵ご聞もあへず．「いやさ　かせいはならぬ．其方とゑんをむすんだゆへ．此度みだい様よりちぎやうを（九7オ）取かへされた．それゆへむすめは此方へ取かへした．」くらの丞おどろき．「むゝ　其心ていなれば．

此方よりゑんを切心へで候．今さらかやうに申せば．何とやらじやくいたしたやうなれ共．かやうに子迄ある中なるゆへ尋申　尤こなたはむすめを取かへし給はんが．又女方は何と申候ぞ．」兵ご聞「お丶　女も其方にあきはてたといふ」　くらの丞聞「尤左様にござろふ．同じちのすへなればだうり也．誠に日比は侍立をする物も．よくゆへやくにた丶ぬ．人らしいものがそばになきゆへ」と．扨　立かへらんとすれば．兵ごは「それ　のがすな」といへば．侍共一どに取まはす　くらの丞みて．「む丶　某もかへすまいといふ事か．」兵蔵みて「是〱なんぢら．某がことばをおろさぬ内．かまいてれうじをするな．是　くらの丞　其方にいひたき事有．」「お丶何事か」とつめかくれば．兵蔵聞「いや　是せき給ふな．只今其方の一ごんに．某をふかくうらみ給ふが．又某が一通を聞給へ．尤此度のぎ．みだいの皆あくじとはしりたれ共．我〱はみだいのさとよりつきて来りし侍也．殊にはおやの一みする事なれば．某もぜひなく一みをした．すれば　こ丶にうらみはない所．此うへは其方もてき　我もてき也．てきとてきが出あふて．た丶かへりては主へ一ぶんがたつまい．又某も其方をかへしては一ぶんがた丶ぬ．何と　ぬき合てせうぶをせぬか．」くらの丞聞「お丶聞へた．主の事が心もとないによつて　扨かへらんとはいふた．さりながら　侍のいひかけられて引れはせまい．いかにもせうぶをせん．其子があつてはあしてまといになる．さしころさん」といへば．女方　くらのまどよりくびさし出し．「なふくらの丞様．其子はころしてくださるな．」くらの丞みて．「ゑ丶　おのれをころさいて口をしい．おのれがにげ所にはにようた．某は殿をかくまふゆへ．此子迄はならぬ．」女方聞「お丶　尤でござる．たとへ私は此所に候共．一ねんはかよふて其子をそだて．こなたの（九7ウ）

挿絵第五図（十8オ）

くらうにはいたすまい．たすけてくだされ」となきさけぶ．兵蔵聞「これや　くらの丞　ひけうな．なぜ子[を]ばすて丶せうぶをせぬぞ．」「お丶尤」とたがいにぬき合切むすぶ　ひやうごはくない殿をうたんと．侍引ぐしはしり行

松の介は両人が切むすぶ中へ入．「なふと丶さま　切給ふな．なふおぢさま　切給ふな」とすがりつけば．「ゑ丶　じやま也」とおしのけれど．さらにのかずなき

ければ．兵蔵は打太刀もよはりはて．「誠に　其方とかやうにせうぶをせふとは思はなんだ　おさな心にもかなしう思ふて．かやうにつるぎの中へ入て．なふ　打てくださるなといふ．ゑゝ　おやのじやけんなゆへ．子共迄うきめをみする」と．太刀をなげすてなきければ．くらの丞も太刀をすて．こゑを上てなきにける．兵蔵かさねて「もはや太刀打はせぬ．是迄[そ]　はらをきらん」とすれば．くらの丞「こはいかに」とおしとめれば．「いや　しなねば一ぶんがたゝぬ．」くらの丞聞「是　侍のぎり[と]いふ[も]．かやうに太刀打をする迄の事．」「すれば　是て侍が立ふか．」　くらの丞聞「おゝ　侍が立．某も若殿が心もとない程に．はやうやりて給はれ．」「おゝはやくゆき給へ」といふ所を．うしろより侍共くらの丞を切つける．兵蔵いかつて「是は何事をする．」侍共聞「いや　其心からは其方共にのがさぬ」といへば．「いや　すいさん成」とぬき合．こゝをせんと切むすぶ．むざんやな　くらの丞．さん〴〵にておいながら．侍二人切ふせ．まなこもくらみいる所へ．
ひやうごもておい　侍がかたにかゝり．此所へ立帰る．跡より　くない　半七．是もさん〴〵ておいながらおつ

挿絵第五図（十8オ）

せんどうか介
おきさゆうれい
うねめとめ給ふ
りんき　いさかい
平六とゞめる
女方はらを立る

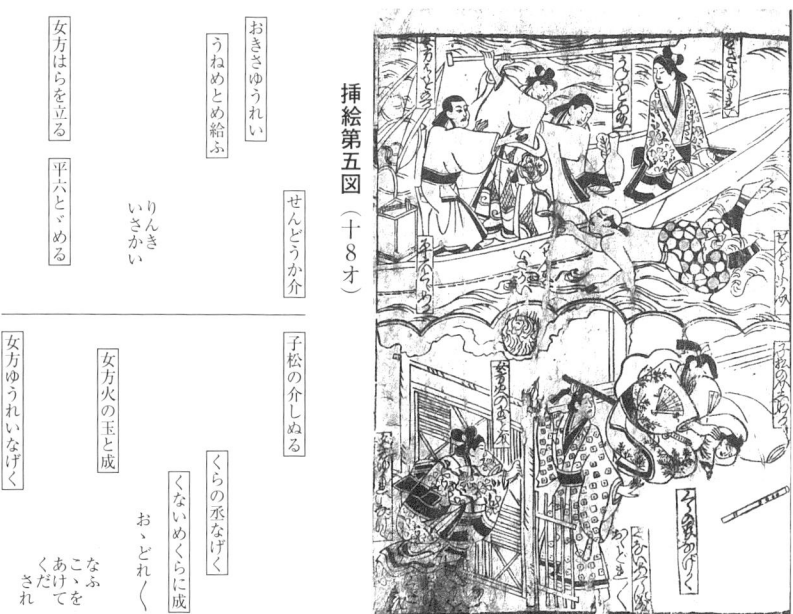

子松の介しぬる
くらの丞なげく
くないめくらに成
おゝどれ〳〵
女方火の玉と成
なふ　こゝをあけてくだされ
女方ゆうれいなげく

かけ来り．半七　ひやうごを切ふせける．くないはまなこくらみ．くらの丞と切合．兵蔵は子をかたはきにはさみはしり出．「是　どし打也」といへば．「扨はくない様か．」「なふ　くらの丞か．もはや此ていなればかなはじ」と．はらを切んとし給へば．「こはうろたへなされたか．皆きう所をはなれし手にて有．一まづ立のき　あくにんをほろぼさん」と．皆〳〵打つれ立のきける（十8ウ）

第四

せんどうか介はわたし舟にいる所へ．日もくれがたに　さもうつくしき女来り．「舟にのせて給はれ」といへば．もとよりか介いろふかき物なれば．やがて舟にのせさま〳〵くどき．「さなくは舟を出さぬ」といへば．かの女めいわくし．「ともかくもいたさん．まづ舟をわたし給はるべし．」か介聞「其ぎならば酒をかふてきてさかづきをいたさん」と．さけを取に行にける．

其あとへか介が女方はひじり二人つれ来り．「さあ〳〵舟にのらせ給へ．是　か介殿」と尋れど．舟の内にいざりける．女方　さいぜんの女をみて．「又是はつり物をしたそふな」と．身をもやし　かの女といさかへば．ひじり聞「是は女方のがわるい．今にせんどうのかへらるべき間．其男をとらへ　せんぎし給へ．」女方心へ　ひじりのおいのかげへかくれいる所へ．

か介は酒と大こんと．ながたなを持来り．みればひじり二人あれば．「ゑゝじやまな物がのりし」と．はらを立れどせんかたはなし．「是御出家　しやくを頼む」と．さけをつがし　かの女に「のみ給へ」といへど．「私はいや也」といへば．「然らは　おれからのまん」と．さけをうけ　かの女の口へさしつけ．「つけざし也」と悦びのめば．女方はこらへかね　とんで出．ながたなにてきらんとすれば．か介きもをけし．おびをほどきはだかになり．川へとびこみ．やう〳〵むかいのきしへのきにける．

ひじりみて「是〳〵女郎．こなたがことばにいろがあるにより．せんどうもたわむれを申．それゆへ　ないぎもはらを立る．皆是一心のまよひ也．かたちはかげのごとく．只一心こそ大事なれ」と仏法を引　けうけあれば．せんどうか介も女方も．たがいに心打とげて聞いれば．

かの女　とくだうし．「あゝ尤かな　一心さへつうずればよき物を」．といふかと思へば　かたちはきへ．大き成火の玉と成．こくうにあがれば．皆〳〵是はとおど（十一9オ）ろきける．ひじりみて「扨はさいせんの女はゆうれい也．何ぞうらみがあつて一ねんがかよふとみへた．出家の是をみのがしにはならぬ．あの火のおち所がしりたい．道きりをしてやりたし．」時にせんどう「さればさいぜん．たはふれの内に女の申せしは．ふだのつぢより三げんめの．らうにんの所へ参ると申た．私がよく存候間　御供いたすべし」と．女方をかへし　せんどうは二人のひじりを舟にのせ．むかふをさしていそぎける．

是は扨置　くらの丞は．くない殿をともない．一まづかげをかくしいたりしが．子の松の介さん〴〵わづらふゆへ．いしやの所へつれ行．日くれて我やにかへれば．くない仰らるゝは．「其子のわづらふも皆おれゆへ也．某はふかでをおいしゆへか．かやうにめはみへず．某がめをいろ〳〵とかんびやうして．其子をすておき給ふゆへ．其やうにやまいがおもる．ゑゝうらめしきうき世や」と．なげき給へば．くらの丞承り．「誠に女方がい候はゞ．此子は女方にかんびやうさせ．私はおまへを心のまゝにいたはり申べきに．ぜひもなき事かな．左様に御らくるい候へては．めにあしく候間．ひとよ切にてもふき．御なぐさみ候べし　私はあれへ参り．くすりをせんじ申べし」と．おさなき子をねさしおき．我身はおくへ入にける．くないはひとよ切をしばらくふきておはします．所へ　むかふより人玉の火とび来り．かのおさなき物の枕もとにさがりければ．松の介めをさまし．「なふかゝさまござつたか」といへば．玉の内よりこゑあつて．「おゝそなたにあいたさに是迄来りし」といへば．くないめはみへず　此こゑ聞し召．「なふ　さやうにの給ふは．くらの丞のおないぎか．なふくらの丞．ないぎの来り給ふ」との給へば．人玉はこくうにきへてなかりけり．くらの丞立出「こは何事を仰候．女方は参りはいたさぬに」と．うしろをみれば．女方ありしすがたと成．こつぜんと立いれば．くらの丞みて．「いかにも（十一9ウ）是にい申候」と．扨　女方にむかい．「おのれは是へ来るやつではない．急ぎ出よ」と申せば．女方聞「御はら立は御尤にて候．まつたくおやと一所にてはなく候．只何事も御ゆるしくださるべし」と．おさなき子のそばへより．ちぶさをふくませけれ共．やまふゆへちをのまねば．「こはち、をものまぬやうになりたるか」とかなしめば．くらの丞みて．「もはや何しにちぶさものまふぞ．ゑ、みればはらのたつ」と．取てひつ立．あみ戸のそとへつき出せば．女方かなしく「なふ　おなさけない．其子は只今しにまするゆへ．是迄あいに参りしに．たとへいかやうのうらみがあればとて．それはあまりなさけなし．」　くらの丞聞．

「おのれにもなさけないといふ事をしらしてうれしい．誠におのれはちくしやうの心なれ共．ちの（ママ）おとてあの子が．母さま〳〵といふてなげくゆへ．某がめをみ出して．にくいやつの　おのれには母はないぞ．かさねて母といふたらばきかぬといふてしかれば．しばらくは何共いはずして．又思ひ出してやら．なふ　か、さまにあいたいと．いふ時のなさけなさは．いか程とか思ふ．あまりあいたがるゆへか．ゆめにもみるやら．よるになれば．一しきりは　なふか、さまござつたかといふて．おれがちぶさをさぐり．是はか、さまでないといふて．よあけがらすともろ共に．か、〳〵といふてなく時は．某が心をすいりやういたせよ」と．こゑを上てぞなげきける．女

挿絵第六図（十二10ウ）

こしもとみよし
こしもとあさの
めい君おかね
くない道心
うねめくひ打給ふ
ゑつ中の国立山
半七取てふせる

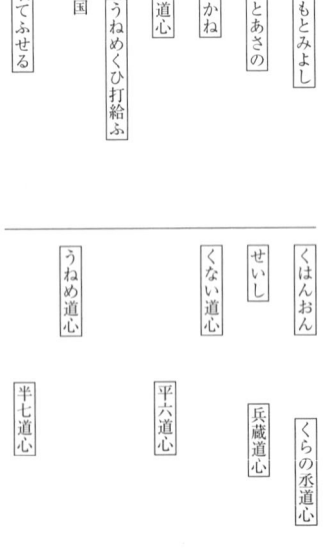

くはんおん
せいし
くない道心
うねめ道心
くらの丞道心
兵蔵道心
平六道心
半七道心

方は是を聞．「なふ　さふいふはづじや．よるはあいに来りし物を」と．こゑを上てぞなげきける．くないは涙ながらおさなき物をなでさすり．「なふ　此子がつめたふなりし」との給へば．くらの丞おどろきいだきあげ．「なむさんばう　しぬるは」といへば．女方かなしく．「なふ　くない様　こゝをあけて給はれ．」くないはめはみへず　やう〳〵さぐりより．あみどをひらけば　女方ははしり入．やがて子をひざにのせ．「なふかなしやしぬるは．なむあみだ仏〳〵」と申せば．ついにむなしく也に（十二10オ）

挿絵第六図（十二10ウ）

挿絵第七図（十三11オ）

ける．しよじのあわれと聞へける．

所へ　せんどうか介は．二人のひじりをつれ来り．あんないを申せば．くない立出給へば．ひじりみて「なふくない様にてましますか．」「某は弟うねめ．是成は坂口平六にてござ候．」「扨は左様か　なふ　くらの丞」とよび給へば．くらの丞立出　たいめんし「是は何ゆへ御出家とは成給ふぞ．」平六聞「其だんはおつて申さふ．まづこなたの家の内に．ふしぎ成事は候はぬか．」「いや

挿絵第七図（十三11オ）

かずへさいごの所
兵蔵おつちらす
平六取てふせる
かずへが侍にける

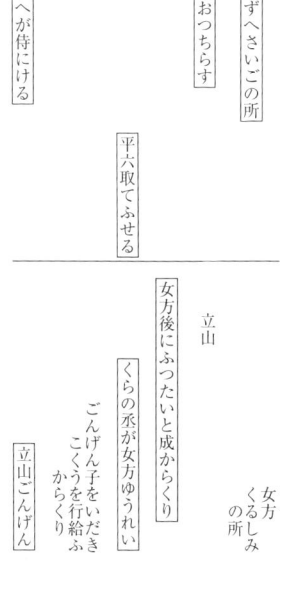

女方くるしみの所
立山
女方後にふつたいと成からくり
くらの丞が女方ゆうれい
ごんげん子をいだきこくうを行給ふからくり
立山ごんげん

へちぎはなく候が．只今せがれにはなれ候．」平六聞「扨は左様か．此家へ人玉の火が参りし」と申せば．女方此こゑをき、．はつと思ひ　其ま、かたちはうせ．火の玉と成　そらへこそは上りける．

くらの丞はがてんゆかず．「まづこなたへ」とおくへ入ば．女方はいざれば．「こはいかに」とふり上．かの火の玉をみて．「む、扨は女方はむなしく也しよな．誠に今思ひ出せば．立のくじぶん．くらの内より女方がいふには．かたちはこ、にいるとま、よ．一ねんはかよはし．其子をそだてんと申せしが．扨は一ねんがかよひしかや」と．くどきなげ、ば．其時　玉にこゑあつて．「私は其子にあはんため．くらの内にてだんじきをいたし候へば．廿日めにむなしく也て候．其一ねんにてかやうに参り候．もはやおいとま申　さらばにて候」と．こくうに上りうせければ．「やれしばらく」となきさけぶは．げにことはりと聞へける．

扨　うねめは「かずへがあく心にて．母様も御はてなされしゆへ．かやうのすがたと也候」と．一々にの給へば．くないは「ゑ、　是迄」と．かみ切てなげ給へば．くらの丞取付．「御世に出し奉らんと存るに．なさけなや」とかなしめば．くない聞「やれ　天りんじやう王のくらいにても．命にはかぎり有．ゑ、　まよふたか　くらの丞．」「げにあやまつたり　是迄」と共にもとゞり切はらひ　皆もろ共にさとりの道に入にけり

第五

去間　めい君おかねはくないをはじめ皆〳〵出家に成立山にい給ふと聞召．こしもとみよし　あさのを御供にてやしきをば（十三11ウ）しのび出．やう〳〵山のふもとに付給ふ．所にはかに大雨ふり来る．

所に　むかふよりちご三人来り．「こなたは女なれは山へ上る事はかなふまじ．只今も坂中にて．出家二人上りかねい候」との給ふ所へ．

二人の出家　坂の上よりまろびおちる．人々立よりみ給い「やい　半七　兵蔵か」との給へば．半七みて「なふ姫君様か　めつらしや．我〳〵も出家とげ　立山へ上り候が．何ゆへか　兵蔵山へ上りかね候．是兵蔵　何も覚へはなきか．」兵蔵やう〳〵心付．「さして覚へはないが．こ、にいもふとかたより．くらの丞道心へゆく．書おき有．くらの内にてすゞりはなし．ゆびをくい切　ちにて

書しが．是がけかれになるべきか．」ちご立聞「いかにも　それをやき給へ．」「然らば　其方にて御やきくださるべし」と．ちごにわたせば．ちごはうけ取．「まづ〳〵　あれ成やすみ堂へ行給へ．」「畏り候」と皆〳〵打つれ行給ふ．

所へ　かずへは侍をつれ　此所へ来りける．ちごは供の持し火をもらい．書おきをやかんとするを．かずへおつ取て．「む、此くらの丞と申道心　此山にい候はゞ．くないと申道心もい申な．然らば　女三人此所へは参らぬか．某は其つれにて候」といへば．ちご聞「さいぜんやすみ堂へ参られ候．よびて参らん」と．やすみだうへ行

「かく」といへば．「扨はくない様ならん」と皆々来り給へば．かずへ「それのがすな」といへば．半七　兵蔵「心へたり」と．供の侍が太刀をうばひ取．切はらふ所へ．

くない道心は．めもほんぶく有．平六をつれ　山より下り給へば．かずへみつけとびかゝるを．皆〳〵立よりかずへを思ひのまゝに切ふせける．其後　おの〳〵たいめん有．扨人々を打つれ．立山せんじやうなされける．

山にもなれば　くはんをん　せいしあらはれ．一々山をおしへ給ひける．

時にごんげん子をいだき．くもにのり　こくうにあらわれ給へば．

くらの丞が女方のゆうれい出．「なふ　其子こいしや」と．ぢごくのくるしみめのまへに．あはれ也けるしだい也．時にくはんをん　せいし手を取て．「なむあみだ仏」との給へば．有がたや女方は．たちまちぶつたいとなりにける．しゆせうせんはん　ありがたし共申計はなかりけり

八文字屋八左衛門板

（□□12オ）

（天理図書館翻刻番号第一三三五号）

掲載稿初出一覧

第一部　浄瑠璃の享受

○浄瑠璃芸論の問題　―段物集の序跋をめぐって―
『大阪樟蔭女子大学論集』12（大阪樟蔭女子大学学術研究会）昭和50年2月

○浄瑠璃史における貞享二年
『近松の三百年』（和泉書院、平成11年5月）
※平成十一年十二月開催藝能史研究会東京例会で発表後、近松研究所十周年記念・論文編集委員会へ寄稿

○元禄前期の上方浄瑠璃界
『岩波講座歌舞伎・文楽　第八巻』（岩波書店、平成10年5月）

○合作浄瑠璃の時代
『岩波講座日本文学史　第九巻』（岩波書店、平成8年12月）

○『国性爺合戦』と鄭成功

※『第一屆日本研究台日關係日語教育国際学術研討會論文集』（中国文化大学日本語文學系日本研究所、平成12年9月）では「江戸期における鄭成功―『国性爺合戦』を軸に―」と題して発表し原稿を提出するが、平成十五年十一月八日中京大学国文学会秋季大会で、一部加筆し「『国性爺合戦』と鄭成功―鎖国下の海外情報―」と題して講演しており、本書では後の講演を改めて起筆し所収する。

○歌舞伎・浄瑠璃界と西鶴

『西鶴を学ぶ人のために』（世界思想社、平成5年3月）

○『甲陽軍鑑今様姿』と「甲陽軍記今様姿」

『学大国文』第二十一号（大阪教育大学国語国文学研究室、昭和53年2月）

○芝居と稲荷大明神

『朱』第49号（伏見稲荷大社、平成18年1月）

○コラム　歌舞伎から浄瑠璃へ

『近松全集　第五巻』月報3（岩波書店、昭和61年7月）

第二部　浄瑠璃本の出版

○竹本一流懐中本について

『語文』第三十二輯（大阪大学国文学研究室、昭和49年9月）

○謡本「曾根崎心中道行」二葉について

『山邊道』第二十四号（天理大学国語国文学会、昭和55年3月）

○『好色橋弁慶』について
『山邊道』第二十八号（昭和59年3月）
○中字十行本の場合
『ビブリア』第九十三号（天理図書館、平成元年10月）
○コラム　当て込みと上演年時の決定
『近松全集　第六巻』月報6（昭和62年7月）

第三部　出版と読者

○近世の読者序説
『山邊道』第四十八号（平成10年3月）
※韓国研究財団より研究助成を得て昭和五十八・五十九年に行った共同研究「朝鮮朝時代に於ける小説の受容と流布およびその社会的背景（韓・中・日の比較）」（代表・天理大学教授大谷森繁）で日本の部を担当した大橋が、昭和六十年四月に同財団へ提出した最終報告書を右『山邊道』に改めて発表する。発表の経緯については同誌に記すが、この報告書が延世大國學叢書第34冊『貰冊古小説研究』（貰冊古小説研究会、二〇〇三年8月）に翻訳されたため、翻訳のもととなった報告書を国内でも公表することが必要となった。
○写本から版本へ　―『江戸時代初期出版年表［天正十九年～明暦四年］』に学ぶこと―
『中世文学』第五十七号（日本中世文学会、平成23年6月）
※平成二十三年十一月十二日中世文学会秋季大会での講演時の資料を掲載稿に追加する。

○太平記読と近世初期文芸について　―『太平記』の享受から―
『待兼山論集　文学編』五号（大阪大学文学部、昭和47年3月）
○近世文芸における『太平記』の享受　―太平記的世界の形成―
『軍記文学研究叢書9　太平記の世界』（汲古書院、平成12年9月）

資料紹介

○『諸事取締帳』（翻刻）
『ビブリア』第七十五号（昭和55年1月）
○『姫神金龍嶽』（翻刻）
『山邊道』第二十二号（昭和53年3月）
○『四ツ橋娘ころし』補遺
『山邊道』第二十四号（昭和55年3月）
○『越中国立山禅定』（翻刻）
『ビブリア』第九十九号（平成4年10月）

掲載稿については、右で※説明を加えた以外は、初出時から各稿それなりの時間が経過しているため、聞くべき新見もその後発表されているが補足はせず、用字の統一や誤植、また、文意を通りやすくした訂正以外の補筆は避け、できるだけ初出のまま掲載することとした。ただし、（注）の文献については一部、初出稿発表後に所収された文献を補記している。

また、初出稿掲載時には、御教示等を頂戴した方々のお名前を文末に挙げ、お礼を申し上げているが、本書では統一して省筆したことをお断りし、ここにお詫び申し上げたい。

あとがき

『近世演劇の享受と出版』を上梓することとなった。前著『近松浄瑠璃の成立』に続いて、本書も既に発表してきた論稿をまとめたものである。早くからまとめるようにと勧められながら、教育研究環境から間を置き閑居する身となって、著書として公刊することには忸怩たる思いがある。論稿の意義云々以上に、これまで教導くださった方々に対してあまりにも遅れた所為への自省である。ただ、ここに至っては書名を『近世演劇の享受と出版』とした言訳を述べることで務めを果たしたい。

書名に本の内容を暗示する「享受と出版」を入れたのは、所収する論稿の多くが、作品の内容や分析に深く触れて論じるというよりは、作品等を作り出した幅広い範囲、言い換えれば、取り巻く環境を通して、作品等の働きや影響関係を扱っていることによっている。それ故、ここでいう「享受」は、近世文学作品や近世演劇が示すある時代の様相を、広い意味での「享受」の現れと捉えての意で用いている。「出版」は、そうした関係を目に見えて示す、具体な「享受」への繋ぎを表明する事例をいう。なお、「近世演劇」は、わたくしの専門とした分野ゆえに、取り上げた対象に近世演劇作品が多いからである。

この「享受」を視点とした最初の論考は本書所収の「太平記読と近世初期文芸について」であるが、この稿は修士論文を雑誌発表用にまとめたものでもある。文学研究に「享受」という視点をわたくしに誘導したのは、昭和三十年から四十年代にかけて関西の国文学研究者の間で盛んに論議されていた文学史研究の諸論文である。「文学史」という大きな枠に組み入れられて、作品群の流れが見事に系列化され整理されていく明快さに大いに魅かれ、興味深い問題がそこにはあるような感じを得ていたのである。大学四回生の未熟な時期、論旨も十分に理解できず、ただ「感じ」だけであったが、できうる限り多くの作品を読まなければならないということを学び得た。その程度の漠然とした思いであったが影響は強く、頭の片隅に印象深い「享受」という言葉として残り、いろんな課題に向き合う中で、具体的にいつかはそうした問題を取り上げてみたいとの思いが潜まっていた。それはその後、近松門左衛門研究を主課題としていた時にあっても、全く忘れることはなかった。

ところで、本書所収の論稿は、十六点中十一点（コラム二点、資料紹介は除く）は、わたくしの勤務した大学が発行する研究誌以外の諸雑誌等で初出掲載されたものである。発表に事情が伴う「近世の読者序説」一点を加えて、これらは、寄稿を求められて、または、講演を依頼されて、執筆した論稿である。当然のことながら、わたくしへの依頼であるから、私の専門分野から全く外れた課題が伝えられることはないが、依頼する側にも編集意図があり、それに基づく課題が指定される。また、講演に関しても聞き手への配慮に加えて、内容にある程度の制約が暗に求められるのが通常である。無論、それを私が引き受けたということは、その課題等に私なりの興味があったからであり、また、私の専門分野との関りが深く、断りきれない場合もあった。ただし、いずれの場合にも限定された課題はそれなりに幅のあるものであり、特に講座関係では一つの問題を深く掘り下げるよりも、幅広く問題を扱う方が要件にかなうように思えた。こうした依頼は、普段それとなく考え及んでいる問題を整理するによい機会でもあった。それらの成果等を一書に成すために集め並べたのが本書である。一覧して、それぞれの論稿に「享受」に関する事象が直接に、また、間接に見出されたため、書名に「享受と出版」を用いることとした。執筆にあたって「享受」という問題を強く意識したわけではないが、結果として、潜在した視点が保持されていたのである。加えて、「資料紹介」を付載し『近世演劇の享受と出版』の成立となった次第である。特に「資料」翻刻掲載等には天理図書館のご配慮とご厚意をいただき掉尾を飾ることができ、また、種々の図版掲載には大阪府立中之島図書館をはじめ所蔵機関のご高配を頂戴しており、ありがたくお礼を申し上げたい。

本書に掲載した諸論稿を成すについては多くの方々からご啓蒙とご教示を頂戴している。一人一人のお名前を揚げない非礼をお許しいただき、ここに厚くお礼を申し上げたい。前書に続き本書の刊行についても、八木書店会長八木壮一氏のご厚情と編集者滝口富夫氏の精力的なご尽力によるところが大きく、ありがたく感謝するのみである。

令和元年十一月五日

大橋　正叔

主要項目索引

・本索引は、本文に記された主として近世以前に成立した外題・書名や人名、および、人名に「竹本義太夫正本」、「都万太夫座」などと記されているものを適宜採録した。
・配列に当たっては、五十音順を基準として、頁数を付した。

【あ】

【い】

【お】

【か】

【け】

【こ】

【さ】

【し】

【す】

【せ】

【ち】

【つ】

【て】

【と】

【な】

著者　大橋正叔（おおはし　ただよし）
1943年大阪市生まれ
大阪教育大学卒、大阪大学大学院修士課程修了
大阪大学助手（文学部）、大阪樟蔭女子大学専任講師、天理大学文学部専任講師、教授を経て、現在、天理大学名誉教授

編著書に、『紀海音全集　全7巻』（清文堂、1977～1979年、共編）、『近松全集　全17巻』（岩波書店、1987～1992年、共編）、『歌舞伎評判記集成　第二期　全十巻』（岩波書店、1987～1992年、共編）、『新日本古典文学大系　近松浄瑠璃集　上・下』（岩波書店、1993～1995年、共編）、『新編日本古典文学大系　近松門左衛門集①～③』（小学館、1997～2000年、共編）、『新編日本古典文学大系　浄瑠璃集』（小学館、2002年、共編）、『吾仏乃記』（八木書店、1987年、共編）、『新版色道大鏡』（八木書店、2007年、共編）、『江戸時代初期出版年表』（勉誠社出版、2011年、共編）『近松浄瑠璃の成立』（八木書店、2019年）

近世演劇の享受と出版

2019年12月15日　初版第一刷発行　　定価（本体11,000円＋税）

著者　大橋正叔
発行所　株式会社　八木書店出版部
代表　八木乾二
〒101-0052 東京都千代田区神田小川町3-8
電話 03-3291-2969（編集）-6300（FAX）
発売元　株式会社　八木書店
〒101-0052 東京都千代田区神田小川町3-8
電話 03-3291-2961（営業）-6300（FAX）
http://www.books-yagi.co.jp/pub
E-mail pub@books-yagi.co.jp

印刷　精興社
製本　牧製本印刷
用紙　中性紙使用

ISBN978-4-8406-9769-9